伊斯蘭文明

下卷 火藥帝國與現代伊斯蘭

第 6 冊
現代世界中的伊斯蘭遺緒

MARSHALL G.S.HODGSON

馬歇爾‧哈濟生 著

THE VENTURE OF ISLAM
THE GUNPOWDER EMPIRES AND MODERN TIMES

THE ISLAMIC HERITAGE IN THE MODERN WORLD

目次

BOOK SIX
現代世界中的伊斯蘭遺緒
The Islamicate Heritage in the Modern World

能活在彼時黎明，已是幸福，

若再加上青春，更勝天堂。

──威廉・華滋華斯（William Wordsworth）

我們這時代的革命

　　現在每個人都知道，我們的世界處於「革命」的時代。但是，革命有很多不同的解釋。自從西元1939到1945年的戰爭以來，有些是有政治意圖的，讓以往有些隸屬他人的民族，能獨立自主或鞏固其獨立地位。有些人認為其實從這世紀更早之前，已是「未開化」的民族在經濟與政治方面追求與西方平等的時刻，「燃起希望的革命」，顯示過去西方以外地區茅塞未開的「傳統」，如今已經「覺醒」了。而有些人則認為這些新的期望，只是二十世紀包羅萬象混亂的一個面向。他們認為，瀰漫在西方與其他世界中墮落又自我毀滅的十九世紀中產階級社會秩序，已因新的技術與科學而顯得過時，因此必須努力以各方面都比較有活力的社會秩序來加以取代，以便符合經濟與知識方面的最新需求。西方對十九世紀的否定，以及隨之而來的不確定性與政治紛擾，都使得過去敬畏西方的「未開發」地區，如今全面否定西方。這種否定可能有許多形式：外來的既存事物或者本地文化主義（nativistic）的宗教復興、反殖民（anti-colonial）的民族主義、共產主義（communism），或者具仇外（xenophobic）傾向的工業獨立運動。因此，在技術比較低落地區的這類運動，有其長期不滿與混亂的背景，而對於技術普遍發達的其他地區，也只能以自己的方式來回應。

　　劇變時代的這類完整剖析並不足以說明我們的目的。儘管二十世紀的這類運動，其中都分別互有關聯性；但是，如果只單獨檢視這個世紀，就不容易看到不同運動之間的關係。這些運動顯然大多與十九世紀關係密切，而且對當時狀況所產生的結果也是如此。的確，當今的變革情勢，整體而言至少必須要追溯到西元1789年那段時代（儘管

其後歷經許多階段），而這不只是出現在西方，還包括多數西方以外的地區，特別是穆斯林地區。當時各處的舊秩序都分崩離析或遭受嚴重破壞，而且還沒有任何有效的替代方式。結合主要元素而產生了當今全世界的「變革」情勢，其實是要回溯到至少兩個世紀之前的西方。換言之，如果要瞭解現在的「革命」——即使就其影響穆斯林地區而言，包括社會與文化的巨幅轉變以及交互進行的各種努力，不能只從十九世紀的情況看起，而是要從十八世紀末甚或是十六世紀。這麼長的時期並不足為奇，而這在整個人類歷史中，其實是相當短暫的時期。

因此，在這樣的背景之下，我們便可區分西方與穆斯林地區在單一世界歷史進程中所出現的不同結果，也就是現代技術時代（Modern Technical Age）的來臨。現在「甦醒」的穆斯林地區其實並不是沉睡，最多只是暫時對其本身的現代化轉變感到震驚而已；而他們晚近的活動，也只是因西方運動應運而生的結果。其中最主要的，就是促成伊斯蘭世界（Islamdom）經歷了長達兩個世紀的現代化發展，但也同時受到西方歷史紛擾情勢的影響。

論過去的特色與當代的社群

穆斯林族群如同其他民族，已經陷入這廣大又持續幾世代之久的歷史事件之中。他們的故事有其發生的歷史背景，這樣的背景，導致了一些困難。在本書的最後部分，我們會感到不清楚的內容，就像本書一開始我們探討伊斯蘭社會（Islamicate society）起源的部分。我們所看到的一些情況與事件，是故事的主要背景，形塑了新的社會；但

確切地說，在那段時期，新的社會還沒有生成。以最有歷史意義的觀點來看，新社會可能維持在伊斯蘭社會（Islamicate society）的第六個時期，之後就逐漸消逝了。從這個角度來看，我們要觀察的不是單一文明的演化，而是早先存在的文明所發生的一些情況與事件：主要是幾個穆斯林族群，對於即將形成的新現代世界社會所出現的個別回應，其中宗教並沒有產生明確的影響。

也可以說，這些不同民族大致上都具有共通的文化與宗教背景，但一般的伊斯蘭（Islamicate）個體，通常都不會對新世界的局勢有所回應；他們只是以多元民族的身分來做回應，但彼此卻不甚接近（關於當代事件的主要動機），反而是比較接近他們世界中的其他「未開化」民族。一般而言，相較於穆斯林族群和某些非穆斯林之間的整合，穆斯林族群之間的整合反而沒有那麼密切，而且這類穆斯林族群的整合，通常與伊斯蘭化的傳統無關。當時書寫文化的共通基礎（採用最嚴苛的標準來定義「文明」）最主要在於科學、新聞的、甚至是想像層面，任何一種都與非穆斯林族群共享——其實，非穆斯林族群在這方面具有領先地位，伊斯蘭並不是其中最具關鍵性的角色。從此一觀點來看，這第六個時期便成為我們故事的總結，一如第一個時期有其開場意涵。

以先前偉大文明中社會單位的觀點來看，穆斯林社會其實在其所處的世界中佔很大一部分，而且可能就是整個世界。在這整個世界中，社會甚至是文化的交互關係（特別是對某些最重要的層次而言）都比兩世紀之前的伊斯蘭社會（Islamicate society）更加密切（他們讓自己達到新的卓越領域，在民族之中、甚至是他們自己之間，呈現許多不同類型）。不論在穆斯林區域出現的一般情勢如何，由於一般預

設的結果以及某種程度上的經驗交換，甚至是意識堅定的團結精神，都不再只是以舊有方式來建構單一社會、單獨存在的主要整體社會脈絡；因此，也不能算是整體文化歷史研究中相對獨立自主的領域。（重點是，西方地區也有一樣的觀念。）穆斯林世界在某種程度上仍然可視為是積極主動的文化團體，這並不是指伊斯蘭的（Islamicate）社會，而是普遍具備的伊斯蘭遺緒（Islamicate heritage）。現在仍然關注於過去所留下的特別珍貴的經驗，還有穆斯林之間仍然重視的特別權力；而這只是在更廣泛的世界文化關連之中成為一個要素——大致上在某些特定脈絡下具有重要性。

然而，如果我們無法再探討伊斯蘭的社會（Islamicate society），那對於伊斯蘭遺緒（Islamicate heritage）正在消逝、或者已經成為當地歷史的次要背景，就不適合做出評論。這樣的遺緒確實還保有其積極的文化影響力，甚至是單一整體性的。首先，伊斯蘭（Islamicate）的背景，已經能夠決定現代所有穆斯林的精神及文化立場，而且就某些情況來看，他們也已經非常積極指出他們所遇到的問題和希望。此外，在穆斯林族群的許多層面與領域，還是有相當積極的交換（不只是以最嚴格的宗教標準），甚至許多重要事件都對交換有最具決定性的影響力，反而是對伊斯蘭境域的疆界並沒有造成多大的改變。這類交換通常反映了一般的穆斯林意識；可能在一些情況下，愈來愈具有重要性。整體的伊斯蘭遺緒（Islamicate heritage），出現於穆斯林以伊斯蘭精神的立場來面對現代問題的時候，他們在任何情況下都會堅持自身的意識。有這類意識的人可能不是很顯眼，但他們通常會在關鍵時刻扮演重要角色，因此有相當大的影響力。

無論如何，在這第六個時期，我們必須以迥異於以往的角度來看

待伊斯蘭（Islamicate）生活。我們會把焦點放在在伊斯蘭遺緒（Islamicate heritage），還有其如何在現代環境中持續發展。我們的重點並不是所有穆斯林世界中的經濟進展（不過，如果我們要瞭解什麼事情對特色產生影響，還是得稍微提到這方面），也不是以比較狹隘的觀念來關注整體現代政治、甚至是現代文化。在這段時期內，我們故事的複雜性大致上會因此而在本書的主題裡，佔據更多的篇幅來說明。

即使如此，我們的故事架構還是有一些特殊考量。首先，比起從前的例子，這故事更具廣闊的歷史背景。故事一開始，我們必須先從西歐的現代轉變說起，因為在我們這個時期裡，這種現代轉變對世界的其他部分都具有影響力。然後，當我們談到某些特定的穆斯林族群時，我們也將談到他們對世界其他地區所產生的些微影響作用。這些篇章必定在世界史形成重要的部分，全面表現出構成全球性的前提與意涵。從此一角度來看，現在的伊斯蘭世界與從前相比，更像是世界史的縮影。另一方面，雖然世界的相互聯繫相當緊密，但在不同的穆斯林族群發展之中，伊斯蘭（Islamicate）的相互關聯還是相對薄弱。每個民族的發展各自有不同的重心，但在同樣的世界背景之中都大致有共通的故事；不過，個別的發展對他們彼此之間的影響力甚小，反而是整體世界的情勢對他們還比較具有影響力。

因此，必須指出影響所有伊斯蘭世界共通過程裡的不同案例。首先會以編年的方式，大約呈現西元1790年至1870年這段時期，並概略提到西元1905年。接下來我會大約從西元1870年到1940年，分別敘述幾個重要的穆斯林族群；主要是無論在一般過程中的何種面向，都會在所有情況下最為顯著；因此整個故事所呈現的輪廓，結果就是結

合了幾個地區的故事。最後,我將以另一種年代順序來說明約自西元1905年起的時期,特別是西元1940年之後。

〔序言〕表1　現代世界的伊斯蘭遺緒,西元1800～1950年
The Islamic Heritage in the Modern World, 1800－1950 CE

歐斯曼帝國與土耳其	
1789～1807年	蘇丹塞里姆三世(Sultan Selîm III),在傳統機制之外要另外建立新的軍事與官僚體制結構,但因遭到禁衛軍、地方首領(derebey)以及權貴(a'yân)的抗拒而被推翻。
1808～1839年	蘇丹瑪赫穆德二世(Sultan Maḥmûd II)以現代化的軍隊與行政,實施中央集權式政治控制,摧毀禁衛軍,壓制地方首領與權貴,宗教學者也位居下位。
1815～1817年	塞爾維亞人的反叛。
1821～1830年	希臘獨立戰爭。
1832～1848年	梅赫美德·阿里(Meḥmed-'Ali)入侵安那托利亞之戰;歐洲強權拯救蘇丹,逼迫埃及撤退,歐洲商人得到在歐斯曼帝國的通商許可權。
1839～1861年	蘇丹阿布杜勒梅吉德('Abdülmejîd),連同雷胥德(Reshid)、阿里('Ali)與伏阿德總督(Fuad Pasha),在西元1839年與1856年分別下達帝國詔令(Hatt-i Sherif、Hatt-i Humayun),為擺脫列強對於「歐洲病夫」的壓迫而展開西化維新(Tanẓîmât)。

1854～1856年	歐洲霸權爭奪基督教少數族群之保護權,造成克里米亞戰爭(Crimean War)。
1861～1876年	蘇丹阿布杜勒阿濟茲(Sultan 'Abdül'aziz)持續實施改革,導致帝國破產並積欠歐洲大筆貸款,最後成立歐斯曼國家公共債務管理機構(Ottoman National Public Debt Administration),由歐洲各政府與銀行家控制歐斯曼帝國的財政。
1865年	納莫克‧凱莫爾(Namık Kemal)、吉亞‧帕夏(Ziya Pasha)和阿里‧蘇亞維('Alî Suavi)主導歐斯曼青年學會(Young Ottoman Society);文藝知識分子興起,使用簡化的方言與報導來普及歐斯曼愛國主義(patriotism)、立憲主義(constitutionalism)和伊斯蘭現代主義(Islamic modernism)。
1876年	蘇丹因宮廷革命而遭罷黜,但新的蘇丹——穆拉德五世(Murâd V)不久也遭到罷黜,因為他過於支持阿布杜勒哈密德二世('Abdülḥamid II),米德哈特總督(Midhat Pasha)勸說他頒佈第一部歐斯曼帝國憲法。
1876～1909年	蘇丹阿布杜勒哈密德擱置憲法、迫使政治反對勢力變成地下活動、以特務網絡進行專制統治;進行教育、交通、傳播等方面的大規模改革;在基督教徒少數族群中傳播民族主義情操。
1889年	受軍事訓練的學生在伊斯坦堡創建第一個「土耳其青年團」(Young Turk)革命組織,也就是團結與進步協會(Society of Union and Progress)。

1894年	亞美尼亞（Armenian）革命分子遭庫德族（Kurdish）游擊隊血腥鎮壓，一萬至兩萬名亞美尼亞人遭到屠殺，歐洲反突厥的傳統歧視再次出現。
1896～1897年	克里特島叛亂（Cretan revolt）、土耳其希臘戰爭（Turco-Greek War）。
1903年	團結與進步協會一分為二，一是阿赫梅德・禮札（Aḥmet Riza）的土耳其中央集權主義人士，二是塞巴黑廷（Sebahettin）王子的少數地方分權人士。
1908年	土耳其青年革命，促使蘇丹恢復憲法，重啟國會；政治自由與偉大知性活動的時期，其中土耳其主義、伊斯蘭主義、西化主義等相互對立的意識型態得以公開討論；吉亞・葛克—阿爾普（Ziya Gök-Alp）明確呈現土耳其民族主義的基本概念。
1909年	伊斯坦堡反革命運動恢復伊斯蘭法的訴求遭到薩洛尼卡（Salonika）鎮壓，阿布杜勒哈密德因支持穆罕默德五世（Muḥammad V，直到1918年）而遭到罷黜。
1910年	阿爾巴尼亞（Albanian）叛亂。
1911～1913年	與義大利（Italy）的戰事中喪失的黎波里（Tripoli）；巴爾幹戰爭。
1913年	土耳其青年團透過政變取得直接統治權；親德之三人執政：恩維爾（Enver）、塔勒特（Talat）、塞馬爾（Cemal），造成帝國經歷第一次世界大戰及最後戰敗。

1919～1922年	土耳其獨立戰爭；以安卡拉（Ankara）為根據地的民族主義勢力，在突厥之父（Atatürk）穆斯塔法・凱末爾（Muṣṭafà Kemal）的領導下，擊敗希臘侵略勢力，並對抗歐洲瓜分安那托利亞。
1922年	蘇丹政權（Sultanate）瓦解。
1923年	洛桑條約（Treaty of Lausanne）確保土耳其領土完整，廢除投降協定；土耳其共和國宣布成立；共和人民黨（Republican People's Party）成立。
1924年	廢止哈里發制度（Caliphate）；民法法庭（civil courts）取代伊斯蘭法庭。
1925年	道團（ṭarîqah）關閉；土耳其帽（fez）遭禁；庫德族叛亂敉平；凱末爾剷除主要的政治對手。
1928年	廢除伊斯蘭；引進拉丁字母。
1932年	人民大會（People's Houses）組織完成；土耳其加入國際聯盟（League of Nations）。
1936年	蒙特勒公約（Montreux Convention）恢復土耳其在博斯普魯斯海峽（Bosphorus）的控制權。
1938年	突厥之父去世，伊斯梅特・伊諾努（Ismet Inönü）繼任總統。
1939年	併吞敘利亞的伊斯肯德倫（Alexandretta，位於哈塔伊省〔Hatay〕）。
1945年	戰時保持中立，隨後土耳其向德國宣戰，加入聯合國（United Nations）。

1947年	多黨體制的變革促使政治反對勢力林立；杜魯門主義（Truman Doctrine）與美國共同抵抗蘇聯（Soviet）爭奪土耳其領土的舉動。
1950年	拜亞爾（Bayar）與曼德列斯（Menderes）的民主黨（Democrat Party），反對國家主義（éstatism）與宗教限制，歷盡千辛萬苦，在自由選舉時擊敗共和人民黨並終結長達三十年的一黨專政。

埃及

1789～1801年	拿破崙（Napoleon）佔領埃及；法國學者締造了歐洲文化的埃及熱潮。
1801～1805年	隨著法國撤兵之後出現歐斯曼省長、傭兵（Mamlûk）與梅赫美德·阿里（Meḥmed-'Alî）的阿爾巴尼亞軍團之間的權力鬥爭。
1805～1848年	梅赫美德·阿里將埃及建立為現代工業與軍事勢力，不受歐斯曼帝國的控制；傭兵大屠殺（1811年）；壟斷工業與沒收不動產與福利產業（waqf）（1816年）；設立歐洲的教育宣導團；鎮壓瓦哈比派（Wahhâbî），征服蘇丹地區（Sudan，1822年）以及敘利亞（1831年）；進軍安那托利亞對抗歐斯曼帝國（1832年）。
1841年	歐洲強權介入，拯救歐斯曼帝國蘇丹，強迫埃及自敘利亞撤軍，瓦解工業軍事複合體。
1848～1854年	總督阿巴斯一世（Khedîv 'Abbâs I）在位期間；反歐洲運動造成現代化的中斷。

1854～1863年	總督薩義德（Khedîv Sa'îd）在位期間；讓出蘇伊士運河（Suez Canal）特許權；首次簽訂外債條約。
1863～1879年	總督伊斯瑪儀（Khedîv Ismâ'îl），試圖將埃及轉化為歐洲的一部分；美國內戰期間棉花產量的激增，使得蘇伊士運河開通（1869年）；向歐洲過度舉債導致破產；將蘇伊士運河出售給英國（1875年）；建立歐洲對埃及財政的掌控（1876年）。
1871～1879年	大量敘利亞知識分子逃離歐斯曼帝國的監控；對抗總督的埃及媒體與立憲主義反對勢力崛起，外來勢力增強；埃及的阿富嘎尼（al-Afghânî）活躍時期。
1879年	伊斯瑪儀遭到罷黜；陶非各（Tawfîq）成為總督。
1881～1882年	在烏拉比（'Urâbî）叛變下，埃及本土官員挑戰土耳其一切爾克斯（Turkish-Circassian）特權，加入立憲主義分子與阿富嘎尼勢力，暫時達到施壓總督政府的作用，但普遍的動盪則導致英國的佔領。
1882～1907年	英國殖民總督克羅默（Cromer）勳爵活躍期；經濟擴張與穩定、改善灌溉、增加棉花的市場產能，人口成長快速、廢除徭役（corvée）。
1849～1905年	穆罕默德・阿布杜赫（Muḥammad 'Abduh），不再尊崇阿富嘎尼的革命主義，反而是與英國及漸進主義（gradualism）合作；任愛智哈爾大學（al-Azhar）校長與首席大法官（grand muftî）時，改革教育與法律；發起伊斯蘭現代主義。

1906〜1907年	丁夏維（Dinshawî）事件，藉由穆斯塔法‧卡米勒（Muṣṭafà Kâmil）的國家黨（National Party）與庫特夫‧薩義德（Kutf al-Sayyid）的烏瑪黨（Umma Party）成立，凸顯了日漸茁壯的政治化與民族主義運動。
1914年	第一次大戰爆發之後，埃及正式成為英國的保護國。
1919年	薩俄德‧扎格魯勒（Sa'd Zaghlûl）帶領瓦夫德黨（wafd，瓦夫德黨）要求獨立；他遭到驅逐，引發了「民族主義革命」、米爾納委員會（Milner Commission）組成。
1922年	埃及正式獨立，但英國仍保有對其國防、外交、蘇丹的控制。
1865〜1935年	拉胥德‧里達（Rashîd Rida），領導原教旨主義（salafiyya）運動，復興並重新解釋正統伊斯蘭。
1923〜1930年	札格魯勒與納哈斯（Nahhâs）領導的瓦夫德黨，在自由憲法之下，贏得三次大選，但因受到英國或國王施壓，每一個政府都被迫下台。
1931〜1933年	希德吉總督（Sidqî Pasha）廢止憲法，試圖壓制瓦夫德黨。
1936年	瓦夫德黨重掌政權，但在英埃條約（Anglo-Egyptian treaty）中，與民族主義妥協，也承認英國佔領的權力；福阿德（Fu'âd）國王逝世，法魯克（Farûq）即位。
1942年	英國強迫國王，以納哈斯取代親軸心國的首相。

1940 年代	自由政府歷經政經上挫敗，又遭逢戰局困頓與巴勒斯坦（Palestine）失利，終於導致哈珊・班納（Hasan al-Banna）基本教義派（Fundamentalist）穆斯林兄弟會（Muslim Brotherhood）的大眾化與恐怖主義崛起。
1945 年	阿拉伯聯盟（Arab League）成立。
1951 年	納哈斯擅自廢止英埃條約，游擊隊在運河區（Canal Zone）痛擊英國人。
1952 年	伊斯瑪里亞戰役（Battle of Ismâ'lîya）、開羅（Cairo）的「黑色星期六」（Black Saturday）暴動。自由官員（Free Officers）政變、法魯克遭罷黜。
伊朗	
1797～1834 年	法斯・阿里國王（Fath 'Alî Shâh）在位期間；歐洲影響力升高，在波斯爭奪勢力範圍。
1814 年	古里斯坦條約（Treaty of Gulistan）簽訂，將高加索領土（Caucasian territory）割讓給俄羅斯。
1828 年	俄羅斯進逼裡海（Caspian Sea），進入中亞（central Asia），取得優惠特許權。
1835～1848 年	穆罕默德國王在位期間。
1848～1896 年	納西魯丁國王（Nâṣiruddîn Shah）廣遊歐洲。
1844～1852 年	巴卜（Bâb）領導城鎮民眾對抗嘎加爾朝的地主；試圖刺殺國王，導致大規模的迫害，歐洲同情巴比派（Bâbî）的繼承者巴哈以派（Bahâ'î）。

1857年	波斯人奪得赫拉特城（Herat），但英國人迫使波斯撤軍並承認阿富汗獨立；英國人獲得特許權。
1872年	保羅・路透（Baron de Reuters）獲得鐵路、開礦和銀行等特許權；英俄通商競爭激烈。
1878年	俄羅斯人在國王的軍隊裡，訓練哥薩克軍團（Cossack regiment）。
1892年	因理性主義宗教學者（mujtahid）與市集商人（bâzârî）不滿，國王強迫取消煙草特許權。
1896年	阿富嘎尼追隨者刺殺國王，後由穆薩法魯丁國王（Muzaffaruddîn Shâh）繼位。
1901年	發現石油；達西（D'Arcy）獲得採油特許權。
1905～1906年	商人領導革命運動，強迫國王頒佈憲法、成立國會。
1907	英俄協議簽署，在伊朗劃分勢力範圍，剷除立憲主義分子。
1908～1911年	內戰；俄羅斯介入、支持穆罕默德・阿里國王（Muḥammad-'Alî Shâh）的反革命政變，最後他遭到亞塞拜然（Azerî）與巴賀提亞里（Bakhtiârî）的勢力推翻。
1914～1917年	英軍與俄軍佔領伊朗；政府的影響力只侷限在德黑蘭。
1921年	里薩汗（Reżà Khân）與哥薩克軍團政變。
1921～1925年	鎮壓部族叛變，鞏固軍事控制；伊朗第一次民族整合，以求政治勢力集中。

1926 年	里薩汗考慮支持土耳其式的世俗共和國，卻僭取王位、建立巴勒維朝（Pahlavî dynasty）。
1925～1941 年	石油礦區使用費與大量稅收用來支付鐵路興建、通信與工業發展；律法、服飾、宗教的西式文化改革。
1941 年	英國與俄羅斯軍隊入侵伊朗，罷黜里薩汗，年輕的穆罕默德・里薩國王（Muḥammad Reżà Shâh）即位。
1945～1946 年	在蘇聯支持下，亞塞拜然與庫德斯坦（Kurdistan）共和國宣布自治；在取得石油特許權、分離分子運動瓦解之後，蘇聯撤軍，隨後被撤銷特許權並轉讓英國。
1949 年	人民黨（Tudeh Party）因涉及共同策動刺殺國王而遭宣告違法。
1951～1953	穆沙迪克（Muṣaddeq）與國家陣線（National Front）讓外國石油的持有權收歸國有；歐洲強權杯葛，伊朗經濟衰退。
1953	薩赫迪將軍（General Zahedi）發動政變，推翻穆沙迪克，國王重新掌權，與歐洲石油公司協商新協議。
印度	
1798～1818 年	英國透過非法征服或簽訂條約來掌握印度全境霸權，印度河流域除外。
1830 年代	拉瑟・巴雷里的薩義德・阿赫瑪德（Sayyid Aḥmad of Rase Bareli）讓瓦哈比主義（Wahhâbism）在印度盛行，反對瓦里烏拉（Walîllâh）的蘇非主義人士與印度教侵入伊斯蘭，宣布聖戰（jihâd）對抗英國人與錫克教徒（Sikh）。

1843～1849年	英國佔領印度河流域。
1857～1858年	印度叛變，印度北部的反英勢力興起，仍效忠於最終遭英國人罷黜的末代蒙兀兒帝國君主。
1817～1898年	在印度叛變浪潮之後，薩義德·阿赫瑪德汗爵士（Sir Sayyid Aḥmad Khân）有鑑於英國的反穆斯林差別待遇，他主張與英國合作，接受英國文化、伊斯蘭與自然法妥協；建立阿里格學院（Aligarh College，1875年）；遭到反帝國主義的阿富嘎尼、正統宗教學者的抨擊，宗教學者在德奧班德（Deoband）成立了具有實力的學派。
1889年	阿赫瑪迪派（Ahmadî）融合末世引導者（Mahdî）、奎師那（Krishna）與耶穌的救世主特徵。
1891年	阿米爾·阿里（Amîr 'Alî）啟防禦性的穆斯林辯護，主張原始伊斯蘭是歐洲所有進步的根源。
1914年	哈里（Hâlî）逝世，他是詩人，也是烏爾都文學文化的主要重建者。胥卜里·努瑪尼（Shiblî Nu'mânî）逝世，他曾重新詮釋古典辯證神學（kalâm）與埃及的原教旨主義運動具關聯性。
1905～1911年	切割孟加拉，英國意圖分離印度教徒與穆斯林，民族主義運動興起並使共產主義受到鼓舞；穆斯林聯盟（Muslim League）建立（1906年）；隔離地方省分的穆斯林與印度教徒選舉人（1909年）。
1919～1924年	希拉法特（Khilâfat）運動，泛伊斯蘭勢力在戰時支持歐斯曼人，團結保護土耳其的哈里發體制。

1920～1922年	甘地（Gândhî）領導兩次動員了廣大群眾的公民不合作運動（disobedience campaigns）。
1930～1932年	支持國會為了「自我規範」（Swarâj）而團結，強化了尼赫魯（Nehru）的中產階級與知識分子組織。
1936年	穆罕默德・阿里・金納（Muḥammad-'Alî Jinnâh）領導穆斯林聯盟，並形成具強烈地方自治色彩的組織，企圖阻礙國會對穆斯林多數人口的支持。
1876～1938年	穆罕默德・伊各巴勒（Muḥammad Iqbâl）在世期間，他是民族主義者、伊斯蘭詩人，結合活力論（vitalism）與演化論（evolution）的蘇非主義與西方哲學，也是巴基斯坦（Pakistan）首位理論家。
1940～1947年	穆斯林聯盟採行分離的伊斯蘭政體理念，並因對立和自治區叛亂的普遍擴散而導致動盪（1946年），巴基斯坦從以穆斯林為主而反對世俗印度的地區分離出來，其中穆斯林只是少數人口（1947年）。
1947～1956年	伊斯蘭政體（Islamic state）憲法的定義風波，特別是宗教學者、現代主義政治人物、毛杜迪（Maudûdî）的伊斯蘭團（Jamâ'at-e Islâmî）之間的衝突。
1953年	反阿赫瑪迪亞叛亂；有關界定穆斯林身分的衝突，激化了宗教狂熱。
1954年	穆尼爾（Munir）調查團報告，調查了叛亂主因並在憲法爭議中批判「缺乏具體又明確的思維」。
1956年	通過巴基斯坦第一部憲法。

肥沃月彎與阿拉伯半島	
1803～1813年	瓦哈比派佔領漢志（Hijâz）（麥加，1806年）
1811～1818年	易卜拉欣總督（Ibrâhîm Pasha）瓦解了瓦哈比派在阿拉伯半島的勢力；埃及掌控漢志地區。
1820年	英國與波斯灣酋長締約。
1830年	瑪赫穆德二世（Mahmûd II）征服巴格達，終結傭兵統治。
1831～1840年	埃及佔領敘利亞；開啟黎凡特地區（Levant）對西方通商並開始重新定位德魯茲（Druze）地主與馬隆禮尼派（Maronite）農村之間的關係。
1839年	英國佔領亞丁（Aden）。
1860～1861年	德魯茲叛亂及黎巴嫩的基督教徒屠殺；法國軍事介入，保護馬隆禮尼派、要求黎巴嫩獨立成由基督教徒省長統領的自治區（sanjaq）。
1866年	清教徒傳教團建立了貝魯特（Beirut）美國大學基金會，開始在布特魯斯・布斯塔尼（Butros Bustani）與納西夫・雅濟吉（Nasif al-Yaziji，1871年逝世）領導的敘利亞基督教徒之中，鼓吹阿拉伯文學復興。
1881～1882年	一些秘密協會短期間鼓動敘利亞獨立。
1891年	馬斯喀特（Musqat）與歐曼（'Umân）受英國保護。
1896年	西奧多・赫茨爾（Theodor Herzl）出版《猶太國》（*Der Jedenstaat*）；首屆錫安主義大會（Zionist Congress，1897年）舉辦。

1908～1922年	阿拉伯民族主義早期的興衰。
1909～1914年	敘利亞與伊拉克官員之間興起革命組織，以回應土耳其青年團政府日漸向土耳其民族主義傾斜。
1913年	阿拉伯的知識分子齊聚巴黎集會呼籲阿拉伯獨立。
1916～1918年	麥加貴族胡笙（Hussein）領導阿拉伯大起義（Arab Revolt），與英國人結盟對抗歐斯曼帝國。
1917～1921年	巴爾福宣言（Balfour Declaration），簽署賽克斯—皮科協定（Sykes-Picot Agreement）；舉辦聖雷莫會議（San Remo Conference）；法國佔領大馬士革並推翻費瑟勒（Faysal）政府；費瑟勒被推舉為伊拉克統治者，而外約旦的統治者則是阿布杜拉（Abd-Allâh）。
1924年	伊本—薩伍德（Ibn-Sa'ud）征服漢志並驅逐胡笙，建立新瓦哈比派王國。
1926年	黎巴嫩逐漸壯大並脫離敘利亞，形成獨立共和政體。
1932年	伊拉克獨立並獲國際聯盟承認。
1936年	猶太移民遽增，導致阿拉伯人與猶太人在巴勒斯坦普遍對戰；巴克爾·希德基（Bakr Sidki）領導在伊拉克的前幾次軍事政變。
1930年代	薩地俄·胡斯里（Sati' al-Husri）崛起並成為阿拉伯民族主義最主要的思想家，試圖建立埃及人的阿拉伯意識（Arab consciousness）。

1943年	畢夏拉‧胡里（Bishara al-Khoury）與里阿德‧蘇勒赫（Riad Sulh）協商民族公約（National Pact），做為黎巴嫩的基督教徒與穆斯林和諧共處的基礎；巴勒斯坦的錫安主義恐怖分子開始活動。
1945年	在埃及秘書處（General Secretariat）領導下，組成阿拉伯聯盟。
1946年	約旦、黎巴嫩、敘利亞公認獨立；英國與法國撤軍。
1948年	英國終止託管巴勒斯坦，聯合國同意以色列（Israel）政府之分區與建國；阿拉伯軍隊在戰時擊潰以色列。
1949年	敘利亞政治軍事化；一年內出現三起政變。

第一章

西方大轉化的影響：
1789年世代

到目前為止，我一直都著重在歐亞非舊世界（Afro-Eurasian Oikoumene）歷史中各種類型社會裡，相對較為均衡的發展。也曾經提出，穆斯林在一個世紀以前、甚至更早之前，就已經發展出像我們熟知的哥白尼（Copernican）月球運動理論（lunar theory）；另外，歐斯曼人也曾透過伊斯坦堡（Constantinople，陸路）與羅得島（Rhodes，海路），充分呈現大型槍砲對堡壘的破壞力，只是比西方在法國與西地中海的影響稍遲一些而已。重點並不是哪一方優先發現了什麼，而是強調農業時代（Agrarian Age）各種不同類型社會之間其實都具有類似性。基於相同理由，本書著重在葡萄牙人入侵後，其影響力遍及十六世紀的印度洋，簡單來說，西方文藝復興的繁榮，就像哈里發盛期（High Caliphate）或是唐宋時期的中國一樣，都極富創造力。但是現在我們即將要探討的改變，在本質上迥異於本書之前討論過的內容。接著，這部分世界與其他地區發展上的隔閡變得極具關鍵性，所以我們在探討其他事物之前，必須先瞭解其特徵。

世界事件中的西方轉化（Western Transmutation）

西歐在十六世紀末到十八世紀末期間普遍出現文化轉型（一般認為現代性則是前一個世紀就開始出現，在西元1450～1500年之間；但我認為這樣的分期模糊了關鍵特色。）這類轉變藉由大致在同時期出現的幾個事件達到顛峰：工業革命促使特殊技術發展，強烈改變了人類生產的先決條件，而法國大革命則是由一群理念相同的人建立人類社會關係中前所未有的規範。但這類事件並未構成我所說的巨變；這些都只是最明顯變革的早期結果。

這個巨變不止對歐洲人產生長遠的影響作用，而且還影響了整個世界（幾乎同時）。這類巨變對我們造成的長期問題尚未完整呈現，其中有些巨變稍後會發生。然而首先要提到的是，從世界整體的角度來看，特別是對穆斯林族群而言，則是產生了一些比較立即性的結果。也就是大約到了西元1800年，西方民族（連同俄羅斯人）就發現他們自己已徹底主導了世界上絕大多數的其他地區，特別是主宰了伊斯蘭世界。幾乎與同一世代中的工業革命、法國革命同樣史無前例的第三個事件就是：歐洲世界所形成的主導權。[1]

　　其實這或許不僅主要是因為：歐洲人與他們的海外定居者以軍事實力擊敗了他們所接觸到的所有勢力。這些商人有能力在各地廣為置產、以四海為家到處行銷，與其他人相比，他們醫師的醫術更加精湛、他們的科學家則讓其他人相形見拙。歐洲人的軍隊其實只佔領世界上一小部分土地，至少起初時如此。歐洲主導權並不代表歐洲人直接統治了整個世界；關鍵在於不論是遭受佔領（「殖民」、「定居下來」）的地區，或是仍未遭到佔領的（「獨立的」）地區，都同樣很快就能與全球性的政治及貿易體系並駕其驅，歐洲人與他們在海外的定居者為了自身的利益，行使了這類統治。即使「獨立」區域維持當地

1　我選用「主導權」（hegemony）一詞，較沒有「至上」（paramountcy）一詞來得強烈，並用以指稱歐洲人擁有的領導地位：他們沒有立即主宰整個世界，但他們主宰了所有國家之間的關係（interstate relations）；包括政治、貿易上的或甚至是知識上的關係：因此，歐洲人在全世界的港口領導外籍商人，然而有一段時間這些地區還曾抵抗歐洲的干涉；而每個地方的歐洲領事代表，都成為領導國外的政治人物。歐洲人建立起整個世界的主導權，甚至在他們將自身的條件施加於所有地區之前，就產生了這樣的想法。

的自治，但只有在某種程度上提供歐洲商人、傳教士和遊客一些他們在歐洲習以為常的某種國際「法律與秩序」，所以歐洲人還是普遍能夠吹噓自己的優勢地位，並展現其他民族無可比擬的歐洲全新物質和精神性奢侈品。（此外，歐洲強權會找到任何藉口強行干預；而且，只要在所到之處集中火力，幾乎都能無往不利。）因此，所有人民都必須改變自己的政府，以配合現代歐洲的國際政治秩序；還有調整自己的經濟（這是一樁艱巨的任務），以求能與技術工業化的歐洲競爭；最後，他們還必須調整心態，以便面對歐洲現代科學研究的挑戰。只要歐洲人一出現，就足以能感受到他們的這一股新勢力。

簡單地說，歐洲人（當然，包括他們在海外的後代），到了西元1800年，已經達到了比其他地區還高度的社會權力決定性層次。（十八世紀的歐洲人因體制化資本所累積而成的特殊地位，已經反映出此一過程的進步階段。）歐洲人的獨特性或許沒有比其他地方的人聰穎，也沒那麼英勇、忠誠；但是，在社會上受過教育又有條不紊的歐洲人，其思考、行動力都比其他社會成員還更有影響力。例如公司或教會，當然還有政府等歐洲組織，都能夠集中某種程度的知識、經濟和社會力量，而這些組織的運作完全不同於世界其他地區最富有或最有活力的民族所能聚集的型態。純粹將「進步」視為導致歐洲一切事物的成因，或許仍不足以充分說明其現象。「進步」這個字包含心理上的主觀判斷，意指有目標的行動，或者至少是方向正確，與退化或純屬枝微末節的行動對立。不過，其實難以評斷我們現代生活層面中的改變比從前更好還是更差。無論結果變得好或壞，我們在此關注的不是一般情形之下的任何「進步」，而是直接與社會權力層次相關的關鍵性崛起。當我們想要瞭解穆斯林對於西方所經歷的事件，會有何種

反應時，上述這類的探討就具有重要性。[2]

　　至少直到相當晚近的時期，歐洲人（當然，包括美國人）還是傾向把「進步」視為理所當然。（而許多穆斯林在西方轉化中斷之前，也同樣認為伊斯蘭〔Islamicate〕制度固有的優越性，遲早會使他們比其他任何異教徒都還要優越。）近年來，歐洲人非常好奇各種不同的「落後」民族歷經幾世紀（他們所認為的）停滯、沉寂的狀態之後，為何如今這些民族都日漸活躍。他們輕忽了歐洲人僅費了比一個世紀稍長的時間，就能在世界上擁有舉足輕重的地位。[3] 從整體的世界立場來看，真正的問題僅在於：讓歐洲人能曾經擁有如此至高強權，究竟是什麼因素所導致的？

　　我認為歐洲文化在西元1600至1800年間導致社會權力提升的改變，就是一種「轉化」（transmutation）。我無意於進行生物學分析，但是這樣的改變也代表了他們社會權力的提升，形成具密切相互關聯的一貫性，足以作為單一事件來深入討論，儘管是一椿相當龐雜的事件。相較於其他人類史，這類事件的發生得較為突然，此外，基本的改變都屬於根本上的改變；他們不只改變了特定社會與文化特徵，還包括一些延續人類社會與文化發展的基礎。自此之後，就某方面來

2　我使用「西方」（West）、「西方」（Occident）、「歐洲」（Europe）的原因，可見第一冊的導論，討論「世界史研究中的用詞」的那一節（第345頁）。

3　「東方」（the East）「千禧年遲滯」（millennial torpor）的概念，仍然相當廣為流傳，部分原因是四處遊歷的人有所偏見，但也是因為此概念已涵蓋在兩類學者的學術研究取向裡；包括貶低所有外國社會的西方主義學者，還有假設所有現代以前都是傳統的區域研究學者（area-students）。比較「論傳統的決定性」（On determinacy in traditions），詳見第一冊導論「文明研究中的歷史方法」的段落（第297頁）。

說，全世界歷史事件的發生方式都讓人覺得相當新穎。

不同於西元前幾千年初次發生的事情，我們將現在某些社會中的城市生活、文藝、一般複雜社會與文化組織等主要元素，稱之為「文明」。所謂的「文明化」，可能始自於蘇美人（Sumer）的農業社群，在城市化之後，變得比其他農業團體有更高層次的社會權力，更不必說採集食物的部落；城市生活型態很快就在日漸廣泛的社群之間具有重要地位，首先是政治方面，最後則是文化方面。蘇美人的歷史（隨著古代的演進）很快就決定了東半球的大半命運。這些農業社會的改變在歷史上有所特色，甚至早在我們有時通稱的「史前」（pre-history）之前：例如，這些社會的發展腳步極為迅速，以至於從前需耗時幾千年才能改變的程度，現在只需要幾世紀的時間而已。同樣地，當西方轉化之後，早期在農業時期需要幾百年來改變的類型，如今最多也只需要幾十年的時間而已；歷史進程的新類型再次解放了這個世界。

一、西方的轉化

因此，從這方面來看，我們必須思考西方世界所發生的事情。雖然這些事件已經分析了無數次，但一般來說並沒有以世界史的觀點來分析，通常都是以西方當地的歷史為出發點；因此，我並沒有把握當我們在探討伊斯蘭世界時，讀者是否能釐清世界史中與其相關的事件。

技術主義與社會：轉變的一些關鍵性制度特徵

　　若以世界史的發展來看，西方轉化基本上可視為（在其內部層面）三個主要領域的文化轉變：包含經濟、知識及社會上的轉變。在經濟生活方面，因為新技術造成的結果，並以資金累積、大量市場為基礎，透過集中控制產能而來，生產力出現顯著的增加，並造成顛峰時期的「工業革命」（Industrial Revolution），以及應運而生的「農業革命」（Agricultural Revolution）。在知識生活方面，由克卜勒（Kepler）與伽利略（Galileo）所啟發的全新實驗科學，開啟了對於時間與空間的瞭解，進而普遍造成獨立的哲學探索並促成啟蒙運動（Enlightenment）的廣泛盛行。在社會生活方面，舊的土地權貴瓦解，取而代之的是開創美國與法國革命的中產階級財經勢力，並在整個歐洲產生了廣大迴響。

　　當我們回顧在這些範疇中被視作關鍵性的這類改變時，從西方社會權力在全世界的層面來看，這些改變也不過在兩百多年前就開始出現了。在整個十六世紀，歐亞非舊世界的各類城市社會，其間仍然普遍存在相似性。儘管西方的繁榮強盛與文藝復興相關，但西歐政治在歐斯曼帝國之前就已經衰微，而在通商方面，穆斯林至少還能具有相當於歐亞非文明多數地區的地位；文化方面也是，當時算是穆斯林最輝煌的時期之一。世界史中的這類現象反映出歐洲歷史中的文藝復興繁盛時期，然而還未能超越農業層次（agrarianate-level）社會的限制。但是，十六世紀末顯然已經默默在進行重大改變。到了十八世紀末，這些改變都已經完成，至少在某些特定地區的特別領域，例如關於盛行整個西方的天文物理學，或是在英格蘭產製的棉質衣物。伊斯蘭社

會（Islamicate society）則在同一時期，已經根植於孟加拉（Bengal）這類的地區裡。

　　一如將文藝復興視為現代性過程中的過渡時期，而非其先決條件，是以世界史的觀點扭曲了整個樣貌，同樣，若將關鍵時期延伸到十八世紀之後，也等於任意將關鍵事件所呈現結果的一個或多個階段與世界史本身互相混淆。後續的改變才有了相當大的重要性，例如，後來引進電力作為產業的基礎能源，還有物理學中的相對論。但是歷史上相關改變的本質，其實只是把十八世紀之前就已經建立的現代模式，加以進一步發展罷了。總之，確實是十七世紀與十八世紀的這些轉變，讓西方人明顯不同於其餘人種。

　　這些改變之間的關聯性全都迅速地發生，是什麼造成這樣突然又廣泛的社會轉型，而且還產生如此長遠的影響？這類改變含有密切的相互關聯，也確實相互依賴。然而，這通常並不是指某一領域裡的特定改變要仰賴另一領域中的特定改變（因此科學與工業發展長久以來都平行前進，而且也只有較為表面上的關聯性）；其實，所有改變都以共同的社會資源為前提，甚至都以共同的心理期待模式為前提。[4]

4　從布爾哈爾特（Burckhardt）時代以來，就開始出現許多觀察入微的企圖，分析技術時代裡什麼樣的歐洲人，才真的「是」（is）「現代人」（modern man）。然而，有別於一般熟知的「西方」，那些不實信息通常只是利用西歐與古代希臘史的資料；因此他們模糊了西方演變之中的地方層面、比較廣泛相關的改變之間，有些什麼不同之處。另一方面，做區域研究的人很少知道十九世紀之前任何一部分的事情。因此，我必須提出自己的分析。

　　由於歷史的目的，應該要把巨變當作一個歷史事件或進程來分析，不只是新的情形或人類文化時期的呈現，而且，這樣的企圖也相當少見。然而，修姆彼得（Schumpeter）把馬克斯主義者（Marxists）靜止的資本主義社會「層面」（stage），

因此很多人認為，**轉變**其實是由於許多層面同時出現某種全面性的徹底改變：從「傳統」改變成為有些人所稱的「理性」社會。在「理性」社會之中，人的選擇比較不是由先祖習慣來做決定，大多是斟酌當下的實際優點。因此，個人獲得的地位與權威，並非基於他的出身及家族關係，而是基於他本身的稱職和效率。有效率又可預期的組織，優於家族和長輩的安排，而社會的關聯性，則比較不是取決於個人的責任，而是非個人的法律身分。比起承襲過去，當下的成效還更具有價值，人民因此對改變比較不會遲疑，以免導致退步；反之，持續務實改善，甚至不惜犧牲以前的價值，都不只被視為「進步」，而且還被視為社會的固有狀態。一旦「理性」建立，革新就是正常現象，經濟、社會及知識方面的各種改進自然應運而生；這實際上就是將人類從長期不理性的黑暗時代解放。

　　某些這類變化確實出現在轉變之中，但是這類改變對於人類的意義，也絕非如某些人所指稱的那樣具根本性，或是決定性。因為，以慣例所維繫的「傳統」社會一般性樣貌，其實只是個假象。如同我們

轉換成複雜且長時期的事件，包括了決定性的開始、絕對不會達成真正平靜的發展過程，以及可預見的結果。在這樣的立場之中，由傳統中產階級經濟主義人士，對於資本主義市場的分析，以大致平穩的條件為基礎，呈現了不同的氛圍：最重要的是，他們所分析的短期平靜，開創並修正了他們對市場所做的假設。

從這個立場來看，我自己的研究是極度缺乏的。我主要是把轉型當作從某一情況轉換到另一種情況；而且這在某些地方，達到核心的某些領域，是在西元1789年這世代之中轉型完成。從長遠看來，只能從那個時代的角度，才可能瞭解完整的過程，到了現在，所有社會相關領域與世界所有的部分都已經技術化了。從有利情況的角度來看，儘管特殊地位保留到現在，十七世紀與十八世紀充其量只是開場而已。然而，以目前來說，我無法假設這樣的立場。

在討論文化傳統本質時曾提及，即使是在非常「原始」的社會中，文化傳統還是必須持續發展以維持其可行性，因為總要能有效符合一些當前的需求，否則即使是先祖的優勢也無法維護文化傳統。此外，「理性」指稱的是非個人又具革新性的深思熟慮，在工業中被稱做「合理化」，屬於相對事物。相較於只具相對「傳統性」的大多數文字出現前的社會，多數的農業社會其實還算相當「理性」。單純就「合理化」來說，轉變時期所出現的各種變化，在歷史進程中一再發生於每個不同層次之間──不只出現在城市興起時，還出現在偉大的文化繁盛時期，甚至是比較小的規模，也包括新的宗教或政治傳統開始出現之時。所有這類時機都比較重視獨立又創新的盤算（但人類理性未必如此），反而比較不在意權威的傳統。此外，後續的社會生活已普遍將這類態度延伸出來的影響作用加以制度化，特別是在比較世界性的社會。

　　因此，與西方相比，伊斯蘭中期時的伊斯蘭世界更加國際化，其制度包含比較多適合獨立思考與個人行動的規範。的確，很多從社會習慣到私自盤算的改變，在歐洲屬於「現代化」轉變的一部分，卻也讓西方更接近早已在伊斯蘭傳統中確立出來的氛圍。（尤其那些「現代」發展更是如此，他們在文藝復興時期就已經開始這種趨勢，一般而言，「現代性」也是在這時候開始。）有利於社會更大流動性的貴族世家遭到貶抑，不過在西方，這種情況卻不像在伊斯蘭世界那樣明顯；傾向於讓個人自由訂立契約位居了重要角色，藉以對抗商會與階級的權威，其實是符合伊斯蘭法（Sharî'ah）的原則。

　　因此，從依賴習慣、因循承襲，轉向依賴計算及革新的這種轉變，雖然只在有限的層面中發展，但並非現代西方轉化所特有。而使

西方人脫離過往的傳統並有別於世界上的其他地區，並非是這項因素。它只是使時間與金錢的投資模式應運而生，並藉以加速轉變。其實這類轉變只以特殊形式出現，也就是我所稱之的**技術化特性**（technicalistic），以至於某些特定的專業技術考量逐漸超越其他任何考量。的確，改變是以這種特殊形式——而非其他形式——史無前例地持續進行，進而能在歷史上形成全新的生活條件。這不是整體人類心態突然解放，而是藉著歷史盛衰來開始自由探索所有能預算到的可能性，在那之前，新的途徑只能在不顧任何傳統偏見的情況下隨機開發。當然，就連最開放的心態都覺得不切實際的具體新型社會投資機會，如今也已經變得確實可行，甚至還吸引了那些基本上抗拒脫離慣性思維的人；於是抗拒逐漸降低。

　　整體而言，我們必須先辨認出新型式投資的特殊性。在文藝復興時期，精心計畫的革新仍然代表其創新精神和創意的程度，對於農業時代的繁榮盛景而言是很「正常的」。但這類繁榮在當時通常都會日漸衰微。通常，這類活動遲早都會因歷史突發事件而中斷其文化繁複性，以至於總會遭受得不償失的風險。在任何需要大規模時間或金錢的社會投資領域中，這種情況更是愈加明顯，因為脫離組織的自由和任意的處置總是會隨之而來，但這反而會擾亂這類投資原先預期的和平及社會秩序；這種情況之下所增加的危險性，往往超過內部平衡已出現的強大壓力，使得人的心智陷入某些形式的僵局。但是，到了十六世紀末，從社會斷裂中而衍生的自由，正是這類精打細算、革新的投資最依賴的對象，這些投資達到前所未有的景象：亦即改善了技術方法，藉由具備相互關聯性的多重規格，達到更加具體的實質目標。另外，儘管曾經出現像三十年戰爭（Thirty Years War）與英國內

戰（English Civil War）等災難，但基本上並未中止這整個過程，特別是在西北歐地區。極相似的過程曾在游牧民族王朝統治下的中國宋代後期中斷，西方的繁榮盛景則並未式微。

的確，創新投資持續發展，一直到西元1600年左右，社會發展臻至關鍵點：當時在整個農業時代，甚至是在繁盛時期（以及文藝復興時期）零星出現又搖擺不定的某些類型投資（物質方面與精神方面），如今則是以相當大的規模出現，以至於能加以制度化並進一步穩固下來，而最後得以變成不可逆轉的社會趨勢。這個新局面開啟人類歷程的許多全新機會，以及各類文化創意的新時機。這類新機會隨即被充分運用；全新又快速發展的「技術化」傳統透過全新的創造力廣為傳播，而且也能隨著文化傳統的革新過程，迅速建立足以承載的全新模式。當傳統內部對話暢行無阻，而其行動的範疇也仍未開發利用時，那麼，一切變化就會進行得相當快速。而促成這類改變的歷史條件，也同時會對各方面的努力造成影響。因此，便能藉以解決農業（agrarianate）基礎層次社會中城鄉共生關係背後不確定的複雜文化因素；如此自然能形成更高層次的全新社會。

這些新的衝擊針對了所有事情，包括舊制度。現行制度則必須確實足以適合任何可能的進步。（或許任何成熟的制度都應該具備比預期還多的彈性。）但是，有些制度幾乎無法讓人全盤接受，伊斯蘭（Islamicate）制度尤為甚者。而這類制度若不是強迫形成一些全新的機會，就是遭到取代。整體而言，西方通常都對嚴謹的制度具有相當期待，而其中有些嚴謹程度反而會成為這類全新脈動的阻礙。（例如，一般民眾總會認為教會審判，比在伊斯蘭世界的任何事物都更加不公平。）儘管如此，當時機成熟時，這類普遍認知的架構確實能保障個

別的革新，至少與伊斯蘭世界的社會流動性及伊斯蘭法自治性一樣有效。

全新變革的重點主要是多元技術專門化的形式。這類技術專門化並非整個都是全新的：自從引進火藥武器之後，軍事運用方面的事實就代表了革新技術專業化的縮影，而這正是轉變的特徵。但如今這規模擴大到具「相當重要的份量」，讓這類革新比以往都還更具制度化的延展性，而整個社會的所有重要部門最後也都必須加以制度化。經濟方面，能在十七世紀時西北歐的某些工業與貿易投資，看到這種情況：透過持續的技術創新和預期的市場擴張模式，資本得以系統性地再投資與增值。（我們已經提過這方面對印度的影響作用。）在知識方面，這種情況也出現在像皇家學會（Royal Society）這類組織當中：許多文化中都有培育學術知識的社團，隨時都能接收各類不斷出現的新資訊；但是在十七世紀，皇家學會的明確宗旨就是匯集和傳播新的知識，以取代舊知識，也熱切期待當時專業的科學儀器發明家能有持續不斷的發明，以及使其得以實現的全新發現。

我們必須假設這類活動的知識層面必須仰賴經濟方面；但並不是說自然科學直接受益於工業發明，而是指工業投資的擴張將更多資源釋出到整個經濟發展；而當時的學者，則是能充分運用全新商業與工業投資所引發的欣欣向榮景象，據以調整其步調。但是知識方面的發展，顯然相當自主。當自然科學發展達到某種程度之後，若沒有人文方面相當程度的投資，自然科學無論如何都無法再有進一步的發展；也就是說，很多不同領域都日漸專業化。是否我們可以假設，西方在西元1300年之後於科學研究方面的停滯，是因為當時的專業人力資源程度無法進一步發展，然而看起來當時科學似乎已經達到一種層次，

在這種情形下，這樣的資源突然增加可能會造成巨大的解放效果──特別是在最依賴多元專業化的各種知識層面。[5] 當工業經驗已進入科學進步的某種程度時，通常都是透過增加儀器製造者的技藝與技術資源，來確保其專業化的創新在科學方面的技術化趨勢。

科學與經濟生活中，日益精進的全面技術專業化，能產生品質方面的改變。也許顯而易見的是，技術上的專業化必須挹注必要的時間、基金與關注，以建立起制度，而這類的制度也體現並進而強化專業化的程度。然後，這類制度才能有助於加速整個過程。西方社會的這類投資在十七世紀與十八世紀逐漸根深柢固並普遍形成分支，進而使源自過程以外的任何社會進程或歷史事件，都無法將其翻轉或嚴重影響其進展。但是，這種制度化的過程還需要諸多專業化之間密切的相互關聯性。不只是要整合單一技術的各種進步；就像個別的技術專業化，例如，在埃及，機械化的棉花紡製技術就能夠計算出像科普特（Coptic）基督教徒土地調查一樣高度專業化與有效的遠古技術。但是，如今在主要領域的發展過程中，每項事物都必須依賴技術專業主義日趨包羅萬象又相互依存的網絡持續不斷成長，如此，任何才能因運用其他特殊專業的成果而增加特定活動的技術效率，也才能進而提升其效率。對於這樣的進行過程，社會所有活動的重要部分也都必須牽涉其中。一旦這個過程運作完善，新發現與新發明、以及人文與財經投資，就都能夠規律進展；一旦妥善利用每一回的新發明，就會引

5　〔作者加註：科學史家之中，Derek Price 著重在某種迫切的需要上：如果科學能讓現在有別於過去，那就需要愈來愈多的多元專業人士相互啟發。－R.S.〕.

導未來的發明。[6]

可以逐漸看到，這類技術化已經遠遠甩開所有農業社會
（agrarianate society）最基本的前提。甚至就算那些農業層次
（agrarianate-level）社會不是直接農業化，或是說牧羊人或商人們的存
在依賴農業核心地區的社會關係，而農業剩餘產能則提供高層文化的
重要收益——也就是相當受到依賴的商業城市主要市場。相互依存的
技術專業化成長，使大部分區域特權階級的收入結構不再依賴農民的
農耕產值。

當然，這樣的情況並不是因為工業生產可以提供諸如食物的生活
必需品，而能取代農業；而是經濟體系中的非農業部門，如今已能提
供特權階級的特別收入，也能傳播上層文化；這不只是一些當下的城
市情況，如同過去一樣還涵蓋整個經濟網絡。甚至在農業剩餘產值沒
有增加的情況下，也就是說，可供養的非農業勞力人數尚未成長之
下，技術專業化還能夠大量增加生產力，因此，非農業的總體產值已
達到社會總收入的相當大比例，農業因而不再扮演決定性的角色。但
是，若想要技術化過程有長遠進步（還有，如果社會的特權階級比例
最終擴大了），不只需要個別勞工的龐大生產力，還需要愈來愈多的勞
工（以及更多農業原料）。因此，因為有農業生產上的限制，像是當地
的手工與獸力方式，那就必須藉由拓展新社會的過程，來脫離農業
（雖然從其他地區進口農業產品是一部分選項，但這還不是真正的技術

6　W. W. Rostwo, *The Stages of Economic Growth* (Cambridge University Press, 1963) 中
　　的「take-off」一詞，已用於晚近階段，且整個發展有比較專業化的過程，也可應
　　用在這個初始的整體層次；的確，除非有人研究這個基本層次，還有在原初西方
　　案例以及衍生案例中的特殊差異，否則嚴重的錯誤就會出現這樣的分析。

化過程。當然這還是可以指把工藝品出口到另外一方，藉以取代當地工匠，以及比以往都更加穩固地把那些土地轉移給農業使用）。農業新角色與農業關係的每個階段，都對伊斯蘭世界的未來相形重要。

這整體的過程，還有接下來社會條件所形成的現象，都統稱為技術化（technicalization），也就是可供計算的（還有因此革新的）技術專業化的條件，其中幾種相互依賴專業，則決定了社會重要的模式。[7] 我選擇用「技術化」而不用「工業化」，因為工業化只是整個過程的一個面向，儘管有些時候這看起來只是基礎而已。十八世紀末的工業革命，是因為專業化機器的出現而成形，適用於日漸擴大的「大眾」市場，而作為尚在擴展中的蒸汽機械資源。「工業化」代表這類機械化工業在某個國家的經濟體系中已普遍盛行。（當蒸氣動力被電力或原子能取代，或者當任何動力資源的有效性由於運用組裝線〔assembly lines〕或自動化，而可能使人類的發展結果變得重要，但是十八世紀末基本的平衡已經建立了，標記在農業層次〔agrarianate-level〕社會裡，依然是不同於工業的角色。）這確實是十七世紀與十八世紀經濟轉型累積的結果；近期，在一國的經濟裡，機械工業的優勢已經是現代化的主要象徵：一個國家要進入現代，就代表必須工業化；但是，這還只是象徵而已。

為了符合我們探討的目的，我們還需要有比較高瞻遠矚的概念。「工業化」不能排除像丹麥這類高度現代化（當然還有技術化）的地區，但丹麥的主要活動是農業，因為農業本身的機械化是主流，特別

7　若相對照「技術化特性」（technicalistic）一詞的定義以及其相似意涵與其他各式說法，請參見於第一冊導論「世界史研究中的用詞」的部分（第343頁）。

是對於農業的輔助工作，可能包含在拓展「工業化」之下，但是，更加必須涵蓋技術化。即使歷史進程中的實際經濟生產可能都沒有機械動力，但已經有了高層次的技術化，在機械動力之前的一段時間便已經開始使用（就像是過去時唾手可得一般），此後則是加入任何工業科技化的競爭者；因此在機械動力出現之前，法國十八世紀時的幾種工業都已經呈現其內部進化的技術特徵，還有在世界貿易中的成果。但最重要的是，科學與社會組織的技術專業化過程，甚至社會其他方面與經濟生產也同樣具關鍵性的影響作用。像是「技術化」這類用語就涵蓋所有過程，而不是只著重某一部分。

技術主義的道德層面

接著必須提到這類模式裡不可或缺的心理層面。多元技術專業化之組成，關係著我們所稱技術化的預期模式。某些人有這類期望，已經是取得技術化開始的必要條件，但是當時這樣的過程對一般人有激勵作用，也有強化的作用。

技術化精神的重點，就是要有精確的效率。從古至今，人們所重視的效率都是有偏限性的，特別是軍事效率。又例如在工藝作品之中，其實也已經有某種程度的技術專業化與精確性；技術發明甚至在循環的經濟模式裡，已經佔有重要地位。但如今在西歐，技術的效率逐漸成為主要角色，而使得比較不普遍或不明顯的客觀類型，像是美學、傳統的、人際關係的考量都逐漸對此讓步，這是讓結構性活動能發揮其效果的最重要基礎。從心理學層面來說，所有社會組織的面向，都是技術化的手段，主要是透過專業化過程加以組織，在有限制

的客觀角度裡，計算出最大效率。就是在這樣的形式裡，技術化意指機制化的重要轉折，從威權習慣轉向獨立計算。

　　因此，就是在心理學層面上，有了不同於「傳統－理性」（traditional-rational）字面所表達的意涵。儘管我們一般普遍的認知是多數的現代生活比較沒有人類理性，但經濟與社會發展的最新文獻證實，仍然有需要提醒讀者認清技術化精神中不能缺少整體的人類理性。人類理性的運作是無法單獨以任何目標類型的計算加以標示的。有時候，儘管是精明的又純粹只是務實的革新，都可能充滿風險（在忽視古老經驗的情況下），以至於極不理性。但是無論如何，要依附所有倫理或美德、人類責任的考慮，去發揮技術的最大功效，儘管可能會成功，結果卻可能只是荒謬的夢魘。

　　「理性」與「傳統」可以說等於是現代與現代以前的差異，有技術方面的意涵：「理性」代表「專業化技術目的之解析」，而「傳統」代表「以習慣形成的權威」。但是，這些用語其實是比較令人容易理解而已。很自然地，即使有一點做作，但這是要讓現代西方人看到自己技術化的方式是理性的，去批判農業社會的方式是傳統蒙蔽而不理性的；學術方面使用這個詞，則是頗為刻意要加強這樣的偏見。因此，必須不厭其煩地說明應該去注意的地方：「現代」，也就是技術化；在經濟的部分，只要忽略技術考量之外的其他層面，則一般人都會認為比較不理性，另外也無庸置疑，在一般人觀念中，「傳統」制度通常屬於理性，而且甚至有助於技術化的發展。保留理性與傳統中較為普遍使用的用語，則是明智之舉。因此，每個藉由文化傳統而運作的社會，屬於傳統的社會，然而那些傳統，在某些情況下會快速轉變，而且主要是由於受到技術主義影響。因此，每個社會的制度都必

須要確實運作，才能持續保有其理性。聰明才智的人們所做的決定會反映出理性盤算的特質，就算他們嚴謹地做了其他選擇，也會是合理可行的決定──儘管在某些情況下，務實的另類選項範圍極為有限。的確可以爭論的是──高度技術化地區所擁有的最大優勢，就是他們**傳統**的延續性與影響力，引導了個人的理性；儘管低度技術化地區的最大問題，是難以掌控的機會主義式**理性**，但因其背離上層文化傳統所遭致的損害，卻也因而獲得緩解。

在經濟生產方面，技術化精神對於更聰穎的發明，有明顯增長的依賴，也顯現出產量與市場的統計分析。這些代表對於其他技術效率的需求，在兩世紀之內一直增加，直到對於任何經濟活動新的先決條件出現為止：這不是工藝家庭的延續性、個人地位或鞏固商業力量的考量，其重要性更轉向了資金再投資的生產性收益、地點位置的額外經濟，以及保持技術領先的考量。家族的商業機密則被公共專利部門（public patent office）取代。

科學研究方面也出現類似的技術化精神。甚至在天文學裡（就像軍事演習，是個已經普遍流行的「技術化」元素領域），新的精神也產生令人矚目的影響作用。以布拉赫（Brahe）與克卜勒（不同於哥白尼）為首提出的測量無限小（infinitesimal）的精確性，輔以高度專業化的技術儀器，成為全新研究形式的基本方針。我質疑為何克卜勒會優先考量橢圓形，而非幾何上「比較純粹的」圓形；儘管他有哲學方面的正當理由，也許他沒有意識到這個問題，因而沒有把技術先決條件與策略的優先考量歸類為精闢的哲學，結果就是讓宇宙整體的任何觀念都存在危險性。西方的自然科學傳統也一直保持這種知識自主性，而這正是因為其整體生活導向的傳統，一直都致力以知識為基

礎；在穆斯林與基督教徒相關的實證概念中，也曾凸顯出這類自主性，與目的論及階層性本質的哲學概念結合在一起，卻又不至於喧賓奪主。但是如今，自然科學傳統的自主性由於密集的專業化而更往前推進，經驗主義變得幾乎像是例行公事。每位重要的科學家都會強迫自己去試驗他們對於宇宙整體的觀念（如果他們在意的話）；「有警覺性的普通外行人」，也都跟「所有消失的邏輯一致性」一樣無所適從。到了西元1800年，技術化的精神從天文學與物理學，延伸到化學（chemistry）、地質學（geology）和生物學（biology）。從笛卡爾（Descrates）一直到康德（Kant），新的認識論（epistemological）哲學受到新的技術化科學影響，也不再受到質疑。

最後，儘管最初從世界觀來看，行政管理較少前所未見的特色，卻在社會方面反映出類似技術化的趨勢。新的專制與「開明」君主（一部分是受到古老中國文明之啟發），起初仍讓西方行政管理發揮了部分的影響力，例如在先前的歐斯曼帝國。但是到了法國革命時期，合法運作的社會控制效率已有提升，其檔案與報告技術的精確程度，還有（比較重要的），政府整體概念之執行作為接受大眾評論的公共服務，此時已經超越了宋代中國，而且比歐洲任何早期的行政傳統都還要先進；以至於在接下來幾十年間，人們有重建自我的必要性，或只在新基礎上的自我重建。

技術專業互相依賴的領域擴大，當然不只是一些學者或專家，還有西歐的眾多人口，也都對於效率的看法產生新的標準。這只是因為英國的服務員與工廠人力已經逐漸增加，適用於新的基礎，對於那些十八世紀末運用機械的人來說，要找到工人去製造精細機器，以及要工人在毫無困難的情形之下運作機器，其實是很有可能的。（只有在

稍晚時，就是在機械大量使用之後，才能夠在相當程度上大量招募新的工人。）大部分的人甚至也逐漸接觸到知識革新，例如清教徒以及天主教市民都需要閱讀印刷出版的書籍。幾乎任何主要的技術運用，皆須依賴各式各樣的專業化，而各種日益技術化與困難的層面，也都讓局外人可以不必經過大量訓練就能融入其中。某種程度上，其實是整體人口，當然還有比較具有企圖心的人，都身處培育技術化觀點與技術化期待的壓力之下。

　　的確，從相關的道德立場來看，技術化已經進展得相當成功，讓社會組織普遍呈現出一定的特色，當技術專業化相當多元與錯綜複雜，以至於變成對社會方面有決定性的條件，特定的工人或學者不再能夠瞭解其工作整體過程的細節，他們的工作範圍只有片面的部分。轉化時代最偉大的作家歌德（Goethe），人稱當代「絕無僅有的文壇才子」也不為過；但連歌德本人都不懷抱希望，不認為技術化可使工具有革新戲劇的用途。但伊本—哈勒敦（Ibn-Khaldûn）和李奧納多（Leonardo）卻都還是能在他們的時代達到相當的成就。

　　因此，技術主義有去人文化的意涵。同時，轉化也出現人類創造力在道德方面的重要改變。對西方與其他世界來說，理想人類的獨特形象（或者正確而言，是綜合的人類形象）都有別於從前，在各個領域中變得愈來愈有吸引力。與技術主義的發展有密切關係的人類形象被普遍散佈，也就是能足智多謀且專心一致地投入全新的想像力活動——不再只是從事個人的冒險活動，而是代表廣大群眾對於全新生活模式的期望。這類從本瓊森（Ben Jonson）時代起就備受挖苦，並因史威夫特（Swift）的《格列佛遊記》（*Gulliver's Travels*）而永垂不朽的「規劃者」（projector）（而吉卜林（Kipling）在《如果》〔*If*〕中

的描述則比較淡定），當擴大投資時，這些在日漸增加的經濟階級間，逐漸變成公認的有效模式——而且不只是在商務方面頗受重視，在科學、行政、甚至宗教方面也是如此。看起來雖不同於「規劃者」的形象，但也不是沒有關連，其實這是高尚「文明」的人類形象。轉化時期所出現顯然比較人性化的全新道德標準，其實與技術化精神並無太多直接關聯。值得注意的是，「舉止優雅」的基礎，是熱切期待在現實中已經為人所知之理念。階級較高的人們的態度，都是溫和、「文明」的，持續出現的是全新又較為溫和的品味；異端已遭摒棄，也已經免除酷刑，這兩者都像是搜刮訊息的懲罰及手段。這樣的觀念夾帶著比較「哲學」或是「自然」的教育、比較有人性的法律，而且，人類的心智與精神大致都逐漸受到啟蒙，也更趨近於完美。

在比較新的人類形象中，多數人回溯的是早期類似的形象：例如，在伊朗的菲爾道西（Firdawsî）或陸彌（Rûmî）不同形式英雄傳統中讚頌個人的努力，而在西方的騎士風範傳統，受到塞凡提斯（Cervantes）所嘲弄，仍有不同的形式。但是，如今這都已經不再是貴族形式；保守分子發現的確有些要素是相當符合大眾需求的。可以確定的是，文藝復興的貢獻之一（儘管這可能幾乎是短時間內來自其他的繁盛地區），就是讓個人以相當俗世與務實的方式表現出偉大的一面。要讓這社會開放，這樣的形象是很重要的。

技術化過程在各方面所形成的樂觀精神和經濟擴展，似乎確實使這類理想主義更為務實，而且，理想主義似乎有助於緩和政府官員的專橫，特別是戰爭的破壞。西元1648年之後，在目標與管理原則方面上都逐漸有所限制，若沒有理想主義從中緩和，或許，政府很有可能（以前曾經發生過）會屠宰生下金蛋的鵝：他們可能會從中阻撓科學

家與發明家的研究工作，使得進一步的技術專業化付之一炬。[8] 到了西元1789年代，新的道德面貌以最多元的角度凸顯出來，重要的是有助於填補西方與其他社會之間的鴻溝。但到了那個時候，我們應該留意明顯表現出技術化情境的重要元素。

至少，「涵養」起初是大量採用宗教與美學發展的形式，絕對不像科學與經濟發展那樣具有劃時代意義（特別是相較於農業時代其他某些繁盛時期曾經發生的事），但也沒有遭受忽略。尤其是宗教，有一部分受到新哲學的影響，從帕斯卡（Pascal）到施萊爾馬赫（Schleiermacher）之間，有幾個演變過程中的代表人物奠定了宗教意識的基本工作，以人類精神的直接經驗為基礎，而不是要求菁英密契主義來解放（或者切斷這兩者之間的關係），並擺脫群體規範；以至於到了最後，必須在比較普遍的立場上重新思考規範本身（當然，通常就清教徒〔Protestantism〕的出現而論，標示著在農業時代盛行宗教的先決條件之外，沒有發生任何進展——例如，有些關鍵特色則是等同於農業〔agrarianate〕的伊斯蘭——但這已經加速了宗教的後續發展。）

儘管如此，就西方人準備要廣泛投資的探險事業而言，事實上似乎一直都存在著某些限制。即使其他技術的成果，並不能對相互依賴的專業化投資付出貢獻，至少在那個時代的環境下無法採用或擴大（就算是最積極的心態，也會因為利用新開啟的專業化而忙碌不堪）；對於個人而言，有較多發展機會的地區更是如此。一千年以來，在健

8　讓我們注意到英國「早期工業革命」基礎作用的人即為John U. Nef，有幾本著作也已經指出這一點，特別是以下著作：*Cultural Foundations of Industrial Civilization* (Cambridge University Press, 1958)。

康方面，相較於醫師，各種個人的養生之道很少更受關注（有時或許還更少），而醫治疾病的技術（一旦發生疾病時）則是大幅提升。許多高層次文化傳統發展出用於舞蹈或戰鬥的肌肉密集訓練（有時候相當新穎），但還沒有達到相當於西方的水準。最值得注意的是，西方人在有些不能以具體實際的用語來明確表達的領域，則並沒有多做開發。例如，以某些類型的瑜珈以及蘇非主義為代表的專業化密契途徑，幾乎遭到忽視，但甚至早在基督教歐洲就已經有很不錯的開始；另外，他們也遭到社群宗教的嚴重箝制；儘管在任何地方，他們通常會盡力以務實的理性評估與個人計畫來完成，而且還不斷呼籲或看似要去引發持續堅持改善前人的狀況，並通常會是以開發新技術的方式來完成。

因此，相當程度上，伴隨技術化過程期望模式中主要的變化，反映出的不只是普遍理性樂觀主義的情緒，還有具選擇性又為人所知的技術化精神，也就是西方人與穆斯林都統稱的「唯物論」（materialistic）。

技術主義的附加物

一些可以納入技術化精神中的關聯性趨勢，是技術效率的首要意義，就像是著重理性化的技術，包括從權威習慣到獨立謀劃的轉變。然而，他們都偏重多元技術專業化的需要，而不是每種可能的理性類型，此外，其發展規模也不只是將偶爾出現的轉變加以制度化，還包括其最直接的基本特徵。理性化的評估，對於技術專業化來說相當重要，特別是在初期階段，對於技術專業化來說相當重要的理性考量，

必須取決於對持續創新的期待：也就是取決於鼓勵願意實驗的態度、盡量不將現有思想與作為視為理所當然、反對各種既有權威，以及承擔這種反對可能造成錯誤的風險。儘管在這段期間一開始時，保守精神的整體影響力在某種程度上，於文藝復興時期顯得較弱，但西方任何地區的主要制度都還能維護農業：盡量維持能確保秩序的既定模式，以避免生活不穩定可能會產生的混亂現象。（事實上，文化指的是代代相傳的運作方式，因此個人並不須要什麼都從頭開始。）然而，到了十八世紀末，西方有些最重要的制度確實積極涵蓋了創新改變的原則。科學期刊的出現就像各類科學學會，最主要並不是為了保存舊知識，而是要探索新知識。透過專利方式使發明權利受到法律保障，在工業界已司空見慣：只有能夠有效又最快速從事創新的人，才會成功。全新的社會組織已將創新加以制度化。

最後，政府本身也會採行這樣的原則，亦即立法機構——這類議會明確的任務並不單是提撥稅收，甚至也不只是指派行政官員或決議戰爭與災難時的最新政策，還包括定期集會修訂法律——這種制度反映出新社會秩序核心價值中革新意識的程度。自從軸心時代起，不論何種文明，思想家都認為行政管理人員必須要有所改變，甚至現行政策也要根據不同情況加以修改；但是如果沒有其他情況，法律應該盡可能維持永久有效。其實，所有社會的法律往往都會隨時改變；某些層次的規定基本上就是基於這個目的，譬如（在歐斯曼的例子中）不斷調整的朝代法（qânûn law）命令。但是，社會制度的整體目的是為了要排除、或者至少盡量減少這類改變。不過，「立法機構」這類名稱也代表一種對立的概念。

無可避免，在這種環境之下，「進步」的概念首次變成嚴肅思考

並尊重創新與技術效率，增進了各種可能性——一般人可以找到讓自己一展長才的職業；有時候，還能意外讓他們發揮其獨特視野。

　　所有這些改變，特別是對那些力爭上游進入社會控制核心的人，都使個人掌握了雄厚的實權，並因此擁有更多財富；建設性的知識也巨幅增長，因此有各種想像的可能性；有多元的途徑可以實現自我，因此建構了個人自由的基礎。財富、知識、自由，進一步形成社會權力持續高度增長的層次，加強了技術化組織的直接作用：這可以製造物品、發現事實、組織人類生活，直到他們完全表現自我。

　　對於穆斯林而言，這一切都具有特殊的道德意義。至少在某些層面上，西方人已經知道該如何解決城市社會的道德困境，如同自文明初始他們就已經面臨到的人類意識，特別是在伊朗—閃族精神傳統中就已清晰可見，而西方人也確實出現同樣的情況。他們所發展的制度，似乎至少可確保個人的合法保障，以及長期的嚴謹社會秩序和高度繁榮，而且連最不利的社會階層也都日漸能共享。此外，甚至是在個人操守的層次上，他們也已經建立了個人誠信、勤勉、忠誠、節制的標準，還有提升個人競爭力的能力，雖然這迥異於歐洲所確保的道德理想，然而在比較需要承擔責任的階級之中，卻是日益明顯。

　　對於公正、強調律法的伊斯蘭而言，有許多方面都值得讚賞。受到穆罕默德（Muḥammad）啟發，伊斯蘭法都以公平正義以及社會的流動性為前提，並強調個人責任與作為核心單位的家庭；其奉行中產階級和商人價值觀的程度，更甚於其他任何偉大的宗教傳統。伊斯蘭法持續奮力對抗任何只以慣例為名的權威，以及在採行時以共通法律或個人尊嚴之名，不斷以各種明顯或比較隱約的方式，並在人類繁榮過程中，見證理想政府與個人道德的共同重要角色，同時還認定這是

人類有義務積極捍衛的神聖良善。其中，大轉化之後的基督教歐洲國家則是積極地加以實踐理念。事實上，值得注意的是，穆斯林大約從十九世紀初期開始，就宣稱歐洲人藉由伊斯蘭（Islamicate）標準，過著比穆斯林社會更加美好的生活。

其實，可以確定社會上的基本道德問題尚未完全解決；這樣的過程藉著改變自蘇美人以來就有的問題，而且，對於這個結果所付出的代價就是尚未有人能夠為此作評斷。從一開始，某些穆斯林對於權力的價值、新歐洲的蓬勃發展心存疑慮，而最後當解決方法沒有盡善盡美時，許多人的希望都幻滅了。

為何只是西方？

我們或許無法找出任何絕對標準，來評斷任何特定期間中某個社會與其成就是否卓越。我們已經瞭解到，即使在衡量繁榮和衰微時，都應該避免僅只審視社會所發揮的力量，或是社會在特殊情況下所能運用的資源。一般人都會先檢視其內部衰敗的徵兆，而某些學者則認為這正是伊斯蘭世界後來輕忽其偉大成就的主要成因。想要衡量一個社會在技術發展方面的進步，尤其是在自然科學方面，比較沒有爭議的方法其實就是同時仔細考量其理性與內部的自由度。但是，真相和自由並不只包含科學與技術這兩種可能指標；其實還要包括他們是否具備幾乎相當明確的技術化標準，其健全程度足以證實現代西方優越的正當性。在我們這時代，我們愈來愈能瞭解（一如之前曾提及），儘管自然科學聲稱相當**有益**，但更需要質疑的是其是否良善，而且基本上並不能稱之為**確實可行**。一般而言，我們確實有理由去質疑大多

數讓我們對現代西方成就感到驕傲的標準。

　　然而，即使我們無法再將絕對或獨特價值，歸因於西方近三百年來所呈現的所謂「進步」，但是，技術化與其發展過程中隨之而來的人類卓越成就，仍為事實。西方人民活力充沛的精神和知識生活，以及大多數人民的富裕程度，對於西方人民及其地方制度力量的光榮（不論其最終的結果）而言，都是重大的勝利。由於西方文藝復興卓越的文化繁盛，其文化轉化與蛻變逐漸擴大，這也使西方在某些方面超越了中世紀盛期伊斯蘭世界的文化水準。事實上，由於熱忱與才智而來的蛻變，承繼了文藝復興某些層面的永久創新動力。隨之而來的問題是：究竟是何種特別因素讓西方達到如此成就，而不是由其他社會締造此一成就？

　　首先，我們無論如何都必須回頭思考，這些西方文化繁盛的地區全部都集中在某些區域，而非在各地四處萌芽。就像出現在一個或最多幾個地區的農業文明，然後才散播到全球，所以在所有城市的族群之間，新技術的生活形式不會無所不在；這也首先出現在特定地區「西歐」，然後再向外擴散。

　　並不是某個地區專有的特殊條件才會導致這類新方法形成，就像若是沒有許多民族累積大量、各式各樣的社會習慣和發明，或是現代文化巨變中源自東半球許多都市化民族所造就的發明與發現，歐洲最初的城市文明生活就不可能出現，而且也無法發現早期許多基礎知識。尤其是大多數導致轉化的元素，不論是物質或道德方面，都是先後從其他地區進入西方。有些開啟後續西方發展進程的重要發明（特別著名的早期三要素：火藥、羅盤、印刷術）其實都來自中國，而且，科舉制度的概念顯然也是在十八世紀時引進歐洲。西方似乎無意

間以這樣的方式承襲了中國宋代放棄嘗試的工業革命。當然，若西方沒有這麼戲劇性的變化，那麼源自其他地中海社會的元素，特別是伊斯蘭（Islamicate），則會普遍帶給中世紀盛期的西方科學與哲學無法估量的刺激。

另外，至少同樣重要的是由歐亞非商貿網絡所構成的廣大世界市場，大多數是在穆斯林的保護之下，在第二次千禧年之前逐漸累積而成。西方進入人口相當密集又以城市生活為主的大範圍區域，也就是各式各樣的全球市場之後，才終於完成其蓬勃活躍的內部演進；歐洲財富因此而來，歐洲的願景也開始顯現出來。尤其是繼十五與十六世紀時的伊比利亞海洋（Iberian oceanic）事業之後，接踵而來的商業貿易擴張，開啟了財經成長、更直接促成早期主要資本累積的條件。如果沒有整個歐亞非文明不斷累積的過去經驗，西方就只是整體的一部分而已，西方轉化也就幾乎不可能發生。

然而，事實上，並非整個歐亞非舊世界都會同時發生這種文化上的轉型。以歐亞非舊世界當地文化背景來說，其任何區域的所有文化發展已經展開，而其他地方也只是慢慢開始引進這種文化上的發展。而改變最終會造成大轉化（Great Transmutation），也是同樣的情況。當時機成熟時，文化轉變可能只會發生在特定文化中的文化背景，一如在西方曾經歷過的轉變。

尚未確立的是，為什麼只在特定的期間和地區發生這種巨變。當然大致說來，這幾乎不可能發生在第二次千禧年之前；因此，應該是只有當東半球貿易網絡已經擴張並開始強化，以及尤其是它們已累積的發明，都達到足夠的程度之後，才會開始出現這種文化上的巨變。接著的關鍵就在於：哪個地區能夠最先整合當地足夠的有利條件。有

幾個不同類型的整合都能在形成一些轉變時，發揮其影響作用；我們不能只檢視恰巧出現在西歐的總體變化，就斷言這是能大幅增進各式生產力以及創新形式的可能成因。

然而，我們可以假設，特別有助於工業投資的社會傳統與經濟資源，將會變成重要的基礎：之前已經提到，中國人與西方人在這方面的角色逐漸加重，而且顯然有助於他們在伊斯蘭中期日益重要的跨區域角色。但是，可以確定的是，即使僅僅強化與此類投資轉變的影響作用相關的必要條件下，也能防止其發展遭受任何阻礙。藉此我們可以推測出哪一項條件對西方產生影響作用。[9] 對西方人來說，確實有特別的優勢。首先就是他們自己的土地相對純淨又廣闊：因為北方的寒冷，並沒有受到早期形式的剝削，所以古老的城市地區仍然存在最大的古老連續水源灌溉區域。一旦他們懂得更理想的農耕技術，就能獲得許多擴展的空間，也因此有了擴張經濟的模式；這就是世界史的轉捩點，多數以前不可能發生的情況，現在都已經成為事實，讓歐洲北方的森林更快迅地消失。（這是受到中國南部新農業技術的刺激，加強了宋代中國的經濟，遠方小區域受到的影響超過廣大的歐洲北部

9　〔作者加註：單一文化特徵時常加強解釋這樣的情況，是如何走向制度化，這種情形只有在西方才可能發生，也只有在那個時間點才會發生。解釋的範圍可以從字母與印刷術合併的作用（這理論低估了中國文字的活力），到世界基督教義之創造，以及實證主義價值，在幾世紀之後成熟了、解放了；或者是城市與科學理性組織的希臘概念，透過基督教徒的支持或肯定而獲得提升，或者「北方」（northern）給予酷寒冬天的物質設備。如同平常所說的，這樣的理論，低估了實證、理性、同情，或是其他人類的工業。所有這些元素都已經具有一定的地位，但正當這些元素漸漸被接受時，仍然需要考量世界史的重要時刻來加以補充說明。－R. S.〕

平原，而據推測，新農業技術更容易在當地受到阻礙。）毫無疑問，更難以捉摸的事件幾乎同樣重要，例如，對於準備進入其他城市化社會（歐洲不是被喜馬拉雅所阻擋），以及跨越大西洋等願景所產生的刺激（可以確定，即使哥倫布沒有作中長途的航海旅程，北方島嶼或巴西地區仍會發生變化；但若沒有中國人拓展至太平洋一帶，就沒有這些成果的存在。）必須補充說明（但這比較不明確），或許從大規模的破壞，特別是由外族征服（蒙古西征）及統治相當長的期間後，才能獲得解放。

　　或許，我們可以在某個特定時期（也就是，西方的發展受到某些阻礙），發現其他的農業社會都先後單獨發生類似的轉變，而每一種個別形式都有其本身的背景因素。不能排除一項可能性，中國人可能後續會再次成功重現像宋代一樣的成就，因為其大量又遽增的鋼鐵產量、新技術進步的擴散以及普遍的文化興盛；雖然中國的文化復興遭到中斷並在蒙古征服之下再度農業化，這類事件卻使文化模式永遠無法修復，社會組織也同樣如此。可以預期最後也能夠推動出伊斯蘭（Islamicate）的印度，但是，一旦某個地方已經出現這類轉變，其他地方也很快就會發生同樣的情況。一旦完成了變遷，就會很快影響全球，即為這類文化變遷的本質，而且，在某個特定地方所發生的事實，就會排除其他地方發生的可能性。

　　想要瞭解這個結果，我們就必須回溯之前曾提及的「不同農業社會（agrarianate society）之間所維持的平等」。在歐亞非歷史脈絡中，社會權力層次的整體提升，長期以來在各地發生的情況都相當顯著。十六世紀時的西班牙、歐斯曼、印度或是中國帝國，他們之中的任何一個國家，都可以輕易擊垮古代蘇美人，即使在蘇美最強盛的時

期——一如他們也確實擊敗過當時足可匹敵的對手阿茲特克人（Aztec）。但是，這類勢力的興起過程相當緩慢。在任何特定年代，不論當時是由誰取得優勢，歐亞非舊世界的每一個社會都必須考慮其他社會也有基本的平等地位。例如，在八世紀與九世紀，阿拉伯人比葡萄牙人優越，而十六世紀的葡萄牙人則短暫超越了阿拉伯人，這全都是基於表面上相對地方性的優勢，其中任何一個民族都未能擺脫農業社會的固有限制。在這兩者的情況中，優勢在短時間內消失都不是因為激烈的轉型，而是一般的情況有所改變。希臘人、印度人和穆斯林都分別在不同時期，各自經歷屬於他們的光榮時代，但在長期歷史裡，大致都維持了相同的水平。這是因為在整個千禧年，任何基本的新發展都已經在四到五個世紀之內被所有地方接受——以至於在火藥武器方面的情況，則是更加快速地被採納。

但是，對於歐亞非城市化社會之間已逐漸普遍保持的平等地位而言，破壞歷史上的先決條件，就是全新轉變的轉型特徵之一。在歷史變遷的新腳步中，當幾十年來都滿足於製造幾世紀之前就能製造的東西時，落後四或五個世紀就不再令人感到安心了；再也不會出現以前的普及和調適。最遲也就在十七世紀結束之前，所有非西方民族很快就都面臨著適應外族文明生活新秩序的問題，因為這也是西方的新興秩序。除非，他們自己恰巧也和西方在同一時間裡，已經開始可與西方勢均力敵的轉變，但其實這不太可能；然而不論其前景如何看好，也都沒有時間讓他們延續本身的獨立發展。不過，仍然以農業發展的步調逐漸進行文化方面的發展，而在這段過程中，他們也可能不僅是年復一年採行西方的發展模式（以有效採行這類模式的必要方式）。而那些因為沒有具備西方文化前提而尚未出現轉變的農業層次社會，

就必須以他們自己的步調持續發展本身的傳統，並採行能夠在基礎上被加以同化的外來傳統。因此，西方轉化一旦開始進行，就不能獨立平行發展，也無法全盤借用。但是在大多數情況下，都無法避免西方轉化。太平盛世社會的權力平衡已然破滅了，幾乎隨處可見災難性的結果。

二、伊斯蘭世界的轉型

　　轉型的本質使其無法以單一事件的型態呈現。甚至其起源也都不是獨立事件，因為西方本身就是更廣闊歷史複合體的一部分；而技術主義的竄升進而凸顯其對世界整體的依賴。西方的命運旋即就無法與全球事件的進程脫離關係。技術主義擴張的本質並沒有人為的限制：如果難以開發出一個潛在市場，那麼就會出現另一個理由去實現開發的目的。在創新與發現頗受重視、而且對於尋求技術效率也不加限制的文化中，特別是又擁有取之不盡、用之不竭的機械動力，則其中的個人活動便不會受到任何地理環境的限制。的確，創新的競爭精神，迫使他們不斷尋找最新的邊境、最新的市場與資源以及研究對象。不久，發生在仰光（Rangoon）、尚西巴（Zanzibar）、巴塔哥尼亞（Patagonia）等地的事，都直接與倫敦的人相關聯。

現代技術時代的前夕

　　因此，引領人類在世界歷史新時期所展現的不再是由各別文明演進所產生的文字傳統串接而成，而是轉化成為一個各國相互影響的全

球社會。所以當尚西巴對倫敦的連結越趨緊密時，倫敦對於尚西巴也相形重要；不久後，世界所有地區都與西方世界所發生的事情息息相關。當然，我所說的是歷史上生活前提的改變，而不是日常生活上的直接改變。但是，在歐亞非舊世界城市化社會日常生活中所必須仰賴的平衡點，仍然受到本身歷史困境的影響而極不穩固，因此歷史層面的改變也就變得相當具關鍵性。

新時代出現許多名稱，最普遍看到的就是「現代」；但由於「現代」是個相對性的詞彙，因此根據歐洲不同地區的標準，以其指稱某個時期則會出現誇大或限縮的問題，所以在此採用世界史觀上比較精確的用語，有其便利性。我們可以使用「技術時代」（Technical Age）一詞來指稱：從歐洲世界霸權開始到終結蘇美文明以來，所形成的世界歷史演變；因為技術主義和相關社會形式的出現是其間最重要的影響作用。

世界史中的技術時代，其特徵是至少某些部分的人類出現完全成熟的技術化，以及其出現對其他地區的人類產生關鍵性的影響作用。一般很容易只強調，其進化發展過程中技術主義最主要的制度性特徵。然而，即使在最先進的國家，技術主義的**急遽動力**（在比較低度工業化的地區）所產生的影響作用，通常也能**翻轉**某些極為重要的制度化特色。整體世界的這類滲透性作用也與核心特色同樣重要。

如今，全世界所有的歷史事件都發生這前所未有、緊密關聯的時代。此外，至少在一開始的幾個世紀中，不只這類事件變多了，發展的腳步也持續加速。自然而然，技術化的重要地區通常都有比較多的創新、比較多的新基礎發明；以及比較快速的方式，藉以呈現更多發現、發明和基礎改變。如果不是刻意改變或者因為災難所導致的結

果，這個過程最後還是有某種生物學上的限制；但是對任何地區來說，這段期間極為重要，所以，技術化的核心地區規劃出其發展步調，並決定各個地區活動的關聯性。

即使後來並未出現具體的改變，重要地區的基礎改變還是會在各地出現不同的回應方式。似乎長期以來，許多生活方式一直都沒出現太多的實質改變。但是，現實並非如此。其實，通常是因為其作用出現退化，以致旁觀者不易察覺，但對於結果，卻是具關鍵性的影響作用。姑且不論這一方面，僅僅是快速驛站馬車、鐵路和汽車等時代文化特徵的最重要意義——譬如說早期的交通方式——其實就具有高度的差異性。同樣，當文字的特殊形式、信仰之主張仍然只是傳統裡「每個人」都有的普通概念時，是一回事，但是，倘若前述的事情實際上是傳統主義，就算人們早已拒絕接受並對現存的理想化過往表述效忠意味時，那又會是另外一回事。對於整體命運被技術化脈絡所左右的民族，這種情形就具有歷史意義，而不是外在形式的延續。同時，在技術化區域中改變的頻率，也會對其他地區產生極為明顯的影響作用。甚至於世界上其他尚未技術化的地區，其政經運作和人類思想也明顯出現快速演變。

但即使歷史事件在全球脈絡下不斷加速發展，但決定技術時代的歷史走向，還是要依靠社會文明創造力基礎的改變。在技術化的區域裡，因為大眾社會發展的緣故，受過教育的城市菁英與農村大眾之間固有的差異，已經不再是根本的問題；取而代之的或許是功能的專業化。當技術主義逐漸擴散至世界各地時，也就到處都會出現同樣的情況。但同時，在尚未技術化的地區，文化活動之中重要又具創新意義的重點，並不是農業社會裡城市菁英的問題，而是技術主義世界中非

技術化菁英的問題。

　　技術時代的世界史（以世界史的角度來說）最重要的事實就是：
技術化社會與非技術化社會（或低技術化社會）之間，其社會權力的
各種不同程度對比。這導致了權力差距，或者以比較樂觀的角度來
看，是一種發展過程中所產生的差距，也就是人類從最初彼此無法區
隔、到最後切割成兩個彼此難以理解的不同世界。吉卜林（Kipling）
所說的就是這樣的困惑：「東方是東方，西方是西方，但雙方絕不可
能相遇。」這類發展鴻溝的劃分線一直都相當尖銳。重點在於，特定
的國家社會整體在發展過程中，能否採行大致上與最先進西方國家同
步的新模式。儘管身處「落後」的邊境地區，那些有能力的人大致上
還能維持權力平等的情勢，或至少在表面上維持這樣的情勢；至於那
些沒有能力的人，他們發現自己受相同世界市場與政治團體的吸引，
長期以來所建立的權力地位已經逐漸惡化；在先進地區建立經濟與文
化的力量，也使他們變成了「開發中」地區，投資規模也變得相對薄
弱。[10]

10　Gunner Myrdal 以簡易的形式，至少用西方轉型結果的經濟層面，來解釋非西方世
　　界。其著作 *Rich Lands and Poor: The Road to World Prosperity* (New Yorl, 1957)，
　　做了相當好的說明，本書的英文標題是 *Economic Theory and Underdeveloped
　　Regions* (1957)。他指出未受阻礙的市場運作，即使是透過一點點差異的累積作
　　用，都會出現愈來愈誇張的失衡現象，他也指出，這種情形特別會導致區域的關
　　係趨於緊張，因而在共同的市場架構之中，賦予一個區域可能所需的優勢，而去
　　重挫其他區域。他還特別強調，某一地區的經濟發展，總是會有「回波」
　　（backwash）效應，造成其他地區的經濟衰退，任何區域都必須與發展更好的區
　　域，在比較劣勢的情況下進行競爭；「擴散效應」（spread effect），是經濟發展帶
　　來的結果，也可能刺激鄰近地區發展，但是，一般來説都沒有比回波效應更具影

發展上的鴻溝已經使某些民族中心主義的詞彙出現全新意涵。「西方」（Western）一詞比較籠統地使用於技術化區域，至少這些區域與歐洲比較有關聯；因此，就這層意義而言，「西方」一詞也包含了東歐基督教區域和西方。「東方」（Eastern）一詞甚至更籠統補充了「西方」一詞的意義，至少針對已具備城市化文化、並且身處舊世界歷史共同體的「低度開發」區域而言，更是如此：這已經運用在全世界的伊斯蘭——亞洲區域，從西歐與摩洛哥，一直到遠東的中國與日本。兩個用詞都有嚴格的意義，如果只用以指稱技術時代的歷史結構（尤其是十九世紀），就略顯疏漏。

我希望，十九世紀以來穆斯林族群的問題，已經變得清楚，而不是他們比穩定發展的標準「落後」，在伊斯蘭的（Islamicate）文化裡，不管是不是一般所認為的宗教蒙昧主義（obscurantism）或政治無能，都不能歸因於其固有的缺陷。但是我們還是比較無法以某種生物法則來說明伊斯蘭勢力（Islamicate power）的衰退，因為若視為有機體，任何文明必然都會發展、衰老與腐化。頂多可以說（以經濟角度而不是生物角度），社會可能相當鼓勵投資於一種機會，當新的情勢使不同類型的投資更加有利可圖時，就會慢慢以不同方式來整頓資源；也

響力。十九世紀的世界市場盡善盡美地規劃出這個原則，而Myrdal則強化了這種效應。可惜，許多經濟發展的理論家都沒有考慮到這一點；他們也時常假定：每一民族重新開始發展，抑或是：如果有比較晚期的人引進已發展國家的技術，則會替其民族提供了不少優勢〔作者加註：在那些非西方地區長期城市化、高度開墾、最緊密整合成廣泛世界複合體（world-wide complex）的面貌（異於非城市地區與偏遠地帶）。工業化之前就出現的人口爆炸，是回波效應之一，導致了農業過剩的結果，讓工業化內部過渡時期出現很大的困境。－R.S.〕。

可以說，從某種程度來看，伊斯蘭文化（Islamicate culture）相當完善之處，已經符合了農業時代的需求，儘管已經在基礎建設方面有了進展，或許還是阻礙了進一步發展。但即使這樣的評判，還是值得質疑。我們並沒有充分理由假設，轉型若不曾在何地、何時發生，後來就不會在伊斯蘭化的環境中出現。

我提出的觀點迥異於一般世界史的西方印象，不是只有純粹的西方主義者，還有多數西方基督教徒與猶太人在某方面所接受的印象。這類印樣象，在延續中世紀西方概念裡，把世界區分為三部分：文明前的人類（Primitive），他們沒有歷史；東方人（Orient），在某一方面裡創造了偉大文化，但缺少均衡發展，隨後停止也退步了；最後則是西方（由古典希臘和拉丁西方所組成），有一定比例引進了希臘特質，後來並創建了真理與自由，之後儘管一開始沒有比東方來得亮眼，但整個過程最後必然出現現代性及世界宰制。根據這個印象，伊斯蘭文化（Islamicate culture）作為「東方」最後的表現，應該頂多就是早期文化舊瓶裝新酒，必定很快就會衰退到一般的「東方」停滯。所以，這幾乎就是現代西方學者一致的解釋。另一方面，現代性會是長期發展的最後階段，一般來說以西方為代表。很多人根據這個印象來說明伊斯蘭世界所受到的「西方影響」，而不是技術主義的影響，這似乎是說歷經兩個不同的社會，而不是兩個時代；就像是說西方的發展，最後達到了穆斯林從未抵達的程度，而不是一些發生在西方文化的新事物，後來也因此發生在伊斯蘭世界和整個世界。這類立場當中最典型的就是，將新時代從西元1500年算起，也就是西方與其他文明的大規模接觸，而不是出現技術主義的一個世紀之後；似乎指稱世界上全新層次的社會進程並不具關鍵性，只是恰巧在西方出現，而是西方的

全新突破沒多久就正好進入全新階段。

之前，在伊斯蘭歷史（Islamicate history）裡，我們就曾提過類思想。我在全書都盡量想呈現，各種根深柢固的誤解，是如何導致問題錯置，以及對證據的曲解，進而扭曲了伊斯蘭研究。如同我在第四部序言的簡要圖表中所提到的，許多這類曲解，完全是西方主義的世界印象（Westernistic world image）。但是，在伊斯蘭世界的傳統歷史中，或許就是西方主義的世界印象，最直接影響我們對於現代性概念與穆斯林歷史之間關係的理解。[11]

---

11 可參考「伊斯蘭研究的歷史」那個段落（第一冊，第322頁），西方主義的立場，已經有特殊的方式演化。西方主義的世界印象，源自黑格爾（Hegel）歷史哲學的首次重要印象；這可以回溯到最近在世界史綜合體的嘗試。這漸漸地使得掌控伊斯蘭與伊斯蘭文化（Islamicate culture），有了困難。自從中世紀以來，伊斯蘭模仿西方，也與西方競爭；這逐漸呈現在相當晚近時期的偉大面貌，符合反基督的舊概念，但對於進步的啟蒙概念來説，這是令人憂慮的障礙。在歐斯曼的威脅最後消逝之後，這可很自然地忽略，不只是在歷史研究，還是哲學、甚至是宗教研究不安穩的意識。伊斯蘭甚至對於史賓格勒（Spengler）與湯恩比（Toynbee）造成困難，他們表面上強烈脫離了西方主義的歷史印象（即使是一體兩面，羅馬衰弱的西方主義概念，仍然是模範）；對兩人來説，伊斯蘭世界的歷史出奇地不合常理的。甚至在 William McNeill 重要的著作 *The Rise of the West*，屬第一部相當成功的世界史著作，但西方主義的印象，仍然充斥於伊斯蘭評價之中，儘管湯恩比瞭解非西方文化的重要性，而人類學的傳播論（diffusionism）也影響了他的研究，結果也是一樣。他的書問題在於，不是他對於伊斯蘭紆尊降貴的態度，也不是他認為哈里發盛期之後便停滯不前的想法，而是他持續誇大「西方」具高度發展性的特色，他認為伊斯蘭就是附屬品。

1789年的世代

　　大約從西元1776年起到1815年間活躍的男性和女性，形成了一個世代，狹義來說，其顛峰時期應該是在西元1789年。1789年這個令人嘆為觀止的世代，不只經歷過法國大革命，還有新的美利堅共和國成立，以及拿破崙橫掃了歐洲大陸。在整個轉型的過程中，社會與經濟的均衡力量，已經日漸難以透過社會與政治生活的形式來呈現，因為其對於新衝擊的反應比較緩慢。在達到顛峰狀態的世代裡，有一個對後來情勢產生影響的突發現象，就像隱藏的禍根隨著缺失快速進行，社會所接收的模式都分別以不同方式重新調整，以符合技術化的不同需求。這個突然重新調整的階段，並不能直接代表那個世代的巨幅轉型。其中有一些，例如，在同樣的世代（西元1785年）開始普遍利用蒸氣機器來進行生產，則是逐漸穩定累積到尖峰狀態過程中的里程碑。但即使是這些也都只是受到那個時代的劇變事件加速，或是因為迫不得已。那個世代的事件，經過不斷累積，在當時開放與流動的環境中被強化，而日漸薄弱的社會情況也經過重新調整之後，就變成具劃時代意義的事件。

　　同樣可以肯定的是，同一世代中也形成了歐洲的世界霸權。到了拿破崙時期結束前，在所有東半球城市地區，這種霸權便成為不可避免的政治現實；國內與國外的「革命」（Umsturz）之間，並沒有時間上的差異。十八世紀時，在亞洲—伊斯蘭區域的歐洲強權，已經日漸擴張，不過還沒到關鍵性的程度，而在國內外也都還沒有這類普遍認知。天主教在西班牙與葡萄牙的區隔一直都只是一種形式；世界並不是由教皇支配。甚至後來法國人、英國人和荷蘭人之間在全球城市地

區的鬥爭，最主要也都是為了貿易據點而且大都在邊緣地帶，其中比較有名的案例，就是爭奪對於南部海域區域不同朝廷的影響力。（有些歷史學者想要稱十八世紀的英法戰爭為「世界大戰」，這並不合理）例如，中國人在十八世紀晚期，還是有能力把俄羅斯人驅趕出領土之外。但是，在拿破崙戰爭時期，歐洲強權極力發展其軍事與經濟，甚至還曾在過程中更深入干預許多穆斯林領土的內政事務。

　　到了維也納會議（Congress of Vienna）時，也就是歐洲協調（Concert of Europe）的前身，歐洲強權其實都處在嚴肅的狀態，例如一旦羅馬教皇先發制人頒布法令；而且，在整個十九紀，世界偏遠地區的事情，其實都是由強權來解決。而當時各地其餘的城市地區，也都受到歐洲人政治勢力的擺佈，但有一些情況，不論歐洲人或當地人民起初都無法瞭解，甚至從來都不曾瞭解。在遠東的中國與日本，雖然世界的政治轉型曾一度不再明目張膽，但在拿破崙時期還是對當地產生某些微妙的關鍵性影響作用（當時巨幅成長的鴉片貿易就是一個指標）。然而，要到另一個世代才出現史無前例的西方霸權。特別是伊斯蘭（Islamicate）區域的主要部分，而不是東半球的大多數地區，很快就被歐洲人控制，其間不是透過侵略，就是藉由巧妙的干涉；而一般來說這類陳述也都屬實無誤。內陸地區的穆斯林在埃及曾一度，而在印度與馬來西亞則是長期，都受到現代西方武力所壓制。而西方強權在其他地方，最主要是歐斯曼帝國的主要地區，到了西元 1789 年世代其優勢簡直勢如破竹。幾乎世界上伊斯蘭化的地方，以及其基督教徒、印度教徒和佛教徒領地，這個世代都認同，任何政治人物、商人，甚至是新銳思想家所面對的主要論據，全都來自技術時代的歐洲。西元 1789 年世代幾乎讓世界各地的命運都跟歐洲牽連在一起。

所有事件都不單是歐洲內部急速發展的副產品，而且其中內部的過程有一部分還與歐洲事件的本身同時出現。就某種程度而言，形成具影響力的歐洲世界霸權，其實是（像英國工業革命）至少潛藏了一段時間的趨勢，受到歐洲內部爆發性情勢的壓力而被強化的結果：也就是歐洲內部面臨的新問題，歐洲人發現了以前幾乎不瞭解的潛力，並將其進一步開發。但是，形成具影響力的霸權，至少在某些情況下，也回應了穆斯林區域裡重新調整的過程（毫無疑問地，同樣是與歐洲事件密不可分），十八世紀時西方的影響力在那些地區最為嚴重。新興霸權西方的活動，幾乎已經潛移默化地改變了穆斯林國家的內部勢力的平衡，最後，某些地方在形式與現實之間的緊張情勢，終於使現存的模式毫無招架之力。至於歐洲，則已經進行重新調整。但是，差異有各種不同類型，而重新調整的結果自然也迥異於西方。

　　但是西方重新調整的方向，是要讓各種不同層面的生活都處發展中的技術化社會，其正式制度能更趨明確，而在亞洲—伊斯蘭地區，或其中在當時已經歷重大調整的地區，則是必須釐清並以某種秩序形成發展鴻溝中所出現的權力關係。當地的奢侈品工業與貿易一旦受到西方競爭力嚴重破壞，則整個社會內部的平衡就難以恢復。[12] 隨著伊斯蘭社會（Islamicate society）中特別重要元素的古老行業菁英凋零，則其反農業的偏頗立場也就全部喪失；此外，當更多決策著眼於新的西方時，舊統治元素就更加無能為力——而十八世紀主要帝國固有的衰弱，則使其無能為力更趨惡化。此外，舊制度功能與繁盛遭到破壞

12　〔作者註：1789年世代的穆斯林統治者，其實都試著要配合整個十八世紀已經在發展的情況，包括消失的穆斯林奢侈品工業，以及獨立於農業基礎的城市繁榮遭到破壞。這樣的情況，在城市化的穆斯林地區，特別受到嚴重影響。－R.S.〕

之際，他們與西方的新經濟關係，則開啟了極為重要的買賣關係。

因此，重新調整是採取建立一般統稱為「殖民」（colonial）秩序的形式：也就是某個或多個西方區域的政權和經濟具相輔相成作用的方式。一般而言，依賴的地區轉而產製出口物品 —— 通常是原物料 —— 供應給西方的工業；進而接受西方工業製造的廉價成品。在這種情況下，依賴土地所建立的政體，通常都是為了保證進行這類貿易的必要秩序，並防止地方上脫離這種模式的意圖：這通常會消弭某些專制主義中前技術時期典型的各種權勢。隨著革命所產生的衝擊，在影響最嚴重的地區很快就形成了相互依存的新秩序。而其他各個地方，在整個世紀的過程中也逐漸建立了更多這類新秩序。就這方面來說，不論西方是否進行統治，都沒多大差異。

其中三個最明顯的例子，就可以說明伊斯蘭社會（Islamicate society）在技術時期到來時所採取的各種不同形式。在法國革命之前的幾十年間，孟加拉就遭到英國擅自佔領，隨後幾十年一直都是英國征服整個印度的根據地；西方人在此建立了附屬政權。在埃及，雖然被法國軍隊短暫佔領，但革命反而當地人獨立自主回應新挑戰的運動；一般而言，歐斯曼帝國也是這樣。最後，在伏爾加韃靼人（Volga Tatar）方面，我們也能發現穆斯林社群在西方轉型過程中的重要角色 —— 隨後並在其他穆斯林區域建立依存秩序的過程中扮演重要角色。

孟加拉與印度的新秩序

英國征服印度，正是歐洲侵略和統治主要伊斯蘭文化重要區域的

經典實例。這也同時可以有助於說明十八到十九世紀之間歐洲人本身的轉型，和隨後所產生轉變的意義，以及其影響作用。因此可以說，公然征服只是英國人與印度人關係改變的表象，而這個改變對於英國統治的各方面都同等重要。

　　一如我們所提過的，十八世紀，儘管歐洲的強權與優勢在印度不斷增長，但英國在孟加拉與安得拉邦海岸（Andhra coast）、馬德拉斯（Madras）與孟買等城市的貿易社群，其生活方式仍然與兩世紀之前沒有什麼差異。掠奪孟加拉其實就代表了歐洲人的新力量；但是這種新興的力量在當時還不強大。因此會完全不顧任何後果。英國人基本上與當地貿易商的生活條件相當，並與其一起剝削孟加拉與比哈爾（Bihar）。眾所皆知英國人都會以當地方式建立後宮——如同成為帖木兒帝國君主的官方代表——並在政府之中自然而然繼續使用波斯語。孟加拉崩潰，清楚顯示了古老心態的延續，也就是如果貿易要持續有利可圖，歐洲新權力就需要有所控制而如果不是歐洲人來做，那又是誰呢？商業利益本身很明顯是需要沃倫・黑斯廷斯（Warren Hastings）的改革，就是他建立了英國對孟加拉的直接統治（西元1772～1785年）。而他們幾乎是走在時代的尖端。他們面臨了當地英國人的強烈抵抗，以至於他的同事們讓他受到審判，而漫長的審判過程（西元1788～1795年）終於讓英國本土的人們首次認清旅印英國人的整個情勢。雖然最後黑斯廷斯被判無罪，但一般民眾卻譴責他的公司。英國民眾群起承擔在印度一世紀以來的高度責任，像是在法國革命中進行的審判。

　　一般大眾對於英國在印度的作為相當震驚，但這類做法極為根深柢固，以致連他們的改革者黑斯廷斯本身也遭到控訴，但其所作所為

在德瑞克（Drake）時期卻沒有人覺得震撼。不同之處就在於，對政府的責任建立了標準：大家期望政府一定要能有效運作，以作為文明秩序的工具，而不是他們本身的權力與榮耀。例如，有人批判黑斯廷斯，因為他協助他在恆河平原的阿瓦德赫（Awadh）穆斯林盟友，去推翻他鄰近的穆斯林魯赫拉斯（Ruhelas），並在倫敦受到讚揚，被譽為能妥適統治他們領土的「自由人民」。如今英國人必須絕對尊重法律與秩序，甚至在海外也是如此。反對黑斯廷斯的重要理由就是，他鼓勵了阿瓦德赫統治者，欺騙他們的女性親戚（以付清他積欠英國的債務），而英國人早先曾就此賦予女性特殊保證之後，就只有作法強硬、集體性和技術性質的政府才會侵犯個人意志。

　　審判過程中義憤填膺的高道德立場，就如傳統的羅馬人一樣。伯克（Burke）以西塞羅（Cicero）的演說，來批判黑斯廷斯根本不尊崇韋雷斯（Verres）的思想。這種嚴謹的道德立場，是英國征服印度時的一項重要條件。但是，實際情況的其結果則與羅馬以及其他諸多民族是完全不一樣的。黑斯廷斯的繼任者康沃利斯（Cornwallis）繼續實施其短暫改革，蕭規曹隨，而其根本性的重整則是比西塞羅一直支持的陪審團改革還更深遠。結果就是，黑斯廷斯與康沃利斯兩人都遭該貿易公司控告，罪名是以政府機關來壓榨商人私有利益。這在相當程度上只代表了，在他們掠奪的國家中重建秩序。但是，這也代表著，這樣的作法是基於整合技術化世界的秩序。西元1786年終於建立了合理又可行的稅務系統，其效率幾乎與帖木兒時期的系統不相上下。但是，康沃利斯毫無耐性繼續下去。他實施預算化又可預期的稅務系統，使政府能夠專注於當時老百姓最關心的服務，甚至不惜付出重整農業亂象的代價。西元1790年，孟加拉最高法院（迄今由穆斯林主

持）由英國人主控，並配置穆斯林與印度教徒的顧問，而司法系統則施行現代英國系統，除了其他事務之外還包含法院對法人組織（corporate）的「政府」以及各階級民眾的一般管轄權。到了西元1793年，他就已大致完成令人滿意的法規，其主要用意是要支持整個印度政府接下來的擴編。

康沃利斯與其後的繼位者都具有吸引較高階級人士的優勢，而不是那些與克萊武（Clive）一同湧入孟加拉的大批投機者，黑斯廷斯就曾與他們競爭過。當轉型的影響作用愈來愈明顯時，歐洲人便逐漸感覺到，他們的文化自成一個比起南部海域還要優越的世界。如今，他們承擔起把成果帶到未開化地區的責任。在西元1793年抵達馬德拉斯與孟加拉的清教徒傳教團就表現出這種精神。不久後，這種精神就激勵了許多更稱職的行政官員與法官，他們都是以法律與秩序之名被指派來統治孟加拉。那些新來的，帶著他們的太太，在熱帶地區還是盡可能過著純西式生活。因此，他們並不贊成與「當地人」有平等的社會地位，而且更排斥異族通婚。同時（也的確執著於這樣的精神），他們自覺對於改善當地人的命運有相當沉重的責任感。尤其是，傳教團開始發行媒體，並很快就以孟加拉方言印行聖經和有關現代科學的著作，這些著作很快就極為暢銷，而且遠超過老學派「東方主義」學者新近出版的波斯文及梵文書籍。轉化的某些重要層面，不只是其軍事與貿易副產品，如今全都在孟加拉重新引發迴響，而且很快就遍及整個印度。

但是，並未出現完整的技術化演進。而是產生社會秩序的全面重整，以便能適合其依存角色，而這其實並非技術化社會的擴張，而是與其相輔相成。現代科技與科學這類事物進入這種依存社會，基本上

只是強化西方在物質方面與道德方面無可取代的優勢。從根本來看，孟加拉在其整個發展過程中所能感受的只是轉型的衝擊性影響作用，而不是重要制度的特徵。這些影響力，簡單地說是發生在經濟、社會結構、知識菁英階級之間。

　　孟加拉政府更完善的施政還是無法克服的問題，就是康沃利斯不抱希望去解決的。瑪爾瓦利人（Mârwârî）與英國人掠奪了孟加拉，其短期作用就是影響了孟加拉工匠的生計，特別是棉花紡織工。英國貿易政策的狂妄行徑，完全控制了孟加拉的生產，從西元1779年起，歐洲市場就與英國貿易商關係密切，如今則因為戰爭的干擾而導致進一步衰退。但最嚴重的是，至少從西元1790年起，與英國機器生產棉製品的相互競爭。孟加拉的工業從此一蹶不振；英國政府幾乎沒有採取任何特別措施來限制英國貿易的作為；若不採取類似日本那種孤立的做法就幾乎無法達成，但這在孟加拉是不可能的。因此，農業隨後便有很長時間都一直是孟加拉經濟的唯一支柱。然而，這是不同的農業情況。在十九世紀裡，這日漸轉變得不是產製當地食物，而是供應全球市場工業化部門的原物料，主要有黃麻（jute）與靛藍染料（indigo）。因此，孟加拉的經濟進入了技術時代社會典型的依存階段。

　　管理生產的方式，以及進入變幻莫測的全球市場，都使孟加拉居民賴以為生的經濟體制必須取決於技術化世界的秩序。農民為了培養其本身的技術專長，並期待基於其省吃儉用的習性，能透過個人的成就而不是團體表現來達到滿意的生活，就必須以累積相當程度的資金為基礎；因為，相當矛盾的是，皆大歡喜的昂貴婚宴遠比長期投資個人企業還划得來。但是，市場機制不利於村民資金累積，至少在其具備相當程度的技術專長之前是如此。因此村民便處於惡性循環之中。

其實，村民本身的文化模式，一直都沒有朝技術化化方向發展，村民在物質與道德方面，都注定要從他所處的大秩序之中分離開來。

奢華的婚禮有不祥的意思：大都代表個人債務會在無情法律脈絡下不斷遽增，而不是重新肯定當時基本上上已獲妥協的社會融合。不論花費多大，每一個新的世代都還是必須舉辦婚禮：另一種選擇就是沉悶又一無是處的孤立退隱。但是，村民的團結和內部的自主性，再也無法緩和婚禮所產生財務上的影響作用。在廉潔的法庭，錢莊也不太可能會因奢侈浪費而受罰。村民集體遭受錢莊的束縛；村民因為受當地暴力脅迫的壓榨，所以使其長期民不聊生的是法律，而不是目無法紀使其偶爾心灰意冷。

孟加拉健全的政府確實順利控制了瘟疫、飢荒和戰爭這三種早期城市化社會的重大災難。如今不論經濟情況如何，只要還能賴以為生，人口就可以持續成長；確實也是這樣。人口在整個世紀史無前例地不斷成長，但不像工業化國家那樣，他們則是全都定居當地。當土地日漸擁擠，村民也無能擺脫村落的現況。人口流動到更開闊的土地，使某些企業團體（甚至整個階級）提升了他們的地位，但這種流動卻持續受到限制。社會秩序變得更為僵化。新的統治階級更讓這種僵化變本加厲。這既不是所要發展的農業類型；也不是遭新興投機人士推翻的軍事類型；而是技術化措施，這只有靠同化技術化社會中重要的制度特性才能達成，而不只是仰賴其遽增的影響作用。印度教徒總是能夠藉著改信伊斯蘭，而進入令人嚮往的圈子，這主要是靠調整其本身的忠誠度；但是，除非透過完整的教育過程來徹底重塑一個人的性格，否則便無法將其轉變成英國風格，而且頂多也只能透過這種方式。

因此，英國統治階級的權勢，是既輝煌、無懈可擊，又孤立的。僅次於統治階級的地位，就是其所保障的土地仕紳階級，這是最新構思的法律用語，而且與英國的利益關係密切。整個結構是一種「永久定居」的型態，從農民到最高階級的總省長。孟加拉起初在這方面極為倉促的決定，後來卻形成「永久性」的穩定稅收，因為其實施取代了處於原位的人，並無視農民的傳統權益，添增了社會混亂。在恆河區域的績效不彰，進而導致建立在某種程度上對其他區域農民比較有利的體系；但是，各種不同政策的精神，在每個地方實施時卻都同樣容易造成僵化。新專制主義或許比較寬宏大量，但其大方向還是要讓對英國的互補依存新秩序能紓緩和延續。

在這樣的情況下，比較有抱負的人都會想讓本身能更英國化，甚至不惜冒著犧牲其本身固有文化認同的風險。很多人在西元1789年世代裡就曾提倡某種歐洲化。伊朗文及梵文傳統，突然間變得過時，而且在當時是相當沉重的包袱。新的大師啟發了一些新前提，進而對傳統提出質疑。而更重要的是，全新的英國知識體系吸引了最聰明、或最有抱負的學者。梵文及波斯文傳統日漸相形見絀；而其弊病就是出現日趨嚴重的社會飢荒。

英國在孟加拉統治的內部轉型，很快就出現英國對印度的完全統治。黑斯廷斯開始彰顯潛藏的英國優越感時，正是在西元1782年時，派遣遠征隊從加爾各答（Calcutta）直接橫跨次大陸到孟買，還有擊敗主要是結合印度教徒與穆斯林勢力的聯盟，他就是以此證實了英國在整個印度的勢力。但是到了西元1784年，倫敦的政府試著要防止任何這類進一步的冒險投機，並阻止對印度事務的任何挑釁戰事或干預。

在接下來的世代中，就是與印度幾乎相同廣闊的世界徹底翻轉了

這種審慎樂觀的政策。一般來說，為確保英國貿易商的地位，特別是要先阻止任何帝國興起（因印度政局不穩定），以免不利於英國利益，英國人自覺必須與各種不同的印度勢力結盟，後來也確實依此進行。自西元1765到1792年，英國人控制了孟加拉、比哈爾邦、還有安得拉邦海岸，在馬德拉斯（Madras）附近的區域，還有孟買的小島。他們對於阿瓦德赫有重要的影響力，上至仍屬穆斯林統治的恆河流域和泰米爾納邦（也稱卡爾納提克，Carnatic）。佔領次大陸大多數地區的其他重要強權，則包括康納達語（Kannada）的邁索雷（Mysore），還有德干高原心臟地帶的海德拉巴德（Haidarabad），都是由穆斯林統治；橫跨印度中部地區的瑪拉塔（Marâtha）聯邦（印度），其主要統治者則是在馬哈拉施特拉（Mahârâshtrâ）的浦那（Poona），其在德里控制了有名無實的帖木兒帝國君主；以及西北方一些受阿富汗勢力威脅的邊拉吉普特與錫克政體。到了西元1792年，英國人為了防止邁索雷勢力的擴張而與海德拉巴德結盟，併吞了大量南方偏遠地區的領土。但是，直到西元1798年，當衛斯理（Wellesley）擔任總省長時，英國人顯然必須進一步推進或撤退。邁索雷統治者與法國人結盟，而當時的法國人則是希望能在印度取代英國人；海德拉巴德與其他政權，都藉著法國人以現代的方式，來訓練他們的軍隊。西元1798到1799年間，衛斯理壓迫邁索雷並使其成為受英國保護的屬地。西元1803到1805年期間，他則擊潰了瑪拉塔勢力，穩定了英國在整個印度的軍事優勢。他發展出的行政系統，只有直接治理印度每一部分的特定地區，其他「印度本土國家」則留給印度教徒與穆斯林統治者治理，但他們還是受英國控制。在倫敦一段時間的謹慎行事之後，接下來西元1813到1818年之間的總省長，在拿破崙失勢的幾年之間，則是形成了拉吉普

特（Râjpût）殘餘勢力與瑪拉塔統治者之間的依存聯盟，並建立了英國人從西部塔爾沙漠（Thar desert）到孟加拉海灣之間，至高無上的政治地位。

由於新的模式在地方上都能被採行，因此很快就透過印度的其餘地區引進孟加拉境內，特別是那些由英國直接治理的地區（比例不斷增加）。在下一世代裡，很快就出現他們內部不可避免的問題。而在西元1829年時，則是正式推出了第一個重要的社會改革手段，也就是廢止印度教徒的寡婦殉節。西元1827年，當英國停止提供基於其領土而對德里的帖木兒裔傀儡皇帝象徵性的結盟之後，印度的伊斯蘭文化優勢即象徵性地終結了。但是在西元1835年以前，英語教育（以及英國文化背景）即已成為進入政府公職的一般必備條件，最後還取代波斯語而成為印度年輕人要取得理想社會地位的重要條件。

英國征服印度的利益其實與穆斯林的征服不相上下。表面上，他們都分別引進了新文化，逐漸在許多方面都為順從的印度教徒所同化，但不是宗教方面。但事實上，兩次征服的意義有極大差異。對英國來說，這不只是更為快速而已。通常展現出比較古老印度教文化還更強烈社會權力的穆斯林，在其採行許多伊斯蘭（Islamicate）元素之前，確實似乎都能掌握。但是，差異其實不大。印度教政權很快就東山再起，而伊斯蘭化在復甦過程中的重要性則屬次要。而現代英國人所帶來的，則是相當不同的事物。新文化的同化，代表了印度教徒與穆斯林生活基礎結構的轉變，而其程度似乎大都與現代標準差不多。所形成的新標準，不只包含法律、醫藥、科學，甚至是宗教的本質。社會的所有新階級最後都已形成，國家與城市之間的關係也已經改變，文明本身與所有文明化傳統的特質也開始受到質疑。

埃及與歐斯曼帝國的新秩序

　　歐斯曼帝國在英國征服印度期間，在政治上仍然保持獨立。它認為，若想不犧牲穆斯林的獨立而盡量採行與西方一樣多的新方法來重整穆斯林的軍事力量，最好的方式就是透過穆斯林統治者來實施，而不是西方的征服。對於印度的征服，不論從他們成功的程度與其結果，或他們失敗的部分來看，都顯示這種作法其實含糊不清。因為事實上，他們為建立與西方互補依存的整體政經運作而採取的方式，與在印度所建立的「殖民」式政權相當雷同。

　　一如我們提過的，歐斯曼帝國在西元1739年時擊敗奧地利與俄羅斯之後，持續維持其帝國統治直到西元1770年，除了在匈牙利嚴重失守之外，其規模幾乎可以說是十六世紀的高峰；但歐斯曼帝國的中央權力及其控制力在偏遠領土則是相當脆弱，特別是在北非（Maghrib）。然而，到了西元1774年，歐斯曼帝國與俄羅斯交戰之後就喪失了對黑海的控制，而俄羅斯更在西元1783年併吞了亞速海沿岸的大部分領土。征服似乎指日可待。就像某些印度統治者一樣，歐斯曼統治者也想至少讓一部分的軍力能實施歐式訓練，以便能檢討其敗績。但他們在這方面的進展比印度統治者，而且也沒那麼成功；這可能是因為帖木兒帝國衰敗之後，印度統治者多半沒有政治經驗，傳統束縛較少，他們也沒有像歐斯曼統治者那樣受到堅決的反抗。但是歐斯曼政權的相對力量，特別是歐洲列強之間彼此的威懾作用，讓歐斯曼帝國比印度政權還有更多的時間。俄羅斯勢力的進逼受阻，而奧地利或法國也都沒能取代俄羅斯的地位。總之，歐斯曼帝國領土在拿破崙時期一直都未被侵略。

伊斯坦堡本身的改革，似乎一開始並不順利，而是在下一世代才有徹底的成果。[13] 塞里姆三世在歐斯曼與奧地利及俄羅斯對戰期間登基，而其間土耳其只遭遇些微挫敗。西元1792年，因為歐洲的關係（法國勢力擴張）而使和平暫時停頓，塞里姆三世在帝國中進行他稱之為「新秩序」（Nizâm-e Jadîd）的重大軍事與政治改革。其中包括恢復舊式的中央集權，從專制主義者的角度來看，這代表消弭濫權——就像是在孟加拉的英國人，某種程度上只是要恢復帖木兒帝國時期的良好秩序。因此，約束難以駕馭的禁衛軍團，幾個世代以來一直都是專制主義歐斯曼蘇丹關注的問題，而如今塞里姆則將其視為首要任務。但另外一層意義也包含重新整頓首都的進步社會模式，以便在經濟和文化依存西方時，能有助於推展有秩序又有利的政策。施政必須符合西方形式，而且整個帝國都必須推行理性化。要恢復老舊制度長久以來一直都不可行，而如今甚至連像十八世紀專制主義者那樣，只想表面上採行西方技術的細節，也都再也不夠了。歐洲內部的戰事僅能暫緩比過去嚴重的歐洲強權問題，以及確立符合其本身需求的世界秩序。但歐洲內部的分裂還是能延緩其強權的擴張。但需要新「法律與秩序」的全新貿易關係對歐斯曼人來說，已日漸間接形成比老舊貿易和農業利益還更重要的問題。奢侈品工藝的破壞自然有助於禁衛軍對商會系統殘餘勢力的控制，最後並侵蝕了商會成員較理想的領導力，進而瓦解宗教學者與城鎮居民的結盟關係。有一段時間裡，這種結盟關係還曾經具有否決權，但最多只能以負面方式行使。要想達到

13　〔作者加註：塞里姆（還有幾年之後穆罕默德・阿里的改革）的改革，應該視為傳統習慣之承襲；見H. Inalcik, 'Traditional Society', in D. Ward and D. Rustow, *Political Modernization in Japan and Turkey* (Princeton University Press, 1967).〕

正面的結果，就必須透過當地日趨過時工業與貿易以外的方式，來找出更徹底的全新方針。

　　塞里姆和他朝廷的某些大臣，對法國革命的理念相當有興趣，但其在意的是其中的開明專制君主特色，而不是激進的民主人士。為了有助於其政體的組織改造，他起初便是求助於現代性的創始人，也就是讓歐洲日漸現代化的人：拿破崙。然而，在西元1806年，因為保守的宗教學者與禁衛軍積極鼓動伊斯坦堡的居民反抗他，所以到了西元1807年，他的改革追隨者和改革運動顯然已到了窮途末路。但這次失敗有其拋磚引玉的作用。他的朋友與繼任者瑪赫穆德（Mahmûd），便從他的錯誤得到教訓，也從他開導人們的方式獲益良多。在接下來的二、三十年間，他以更務實的做法，耐心地按部就班進行塞里姆想做的改變，甚至還更為完備。後來當禁衛軍在在戰爭中（西元1821年之後）無法弭平希臘半島的叛亂時，就形成「輿論」對政權穩定性和可信度的關切，也就是讓瑪赫穆德摧毀禁衛軍來開啟新形式的專制政體，並採用西方的新技術方法，也致力維持歐洲人需要的秩序最後並能獲得他們的支持。

　　然而，同時間塞里姆的某一名軍官，在其埃及省分中則出現更直接又顯著的成功經驗。埃及中央集權式的經濟，已經出現西方競爭勢力取代了其奢侈品貿易的現象，而這種情況或許比帝國中任何地方都還嚴重；例如，比較高級的布料幾乎都來自法國，主要是經過黎凡特（Levantine）。社會秩序也一併遭到破壞。但是，西方的出現顯然維持著比帝國中其他各類地區都還更嚴謹的貿易特性。西元1789年，拿破崙抵達埃及，表面上是為了避免法國商人受當地的無政府狀態騷擾，但重點則是要對抗英國人在印度的勢力。埃及的傭兵（Mamlûk）軍隊

無助於對抗拿破崙，因為並不像歐斯曼軍隊那麼瞭解現代軍事發展。一般來說，人們還是一樣視野狹隘。法國則盡其所能在埃及進行啟蒙運動：現代化醫院、公家的行政單位、科學實驗室（而在其他方面，則仍盛行以科學化方式來記錄非技術化的方式，而這在現代法國文明化之前就已經消失了）；他們邀請當地令人驚訝的學者來審查表演，並針對其是否符合革命的道德優越性加以核可聲稱這是真正的伊斯蘭。此外，他們還研擬詳細的計劃，以便讓埃及的經濟能更有秩序又繁榮，讓法國式的經濟帶給所有人好處。

到了西元1801年，當法國因為英國的干涉而必須撤退時，埃及人就知道，在最後的法國人離開之後世界就已經改變了，因為就連軍紀渙散的中世紀騎士，也曾想進犯比他們文明太多的埃及，但並未得逞。在接踵而來的混亂之中，直到西元1805年，便有一名奉命對抗拿破崙的歐斯曼指揮官從中竄升進而掌權：他就是阿爾巴尼亞人（Albanian），梅赫美德・阿里（Meḥmed-'Alî, 1769—1848 CE），相當自私又目不識丁的天才。

梅赫美德・阿里在穆斯林阿爾巴尼亞裔軍隊的支持下，首先將埃及政府恢復到將近以前的規模。他在西元1807年就足以對抗英國干預的企圖；而到西元1811年之前，他就已經摧毀了傭兵軍隊的力量，痛宰他們的將領（像是禁衛軍的例子一樣，過去塞里姆失敗的部分，梅赫美德・阿里都取得勝利）；而到了西元1813年，他就已經建立起埃及人在漢志的統治地位（歐斯曼的屬國），而當地正值改革的內志瓦哈比主義者則在西元1803到1804年間，推翻了歐斯曼帝國的統治。但是，梅赫美德・阿里並不滿意這樣的結果。他在世的時候，開啟新時代的各種可能性，他也知道若不利用這樣的優勢，就無法長久享有這

種權力，畢竟對抗英國人僅是短暫勝利，無法確保獨立能夠維持長久。

梅赫美德・阿里一開始就自行集中控制整個埃及，很快就（到了西元1812年）撤銷了所有土地分配，並將中央政府直接干預的模式引進農村內的土地關係，而這正是傳統社會結構的核心。他還透過農村酋長之間比較不正式的議會，來設置隸屬於政府的村長（'umdah，也稱首領）。[14] 宗教福利基金會的土地捐贈連同其他土地與學校還有其他機構全都充公，進而直接取決於政府。

由於舊的社會秩序已蕩然無存，所有權力都集中在統治者身上（並非完全史無前例的事件），因此他便繼續進行更多的基礎改變，以防止情勢翻轉。他為了開始進行還保留了法國顧問；當時大多數計畫確實都是由法國佔領者研擬和執行。他以現代化為前提所設置的行政體系，確實是他後來執行其他計畫時的極有效工具。他很快就壟斷了整個商貿工業與穀物的市場，讓他自己能操控整個經濟。到了西元1820年，他就已經依預定進度著手進行了好幾個計畫，並將埃及轉變成與歐洲市場互補連結的社會。他開始重建古老的灌溉系統，其中有一部分在十八世紀進一步損壞之前早就廢棄不用了。但是，他透過其現代工程師的觀點來進行重建，但並非全都如此；這樣的重建確實是重建整個埃及灌溉系統的第一步，而且最後還同時不再承受自古以來每年水災之苦。他最重要的施政，就是針對政府所控制的土地引進各種改良的棉製品，以便出口供應英國的紡紗廠，後來並加以機械化，

14　這時期農村首長逐漸增長的重要性，可見Gabriel Baer, 'The Village Sheikh in Modern Egypt (1800－1950)', *Studies in Islamic History and Civilization*, Scripta Hierosolymitana, vol. 9 (1960), pp. 121－33.

也能應付不斷擴增的產能需求。

自此埃及的經濟便日漸與國際市場接軌。此後若蘭開夏（Lancashire）出現恐慌，埃及農人也能直接感受到。埃及農業隨後逐漸形成的商業化，只是表面上類似小麥納貢成為拜占庭（Byzantium）或麥地那（Medina）主要方式的的時期。古老的主食小麥被非食用性及市場波動性穀物取代，最後並導致埃及大致上都必須進口受現代國際價格體系支配的食物。埃及產能的快速成長，很快就同時帶動了人口的快速成長；由於也引進了現代醫藥，所以能檢查流行疾病，但這對於改善農民日常健康問題的助益仍然相當有限。執行這類措施時都採取相當有效的方式，因此疏漏極為有限。

明顯的結果（一如孟加拉的情況）就是可觀的財富與權力，甚至是統治圈內的法定保障，以及與歐洲利益的密切關係，也可說是種依賴。儘管農民在一波（短暫的）農村繁榮之後都有受益，但他們已經喪失很多傳統社會的補貼，因為鬆散的政府施政作為和多頭馬車式的地方主管當局再也負擔不起了。文化機構有時候也是焦頭爛額。因為其經費是由國家提撥，所以愛智哈爾大學（Azhar）就被迫停止講授哲學、天文學及音樂，並限制在法律與神學，讓更廣泛的科目留給新的歐洲教育體系。現代標準使其狹隘的視野更形惡化。新暴政最令人憎恨的表現，就是軍事上的徵兵制度，雖然並不像法國大革命那樣充滿愛國主義，但卻同樣有效。然而，徵兵制讓阿拉伯農民變成軍人，讓梅赫美德・阿里操控他的阿爾巴尼亞裔軍隊，並讓埃及成為帝國境外的中心，不只在阿拉伯半島，也包括尼羅河上游的蘇丹地區（Nile Sudan），最後（當梅赫美德・阿里在西元1831年對抗歐斯曼中央政權時）還涵蓋大敘利亞地區。這也讓學生能在學校學習醫藥、工程和

現代語言，這是梅赫美德・阿里統治晚期，為了想使其本身擺脫對歐洲專家依賴而建立的模式。就是這種方式，最後使一般埃及人在某種程度上轉而積極而不只是被動地參與事務。

　　梅赫美德・阿里的成功，在於克服十八世紀西方的競爭而導致的挫敗，以及型塑了西化世界的大多數新秩序。從此一角度來看，他促使埃及進入歐洲技術化的秩序；他在經濟與政治方面都達成了目標，不再隸屬於歐洲人。然而，他想讓埃及成為具備西歐那種技術水準的現代化政府，則是徹底失敗了。西方兩三個世紀以來的逐漸轉型，還是未能提供他所需要的人力資源；這確實對他造成負面的影響。埃及舉世聞名的優秀工匠不久之前都已經消失，當他想一舉引進現代化工廠時，他的人力資源卻相形見拙，也很缺乏用來支援的技術性資源。他退而求其次，以獸力來操作機器，但結果顯然不盡理想。即使當語言問題總算解決之後，他的學院所招募的學生還是不知道如何透過個人、實驗和創新的探索等日常程序，來學習科學。他們自然而然都進入了艾茲哈爾經學院，他們學習背誦古籍，與他們的老師辯論文學細節。但是，僅僅背誦工程學教科書，並無法成為工程師，而且，還必須要有實際經驗，而不是依靠著辯論，然而，這卻是一般社會比較不重視的部分。梅赫美德・阿里在比較著重技術化方面的各種努力，儘管偶爾算是才華洋溢，但大都類似這種虛有其表的作為。

　　梅赫美德・阿里的帝國在西元1833年和後來的1840年，其實都仍飽嘗歐洲強權壓制之苦，不論政策是否可行，都還是讓他執行的決心百般受挫。由於不符合歐洲貿易所抱持的個別商業化基礎，他甚至被迫放棄他的市場壟斷措施，而且，後來在埃及也出現同樣的問題。西元1840年之後，他也放棄了自己對於學院的雄心大志，並且承認埃

及雖然表面上是獨立的，但還是必須滿足埃及於對於整個文明化秩序的從屬立場。

伏爾加韃靼人與突厥斯坦

　　歐洲半島西側具拉丁特色的西方基督教民族曾經出現過巨變，這些地區全都具有大致上共通的重要制度；因此，在所有轉型區域內部，發展過程中所需要的創新得以建立在相同的基礎之上。所有轉型區域都具有封建政治制度；也都至少發展出後封建民族國家（post-feudal nation-state）結構的元素。這些都出現在同為拉丁形式的文學與宗教特色之中，並出現在這類特色的中世紀盛期與文藝復興發展階段。這類族群之間都具有密切的社經關聯；在某些地方逐漸廣為人知的創新，也會在各地同時進行，而類似的情況與問題有普遍出現的傾向，每個族群都至少都會有相同一致的部分。[15]

　　因此，各地方的改變都是針對既定制度，進行逐步修正，而不是大規模的全部取代。當十八世紀許多位君主決定要改革、改善政府與社會時，並沒有人認為這是效法比較進步的國家；即使他們其實跟法國或者是英國，借用了一些重要概念。這些「開明君主」（enlightened monarch）與他們的朝廷都感覺到：這種改革運動就是「啟蒙運動」。也就是說他們認為，這不僅可以說是採納了外來的方式，也是以他們

15　十八世紀末與十九世紀初，在黎巴嫩山區農村的改變所產生的具體影響，可參考：W. R. Polk, *The Opening of South Lebanon, 1788－1840* (Harvard University Press, 1963).

自己的方式進行改良。在最落後與最先進的國家裡，都盛行著一樣的態度，也確實是如此；因為每一個國家的「啟蒙運動」都是從當地的思想與創意開始發展，並且回應了當地各種不同層面的共通問題以及期望。

　　帶有希臘與東正教基督教徒特色的東歐民族，他們的運作制度和社會先決條件，與拉丁語系的西方本土並不相同；但是，他們共享相同的傳統，因此在基督教歐洲各半的希臘與拉丁之間，每個時期都曾有過許多貿易與文化上交流，甚至是政治方面的交流。在中世紀盛期之前，至少在更加完善的生活層面上，基督教徒的西方一直都持續在文化與經濟方面朝貢拜占庭；但是政治方面，義大利最先進、開明的地區，長期以來還是對拜占庭欠缺效忠。在整個伊斯蘭中前期，逐漸扭轉了依屬的方向。到了伊斯蘭中後期，東正教基督教徒王國的部分地區受到西方政權的統治，包括東地中海與東正教斯拉夫（Orthodox Slavic）領土的心臟地帶；這個政治統治代表德國與義大利商人所掌控的經濟霸權，就像東正教基督教徒一再貶低他們的西方兄弟們，彼此卻還是有著日益增加的文化交流；即使東歐沒有密切進入大部分經由西歐領土中轉移過來的發展之中，基督教歐洲仍保留了大致上共通的生活。

　　因此，到了十八世紀結束之前，在彼得大帝（Peter the Great）時期，俄羅斯人有能力接近西方人，他們也有比較積極充足的力量，能夠警覺到發生在他們之間的事件，進而使他們達成積極同化當時由於轉型所出現的結果；他們進入啟蒙的過程中，其科學、工業的、甚至是有些社會先進的模式，都還處於早期階段（雖然總會刻意脫離似乎一直領先幾步的西方），因此他們在整個社會權力方面，並不會投入

錯誤的發展差距中。儘管這需要俄羅斯民族的全體大眾以及他們並不健全的技術發展，才有可能達到他們的目標，然而十八世紀的俄羅斯還是成為歐洲強權之一。

以這種方式所形成的單一「歐洲」，基本上是由西方基督教徒或西方人組成，但大致上還是包括舉足輕重的東歐民族，至少像是獨立的附庸國家。這個包含俄羅斯的新歐洲（以及某些其他的歐洲海外定居者及西伯利亞），就代表了大轉化的重要勢力，衝擊了世界其他地方。（就是這個新的歐洲群組，足以在此後正式稱為「歐洲」。）

在這個新歐洲之內，伏爾加區域的穆斯林、說突厥語的古老保加爾（Bulghâr）民族的後裔，形成一個區域：一個日漸活躍的地區。他們在十五世紀被俄羅斯征服，接著便因為俄羅斯強迫他們改信而使其土地主導權嚴重崩潰之後，他們的領土就被俄羅斯定居者瓜分，進而使他們日漸成為自己領土中的少數族群。但他們還是完整保留住自己的商業菁英身分。啟蒙運動時期的俄羅斯凱薩琳女帝（tsarina Catherine）在十八世紀後半葉時，決定將穆斯林（或者說「韃靼人」）整併到俄羅斯帝國中，使他們具有平等的地位；就某些方面而言，她算是已經成功了，伏爾加「韃靼人」獲得解放，不過多數人還是不具市民身分，最重要的是在城市裡有居住地的限制，以及被迫改信基督教的騷擾。他們很快就進入經濟擴張時期，並積極參與新世界的貿易，甚至是工業。

在西元1789年時代，韃靼人的企業出現了兩種形式；在俄羅斯領土中受到俄羅斯法律保護，以對抗外國穆斯林貿易，以及受到日益增進的西伯利亞貿易所強化，因此韃靼人有能力可以從現在貧瘠的扎拉夫尚（Zarafshân）城市的商人之中，獲得重要歐亞貿易的領導權；來

自喀山（Kazan）的商人可以同時以信徒的身分自由地在布哈拉（Bukhârâ）進行貿易，也可以在莫斯科以同胞的身分進行貿易。如同俄羅斯人因為有時候形成的伙伴關係，韃靼人後來在自家內部也投資大規模的工業；喀山自此變成製造業中心，雖然其新工業並無法與最現代化的西歐工廠相提並論，仍然是半手工的狀態，但在較為落後於俄羅斯的情況下，還是有足夠的進步空間。布哈拉的經學院保有了首要的地位，甚至也加強他們自己對伏爾加穆斯林在社會與文學方面的掌握，但是最後，他們在經濟甚至是社會方面的領導權，還是落入伏爾加韃靼人的掌握中。殖民地在所有被俄羅斯征服的穆斯林土地上都逐漸倍增，就像俄羅斯人的土地一樣，代表新的技術化傾向（在限制之內），但維持了像穆斯林與當地人那樣密切的關聯。

但是，伏爾加韃靼人還是堅持要走向伊斯蘭（Islamicate），不只是儀式崇拜和教條，還有整體文化思想上的層面；而在一段時間之後，他們的伊斯蘭文化（Islamicate culture）只有在技術機械方面才進行了現代化——例如運用印刷術——而不是材料方面。他們的文化首都「北方的喀山」（在新時代，在裡海邊的阿斯特拉罕〔Astrakhân〕，雖然沒有在貿易方面發展出特殊性，在文化中卻有著次要的特殊性），則是穆斯林印刷術的主要中心，但這類印刷術長期應用於察合台突厥文、波斯文和阿拉伯文；而且最常使用於重新編輯古書，或者是十八世紀、甚至更早期文字所書寫的新書。韃靼人不只與錫爾河與烏滸河流域之間的信徒保持社會接觸，甚至也與鄰近山區（或許可稱之為突厥斯坦〔Turkistan〕）的信徒都保持聯繫；他們甚至還同化了服裝與社會習慣，使其更接近主要消費者，但後者對於這類技術時代的重要趨勢，其實比較無動於衷。

因此，在韃靼人的保護下，十九世紀初錫爾河與烏滸河流域的棉花進而能大量出口到成長迅速的俄羅斯市場。如果沒有拿破崙遠征或者梅赫美德・阿里，以及技術較不成熟的俄羅斯工廠，那麼，突厥斯坦棉料的品質，到了十九世紀後半葉還是不會有明顯的改善。因此，現代化的行政措施早期並沒有在地方上執行，甚至沒有（儘管西方武力頗有興趣）現代化的軍事，也沒有現代化的學校或報紙。韃靼人幾十年來都抱持著以比較老式的作風來做生意的觀念，然而相較於其他黑色人種地區（Sûdânic lands），即使是突厥斯坦，在更不容易接觸到技術時代世界貿易新商機的穆斯林領土中，其基本的經濟體系已經融入了現代貿易化的情勢，並旋即就形成了與現代俄羅斯經濟的互補依存關係——以及特別是與日漸現代化穆斯林韃靼人的關係。

但是，雖然這些韃靼人本身比其他穆斯林族群還要進步，不只在新時代採用他們的重商傳統，實際上甚至進入了製造業，而且在當地取得領導地位，還十分小心翼翼地從新生活的知識層面脫離出來。在十九世紀晚期，當俄羅斯人正緊鑼密鼓進行現代化時，他們的事業就嚴重受到這種侷限的阻礙。[16]

16　詳見 A. Bennigsen and C. Lemerciier-Quelquejay, *The Evolution of the Muslim Nationalities of the U.S.S.R. and Their Linguistic Problems* (Oxford University Press, 1961)。

第二章

歐洲的世界霸權：十九世紀

歐洲在西元1789年的世代就已經對伊斯蘭族群展現其霸權。不論是直接統治的歐洲強權，或是僅僅依存歐洲社會整體秩序的勢力，只要他們達成協議，都能在大部分的穆斯林世界中貫徹政策的執行。無論如何，他們都不允許任何獨立的伊斯蘭政府。的確，當時最主要的侵略行為包括在印度的英國以及在馬來西亞群島的荷蘭（英國有部分介入）。荷蘭在十九世紀勢力擴張，控制了在群島中獨立的穆斯林沿岸港口，而在拿破崙時代，他們還朝內陸拓展，勢力遠及爪哇與蘇門答臘的穆斯林農業王國。此後，他們便擁有群島中除了北部之外大多數地區的主導權，其中也包括英國在馬來半島的勢力。在北非（Maghrib），地中海北岸與南岸相互襲一直都是常態，而十八世紀時基督教徒的新任務則是遏止穆斯林「海盜」；但北非（Maghrib）的海盜直到世紀結束時才終於受到壓制，船最後遭到壓制，其中甚至有新興的北美共和國（North American republic）的協助。

但是，即使和歐洲利益陣營關係疏遠的伊朗嘎加爾朝，歐洲的壓力仍然相當強大。從西元1800年俄羅斯沙皇宣告為基督教喬治亞的國王當時（那時嘎加爾朝正面臨喬治亞的反抗）起，嘎加爾朝的新任君王就不斷面臨俄羅斯對其整個高加索（Caucasian）重要地區的侵犯。但是兩個世代之前，在薩法維帝國衰弱之後，俄羅斯的進逼，已經與歐斯曼勢力合併（納迪爾國王〔Nâdir Shâh〕輕易地擊敗了他們），俄羅斯人就不再離開了。俄羅斯人進一步佔領高加索和重要省分亞塞拜然的精華地區之後，嘎加爾朝的統治者終於瞭解，唯有聯合另一歐洲列強（貿易與政治方面都由這列強主導）加以制衡才能得救。他們先後找了英國與法國結為盟友，分別聘用每個強權的一般性顧問和軍事官員，也堅持解雇其他代表。

這類干涉終於（拿破崙戰爭後法國只有一半熱忱）削弱了俄羅斯勢力，使其從輕而易舉的征服變成溫和的保護關係。

國際法與世界統治的理論基礎

政府的功能就是要讓權力合法化和穩定，較為強盛的帝國內都有不同立場，還因此要排除他們其他應負的責任。這方面一直都是技術化區域中政府的主要功能。但是，個人技術成就的首要地位造成富有的企業家階級勢力興起，在早期這就代表個人成就。從他們的觀點來看，所有令人讚賞的地位，例如那些出身高尚家庭的人，都是大企業家：他們的共通利益，就是只認可市場的合法性，使其所有權與法定權利趨於一致。這就是歐洲霸權的原則。

因此，財產權的保障，也就是對抗政府本身或受政府控制地方勢力的任意干預或中止，不只是一種理念，而是技術時代西方政權體系主權政府最重要的義務。如果某個社會中現存的政府能在這方面保障歐洲人，則歐洲人通常就會同意尊重這作為主權，並承認其於公認之國際秩序中具備類似歐洲政府間相互配合的地位。接著也才會遵守歐洲人處理國與國之間關係的各種規則，也就是「國際法」（international law）。當運用歐洲原則時，任何先前既存的慣例，例如穆斯林政府之間的習慣，頂多只能獲得次要的地方性認定。

然而，如果政府不能保障「法律與秩序」——也就是財產利益的安全，特別是歐洲人藉著拓展當地商人活動而來的這類安全性，或若特別是違反了歐洲人建立的國與國之間關係的規範，那就是這個政府喪失了其主權的權力。在這樣的情況下，歐洲強權就有充分理由進行

干涉以保護其國民和其他歐洲人的權益。這類干涉，可能會依其他歐洲強權的戒備和當地反抗可能造成不便的不同程度，而產生不同的控制程度，從撤換官員到徹底佔領和接手治理不等。（基本上，一般都不認為歐洲強權會永遠遭當地抗爭勢力擊敗；因此後來義大利人在阿比尼西亞敗北時並不光彩。）然而，即使能擺脫依存政府的任何控制，這也很早就成為慣例，也就是堅持歐洲人與其外籍受保護者的任何訴訟，都必須依歐洲本身的法律標準由其本身的（當時派駐世界各地）領事官員管轄，而非委由當地法庭。這類稱為「治外法權」（extra-territoriality）的特殊審判權，普遍存在由教友（co-religionists）管理的伊斯蘭受保護者法庭（Islamicate dhimmî court）；但在歐洲霸權之下，這已經擴大成外國管轄權凌駕當地管轄權。因此，歐洲人不會對弱勢表示仁慈，就算公認具主權的政府也是一樣。

　　歐洲主要的帝國強權（法國、英國、俄羅斯），在這個世紀持續以各種方式擴張他們對伊斯蘭—亞洲的直接控制。法國人從西元1830年起就佔領了北非（Maghrib）的心臟地帶、阿爾及利亞的歐斯曼領土，而儘管產生了極強勢又願意奉獻的領導人阿布杜—嘎迪爾（‘Abd-al-Qâdir），帶領穆斯林在起初還未被佔領的領土尋求獨立，並極有尊嚴地與歐洲人達成長期協議，但最後還是像叛賊一樣遭到追捕。然而，越是與歐斯曼關係密切的省分，就越會受到歐洲各強權的覬覦，而且他們頂多屬於其共同受保護國。穆斯林領土中最廣闊又最容易招致歐洲強權侵犯的地區，包括地中海東岸地區的歐斯曼帝國和英屬印度之間，以及北部的領土。英國與俄羅斯在這個地區是競爭對手。印度平原已經成為印度帖木兒帝國的一部分。小規模的錫克教徒和穆斯林統治在政治方面相當不穩定，因此招致英國人介入，以免其中有任

何地方勢力強大到足以對英國所主導地區造成威脅；而到了西元1849年就遭到併吞。但說波斯語或突厥語的大多數領土，歐洲強權的中心還是比較難以染指。

到了十八世紀末，由薩法維帝國與烏茲別克君主所主導的地區，進而區分為一些規模較小的城鎮型政權，只由山區與草原游牧部族零星控制。波斯語人口幾世紀來所涵蓋的大多數區域都已限縮；伊朗高原北部大多數低窪地區的農民與城鎮民眾，開始盛行草原部族的突厥語，以至致於舊的波斯城鎮木鹿（Marv）與巴爾赫（Balkh，也稱「Mazâre Sharîf」）現在如今也都屬於說突厥語的地區。甚至在裡海西部的亞塞拜然山區，還有錫爾河上游和帕米爾（Pamir）北部的大多數人口，也都說突厥語。說波斯語的區域中有些比較冷僻的當地語言，已經逐漸消失，然而從帕米爾到法爾斯（Fârs）山區，還是存在某些波斯語的本土方言；但在最偏遠的西部山區，伊朗人說的則是庫德語（Kurdish）；而最偏遠的東部地區則是普什圖語（Pashtô，阿富汗人的語言）。

這個區域中最重要的政體就是由嘎加爾朝突厥部族所建立的君主政權，他們都承繼薩法維帝國的某些重要傳統，並建都於早期拉伊（Rayy）附近的德黑蘭。嘎加爾政權統治了大部分的高加索地區，特別是說突厥語的亞塞拜然，還有說波斯語的西伊朗高原。其於庫德斯坦（Kurdistân）的大部分地區，說阿拉伯語、海拔較低的杜宰勒（Dujayl）平原，以及說波斯語的呼羅珊（Khurâsân）西部地區，大致上都是行使其宗主權。嘎加爾朝的官方語言是波斯語，因為其為伊朗與突厥斯坦（Turkistan）中其他突厥（與阿富汗）政府所使用的語言。儘管其領土中只有稍微超過半數的人口說波斯語，但西方人還是稱之

為「波斯」。而說突厥語和波斯語的大多數人口都是什葉派信徒。

在比較偏遠的東部伊朗語系地區有幾個政權，其中最重要的就是由阿富汗王朝所統治的喀布爾蘇丹汗國，控制著許多阿富汗山區農村以及廣大的波斯語地區。這個政體對外、對內都稱為「阿富汗」（Afghanistan）。其說阿富汗語及波斯語的大多數人口都是順尼派信徒。

從錫爾河與烏滸河盆地到北方的地區，烏茲別克君主國長期以來就分裂成幾個小的汗國，最主要是分別建都於希瓦（Khîveh）、布哈拉和浩罕的汗國。而在阿爾泰隘口（Altai passes）東方的穆斯林則是受中國人統治。整個廣大的突厥語地區，包括中國人統治的塔里木盆地，都統稱為「突厥斯坦」，其中有幾個政權都以其首都為名。居民幾乎全都是順尼派信徒，因為一直到北方的哈薩克（Kazakh）草原游牧部族，都是鬆散地由獨立的統領（khân）治理。

自從伊斯瑪儀國王的革命，伊朗與高加索高地也積極響應，並不斷襲擊錫爾河與烏滸河流域之後，什葉派的伊朗就與順尼派的突厥斯坦頻生扞格。兩個區域在地理上是緊密相連：許多被視為異教徒的什葉派俘虜都會在突厥斯坦淪為奴隸；伊朗與圖蘭（Tûrân）這兩個區域不斷出現敵對狀態。但是，雙方到了十九世紀最重要的結盟則是因為都同樣受到俄羅斯勢力的威脅。到了西元1813年，俄羅斯人就佔領了高加索的大多數區域，包括在嘎加爾朝統治下屬軍事重鎮的大部分亞塞拜然。西元1828年，俄羅斯與嘎加爾朝簽訂條約，俄羅斯人取得控制裡海和干涉「波斯」的權力，包括像是歐斯曼投降條約中所涵蓋的治外法權。俄羅斯人在後來嘎加爾朝的王位繼承過程中，聯合英國人出兵護送他們指定的候選人到德黑蘭。喪失了突厥領土，讓嘎加爾朝更形凸顯其波斯特色，但還是持續從亞塞拜然招募兵員來擴充軍力。

接近十九世紀中葉，俄羅斯透過伏爾加韃靼人長期拓展日益增進的貿易往來之後，開始侵略突厥斯坦的大部分地區和阿爾泰隘口西部，最後甚至遠及烏滸河上游某些獨立的波斯語高地（稱為塔吉克斯坦〔Tâjîkistân〕）。其讓烏滸河河口的希瓦烏茲別克汗國，與札拉夫尚谷地的布哈拉保持相當的自治權，但周圍全都是俄羅斯的領土。（俄羅斯強硬進駐在西元1868年所佔領的撒瑪爾罕。）阿富汗人與嘎加爾波斯王國在南方保持獨立，但嘎加爾朝則無法控制卡拉庫姆沙漠（Kara-Kum deserts）的放牧突厥（Türkmen）部族，還受制於一條俄羅斯鐵路並使俄羅斯得以干涉呼羅珊。英國人對進逼印度的俄羅斯並不信任，所以便極力對抗俄羅斯在阿富汗的強勢影響力，但卻無法與俄羅斯在德黑蘭日漸強大的勢力相抗衡。英國人在波斯灣的阿拉伯語地區仍保有商貿優勢，最後並在歐斯曼與嘎加爾的領土上建立其保護國。但在大多數的「波斯」地區，俄羅斯產品已經成為波斯市場最普遍的進口貨，而俄羅斯也是其最重要的外在政治因素。而英國人所能做的，頂多就是封鎖德黑蘭與喀布爾（Kâbul）在呼羅珊之間的邊界。而這就是這個世紀初呼羅珊的整體形勢。

就某方面而言，這其實就是歐洲強權橫行霸道所形成的結果：也就是壟斷邊界和終結各個朝代。歐洲人竭盡所能在所到之處開疆闢土並長期定居該地，而且，歐洲人隨時都會無所不用其極地攫取利益利益。這只不過是一般國際秩序合理化運作的某種層面：邊界劃分之後，就可以釐清個別政府的相關領土範圍，而且不得出現進一步爭執。但朝代法的施行則是比較重大的問題。歐洲人堅持每一個政權的領土都要以歐洲的方式（但未必是長子繼承權）明確訂定，以免君主的主權繼承出現任何爭議性干擾但在自由軍事競爭之下，還是會有其

他的勢力遭受阻礙；隨著比較具權勢貿易商會日趨式微，這類阻礙就更難以對抗歐洲的挑戰。在這世紀之間，印度幾個受英國保護的政權都能確保不再出現叛亂，而無能的專制暴政卻使其日益衰弱，甚至連透過英國顧問的協助還是無法維持必要的法律與秩序，最後不得已只能由英國來治理。同樣的過程，也出現在伊朗—突厥區域（Iranian-Turkic region），當時俄羅斯人確定由嘎加爾後裔的「合法繼承人」在西元1834年登基，但他卻並非特別稱職的年輕人。英國人不只一次介入喀布爾的王位繼承，以確保他們是「友善」的統治者，但他們都不會喜歡這樣的情況：結果使阿富汗山區的政治更難平靜。

初期反抗階段

　　對於歐洲世界霸權入侵的初期反應，當然就是抗爭。在仍然「獨立」的區域，則是由統治者領導抗爭。但是，比較有遠見的統治者在持續又日漸增強的西方入侵威脅中，就會認清使其軍隊現代化的必要性——也就是讓他們盡可能像是西方軍隊，而且要在施政方面充分引進其他變革，有時候甚至是要以教育的方式來支援全新的軍隊。這類改變就能激發強烈的抗爭力量。不過所引進的很多這類改變，都還是受到西方直接控制。當時的這類抗爭都基本上還是保守的，儘管並未牽涉到新的社會運作方式，但卻都是其自發形成的。但是，有時候這也確實已經在其本身較古老文化力量中呈現出某些革新了。

　　梅赫美德·阿里在十九世紀初持續（直到西元1841年）推動埃及與敘利亞的革新。他雖然贏得西方輿論支持，但他的民眾卻愈來愈憎恨他。敘利亞人一開始歡迎他的軍隊對抗腐敗歐斯曼帝國的壓迫，但

很快地就不滿他徵收繁重的稅金，解除人民的武裝以終止爭執，最後還徵召他們為國家服役。他們有一陣子藉由歐洲人的協助而擺脫了梅赫美德・阿里：埃及人並不愛戴他，他的整個朝代都受到腐敗的影響，儘管當時能有效遏止抗爭，但還是沒能改變他的形象。

而歐斯曼帝國北部的瑪赫穆德（Mahmûd，在位於西元1808～1839年）則試圖要像梅赫美德・阿里那樣，也要立即號召抗爭，但比較沒那麼深入，也沒那麼有效，而其努力與成果，其實是比較沒有影響力的。瑪赫穆德面臨了比較尷尬的情況。不只是帝國受困於經濟失序的問題。不同的巴爾幹基督教徒民族，在十八世紀已經與西歐有密切關係，並興起一股民族主義浪潮（之前的穆斯林就已出現這類發展）。他們逐漸希望完成西化，成為獨立政權。結果，他們的反抗，似乎使受挫的帝國更加四分五裂。

因為歐洲的支持也很有限所以其成果並不顯著，但這對於突厥人來說已經勉強足夠。在瑪赫穆德執政時期，北方的俄羅斯干涉，使得歐斯曼帝國失去黑海的領土，而且在羅馬尼亞與西伯利亞的獨立小國也得以自治，而當時歐洲人也一同干涉南方，讓獨立的希臘小國建立，因而整個帝國的命運都受到希臘因素的影響。當然，在東南方的埃及也成為強盛的獨立國家，而敘利亞（還有漢志地區）也相繼獨立。在他執政結束時，歐洲的介入確實讓一半的帝國領土維持穩定，不受梅赫美德・阿里的軍力影響。

不過在他仍統治的有限領土中，他與他的大臣有效建立中央集權的國庫與治安體系，也能隨時更新資訊，讓政府能採行讓所有人都滿意地現代化措施。他們也很有技巧地，對抗著伊斯坦堡的宗教學者與禁衛軍，一直到政府的權力穩固為止，像是中央募兵制就是個例子。

只有在他執政最後幾年，曾破例讓「西化人士」（Westernizer）在外交單位受訓，或者在已改革過的單位受訓，而不是在宮廷傳統中，「西化」（Westernize）政府行政程序得以進行。講授現代知識的學校，如雨後春筍般成立。穿戴上端削尖的圓錐形毛氈帽（fez）來辨識歐斯曼人民，而不是以宗教信仰來區別，這取代了（起初只有政府官員）不規則的頭飾，以區分宗教學者與蘇非行者（darvîsh）、商人與王子、基督教徒與穆斯林。這樣的方式，不只是低階的宗教學者，還有一般多數的突厥人，都對於這一小部分的西化人士感到憤恨。瑪赫穆德利用禁衛軍降低自主上流仕紳的重要性之後，就在他們已經失去軍事競爭力，甚至城市保守分子對他們都不再尊敬時，下令廢止禁衛軍，。反土耳其帽，特別成為民間普遍的對象。

　　同一世代還出現印度早期如火如荼的改革和當地開始實施的英式教育。所制訂的刑法與教育制度都符合歷史學家麥考萊（Thomas Babington Macaulay）的現代英國標準。這期間，孟加拉有些個別的印度教徒，很早就開始讓印度教生活走向西化，雖然穆斯林很少這樣做，但這是因為他們覺得這樣會受到社會排擠。

　　一些具領導地位的穆斯林，不情願地默認了這個新秩序，因為這樣至少能確保他們的財富；但像是失去權位而一無所有的那些人，就會變得相當不滿，這些改變使他們在歐斯曼帝國境內受到異教徒統治，而不是由穆斯林來治理。而在十八世紀，則是有愈來愈多人找到適應伊斯蘭傳統改革的新方式。像是麥加的瓦哈比派（Wahhâbî），朝聖就逐漸激勵了清淨主義者的想法。但印度的結果，則與其他一些地區並不一樣；儘管只有極少數的印度人實際成為瓦哈比主義者，但積極地與瓦哈比主義維持關係，有助於激發他們武力捍衛伊斯蘭的行

動，並對抗穆斯林與異教徒之間敗壞的關係。在印度北部低下階層中的一些內部改革運動則日趨普遍。而在孟加拉最嚴重的情況則是，在伊斯蘭不再是主流的地方，穆斯林並沒有自由生存的權利：穆斯林若不是起義推翻違背真主的異教徒政府，不然就是要遠走他鄉，重新建立真正的伊斯蘭領土。這樣的教義，用來合理化穆斯林農民對抗新地主（穆斯林與印度教徒）的暴力行為，英國人還藉著這些新地主來使稅收成為「永久財產」。當支配恆河平原的多數夏·瓦里烏拉（Shâh Walîullâh）學派宗教學者，維持著帖木兒裔朝廷與英國人之間的暫時協議（modus vivendi）時，有些比較積極的人，就起而對抗知識分子的領導和特定的政治合法性，特別是在旁遮普，超越了農民游擊隊勢力所能做到的程度。

下一個世代則出現印度重建英國秩序的最後努力。在英國人稱之為的「印度反英暴動」（Sepoy Mutiny），但有些印度史家則稱之為全國叛亂的行動中，由英國人治理的穆斯林與印度教徒軍隊中的「印度兵」（Sepoy），從西元1857年到1858年在整個印度北方發動叛變，取得多數地主階級與「當地政權」統治者的支持，試著要重建德里的帖木兒裔統治者的政權，還有先前穆斯林與瑪拉塔侯國的治理。然而，叛亂無法締造任何新的政治原則，在英國集結軍隊之後，叛軍終於分崩離析。穆斯林承受叛亂的罪名，不過他們也從中取得了最多勢力。

上層階級的適應階段

在這個世紀之初，印度一如其他地區，有些勢力尚存的統治者比任何人都更樂意默許改變。不論在任何情況下，改變都是從上而下推

展；而反抗最主要都來自下層。但是，當伊斯蘭社會普遍體認到受西方擺佈時，一般比較有企圖心的階級就會想進行西化計畫。在西元1858年叛亂之後，絕大多數的印度穆斯林，包括有些政權統治者，都已瞭解到穆斯林進入現代生活與文化的重要性，至少也能對接受新政府所給予的利益感到滿意。到了西元1875年，在阿赫瑪德汗（Sayyid Aḥmad Khân）領導之下，終於在阿立噶爾（Aligarh，稍微比德里偏南）成立了一所穆斯林學院，一方面教授穆斯林宗教，另一方面則是現代歐洲藝術與科學，後者以英語授課。此後，穆斯林年輕人無須冒著風險，到基督教或世俗學校去學習。阿立噶爾學院不久就成為印度穆斯林生活更富活力的中心。

從此，穆斯林印度便展開了高階級穆斯林與現代西方文化勢力熱切合作的時期。其他有些穆斯林區域的這個時期則出現得早一點。而歐斯曼人在瑪赫穆德去世之後，他從上到下的改革，便由新世代上層階級與中高層階級接受和尊崇。瑪赫穆德的改革，主要是有其軍事上的必要性考量。人們可以感受到的是，伊斯蘭化與西方文化、歐洲軍事力量一定要結合，才能維持歐斯曼的獨立，即使整個目的基本上是要為了維護伊斯蘭。那些期望更多層面改變的人，瞭解到那些專制主義者雖不願意改變，但至少會同意軍事改革的需求。的確，從一開始，穆斯林就幾乎不曾減少新的軍事方法，幾個世紀以來，穆斯林政府一直都很樂意在軍事方面採用西方措施，因為西方在軍事方面確實比較優越。但是，有效的軍事改革需要愈來愈多的西化軍事力量，甚至當日漸西化時，就會有文官政權（支持軍隊）與民間重要階層對社會習慣整體進行西化改革（以支持文官政府）。在阿布杜勒梅吉德（Abdülmejîd，在位於西元1839～1861年）時期，則正式開啟了「維

新」（Tanẑîmât）的整體改革計畫。

　　維新的正式目的，就是要以歐洲標準來實踐現行法律與施政作為，以及所有人的公民平等與標準的自由。有些目的是要藉著恢復早期歐斯曼政府的活力來達成：因此，貪污與無效率，都不是古代突厥的特色，而建立完善秩序的官僚責任，一直是歐斯曼所重視的。但維新的其他意圖，是在直接採行（現代）歐洲原則。有些改革者期望要限制蘇丹在政府中專制干涉的權力，主張建立可預期的公家機制。信仰任何宗派都要有特定的法律地位──這是穆斯林相當不滿的一項革新，也不見得有益於非穆斯林，因為他們一直都習慣於自己社群之內的自治，未必能欣然接受政府的直接管轄。成立一所世俗的歐洲風格公立大學，都會公然藐視宗教學者並支持國家建立宗教學習機構的想法。維新的偉大改革者雷胥德總督（Reshîd Pasha），起初試圖廢止徭役（corvée，農民以參與公共工程的勞力來代替稅收），並制定讓農民能遷離農村的政策，至少在巴爾幹省分是如此。不只是地方上流仕紳抗拒這樣的政策，連穆斯林農民也似乎默不關心，而當穆斯林仕紳強加阻撓這個政策時，就讓基督教徒農民有了進一步起義反叛的動機。

　　改革似乎徹底失敗，以至於無法達成目標。歐洲人嘲笑拙劣模仿歐洲的做法，通常都會包括：穿著歐洲服飾的官員，鈕釦總是扣不到正確的位置；長久的貪污暗藏在荒謬的紅色帶子後面。法令無法恢復舊歐斯曼當時的效率，他們也無法從伊斯蘭遺緒轉變成基督教世界的遺緒。這樣的計畫如同大學一樣，仍然只是紙上談兵。特別是當（以平等為原則）對於非穆斯林的稅收已經廢止之後，非穆斯林都可以像穆斯林一樣受徵召入伍，但其實軍隊仍屬穆斯林，非穆斯林可以繳付交換稅來免服兵役。除了項目的名稱之外，似乎沒有太多改變。

儘管如此，紙上談兵式的改革還是曾出現某些突破；這反映出整個世紀過程中社會勢力之間比較基本層面的重新整合。瑪赫穆德所實施的中央集權維持最久，也日益強大。這無疑是相當重要的，但仍是比較基礎的是精神方面改變。其中最重要的就是，反映出各式各樣現代西式私人學校的激增，其中很多都是由基督教徒（還有猶太教徒）傳教團支持，並由富裕階級資助。特權階級的子嗣學習法文，有時候瞭解維多利亞時期的歐洲，更甚於他們本身的家族史。現代化以及配合西方的精神，最後終於為城市的面貌，引進了十九世紀生活的物質機制。

　　歐斯曼帝國的國際地位，即可說明其是如何接受在整個國際新秩序中的角色。位在北非東部沿岸邊緣的的黎波里塔尼亞（Tripolitania），就跟其他歐斯曼自治省分一樣平凡無奇；但西元1835年，中央政府認為有能力在當地駐紮軍隊並重建歐斯曼帝國的直接統治。歐斯曼在那裡建立的政權，與同一時期法國人在阿爾及利亞建立的政權相抗衡。歐斯曼帝國並沒有做得很好，但他們也同樣努力：重新整頓治安力量，以確保合法控制的完備網絡，並組織中央集權式的地方行政體系；然後鼓勵橄欖種植，其次是整合工作，力圖在經濟方面與國際市場相互交流。歐斯曼帝國在西元1853年到1856年的「克里米亞戰爭」（Crimean War）中取得法國與英國的同盟，從歐斯曼帝國本土對抗俄羅斯。在征戰勝利之際，他們加入了歐洲協調（Concert of Europe，即會議制度）的「基督教」外交體系，取得明確的會員身分：進入歐洲的會員體制之中，自然就是維新發展的顛峰。

　　簡言之，十九世紀中葉伊斯蘭世界主要區域的許多政府，還有至少算得上富裕階級的人，都不斷推動與現代西方生活的同化。當時有

一陣子都只出現極有限的抗拒；接受西方領導與控制，甚至完全信任西方的友善，都是顯而易見的。穆斯林頗為接受從歐洲角度來看他們自己，他們也接受了「東方的」（Eastern）身分，同意其本身和印度教徒以及中國人可混為一談，還有他們的國際地位取決於其與西方轉型的關係，而不是他們自己過去的文明。他們甚至逐漸瞭解，他們是與其他歐洲人眼中的「東方」，屬於同一團體。

　　同一時期的嘎加爾朝國王納西魯丁（Nâṣiruddîn，在位於西元1848～1896年），對於他的歐洲之行感到相當滿意，還有受到歐洲騎士般的高度尊崇。他向他的歐洲友人證實，他鄙視自己的臣民，迫切渴求的不僅是個人的財務報償，還有他國內的改革。因為他體認到，將特許權賣給歐洲企業家，可以興建鐵路與電報線，還有透過有效開發來治理其他已經有利可圖的企業（不過，他的一些臣民發行了一份期刊，呼籲歐洲人要提出國家問題的建議，該期刊完整解釋了這些問題，卻遭到納西魯丁箝制）。然而，納西魯丁發現歐洲人並無法改變他的國家，以國際情勢來說，波斯依舊是一灘死水。

　　尚西巴蘇丹國（sultanate of Zanzibar）可說是西化國家的典範，因為他們在世界市場中發現了特殊利基。阿拉伯歐曼地區（‘Umân）的馬斯喀特（Musqat）的領主薩義德（Sayyid Sa‘îd，在位於西元1804～1856年）在西元1832年定居尚西巴以便更容易掌控情勢，他甚至還擴張其領土遠及斯瓦希里（Swahili）非洲沿海地區。他在馬斯喀特的政府，已於拿破崙時期與英國建立了特別的關係，這些關係仍持續維繫；比較特別的是，他還與英國簽訂條約，嚴格限制奴隸貿易，但這對那些沿海港岸的貿易商是相當重要的收入。他知道如何有效運用新秩序，把尚西巴島轉變成種植丁香與出口的地方，得以彌補某些類型

貿易過程東的損失。他也致力開放斯瓦希里連接內陸腹地的沿岸港口，建立起具優勢軍事控制地位的內陸貿易據點。在這類歐洲人尚未積極開發的地區，阿拉伯貿易商則已滲入並帶來象牙藏匿起來，不讓歐洲人帶到世界各地。然而，英國海軍在他死後介入（以保存合法繼承權為由），讓尚西巴成為獨立於馬斯喀特的主權國家，因此使兩者都日漸衰弱。

　　薩義德一直都過著德高望重的簡樸生活，但他的兒子，繼任者巴爾嘎什（Barghâsh，在位於西元1870～1888年），則主張西化形式的宮廷和財務運用。然而，在他主政時期，歐洲強權瓜分了其內陸統治權，理由是他的統治沒有影響力。尚西巴的重要性隨著這方面的勢力的喪失而消失。同時，英國人堅持奴隸交易要一併禁止。巴爾嘎什無能為力。就像同時跟他一起在伊斯坦堡的阿布杜勒阿濟茲（'Abdül'azîz），還有開羅的伊斯瑪儀一樣，巴爾嘎什也過度擴張，他在規畫西化開支時並沒有穩健的財政基礎；以至於他去世兩年之後，英國人覺得有必要介入並接管其行政，但蘇丹國的正式領地還是維持在島內。

　　在這個時期，雖然難免經常出現藉勢牟利，有些西方領導人還是盡力展現其優點。我們曾提過西方支配的多元面向，通常大多是間接而非直接的形式，而且是表現在文化與知識層面上，還有政治與經濟方面的控制。在技術時代初期，許多具衝突性的作用，與重要的現代生活方式有特別關聯性，未必就能夠有成果，但在技術化世界秩序裡，有影響力的角色愈來愈需要相互依存。建立警察與軍隊組織，可透過技術性的方式來維持歐洲人所需要的秩序。而經濟的財政與貿易層面，以及某種程度的生產方面，像是現金作物或礦產等，同樣也需

要運用技術來進入世界市場。最後，軍事與經濟技術主義，若沒當地知識分子對現代習慣有一定程度的瞭解，則一切就都無法正常運作。無論是否有直接統治，所有這些技術化特徵，都唯有在西方直接或間接的保護之下，才能加以吸收。

這個影響力交錯的整體（通常關係極微妙）就逐漸形成所謂「帝國主義」（imperialism），「帝國主義」一詞所涵蓋的範圍比侵略還廣泛。這種支配的每一個層面最後都要在完整的脈絡下接受嚴厲批判。然而，有時候，比較善於妥協的人就能接受許多方面，例如現代科學教育、採用現代醫藥和維護團體法律的規則等。這類事務的重要媒介之一，就是起源於這個世紀初的傳教活動，隨後並成為西方影響力的重要元素。在這世紀中葉，傳教團相當受到歡迎。

從技術方面來說，天主教與清教徒傳教團的目的，都是讓非基督教徒改信成為基督教徒，但他們的功能至少在伊斯蘭世界（甚至在俄羅斯境內，都有連帶的作用），是相當不一樣的。很早就看得出來會改信的穆斯林顯然不多；一部分是因為社會壓力，包括因為背信而死的懲戒，許多穆斯林社群會私下處死背信者，但一般而言，可能是因為穆斯林普遍認為他們對真主的崇拜，至少和基督教徒一樣純粹又具有普世性。在有些區域裡，例如俄羅斯地區與印尼，在當地少數尚未成為穆斯林的族群之間，改信是有其重要性。但在心臟地帶，天主教在當地基督教團體之中，已經盛行許久，當清教徒出現了，他們也做一樣的事情。這就導致各種不同的東方基督教社群走上分裂。或許更重要的是，這也導致許多這類團體很快就採行現代標準。基督教徒在教會學校裡，需要新的科學與文化技能，穆斯林不久也開始在同樣的學校就讀，生病了也去同樣的醫院，不管有沒有改信，通常是沒有

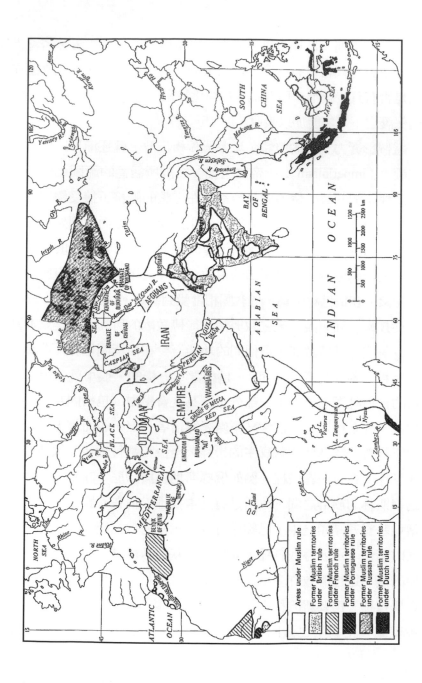

圖 2：十九世紀中葉的地中海中部地區到印度

（除了在俄羅斯所出現的暫時改信），而是在其世俗方面吸收了現代的生活方式。派遣傳教團服務教友這樣的事情，西方猶太人並未比西方基督教徒落後。

因此，當天主教、清教、猶太教宣教士開始進行這些工作，愈來愈讓穆斯林族群能瞭解現代時期的內在精神，而商人與軍人則都沒有傳播的作用。後來，甚至當地政府所成立的大量新教育機構，都是承襲教會學校的形式。

永久的發展鴻溝

儘管如此，將技術時代的關鍵特徵引進西方以外的世界，並不必然代表從互補的依賴性情況逐漸進入日漸技術化的社會模式，進而縮小權力落差的鴻溝，而所有土地會出現西方式的技術化發展。其實，非西方地區的依存情形是永續的：在世界市場的情況之下，發展鴻溝似乎會愈來愈大，也更具影響力。

一般人可能會認為，伊斯蘭社會在同化技術化社會模式時會有其特殊優勢。伊斯蘭（Islamicate）商貿與文化網絡，在農業時期的歐亞非歷史中扮演了極重要角色：其相對城市化的特徵和社會的高度流動性以及地理上的地方性角色，使其具廣泛的彈性。但如今這類特徵已經逐漸消失，並未被強化。甚至地理環境都會使伊斯蘭社會（Islamicate society）的整體結構出現斷裂。尼羅河到烏滸河之間舊伊斯蘭地區的重要性，甚至在歐洲與印度區域的帝國成熟時期就已成形；歐亞貿易心臟地帶對大草原的各方面都有其文化上的依存性；南部海域不同沿海地區的交錯關係，這類伊斯蘭社會（Islamicate society）的聯繫與發展脈絡，已經衰弱，或者甚至受到中斷與替換，如同那些藉歐洲強權主導而興起的勢力一樣。新的影響重心已經興起。一方面是歐洲影響力的中心，例如喀山取代了布哈拉；還有加爾各答甚或孟買，也都成為足以抗衡德里與陸克瑙（Lucknow）的出版業中心。以有些方式來抵銷這些情況，讓偏遠地區產生新的重要性，成為對抗的焦點：阿拉伯半島的內志（Najd）成為瓦哈比派的中心，或者靠內陸的昔蘭尼加（Cyrenaica）成為薩努西道團（Sanûsiyyah）的重鎮。

其中最顯著的轉變就是伊朗的式微，其身為文化權威的傳統和地中海東岸地區重要性的提升。伊斯坦堡是最強大的殘存「獨立」政權王位所在之地，日益受到尊崇，以至於其統治者能在這世紀結束之前，自稱為自古以來所有伊斯蘭統治者的哈里發繼承人；而其土耳其語，則並不像伊斯蘭世界中的官方語言那樣被廣泛使用。開羅作為順尼派的東阿拉伯人最活躍的中心，最後都或多或少吸引了北非（Maghrib）與西非，以及南部海域的大部分地區，而阿拉伯與其文藝傳統都受到各地的注意，一部分是因為西方對伊斯蘭感到興趣。一般年輕人都想要否定歷史的重要性，歐洲人對此則不以為然，反而重視遙遠的過去，甚至歐洲歷史學家都表示尊崇。因為有這樣的氛圍，所以世紀更迭之際，許多穆斯林的心態都認為，蘇非主義、波斯路線和文化衰退彼此息息相關，對應著伊斯蘭法主義、阿拉伯民族主義和古代伊斯蘭光榮。

其實，波斯傳統已經不再國際性對話與流動性的載體，而且已經被文藝菁英發展成與現實毫無關聯的古典主義。而在這世紀初，就已因為商會的式微和接收福利捐贈（waqf）的中央極權政府而遭到破壞

的蘇非組織，也同樣再也無法承載城市的穩定性與世界主義，而且通常都淪為迷信與保守主義的庇護所，不再具重要性。伊斯蘭法本身的內涵，必須讓其作為普世流動性的方式更為豐富，因其已變成歐式國際新標準的阻礙。從歷史角度來看，雖然否定晚期波斯化的伊斯蘭文化（Islamicate culture）並轉而崇尚蘇非與波斯之前的純正理念，可能是錯誤的決定，但這反映了一個事實：伊斯蘭（Islamicate）國際社會所具備的明顯優勢或許就是其現代化的基礎，卻已遭破壞殆盡，而殘存的優勢特徵反倒成了阻礙。這個現象，代表了在許多細節中，一再重複的一般文化層面：就是這發展鴻溝會漸漸破壞填補的可能性，甚或日漸擴大。

一如我們所提過的，問題並不在於為什麼穆斯林區域在技術化的發展過程中會落後，而是為什麼他們不能「跟上」腳步（無論技術化究竟是否必要）。因此，我們要面對的並不是那些嚴格來說稱為「經濟」的問題，而是整體文化的問題，經濟活動只是其中一個層面。已然建立的舊制度，都已經衰頹；但如今，甚至連在全面發展過程中大致上應該是技術化的重要新制度，也都面臨本質上的缺陷。受到外力影響，對穆斯林社會本身造成了巨大的鴻溝，並回應了整體世界的發展鴻溝。那些發展新貿易、財務系統、新科學與知識技能的人，對整體穆斯林而言都是外來者：地中海東岸的黎凡特地區，有時候幾乎等於外國：歐曼的印度人、斯瓦希里海岸的阿拉伯人和突厥斯坦的韃靼人。但是，即使不是這些人，舊家族的子嗣在適應調整技術化社會的過程中，也會與他們的文化環境格格不入。新興學派的穆斯林，來自並未完全具備新技術與態度的家庭背景，卻沒有獲得完善的新式訓練；而他們對於舊事物卻變得相當不滿又不認同。他們相當不受信

任，也不信任自己，事實上反而與敵手友好，不在乎是否有能力在對手的遊戲規則中取得勝利。

這個內在心理上的鴻溝，源自於外來技術化的特徵，由初步不平等的經濟結果，形塑成一種永久的異文化。後者製造了積累的改變，以強加不平等的特質，這只會越趨頻繁地出現，而不會有所減弱。某個地區的資源越是低度發展，就越不可能加入一些技術化的設施——像是鐵路、油田，甚至以理性計畫耕作的商業性作物——來刺激其他面向，以求經濟方面的更平衡發展。在「殖民的」或具依存性經濟特性的特殊地區，其技術發展在萌芽初期就會遭到西方先進競爭對手扼殺，舊式工藝就這樣萎縮了。發展越具規模，則其投資報酬率就越高，在一般的情況之下，地方性的投資則大都用以對外輸出。因此，大災難愈來愈多，人們度過依賴穩固經濟，但隨著有限的擴張，而人口卻一再增加，因此只會減弱依存發展的任何次要正面影響作用。

後來，依存社會的理論主義者，就會抱怨長期貿易的趨勢在農業國家與工業國家之間逐漸惡化。可確定的是，單一產品市場的依存經濟，相較於比較平衡又實施工業化經濟的市場，是不可預測而且在供需方面也比較缺乏彈性。但是，貿易衰退只是十九世紀國際局勢相當普遍的徵兆之一：有人已經遭遇這樣的問題，有些人還是具有貿易優勢。

民族主義興起的階段

在這類情況的影響之下，可作為持續進展的文明，也就是開啟文字傳統中創意可能性的自主社會脈絡，已經轉變成共有文化傳統的族群，但可確定的是，不再由其本質來形成獨立的文明。在世界重要精

神文明的破瓦殘礫中，民族獨立條件受到輕蔑、甚至遭受無解困境的打擊，青年世代被迫要嘗試開拓新的志向與靈性創新的途徑。在十九世紀末，幾乎所有地方的穆斯林社會，都進入了民族主義興起的階段。甚至和新世界秩序有關聯的社會，其發展腳步就算緩慢，但各個社會在此一階段都頗為成功，腳步也有加快的趨勢。初期抗拒的階段很快就轉變成上層階級適應的階段。如今，在世界事件節奏日趨加速的壓力之下，還有對伊斯蘭文明意識深化的挫折，民族主義興起的階段，幾乎可說是與這個年代的發展齊頭並進：始於一八六〇年代的東地中海，並分別以各種不同方式極廣泛延伸到一八八〇年代。

然而，社會的最上層階級可能仍是滿意西化生活，這階級中比較有抱負的人，或是較低階級中比較不得意的人，都會想盡辦法要有所改變。在這階段裡，這樣竭盡所能崇尚西方的用意，正在崩解。現代化的熱忱仍然強盛，仍然在重要的國家中廣泛蔓延，但是這逐漸導致人民與統治者之間的決裂，雙方在這個世紀初期開始互相對立。比較先進的青年（新興學派的產物）則反對其當地的統治者，打著更加根本改革的名號，反對整體西方的勢力。結果，西方主宰的整個複合體就成了「帝國主義」，並與整個改革和現代化運動所形塑的「民族主義」互相對立。

埃及的新民族主義是對霸權最為劇烈又最早的挑戰，但也在西方手中初嘗敗績。十九世紀時埃及的許多突厥統治者，就曾分別以其比較明顯的特徵來向世界展示其現代化。在少數其他地區，前技術化的經濟與社會模式已經失敗，而在梅赫美德・阿里領土上也是如此，可能沒有其他地方，即使其政治勢力是在互補依存的情況下，但或許其貿易方面如此繁榮的重大發展還是任何地方都無可比擬。埃及的農民

首度能在黃金年代建立起戰無不勝的軍隊，而埃及棉花的價格，對於控制土地的人來說也日益攀升；因此，這逐漸導致阿拉伯穆斯林人口的日漸增多。開羅的市民，不管是不是黎凡特人，都與在任何穆斯林城市一樣與歐洲習慣同化了。繁榮強盛使埃及，特別是開羅與亞歷山卓，成為東阿拉伯文化活動長期以來的中心，甚至許多敘利亞人都來到這裡工作。但是，就是這類出現在埃及的繁榮、權力與現代意識，加深了阿拉伯穆斯林的挫折感，特別是因為他們所分到的利益是如此微薄。

伊斯瑪儀總督（Khedîv Ismâ'îl，在位於西元1863～1879年）是個有抱負的統治者，他的目標是要讓埃及成為歐洲的一部分。他的前任薩義德已經開啟了這個趨勢，但伊斯瑪儀是接受歐洲世界秩序的模範。梅赫美德・阿里的依附秩序，已經建立了一些希望，伊斯瑪儀則是讓這方面的堅持更加完整。他把西方資金利益引進開羅（還有亞歷山卓〔Alexandaria〕），還有其他合乎現代時宜的任何事物，像是歐洲資金、水利工程、瓦斯工程，甚至是供義大利劇團演出的大歌劇院等。伊斯瑪儀的歐化運動不僅僅有奢華的外表；在他執政時期，經過一段謹慎追隨梅赫美德・阿里實驗性政策的時期之後，政府還大量開設現代學校，也鼓勵富裕階級接觸法國文化。從各方面來看，他的政策都能增進並改善對歐洲經濟與財政網絡的依存參與，而這方面其實在梅赫美德・阿里時期就已開始進行。他還設立糖廠；但他最大的興趣在於棉花。棉花在美國內戰時期價格上揚，他更是前所未有地與其他大地主大量種植棉花。他還投資改善灌溉工程，甚至還為了種植更大量的棉花而放棄埃及在運河公司的股權。

其實，他最偉大的公共建設成果，就是西元1869年在歐洲大力支

持之下開通蘇伊士運河。薩義德先開始進行這項工程，但似乎僅是更新幾條紅海運河，而這些運河則是分別在不同時期連結了地中海穿過埃及到達南部海域，這使埃及在國際經濟中佔有主導地位。但是，在技術時代的情況下，這並未強化埃及的政治勢力，反倒是在政治方面落入歐洲的競爭對抗中。（正是後者的考量，讓早期的統治者裹足不前，他們對歐洲並不信任，因此不同意讓這項計畫進行。）同時，他繼續進行野心勃勃的軍事政策：他勸說歐斯曼宗主國讓他軍事自治，派給他更多軍隊以佔領尼羅河上游的蘇丹地區（Nile Sudan）多處與阿比西尼亞高地（Abbyssinian highland）（然而，在後者，他們被衣索匹亞人〔Ethiopian〕擊敗）。這樣的抱負又重建了早期埃及人的光輝；但是，這一次他希望增加歐洲貿易，讓埃及作為中介國；確實，他希望能透過這樣的目標取代奴隸貿易，效法梅赫美德・阿里，但背離了歐洲意識，改以原物料與新工廠產品交換為主。但是，這類野心勃勃的計畫都需要資金，而他有信心能從歐洲資源取得；由於棉花市場的不確定性比較高，而且較高層的歐洲財團不甚信任，最後他終於陷入嚴重的外債危機。

因為有了這樣的經驗，所以伊斯瑪儀並不看好一般受歡迎的制度──因為都與現代化背道而馳，而且依存國當中的一般歐洲人也不太熱衷。伊斯瑪儀維持密切掌握其個人的權力（儘管已有仕紳顯貴的代議制度）；並大量透過突厥人與其他非阿拉伯人來行使其權力（如同他在朝廷做的事情一般）。但是，當地阿拉伯人口比較富庶的地區，日漸出現有如農村首領般富有以及軍人般的自信。當他們更瞭解他們也有可能和地主、受過教育的官員以及軍事官員一樣時，他們就會對伊斯瑪儀的政策感到憤慨。到了西元1878年，伊斯瑪儀的財務擴

充過度，結果不只深受破產之苦，更導致歐洲直接介入：列強堅持透過外國基督教徒運作的國家議會來控制其財政體系；他們甚至讓他較為溫和的繼承人來執政。

軍隊中的阿拉伯軍官對此憤恨不平，也或許擔憂軍事預算被迫縮減，便起而要求制訂憲法，以限制君主權力並防止歐洲介入。許多低階文官紛紛鼓勵和支持他們，特別新興的阿拉伯仕紳階級與青年宗教學者勢力，愈來愈積極。赫迪夫因而要讓阿赫瑪德・烏拉比（Aḥmad 'Urâbî），擔任阿拉伯官員的領導人和國防部長；但當烏拉比要削弱歐洲的控制時，英國人（那時唯一準備好要回應烏拉比的歐洲強權）便砲擊亞歷山卓，在西元1882年以總督的名義佔領當地，壓制烏拉比的反抗勢力並驅逐重要的反對分子。英國人則是在其政府的監督下，重建了君主專制政體。

在英國佔領之後，身為總理的英國總領事，有權介入他認為應該介入的事情。最重要的英國常駐官員克羅默勛爵（Evelyn Baring Lord Cromer，在位於西元1883～1907年），他是個受過高等教育、善於觀察、行事頗有紀律，代表了典型的現代西方立場，他認為當地民族從沒參與過現代轉型；也不重視他們的在世界上的地位和其民族主義。克羅默認為他們（這裡指的是埃及人）相當落後，需要由歐洲人保護與引導，這是為了他們好，也為了保障歐洲人。因為克羅默與烏拉比的關係惡化，克羅默遂反對英國佔領的必要性；他希望，歐洲僅需要最小的控制，只求確保歐洲利益就好。然而，這並非關心埃及人的發展（對他們來說，英國統治是最好、最有可能的結果），只是因為英國人必須這樣做。他沒有排除人類種族中的這些新進夥伴在最後會分享歐洲進步的可能性，並能在歐洲主導的世界中學會如何自行治理。

但他並樂見他們日趨全面文明化，除非是完全歐化——其可能性並不確定。「東方人」（Oriental）所需要的，頂多是能符合其本身並非完全理性的精神即可。而特別的是，他認為伊斯蘭本質是反對進步的。為了使他所了解的伊斯蘭能變得更好，他主張要先破壞整個伊斯蘭體系才能有任何改變，也就是「改革後的伊斯蘭就不再是伊斯蘭了」這種觀點。[1]

克羅默的態度，表現出當時人們對整體世界史的無知，讓歐洲人想像他們可能一直都處於人類兩、三千年進步過程的前線。但是，這也是由經驗學來的。正確來說，他認為伊斯瑪儀的財政困窘，並非完全因個人的愚蠢所致，但這樣的歷史與心理分析頗有爭議，而且相當天真，但他確實精準說出民族主義者必須要同意的，畢竟他們打算順利達成改革的目標。

當解釋「在東方政府無論處於何地，濫權都會出現」時，有關能夠讓埃及朝代裡有些成員知道的一些比較令人恐懼的事件，反而讓他覺得遲疑，因為有些例子中並不確定是那樣子；但是，他確實說了一些頗為合理的故事，代表了他所想的「缺乏心態調和與精確，是不合邏輯又如詩如畫的東方與邏輯西方之間，最顯著的差別……」。[2] 有

1　Earl of Cromer (Evelyn Baring), *Modern Egypt* (New York: 1908), vol. 2, p. 229.

2　Cromer, *Modern Egypt*, vol. I, pp. 5 and 7. （以下故事出現在第20頁。）克羅默書裡這個部分，談到他對於埃及人與英國對埃及政策的觀點，成為最能表現出歐洲帝國主義者立場的一份文件。克羅默原本服務於印度公職單位，相當有能力也有教養，他相當關切著埃及人，也付諸實踐關懷埃及人。他承認他沒有「東方」的立場（他會說一點突厥語、埃及的貴族語言，但不會說阿拉伯語，儘管他懂阿拉伯語但於事無補）；缺乏足夠的語言能力，就可以知道為什麼他的書，省略說明整體

次，伊斯瑪儀的前任君主——薩義德的汽船在尼羅河退潮時陷入泥巴中，他便下令鞭打舵手一百下。當汽船又再次擱淺，他咆哮道：「給他兩百。」接著舵手跳出甲板；被帶回來後，他說他害怕鞭打而寧願淹死。薩義德說：「笨蛋，當我說兩百下時，我並不是指鞭打，而是指兩百枚金幣。」然後舵手就這樣獲得一袋金錢。克羅默還正確地補充說明，許多「東方人」會怠工是因為寬宏大量，並非不合理的鞭打。但是從技術化的社會標準來看，我們必須有所區分。穆斯林朝廷內時常發生的最卑鄙謀殺、勒索、酷刑，對現代西方人來說令人震撼、作嘔，但正派的穆斯林會把這些記載為邪惡與不公正。太過於習以為常的事情，並不會震驚傳統的穆斯林，除了在他們對伊斯蘭法理解之外的事情，這都是不是公開的、可預測的、合法保證的，都只是個人決定與行為，更特別的是，缺乏人與人之間個人不受侵犯的基本保障。

上述事件，對克羅默來說更像是「東方的」特徵：薩義德的行為不合邏輯，克羅默強調這是普遍的心態不合邏輯、缺乏調和。還有，在此我們必須區分，什麼是屬於技術化之前的生活模式，還有什麼是純粹的誤解。克羅默所說的心態不合邏輯，經過分析之後，已經成為一些很吸引人的論述，但沒人能夠說明是否如他假設的那樣。他曾列舉一些思想和言詞不正確的典型可悲事例。這有時候僅僅表現出高尚良善的立場，但殊不知這只能在比較個別的時機與生活安逸的時期才能實踐。不過，這也可以回應前技術化情況下的理性計算：這可能來

的埃及生活。儘管如此，他以令人信服的方式，說明了在整個英國統治期間的所有事情，而這些事情在後帝國主義時代都會被遺忘的。

自合理的擔憂（例如，農民擔憂的是，收稅官員會徵收他藏匿的物資），或來自在前技術化時期一定比例的審慎觀念（例如，計算時間的疏忽，節省一些時間可能造成不便，但實質上並不會擴大人類成就的範圍）。大多數的這類不正確形式，在現代以前的西方就已經能夠證實。由於這些思想不恰當的本質，克羅默便混淆了文化上的條件性差異，進而阻礙了文化之間的密切交流，除非有他人表示額外支持、轉移長期受苦的心態。克羅默不瞭解為什麼人會笨拙地反轉自己的右手，指向他左側的事物；因為他忽略了在某些情況下一般比較有利的做法，也就是限制左手去做比較不方便的動作。

最後，他把「東方心智」（Oriental mind）的「不合邏輯」（illogic）與所有道德缺陷的社會模式連結起來，舵手的軼事可以當作範例；而且，這讓以農業生產為主的任何地方、任何方面團體關係的保護罩，遭到像是戰爭，或者君主專制政體等災難摧毀。但是，在技術化的社會中這等同道德，晚近的世代已經變得越難理解，是克羅默世代無法體會的。

然而，克羅默的錯誤就是對「東方心智」的歷史評價，他的理解方式，就是大多數西方人的方式，也決定了他們對於穆斯林地區人口與制度的態度。同時，現實與這些理解有愈來愈多的交集。歐洲勢力在各地建立了歐洲標準，讓歐洲人樂意在各地工作或居住；而且他們形成了重大障礙，阻礙了穆斯林基於各種目的想同化技術化的嘗試。

英國人佔領埃及，為的是保障他們本身與歐洲人民的權利；權利，以「文明的」標準，或者換句話說，就是現代西方標準。因此，償還外債當然就是財政上的優先事項。伊斯瑪儀的過度自信，讓這些債務耗費了大部分的政府稅收。然而，在債款處理完畢之後，克羅默

與英國人都渴望改善一般的埃及人。埃及人第一次改革運動，就是不滿英國人對農民的輕蔑態度：主要是任何有權勢者都可進行鞭刑（特別是課征稅款時），還有，農民除了繳稅之外還被迫服徭役，偽政府付出個人的無償勞務。而其個人在可預期脈絡下的貢獻就是，他們堅持詳細登記農村內的土地所有權──以便能將習慣法的所有複雜性，降低到單一的法律標準。他們還廢止了一些比較沒根據的瑣碎稅捐，而這是有意改革的穆斯林統治者，之前都沒能做到的部分。然而，現代化會計系統引進之際（令因此失去壟斷地位的傳統科普特人記帳員感到厭惡），還有警察與法庭的現代體系，都使這類改革窒礙難行。最後，他們則是進行技術化公共設施工程，最著名的就是最早的亞斯文水壩（Aswan dam），全面控制尼羅河水，其中的開羅堤堰在薩義德執政時期就已開始興建：有了新的運河，每個地方都能夠年年灌溉，以往的洪水也不會再出現。

這些改革大多數都有負面的影響作用：例如，降低習慣法的位階，有時候對窮人來說是悲慘的事，新法庭通常對他們沒有任何好處，只是帶來新型式的不公不義。但當時埃及的民族主義者則比較關注其他缺點。外國人在各地都因主管當局而享有財政與貿易方面的特權地位，而其理由就是要保障那些外國人的法律地位；甚至克羅默想進行修正，都遭到歐洲強權否決。各個行業中的埃及民眾都必須繼續面對這些初期的缺失。更重要的是，在沒有財政資源可以利用的情況下，克羅默的國際經營，儘管他的信念有其價值，卻還是依循伊斯瑪儀時期就已採行的教育政策。但最重要的是，埃及人本身並沒有文化根源。古文明雖然重要，卻已經消逝。可是在英國統治之下，即使比起伊斯瑪儀時期來得有影響力，埃及人在歷史的所有進程中，還是依

存於外國人的世界；而他們更不是進入一個與現代國家有同等立足點的世界。

　　同樣的情況，在各地愈來愈普遍。西元1881年，法國人佔領突尼西亞，跟英國佔領埃及一樣，但當地菁英長期推動現代化也無法抵擋外力。雖然歐斯曼帝國比埃及還更有妥適準備，但因積欠外債而破產，改革人士便在西元1876年制訂了憲法。然而，西方掌握有最終權力又信心十足，蘇丹阿布杜勒哈密德（'Abdülhamid）卻廢止憲法，利用所有現代措施來重建高壓專制政體，接納西方投資與西方的財務控制，但壓制自由化改革的手段比克羅默還更強勢。

　　經過第一次由下而上改革的挫敗之後，民族主義開始積極凝聚所有社會力量，要在現代世界中建立能與歐洲國家並駕齊驅的獨立國家。源自法國大革命的西方民族主義處於高度發展狀態，當時的法國人了解到必須以「武裝國家」立足於世，不再是諾曼人（Norman）或加斯科涅人（Gascon）或勃艮地人（Burgundian），也不是第一個或第二個或第三個階級，而是在共有的祖國中平等的公民，他們的幸福來自悲苦、但也是取自於悲苦。這是透過某些形式，或是這種民族主義的其他形式，使不同的歐洲政權都有能力，不只擺脫法國帝國的支配，還能在拿破崙時期的法國強權之下，建立現代技術化制度，也在其他政權發展過程中，建立類似的勢力。穆斯林世界想要改革的人逐漸認清了，個人的大眾精神愛國主義是不夠的；國家必須建立的是，真正的民族精神。只有大眾社會的團體制度能切割分化個人與家族盲目的效忠，因為那使得任何改革計畫都無法運作。人們必須瞭解，首先埃及人要對共同的埃及命運負起責任，或者要像歐斯曼人、伊朗人或印度人，以及比較沒有社會身分的人，都必須對整體國家有所貢獻。

埃及人、歐斯曼人、印度人？人們必須在某些這類團體中認同自己，但問題是哪些團體才是？埃及人不也是屬於歐斯曼嗎？基督教徒能成為歐斯曼人嗎？或者，穆斯林就只能是穆斯林嗎？埃及土著不是真正的埃及人嗎？什麼是印度，身為印度人有什麼意義？對外征服的英國政府是施壓於個體之上，而不是針對個體的 本質。伊朗又是如何？嘎加爾朝意外併吞的領土：亞塞拜然的突厥人是伊朗人嗎，而喀布爾統治下的赫拉特（Herat）波斯人又屬於什麼人呢？這是我們首次不只是談到種族族群，而是民族，不是種族情感而是民族情感；首先，民族是人為定義，或是創造出來的。一個民族，作為現代制度實踐的媒介，在原則上可能以任何共通的情形為基礎，針對人民的生活，形成似乎有共通命運的真實性：共通朝代（歐斯曼？），共通信仰（什葉派？），共通語言（阿拉伯方言？），或者甚至是共通征服者（英國人？）。但是，這些都相互重疊：例如，什葉派不只存在嘎加爾朝的伊朗，而且還受歐斯曼統治者統治、說阿拉伯方言。獨立或受某種歐洲管轄權控制的單一主權地區，其所發生的歷史事件，最可能形成民族自決的起始點；但這類事件並不太容易激發必要的真誠情操，，除非他們能認清必要性而一起奮鬥。但是，即使一起奮鬥，若缺乏某些民族觀點，還是很難號召的。尋找民族自決的有效基礎，是要在接下來的幾十年，全神貫注最積極的心態，以現有的核心觀念努力進行現代化：也就是，在整體社會結構中發展出技術化社會的特徵，因為這樣的努力對於民族認同顯然愈來愈重要。

這種比較完整的現代化概念需要三種類型的發展。最明顯的需求就是西化：採行新特徵時必須以西方當地文化遺產所影響的方式為基礎，至少在某種程度上；這不只缺乏時間去再次開創，還因為像是技

術化的社會，無可避免地就是個世界社會，所以有些事情在各地已經以一樣的方式完成了。但是，每個西方社群都有其強烈的民族情感為基礎；因此，民族主義就是西化的先決條件。但是，現代化並只是西化，不只是複製；就現代精神的核心來說，是創新、是冒險、是自發，複製者若缺乏這些就一定會嚴重落後許多。新的民族必須找尋建立他們自己國家的立場，但這是要以建立民族的名義來達到民族復興的結果。最後，現代化還需要某種革命，替換社會中那些支配階級者的權勢，由於他們靠依存西方的現有關係而獲益，因此難免會抗拒任何可能危及其既得利益的改變；而革命如果成功的話，就能號召民族團結。

歐洲達成世界征服

在這個世紀最後幾十年裡，民族主義的勢力在主要的穆斯林核心地區日漸成長，並在西元1905年之後主導當地的政治發展。然而，相較於持續發展中的帝國主義，民族主義起初的力量極為薄弱。在西元1880年之後，歐洲的再次衝擊，包括在他們的勢力範圍之內，甚至是在偏遠地區，例如那些前技術化時期跨區域市場中無足輕重的地區。特別的是，在大部分次撒哈拉非洲內陸，一直保持互不往來的穆斯林與非穆斯林，如今更快速形成區隔。

歐洲人本身在此就面對了改革運動，也就是十八世紀末就已經進行的，而在十九世紀也發展出其本身的影響力。至此，穆斯林之間出現不少改革者的爭端；而瓦哈比與梅赫美德・阿里的鬥爭則最具代表性。這類清教徒式的運動，試圖要維持平等主義的伊斯蘭律法，對立

著伊斯蘭統治階級，似乎受到新發明與造成風潮的奢風尚吸引。他們未必理解其中牽涉的文化與經濟過程，就強烈反對上層階級與帝國主義西方的妥協，認為這背叛了伊斯蘭。新道團藉著中央集權式控制與嚴格的原則，已經能在比較偏遠地區，掌握更廣泛的影響力，而在有些地方的運作還跟政府一樣有效。

伊斯瑪儀的回應則是進逼尼羅河上游的蘇丹地區，隨即引發末世引導者運動（Mahdist movement），其目的不只是重建伊斯蘭組織與信仰的早期純樸特性，還有改革整個伊斯蘭世界，以及最後讓世界伊斯蘭化，這是末世引導者應該做的。引導者及其繼承人（khalîfah）把埃及人與他們的歐洲導師，掃除到尼羅河上游的蘇丹地區之外，致力於改革人們的道德感；但他們不久便開始擴張他們的勢力，主要是針對埃及。末世引導者的計畫，在麥加朝聖時廣為人知，並在各地穆斯林之間引起廣大迴響，有些保守的穆斯林期待他在這世界進行伊斯蘭復興運動能勝利成功。伊斯坦堡就是在此一時期受到矚目，而當其他穆斯林強權都崩潰之際，蘇丹則自稱為泛伊斯蘭（pan-Islamic）的哈里發。有一段時間，蘇丹的末世引導者與他的哈里發，成為具伊斯蘭世界領導地位的歐斯曼帝國蘇丹，為等待團結統一的另一個對象。甚至有些民族主義形式的現代化穆斯林，也有意要進行新的運動。但是發起越多的改革運動，他們在像是埃及沙漠西方的薩努西道團所在的根據地，就會愈來愈漠不關心。

到了該世紀後期，英國人擊敗埃及人、壓制了末世引導者。在末世引導者的壓力之下，埃及人從他們佔領的阿比西尼亞（Abyssinian）與索馬利（Somali）沿海地區撤退，他們的地盤由英國人、義大利人、法國人奪走，最後阿比西尼亞與索馬利領土也遭佔領，也振興了

阿比西尼亞高地的阿姆哈爾（Amharic）基督教勢力（衣索匹亞）。另外，在北邊索馬利蘭（Somaliland）的末世引導者叛亂（誤稱為Mad Mulla），其運動則是遭到進行改革的教團剷除，完全受到壓制。同時，英國人與德國人瓜分了尚西巴蘇丹的領土，以及斯瓦希里沿岸的內陸地區，但他沒有被迫因任何叛亂而需撤離。穆斯林在查德（Chad）與尼日河上游的蘇丹地區（Niger Sudan）及其最西部海岸的領土，前後三十年間遭到德國、英國，特別是法國所佔領，他們以歐洲貿易路線為基礎自行劃定邊界，而沒有當地種族的考量。到了法國與英國在西元1905年達成協議之後，就根據其勢力範圍瓜分整個次撒哈拉領土。

第三章
土耳其的現代主義：西化

歐斯曼帝國的突厥人（西突厥人）在維護其享有政治上真正獨立權利的作為上，算是所有穆斯林主要民族中最成功的，其持續整個十九世紀並進入二十世紀，因為當時甚至連伊朗的領土都還受英國與俄羅斯的箝制。在發掘民族自決的可行基礎過程中，突厥人也是最成功的。這種民族自決最後則是以西化的形式落實：他們自認為是歐洲民族；伊斯蘭世界的其他地區，都沒有如此卯足全力明確進行西化。透過西化來進行現代化的可能性和其限制，土耳其就是再清楚不過的實例。

位於歐洲的西突厥人，而不是屬於歐洲的西突厥人

歐斯曼與其他穆斯林強權，中後期進逼東歐，其文化發展的導向則與西歐大相逕庭。在商業貿易方面，西歐人持續在歐斯曼統治下的地區扮演重要角色，而政治關係則相當靈活。有些西歐人則是本身落入歐斯曼的統治，尤其最是奧地利。然而，受伊斯蘭（Islamicate）法律、宗教和文藝傳統支配的歐斯曼帝國統治階級，則與東方或西方的基督教歐洲人只有極少的文化共通點。他們的社會秩序屬於歐洲模式，但在（特別是蒙古—突厥的）伊斯蘭社會（Islamicate society）裡逐漸出現問題。同時（不同於獨立的印度領土，伊斯蘭化的方式相當有吸引力）在西歐，直到伊斯蘭中後期，伊斯蘭文化（Islamicate culture）與社會勢力，不再像以前那樣舉足輕重。十五世紀時的西方處於重要的繁榮強盛時期，而如今伊斯蘭世界的傳統生活，似乎已經居於落後一方。基督教徒與穆斯林彼此互不來往。因此，在統治階級之間，西歐生活與處於穆斯林統治的東歐地區，兩者之間出現前所未

有的隔閡。

然而，在東歐的基督教徒之中，包括那些在穆斯林統治之下的基督教徒，就沒有這樣的隔閡。不同於帖木兒帝國時期的印度，歐斯曼帝國的基督教徒並沒有進入帝國的高層政治與文化，多是改信的，雖然也會說突厥語，但其中多數人都與原來的族群沒有關係。因此，讓帝國東部的基督教徒比較警戒的，像是脫離俄羅斯的基督教徒，逐漸向西歐靠攏，因為歐斯曼勢力衰弱，西歐的地位提升了。確定的是，這些基督教徒並未像西歐人一樣，直接參與過「啟蒙運動」。啟蒙運動大都是外來的；對於西歐以外的標準來看，「啟蒙運動」與同化的過程是同時進行的。但是甚至在十八世紀，這個過程在東歐基督教民族之間相距甚遠，不只是俄羅斯人，對於歐斯曼突厥人來說也是如此。

不同於伏爾加韃靼人，歐斯曼突厥人仍然維持農業特權階級體制，其政治勢力完整，但卻失去其貿易與工業龍頭的地位。因此，歐斯曼突厥人，到了西元1789年西方大轉化時就呈現出岌岌可危的情勢。不過，在歐洲的情況就不一樣了，他們在面對現代化的重大趨勢時，即被臣屬的民族還有獨立的俄羅斯人遠遠超越。

在現代化的觀念裡，有很好的例子，也有特別負面的結果。歐斯曼人很自然應該把現代化看成並非與歐洲競爭的過程，而是與其連結的過程。的確，一旦能接受完全共享現代性的必要性，擇期所採行的形式就都能被接受：亦即歐斯曼人一定要成為歐洲人。但是，要與歐洲採行相同方式，就會在過程中橫生重大阻礙。採用西方路線降低了他們自己的地位，成為他人的臣民，這並非正確的看法。最有助於西化的做法就是完全壟斷工作與社會聯繫的族群，這反而更加孤立了歐

斯曼穆斯林。因此,土耳其的政策可以說是,一方面有些穆斯林要回顧過去,另一方面,則是也有多數激進的獨立穆斯林族群主張西化。

歐斯曼新世代(Young Ottomans)的自由主義

瑪赫穆德努力想恢復專制政體之所以能成功,是因為採行現代西方的許多路線,不只在軍事技術(還有昂貴的設施)取得成效,政府結構與社會上的教育及法律模式也是。維新時期更是普遍採行這類措施;現代政府的面貌,甚至以歐洲社會模式作為標準。領導人的目的仍然(在考慮到整體大眾時)著重在改善政府的權力與效率,還有維護基本的國際秩序。然而,人數日漸增多的歐斯曼富裕階級,開始基於一般人類的價值觀而熱衷現代歐洲路線,主張無論政府的中央集權強盛或衰弱,都不能讓這類權力凌駕於人類價值。他們想要像西方人一樣過活,因為西方人的生活比較優裕。十九世紀後半葉,開始出現在政府高層和特權階級較低層開始出現「西化」聲浪,他們都在尋找更理想的社會形態。這種新的現代主義者可稱之為「自由主義者」(Liberal),他們期待提升所有人類的個人自由,儘管只是在受過教育的人之間有這樣的想法,但其實比較富裕的人們也已經開始探索新的觀念與新的生活方式;因此,他們比較能認同當時歐洲的人文主義與自由主義運動。他們不久之後便發現與「西化」政府出現相當落差,因此日漸無法信任其政府的歐洲盟友。最後,他們便徹底反對西方的生活方式。

突厥人在文學之中,首度表現出新精神。突厥詩歌受到的鼓舞(一如其他某些伊斯蘭區域)在世紀之初,似乎已經有點停滯。即使

是有影響力的詩人也無法再以舊式風格來寫詩，而且也寫不出新作品。到了世紀中葉，舊傳統已經不再符合潮流。再怎麼優美的作品也無法讓思想嚴謹的人滿意，因為他們喜愛樸實卻具有現代意涵的作品。而古典標準如今已成過去；純真、理想、實驗性質的努力是新的指標，人們也不再拿舊式的完美標準來比較；這是對於創作的鼓勵。確實出現一些優秀的作家創造了全新的突厥文學風潮，效法的對象是法國文學，不再是波斯文學，而且不再使用典雅繁複的語言，而是相對單純的口語化。

　　而像胥納西（Shinasi）這類作家，就能透過新媒介充分表現出自由與進步之類的價值觀，他表現出來的人類生活，讓讀者也跟他一樣充滿希望。他將西方浪漫主義作家的觀點，帶進了歐斯曼的語調和歐斯曼的社會脈絡。相較於透過法文、英文或德文的作品，甚或其譯本，這類作家以這樣的風格就能讓其讀者產生更有力的個人意識。胥納西成為受比較有遠見青年世代推崇的代表人物。

　　在一八六〇年代，蘇丹阿布杜勒阿濟茲在位時期的極度揮霍令人憎惡，其無能的政府一味向西方靠攏，但還是相當落後，而且缺乏像薩洛尼卡（Salonika）或伊斯坦堡等西歐大城市的生活水準，有些年輕人便要求依照西方憲法的路線進行自由改革。他們其中有些人自稱為「歐斯曼新世代」。他們不全然受西式訓練，儘管有些是，但他們大致上都知道一部分西方的自由理想主義，特別是在義大利已經發展出的自由民族主義。他們相信民族要獲得解放，並像西方民族一樣自豪與富有創造力，就必須解除專制主義的枷鎖；而且，如果歐斯曼人受到自由理念所啟發，進而限制君主權力、制訂憲法，去除過去的迷信，他們也能夠成為偉大的民族。最優秀作家之一那彌克·凱莫爾

（Namık Kemal），就曾以戲劇的方式，讓受過教育的土耳其人，瞭解民族愛國主義的新概念。

歐斯曼新世代對穆斯林來說很有影響力，但他們還是覺得宗教學者的嚴格規範能淨化伊斯蘭。對他們來說，伊斯蘭，如果有適當的瞭解，包含了西方自由主義的基本原則：提升自由與正義、譴責迷信，甚至是以愛國心（他們因而引用了著名的聖訓傳述〔hadîth report〕）強調對本土的愛，這些都是信仰的一部分。他們不對傳述鏈研究（isnâd-criticism）或者神學細緻內容做深入研究，而是確信《古蘭經》與聖訓能夠以自己的想法來研讀，也就是完全符合現代的自由觀。此外，他們還認為伊斯蘭是全世界最純淨的宗教——例如，比三位一體的基督教義更加理性——因此特別適合現代人。有些人甚至認為，應該推動所有穆斯林族群的愛國團結。

歐斯曼新世代努力宣傳他們的理念，至少要能接觸到受過教育的民眾，但因為他們的立場就是要批判政府施政，所以他們的出版品都遭到打壓。由於他們多有政府官職，結果就是遭政府外放偏遠地帶，對政府來說這樣子他們就無法再製造麻煩。歐斯曼新世代的領導人前往巴黎組織流亡陣營，並將其刊物偷渡到土耳其。

同時，政府內部有些人也日漸出現這類想法。專制主義人士的目標日漸不合時宜。政府若要有效率就必須具備現代化作為；但要走上現代之路，就必須爭取民間菁英的積極合作。若非如此，官僚體系高層再理想的規劃也會日漸被貪污和冷漠破壞。但是，要取得民眾支持，就必須能掌控他們關切的事項。的確，這一直以來都是專制主義理論的重點；但如今則代表現代化與自由化。

米德哈特總督（Midhat Pasha）就具備這類雄心壯志，他認為在他

治理的多瑙河沿岸區域裡的行政能進行這類改革，以作為繁榮與效率的模範，不再出現帝國中普遍受西方人詬病的貪污腐敗。最重要的是，他能透過一直都被視為專制政體服務的施政措施，來激發方地方上某種程度的合作，因此能展現出對當地的正面效益。他被派到偏遠的巴格達，在那樣的城鎮中也能有大致相同的成果。儘管遭嫉，他還是在伊斯坦堡取得高階職位，他準備草擬整個帝國的自由主義憲法，其中包含維新的非社群主義理念和個人自由的保障，以及對朝廷輕率施政或鋪張浪費的長期監督。

現代形式的專制主義：阿布杜勒哈密德與泛伊斯蘭主義

米德哈特崛起，導致失職的阿布杜勒哈密德遭到罷免，儘管自由主義者期望繼任蘇丹能給予支持，但很不幸在登基後不久就被宣告精神錯亂；他的弟弟阿布杜勒哈密德二世便取代其地位。阿布杜勒哈密德將他自己認定的進步觀，與專制主義的傳統緊緊相連。他逮捕了米德哈特，廢止了憲法，並繼續展現採行現代化方法的專制主義作為。後來還進一步實施「維新」的非社群及自由特色，而新自由主義就更不用說了。所有批判貪腐、無能和根深柢固的不公不義的獨立聲浪，最重要的，還有基督教民族主義的代表，都遭到打壓。

另一方面，更以現代警察的形式，進行相當徹底的打壓行動：中央集權式現代化訓練的憲兵隊，取代了舊式軍事派遣隊與地方保安，這比小規模的軍隊，還更能執行他們的勤務；此外，他們在地方省分與首都也都能執行任務。最重要的是鐵路與電報，讓阿布杜勒哈密德的行政管理可同時深入各個城市。

但是，阿布杜勒哈密德要強化他的專制主義，需要的不只是現代的技術機制。他還需要當今所謂的意識型態。因此，他通常都會抵制保守穆斯林的意見，特別是鼓舞大規模穆斯林政治統合的情緒，也就是「泛伊斯蘭主義」（pan-Islamism）。他推崇過去要脫離維新運動的宗教學者，也就是不願意接受西式訓練。儘管伊斯蘭律法在各方面都遭到忽視，但他並不打算徹底振興。他反而主張新的教義（與舊的伊斯蘭法相牴觸）：他堅稱其本身是各地所有穆斯林精神象徵的哈里發，這權威可能比他的政治權力還要重要。他藉此接收了歐斯曼新世代所激發出的熱情，只要他們還抱持泛伊斯蘭的希望，但以阿布杜勒哈密德自己的方式來進行。

　　這樣的作法，有歷史情勢推波助瀾。十八世紀末，這有助於蘇丹在外交交涉之中，化解基督教徒對於哈里發政權的困擾；對於割讓土地給俄羅斯，儘管蘇丹不再是該地的世俗統治者，但還是堅持保有一點勢力，他仍然是全體穆斯林的哈里發，仍然有權利擔任清真寺的宗教領導人。歐斯曼帝國蘇丹——如其他偉大的穆斯林統治者，以比較新的角度解釋伊斯蘭法統治者，而且使用了哈里發的頭銜，但歐洲人認為這是早期所有穆斯林效忠的指揮官，等同於教皇（Papacy），不過也日漸知道其中的意涵差距甚大，穆斯林讓基督教徒在伊斯蘭統治下有其自治權利。但是如今穆斯林本身學識衰弱，代之而起的是受西方教育的穆斯林階級，阿布杜勒哈密德認為，可以採取全盤西化的概念。在印度，他覺得英國人在西元1858年罷黜了帖木兒裔君王之後，瓦哈比路線的改革者成為一股挑戰勢力。穆斯林怎能接受私人生活受異教徒治理，而讓本該是世界秩序根源的伊斯蘭律法，降為單純的個人行為準則呢？答案就在於，如果能維持一個強有力的穆斯林強權，

就可能成為穆斯林社會與其他地區的基地，這樣的強權即可視為實現穆斯林意識的根本必要力量。這讓哈里發有了新的意義，阿布杜勒哈密德樂於頂著這個頭銜，主導最具優勢地位的穆斯林政權，也可以控制聖城。最能象徵新哈里發的作為，就是在漢志興建從大馬士革到麥地那的鐵路，這有利於朝聖活動；這也代表，來自世界各地的穆斯林，會一同參與哈里發的偉大計畫。

阿布杜勒哈密德在位初期有些重大損失。甚至在他登基之前，多瑙河南方保加利亞（Bulgarian）支持分離的民族主義勢力興起，局勢緊張的突厥地區出現復興運動的蓬勃發展，但遭到突厥人的蠻橫摧毀與屠殺。俄羅斯藉機入侵，希望最後能長期控制色雷斯海峽（Thracian straits）。法國人與英國人這時並未軍事干涉，俄羅斯人也得以顯示西化的成果。然而，在西方的威脅之下，伊斯坦堡的保加利亞勢力終於瓦解。最後，歐洲強權簽訂條約，削弱了歐斯曼在巴爾幹半島（Balkan peninsula）的影響力。西元1878年，歐斯曼帝國仍然失去巴爾幹省分，除了阿爾巴尼亞通往馬其頓（Macedonia）直到色雷斯（Thrace）這部分原來就有大量穆斯林人口的地區之外，當時從更北邊處還移入了許多穆斯林人口。此後，所有省分都少不了大量的穆斯林，此外，安那托利亞地區並沒有多大的發展，但對歐斯曼帝國來說頗為重要。阿布杜勒哈密德以戰敗為由中止了憲法。後來無疑是因為失去太多基督教徒的省分而使其泛伊斯蘭政策鬆綁。

然而，挫敗絲毫無法解決帝國的問題。歐斯曼在克里米亞戰爭時就曾向歐洲銀行貸款，而在阿布杜勒阿濟茲時期則有更多外債，這讓阿布杜阿密德更加認為歐斯曼帝國的財政，必須藉著歐洲的方式來控制，以確保債款能夠償還（這是另一類型的歐洲佔領）。接著，歐洲

強權間接強烈支持他的專制主義。歐洲強權甚至趁基督教政權相互併吞，而突厥人無法穩定秩序之際，強行佔領仍然屬歐斯曼領土的巴爾幹。

同時，現代化還是在憲政自由的範疇中繼續進行，儘管無能的政權藐視日漸西化的城市階級，舊的特權階級仍抗拒改變。阿布杜勒哈密德的新專制主義所依賴的，不只是只有受過現代方式訓練者所能具備的技術，還有更細緻的制度改革。因此必然會破壞像是商會或當地清真寺學校等根植地方上的舊式自治團結精神，取而但之的則是沒有個人特徵的團體制度，例如新的軍隊，其軍官可能從各地徵召，而國立職業學校也跟家庭比較沒有關係，漸漸普遍由具職涯取向與非個人所屬的政府所掌控。

甚至阿布杜勒哈密德新的普世哈里發，還有他的新泛伊斯蘭意識型態，也都取決於現代形式的全球交通。德國為了貿易目的所建的巴格達鐵路，就連結著漢志鐵路，並延伸了西歐鐵路系統（穿越了伊斯坦堡）進入安那托利亞，接著抵達巴格達。阿布杜勒哈密德似乎相當清楚他對於現代性的依賴，他也尋找符合他意識型態的人才。他從突尼斯（Tunis）請來卓越的行政改革家；他吸收了當時最有名又最有才華的伊斯蘭改革家賈瑪魯丁‧阿富嘎尼（Jamâlud-dîn Afghânî）到伊斯坦堡（才能有效控制他）。他結合熱切的泛伊斯蘭視野，藐視傳統宗教學者的教條，並積極傳播歐洲科學。在這樣的治理之下開設了更多的現代學校。雖然 在詞藻浮誇的文學作品中還是存在某種極端保守氣息，但重點是，西方小說的譯作中卻已展現其本身的人文視野。最後，雖然有審查制度，但自由主義的情緒，在受過教育的突厥人之中已經成為主流，阿布杜勒哈密德執政後期，對突厥人越加不信任，反

而任用比較落後的民族，例如阿爾巴尼亞人（Albanian）與阿拉伯人。

歐斯曼主義與突厥民族主義：土耳其青年團革命

　　阿布杜勒哈密德特殊形式的現代化其實無法持久。軍隊中的軍官秘密結盟，策劃要恢復憲法，雖然蘇丹得到一些情報，但他沒能有效鎮壓以瓦解他的軍隊，因為反對他的勢力高漲；他聰明反被聰明誤。然後，西元 1908 年，他向薩洛尼卡的叛變妥協，而且恢復憲法。歐斯曼帝國所有城市的居民都感到欣慰，穆斯林與基督教徒友善交往。由高支持度軍官所成立的團結與進步黨（Partly of Union and Progress），在後來的國會中形成一股勢力。而如今受到啟蒙的人稱「土耳其青年團」，則要面對土耳其命運的重大抉擇。

　　先前遭到阿布杜勒哈密德長期打壓的改革觀念，如今終於能廣為傳播，同時，使這類觀念遭挫的希望與現實之間的所有矛盾也終於能真相大白。憲法要能夠運作，前提就是要有西方形式的國家。歐斯曼憲法應該代表什麼類型的國家？問題在於，基督教民族長久以來對憲法的獨特堅持。歐斯曼人相當瞭解，基督教民族逐漸西化並走向獨立的趨勢。這些民族認為他們是不折不扣的歐洲人，認為他們比落後的統治者還要優越。但（特別是依協定條約的規定）他們都是商人，甚至是工匠；帝國的經濟命脈由他們建立；他們的重要性不可忽視。他們的合作（以及普遍推崇歐洲強權，因為臣屬民族需要其支持以進行叛變），必須藉社會改革才能有成果，就像軍隊的改革一樣。在維新運動時期，出現了跨社群歐斯曼國籍的觀念，也就是要維持效忠與滿足整體基督教徒及穆斯林的利益。對於巴爾幹民族，這觀念卻行不

通。然而，少數留在馬其頓或亞美尼亞（Armenia）的基督教徒，仍然有這樣的觀念。這個觀念如今有了更多的意涵。因為，與伊斯蘭關係日漸薄弱的阿爾巴尼亞人、土耳其人和阿拉伯人，其中的基督教徒與穆斯林一直存在差異。

在阿布杜勒哈密德之後，歐斯曼突厥人則面臨其與現代西方所發生事件整體關係的特別緊張問題。他們應該要成為什麼樣的人呢？他們要成為所有穆斯林之首，或者所有歐洲人之首，還是能同時成為兩者呢？他們的基督教徒臣民，已經認定其本身優於所有歐洲人（歐洲人甚至優於基督教徒）；因為身為基督教徒，他們就必須把西方人視為異端，但身為歐洲人，他們卻必須與其共組社會。對歐斯曼突厥人而言，接受現代性似乎就代表接受其基督教徒臣民和俄羅斯人的相同模式（成為歐洲人、成為西方人）。現代化就是西化，成為歐洲一部分。這也就代表要屈從其宗教差異，一如東正教之於歐洲人的生活。這似乎代表要從過去的伊斯蘭文明，轉變成新的歐洲文明：他們必須將其古代特色和新的特色進行交流。

許多強調傳統的突厥人，並不同意這樣的推論。然而在維多利亞時期，新的文明再怎麼偉大也未必完美，在道德或精神方面也同樣不盡理想（尤其是從其他角度來看）。這個情況本身起初還沒那麼明顯，而對大多數突厥改革分子而言也是如此。成為歐洲人並不代表要放棄伊斯蘭本身，就如同希臘人並不需要東正教的基督教義一樣。至於其他方面，大多數突厥人則希望改變越少越好。如今這類折衷立場日漸站不住腳。

排除泛伊斯蘭主義，似乎會出現兩種可能性。民族可以是歐斯曼，不管宗教或語言方面，採行奧匈帝國（dynastic state of Austria-

Hungary）的模式，也就是同樣將許多不同民族結合在單一的主權之下。或者，可以主要說突厥語——對許多人來說這代表「圖蘭語」（Turanian），希望藉由歐斯曼突厥人加入俄羅斯帝國（後來遭到擊敗與民眾叛亂）的說突厥語人口之中，從克里米亞到中國邊境（甚至更遠的地方），結合成具有雄厚潛力的新民族團結力量。從官方角度來看，土耳其青年團是想要延續歐斯曼政府的模式（再自然不過）。但是，他們似乎是將「歐斯曼」解釋成就等於突厥，於是不只有希臘人與亞美尼亞人與馬其頓人，還有阿爾巴尼亞人與阿拉伯人，都更加感到困擾，例如國會，似乎要把高比例的代表，給予說突厥語的省分。

他們的政策後來還是無法比阿布杜勒哈密德的政策還更站得住腳。他們的政策似乎要求在歐斯曼民族之中愈來愈緊密的中央權力以及一致性，而這當然是透過土耳其人的控制來執行，並向其他人施壓要求其接受土耳其語與文化做為帝國的共通媒介。如今這樣的作法面臨前所未有的抵抗運動，不過抵抗還是遭到監督與武力鎮壓。

基督教徒農民在阿布杜勒哈密德時期總是受盡蠻橫對待。1905年以來，特別是亞美尼亞大屠殺（他們被控過度援引憲法已獲得許多新自由），通常都是庫德族敵對陣營所為。但是，在穆斯林之間，特別是上層城市階級，阿布杜勒哈密德最有效的手段，就是囚禁或放逐。簡單地說，土耳其青年團渴望確保所有人的安全，亞美尼亞大屠殺令他們震驚（短暫重現於對抗土耳其青年團現代主義的時期）；但是，他們將政治暴力引進了統治階層內，也就是將政治對手處死。這個趨勢自西元1911年起更形惡化，歐斯曼人為了捍衛自己所剩的領土幾乎戰事不斷。

事實上，阿布杜勒哈密德退位之後便導致國際間對歐斯曼帝國展

開攻擊——或許認為這是僅有的機會；土耳其青年團遭受強烈鎮壓，以致無法表現他們有能力保證和平。奧匈帝國則是併吞一些原受其治理的零星巴爾幹領土。更糟糕的是，義大利在西元1911年侵略歐斯曼在埃及西邊海岸的領土。突厥人很快就被擊退，不願意退讓的穆斯林則必須在薩努西道團的領導下進行抵抗運動。最後，在巴爾幹半島的政權共同合作一起將突厥人逐出半島，到了西元1913年他們便只剩下伊斯坦堡附近地區（阿爾巴尼亞人藉機宣布獨立）。接著到了西元1914年，土耳其青年團就被貿易與發展方面關係日益密切的德國人拖下水，捲入與俄羅斯的戰爭（而俄羅斯則是與英國、法國同一陣線）。根本沒有餘裕的資源進行改革。

　　但在混亂之中，未來可能需要考量公共意見。其中最有名政策的評論者就是吉亞·哥克—阿爾普（Ziya Gök-Alp），他反對單一歐斯曼民族的觀念，認為這在本質上並不理想。他深受法國社會主義學家的影響，以此為基礎來衍生他對於突厥情勢的解釋。人性歸類於民族的重點之一，有別於人類只是人的觀念。任何一個民族都有自己的民俗文化：其共通的記憶與習慣、在民間故事與流行歌曲裡所表達的渴望。這些都與其語言有密切關係，因此會說特定語言的人（通常是在特定地區），就可以建立一個民族。因此，任何這樣的民族，在廣泛的文明圈內，就能與其他民族透過技術與各種不同的特殊技藝而結合一起：在宮廷文學、政治形式、法律與大規模的制度結構等各方面。但是，這類文明對民族本身是附帶的：其有時可以容納他們，但有時又可以排斥或改變他們。突厥民族很久以前就已經接納波斯—阿拉伯或伊斯蘭文明了，突厥在當時是世界上最進步的民族；如今其能轉變並接納西方文明，而不是不做其民族本質的任何根本改變。的確，只

有最先進的文明才能讓民族特色徹底表現出來；而且，除非是具備其特殊民俗文化的民族，否則就不可能接納西方文明。

吉亞‧哥克—阿爾普和其他自由主義者一樣相當關注宗教，他也認為要對伊斯蘭有確切的解讀，就不能緊貼著古老的波斯—阿拉伯傳統，而是可以由突厥人來完成，帶入他們新的文明，作為與西歐天主教或清教齊頭並進的另一個信仰。他在十九世紀末支持文學復興，也撰寫抒發民族情感的詩歌，這些都是要以大眾的形式與語言來贏得民心並形塑他們的精神。

因此，吉亞‧哥克—阿爾普讓反歐斯曼或泛伊斯蘭的觀念具體成形並普及，他堅守突厥與西化民族主義的觀念，的確，他有意要孕育的不只是所有突厥民族，還有安那托利亞及色雷斯，因為彼此都有相近的民俗特色。但是，他的觀念仍然較偏學術性質。在他想要訴求的穆斯林民俗當中，泛伊斯蘭有最大的訴求，因為現代民族主義都是以其作為基礎訴求。而在官方階級之間，則歐斯曼主義似乎是唯一能實用的做法。不同於希臘人或亞美尼亞人，統治階層的突厥人並不認為他們是個民族，不認為是單一種族，而認為就是身處歐斯曼穆斯林的領導階級而已。而受過教育的突厥人則不認為他們跟突厥農夫或牧人是一體的，輕視他們，認為他們粗鄙又不文明（「突厥人」一詞，其實就是用來羞辱他們的用語）。像吉亞‧哥克—阿爾普等所傳播的突厥民族主義，會儼然成為突厥領導階層中獨特的理念，是因一次世界大戰期間，甚至戰後所形成的客觀情勢所致。

打造西突厥民族

　　俄羅斯人在一次大戰期間忙於應付德國與奧匈帝國的戰線，而因為保加利亞與奧匈帝國和歐斯曼帝國結盟，所以仍然出現如同西元1878年對伊斯坦堡領土的威脅。歐斯曼帝國除了有一段時間著重在東北邊境以外，海軍強盛又以埃及為基地的英國是主要敵人。土耳其青年團希望能跨越西奈半島以解放埃及，但英國人還是搶先佔領了西邊，儘管有德國積極協助，仍其資源還是不足。英國海軍登陸色雷斯海峽——在達達尼亞海峽（Dardanelles）內——並進行控制，直逼伊斯坦堡。與德國海軍部隊合作而在陸地防禦的軍官穆斯塔法·凱末爾（Muṣṭafà Kemâl），之後稱為突厥之父（Atatürk）。凱末爾因順利迫使英國人撤離土耳其而成為民族英雄。土耳其青年團的領導人（恩維爾·帕夏〔Enver Pasha〕）派遣凱末爾到比較不重要的東北戰線，他在那裡抵擋了俄羅斯人的攻勢。（當俄國革命在西元1917年爆發時，突厥人便有機會在邊境地帶重新佔領很久以前就被俄羅斯人奪走的領土。）直到最後，西元1918年，突厥人在各地大致上都取得優勢，接著英國人跨越了西奈半島，藉著當地叛變的阿拉伯人協助，將突厥軍隊驅逐到敘利亞以北的地方。這次失利損失慘重，而且正好是凱末爾所領導的軍隊。他並沒有解散這支軍隊，而是協助去確保停戰之後，突厥人仍能擁有一支頗具行動力的軍隊。戰爭結束之前，歐斯曼突厥人有了共同經驗的新情感，安那托利亞農兵都有這樣的認知。他們也有共同的英雄。

　　儘管如此，西元1918年底，當歐斯曼帝國停止抵抗時，首都便由法軍和英軍佔領，帝國領土隨即遭法國人、英國人、希臘人、亞美尼

亞人、庫德人、義大利人和叛變的阿拉伯人瓜分。而蘇丹只剩下安那托利亞北部與伊斯坦堡的部分（俄羅斯因為革命的關係，沒有能力參與瓜分）。土耳其青年團的重要人物，不是遭到逮捕，就是逃離土耳其（恩維爾‧帕夏最後離開俄羅斯的土耳其區，沒能達到成立泛圖蘭政府〔pan-Turanian〕的目的）。

從希臘的角度來看，這是希臘恢復統治整個愛琴海盆地與內陸的最佳時機，不僅包含古希臘地區，還擁有大量希臘籍人口：包括馬其頓與色雷斯以北，還有安那托利亞西部地區。希臘的軍力從伊茲米爾（Izmir）推進並佔領安那托利亞西部時，當地希臘人獲得勝利，屠殺當地突厥人，以致許多突厥人尋求英國或美國保護，以免其遭到少數基督教徒更進一步滅絕；但是，其中有許多人鋌而走險，加入游擊隊。在這樣的情況下，凱末爾便向無能的蘇丹挑釁，開始指揮安那托利亞的那些突厥人，誓死抵抗強權盟軍。他號召大國民議會（Grand National Assembly），要取代伊斯坦堡的國會。大國民議會為全國各階級發聲，他果斷行事也得以控制議會。

蘇丹公告凱末爾是叛賊（對希臘的威脅漫不經心），派遣了他還擁有主導權的部隊，並藉著許多效忠他為哈里發的穆斯林協助，對抗叛軍。同時，亞美尼亞人想藉助盟軍而在俄羅斯與土耳其先前在東部高原的領土上，建立自己的國家；法國人則是佔領了敘利亞北方與東北方的地區。然而，庫德共和國（Kurdish republic）卻是流產；凱末爾對阿拉伯人脫離歐斯曼帝國深感滿意；義大利還沒登陸在西南邊劃分的區域；凱末爾還沒有攻打英國人，因為這時英國人若不是遠方的伊拉克與巴勒斯坦（Palestine），就是在自家恢復元氣。儘管如此，蘇丹還是在四場戰役中奮戰。「哈里發政權的軍隊」起初雖然捷報頻傳，

但在偏鄉地區卻敗於新愛國主義勢力；亞美尼亞人（在西元1914年大戰期間遭到屠殺而進一步挫敗）退回到先前俄羅斯邊境裡，他們仍保有相當小的共和國；法國人在遭遇猛烈抵抗之後，體會到阿拉伯北邊的敘利亞，是他們最應該併吞的地方。實力最強的敵人就是希臘人，要有相當持久的耐力才能對抗他們。用盡各種可能方式集中和製作補給與彈藥，農婦頭頂著彈藥到山上，甚至伊斯坦堡的上層仕紳也團結一致，對盟軍補給戰的盜竊行為視若無睹。最後，凱末爾的中尉伊諾努（İnönü）終於展開大規模的襲擊。西元1922年底，希臘人被迫撤到伊茲米爾（之後，發生突厥人屠殺希臘人的事件）後來還退到海上。屢戰屢勝的土耳其軍隊，進逼海峽，英國人退讓，蘇丹遭到驅逐。凱末爾重新取得色雷斯東部，但無意推翻巴爾幹在西元1913年建立的勢力。新的和平條約，不只撤除了留駐當地的外國軍隊，還掃除十九世紀以來所有西方特權階級的介入及控制。

因為他的成功，大國民議會授予凱末爾「伊斯蘭戰士」（ghâzî）的頭銜。凱末爾是接受這項榮銜，至少有一段時間。但他堅持任何時候的勝利都應歸屬整個民族，而不是社群宗教的情緒。在他首次大舉擊敗希臘並回到安卡拉（Ankara）之後，城鎮的宗教領袖歡迎他，也感謝他在當地聖人墓地的勝仗。這對於早期歐斯曼將軍來說非常重要，此外民族主義的目的需要宗教階級的支持，以對抗伊斯坦堡蘇丹。但是，他拒絕他們，還羞辱他們，告訴他們是軍人獲得勝利，不是他們的聖人，狂熱崇拜無濟於事。

他在西元1914年戰役所獲得的優勢，多半是因為他對於基督教希臘人的勝利，他反敗為勝之後便取代蘇丹，凱末爾無疑是新民族的領袖。突厥人在抗戰中已經知道突厥認同是最重要的。凱末爾完全接受

突厥民族主義的理念，而吉亞・哥克—阿爾普則是最佳代言人。凱末爾的勝利，主因是放棄阿拉伯省分；他重新征服的地區，至少是突厥人口最多的地區，是當地主要人口。他能成功是因為號召了一般突厥語地區中西突厥人共同命運的情感；也就是吉亞・哥克—阿爾普所主張的（西部）突厥民俗。凱末爾以西突厥國籍為基礎，與盟軍維持和平關係，但他真正的目的是想盡量納入更多的庫德領土（突厥區域中的庫德家族都日漸傾向突厥化）；原則上是依語言來劃定新的邊界，而宗教信仰則同化於其中。特別的是，在愛琴海兩端相互糾纏，並都自稱自己擁有全部區域的希臘人與突厥人兩個民族，最後在他們之間劃分領土範圍，以建立民族國家。大規模的人口交換更確立了這樣的安排：居住在土耳其（Turkey）境內（伊斯坦堡除外）的希臘人（也就是擁有希臘教堂的基督教徒——他們通常說希臘語，但也不完全如此），都要被遣送到希臘所屬地區，而居住在希臘境內（西色雷斯除外）的突厥人（一般來說就是講土耳其語的穆斯林），則都必須被遣送到土耳其所屬地區。凱末爾自己的家鄉薩洛尼卡，則被劃屬希臘地區；但主要說希臘語的伊茲米爾，則成為不折不扣的土耳其城市。

凱末爾共和國：世俗主義與西方主義

　　凱末爾要在有限的區域內建立獨立的土耳其民族，使土耳其能進入西方文明。大國民議會，可說是土耳其民族意識奮鬥之後的產物；凱末爾指出，在共和國宣告的主權裡，已沒有蘇丹的地位。遭到廢止的蘇丹國，有一段時間不再與哈里發政權的泛伊斯蘭理念有任何關聯，儘管這想法仍然存在，但在西元1924年也已減弱。伊斯蘭地位日

漸衰弱，進而成為私下的信仰（但政府仍然掌有控制權）。所有的道團都遭廢止，財產也遭徵收——很多蘇非道堂（khânagâh）和清真寺都成為博物館（但大多數清真寺都還是維持開放以吸引大量民眾）；道團學院都已關閉，政府支持的宗教學者訓練班也停止；政府控制的福利捐贈體系也成為世俗事務。最重要的是，伊斯蘭法的特性，都因為全盤接收歐洲法律而明顯式微，特別是僅作少許修訂的瑞士個人法。

可確定的是，伊斯蘭仍然存在，但已納入土耳其的民俗特徵。凱末爾甚至沒有信仰，不過整體來說還是忠於穆斯林社群。凱末爾並不會讓生為穆斯林的女性嫁給異教徒。特別是在最初幾年內（跟希臘交換人口的階段），身為土耳其人通常是以宗教來定義，而不是語言：會說希臘語的穆斯林是土耳其人（的確，他們是以突厥字母來寫希臘文）而說土耳其語的基督教徒則是希臘人（他們是以希臘字母來寫突厥文）。儘管語言是區隔社群最後的標準，但民俗宗教還是相當重要，因此在判定地方性脈絡下的基本文化取向時，還是比語言重要。

凱末爾的嚴刑峻法開創先例，並以適當的經濟投資加以強化，讓土耳其成為西式國家。凱末爾施政的最主要基礎，就是他所創立的共和人民黨（Republican People's Party），他掌控所有黨員名單，藉以提名有力的人選進入大國民議會。這不只是用於選舉的手段；更是宣傳改革的團體。其中最有效的，就是在境內廣設「人民之家」（halk evleri），以作為社區中心、圖書館和成人教育學校，廣為傳播新制度。

共和人民黨的理念以共和憲法為依歸，可概括成六方面。共和主義（Republicanism），實施選舉和憲法的政府理念；民族主義（nationalism），奠基於特殊民族文化與效忠的培養；普羅大眾主義

（populism），將尊嚴認同與共通民族需要視為第一考量；國家主義（étatism），建立與維持經濟繁榮的國家責任；政權還俗主義（laicism），否定任何社群宗教的特權；最後是革命主義（revolutionism）或者改革主義（reformism），持續以傳統為基礎進行更新和更理想的變革。

　　平民主義不只是指一般的成人選舉權；還包括賦予女性在政治與經濟方面的平等權利；以及大眾教育，在鄉村的學校都持續推廣並累積（雖未必能立即全盤有效）成效。這同時也意指對於農民的特別照顧。最急遽的改革就是廢止以往造成農民繁重負擔的舊土地穀物課徵，這儘管在十九世紀已經減少，但仍然很重。（因為這特別是伊斯蘭律法的形式，對凱末爾來說，有必要再次跟農民確保，廢止這一項不會引起真主的不滿；確定施行之後，有助於凱末爾進行其他不受歡迎的改革。）政府的稅收若是來自政府專賣與間接稅，對於窮苦農民就比較不會造成太多壓力。然而，一些由富豪掌握的土地，就比較不受共和人民黨的壓力，黨的支持主要是來自安那托利亞的上層仕紳。對於城市中人數較少的工人階級，凱末爾也沒有給予他們太多特權。

　　國家主義，似乎比其他理念還晚實施，儘管這源自於土耳其的現實狀況，首都過去都由非穆斯林掌控，他們多數已經離開，但其他的又不受信任。土耳其青年團已順利擴增許多土耳其人所擁有的工廠，不過他們還是對伊斯坦堡存有反感，認為這是外國城市，凱末爾主義者擴增的人數還是使其成為主要勢力。但是比較大量的投資還是必須來自政府，因為政府有充分理由必須有能力維持這種投資模式。

　　在包括成人教育的教育規劃方面，在制訂與施行所有信仰一視同仁的法律方面，在鼓勵農業機械化和工業發展方面，凱末爾主義者都

要讓土耳其走上現代之路；他們所追求的現代性，顯然就是根據凱末爾所稱「整個文明化世界」的傳統，也就是他偏好的西方。土耳其民族終究摒棄了波斯—阿拉伯文明，並接納西方文明。而這在兩方面特別明顯。

西元1925年，就在東部省分庫德族以伊斯蘭為名的動亂，遭凱末爾主義者壓制之後（在鎮壓叛亂之中，凱末爾處死一些反對他政策的土耳其人），凱末爾做了相當急遽的改革，包括壓制道團。然而，造成更多不滿的改革，就是西方的寬邊帽（brimmed hat）。男人不得再穿戴瑪赫穆德的土耳其氈帽（fez）或無邊頭巾（brimless headdress）。因為做禮拜（salât）的人，還是穿戴頭巾，所有伊斯蘭頭巾的特色就是沒有帽緣，這樣在做禮拜時前額才能處碰地面。因此，過去歐斯曼帝國代表不同團體的帽飾，主要是宗教學者與不同蘇非道團的人，其所有頭巾、軟帽、其他頭套，如今制定了帽子律法之後，全都成了違法的服飾；過去只有某些城市階級才穿戴的土耳其氈帽，此時也屬非官方認可。

因此，這個法案同時具備幾個功能。這象徵著，否定波斯—阿拉伯的傳統，而採行接受西方傳統（雖然無邊帽並非特別現代——例如它並非特別實用——但這顯然屬於西方）。用比較實際的說法，就是這進一步實施了瑪赫穆德的改革，廢除了過去以頭飾來區分人民的地位，因為這並不符合作為現代民族國家中可交換性同一性質的前提；特別是，因為宗教階級的特權與影響力降低，所以凱末爾若要讓世俗共和國存續就必須如此。最後，這還會產生心理政變的效果。甚至在語言方面，他們以「戴帽子的人」（the hated man）來代表歐洲人，「戴上帽子」（to put on a hat）來代表「歐化」（to Europeanize）。也就是，

「要背棄伊斯蘭，或是背棄國家」（其實用意是一樣的）。結果就是，凱末爾要求土耳其人不再尊崇歐斯曼帝國。這樣的作法強迫人民做決定：一是起義抵抗，二是順從這樣的決策。尊崇歐斯曼帝國的人確實反抗了，但也失敗了；其他人大致上都接受了凱末爾的權威，但不見得是他的智慧，只是默默接受這所謂的西化運動。

因此，西元1928年仍是個比較具象徵意義、或整體來說抵抗最少的時刻。此後政府下令，突厥文要以西方字母來書寫，禁止使用舊式字母。的確，新的字母語音清楚，比波斯─阿拉伯字母還更適用於突厥文。突厥文的書寫系統相當混亂，不適合促進大眾教育。然而，波斯─阿拉伯字母基本上還是能滿足現代化過程中的需求：一些字型的改變，變得像現代西方字母一樣清楚明確。歐斯曼文字的拼寫令人困擾，但不比英文難，而在拼字法方面的改革（例如幾個西方區域所採行的），則形成全盤簡化的新字母。新字母有兩方面的成果：這確認了改革在心理層面，應該是全面的、沒有退路的；年輕世代應該不再看過去出版的書、還有圖書館的書，不再受歐斯曼文學特色的影響。

其他語言的改革，則另有一些附帶的影響作用。十九世紀末之前，自由主義的土耳其作家，已經簡化了宮廷的歐斯曼語言，比較少書寫波斯字母的土耳其語，而較常使用當地人通行的語言。這樣的趨勢，是有系統化地實踐。新的土耳其共和國語言是土耳其語文，不再是歐斯曼突厥語：長期以來的民間突厥語，則大約回歸到突厥人接納波斯─阿拉伯文明之前的型態。激發純粹直接的精神就能屏除過度的波斯主義（Persianism）──也就是比較多元種類也比較不同於英語的拉丁主義。但土耳其人也想要減少波斯─阿拉伯的專用語，特別是對於比較沒受教育的人，因為他們不瞭解這樣的語言，所以開始使用正

統的土耳其用語，類似德國人讓他們的文字德國化的現象。他們透過徹底瞭解從古至今所有土耳其方言的歷史，來找尋合適的表達方式來建構新用語。儘管改革者確實轉變了詞彙，卻還不算完全成功。

的確，最有可能的是，即使文明的專用語特別有國際社會化的必要性，不是針對民俗文化，而是經由土耳其語的根源來開展，至少在許多例子之中是比較容易讓一般民眾瞭解與學習。但這個範疇本質如此，由吉亞‧哥克—阿爾普所建立的標準，便是由舊語言轉變成有新文明化特色的語言。因此，通常法語及高盧化的拉丁語（Gallicized Latin）都用來取代波斯語以及波斯化的阿拉伯語。當然，這樣的連帶作用，是要確保字母的改變不只具有暫時的影響，還能夠永久延續下去，年輕的土耳其人逐漸不再使用舊文學的字彙，即使轉變成新字母也不會再用了。

特別是在西元1929年全世界景氣大蕭條之後，凱末爾盡其所能讓土耳其工業化，一部分是因為土耳其比較不依靠進口商品，也或許是因為建立了盛行於西方的相同制度：這代表（無論是否公認）工業化可能產生的相同經濟階級，以及一些興趣、觀念和生活習慣。凱末爾至少成功地確保現代工業化能融入土耳其生活之中。凱末爾時期，土耳其的工業產能在凱末爾時期日漸增長，跟上了俄羅斯與日本的腳步，並位居世界第三位。但是其他類型的現代西方體系也需要引進，而其難度則比較高：例如要有由大眾認可、獨立但又可靠的反對黨，目的在於追求個人自由之保障與對國家政策形成輿論力量。凱末爾不止一次寬容，甚或鼓勵與其共和黨員對立的反對黨；而他也每一次都必須迅速鎮壓。結果還是普遍存在重建舊歐斯曼—伊斯蘭路線的民意壓力，而其聲浪還極具壓倒性而且非常粗暴：民眾挾持反對黨，作為

解放共和國的手段。

然而，在凱末爾於西元1938年去世之前，他的理念「凱末爾主義」（Kemalism）已經深植於大多數受過教育的年輕人心中，唯有他們才能讓確實可在土耳其運作的現代制度得以實踐，也才能發展土耳其高層次文化特徵。在凱末爾的領導下，土耳其已經明確解決了其現代性意涵的問題，也就是徹底區分現代化與西化：那就是，要走向現代就必須加入西方，成為其他西方國家中的一員，無論會變得更好或是更糟，都要與西方人一樣。土耳其青年團的特色，就像是個歐洲青年組織成員一般，追求歐洲大一統，質疑海島上的英國人是否能夠作為歐洲人。在二次大戰之後，當土耳其人表現出亟欲加入北約（NATO）等歐洲新組織時，這可能就是要證明他們的經濟與軍事優勢，可以給他們帶來珍貴的新身分。

伊斯蘭之延續

宗教意識在現代化浪潮中的重要性不高。凱末爾現代主義的官方態度，就是宗教也應該像其他事物一樣西化。國王應該屬於「世俗」體系，當然，宗教是屬於個人的私人事務。這多半是因為廢除伊斯蘭的關係。但是，進一步希望的是現代公民應對伊斯蘭採取「西式」態度；也就是說，伊斯蘭的禮拜會有現代天主教的社會與情緒特徵，或許特別是清教徒或猶太改革派的禮拜。從某方面來看，政府介入甚深。政府一再指派伊瑪目與宣禮員（muezzin）到清真寺，如同以往一樣；因此，這種情況需要讓禮拜儀式用土耳其語，而不是阿拉伯語。這也代表國家獨立於「外來」宗教傳統，走向「現代」理性；這代表

著與伊斯蘭律法的切割，即使在禮拜方面也是，改用大眾可理解的語言。至少官方現有的制度已完成這樣的作法；不過，似乎很少穆斯林能接受和阿拉伯語對應的土耳其替代片語。（更後期當允許恢復使用阿拉伯語時，土耳其詞彙早已消失了。）有些人建議在宗教外表作更多的改革，他們都希望外在行為的不同模式，能有助於新的內心態度與土耳其新的西式地位更加融洽：清真寺應該要有長板凳，讓集會時可以聆聽伊斯蘭講道，而不是專注在禮拜儀式中已經不合時宜的肢體動作；但這樣的想法，卻從未受到正視。伊斯蘭實際上已經脫離政府的運作層面：不只是對西化沒有直接貢獻；其本身也無法真正西化。

因此，伊斯蘭就成為實驗個案，目標就是要讓整體傳統特色走上西化。進行改革的日漸西化階級，則是將改革運用到公共生活中。任何地方的現代化部分，最具代表性的就是學校。公立學校代表嚴謹的現代主義，其外在是非常民族主義，而且在土耳其特色之中，最沒有伊斯蘭的影響。公立學校的教師變成中下階級與鄉村人口中新標準的最主要代表。教師與現代醫師與黨派官僚，還有他們與大城市及政府的關聯性，不可忽視。但他們通常都自覺受到孤立。甚至改革幾十年之後，至少在小農村裡，公立學校教師的地位已日漸無法比擬當地講道人士或是伊瑪目，只是進行一些競賽看看村裡的小孩是否有遵照規矩來上課、接受現代的訓練，或者，他們是否確實專心聽課、尊崇《古蘭經》的反現代、反政府立場。

伊斯蘭在現代化的過程中已產生重大改變，但未必是現代化主義者所期待的方式。道團的公開活動都遭到禁止，他們的身分也遭到禁止，但清真寺的官方禮拜儀式基本上還是一如往常，而且有政府支持。樸實的伊斯蘭法儀式，由於存有理性的關係而頗受重視（長期以

來是與政府相互妥協），反而伊斯蘭不在規範之內且以個人特色為主，完全無法與官方禮儀相融合，漸漸不受信任：清真寺的伊瑪目能夠跟（例如）路德派（Lutheran）講道者同化，反而巡迴導師在天主教蘇非行者道團成員的時代不再巡迴於鄉村地區，很明顯地是「中世紀的」與「東方的」，對土耳其現代化來說是顏面盡失。但是，即使強調律法的伊斯蘭也沒有受到信任，人們還是想要以西方世俗的基礎，來改造國家的法律與社會模式；因此經學院遭到鎮壓，似乎在這個世代裡年輕人都沒有伊斯蘭律法的訓練，也不受經學院的規範。好的講道者不需要認識過時的伊斯蘭法學，也不需要瞭解過時的辯證神學爭議。但是其實伊瑪目的優越性已經不再，不只對於官方來說不重要了，民眾也不再相信地獄之說；伊瑪目的知識也不再重要，伊瑪目那長時間又艱困的知識訓練，只有在經學院能夠發揮作用。因為似乎沒有新的熟練者能接管在清真寺裡對強調律法的伊斯蘭領導權，所以純樸又可靠的伊斯蘭權威性已經消失。同時，單純是外在形式遭到鎮壓，對於蘇非道團並沒有多大影響。外在表現會減少，或者道團的形式組織會受影響。但是，沒有任何方式能避免在私領域中說服他的朋友與孩子；而這就是密契主義傳統的必要性。在嚴肅看待宗教的人當中，這很不可能是伊斯蘭蘇非權威會式微的理由。

其實，似乎多數人並未認為凱末爾與他的改革對伊斯蘭會有敵意。經學院受到壓制，並沒有直接影響到人民，反而只是讓享有特權的人，能以任何方式在現代化學校就學。鎮壓道團對蘇非主義沒有影響，而是針對貪腐、偽裝蘇非主義的人，他們在大眾面前總是虔誠的樣子。在許多社會之中，即使透過轉向正統來宣稱自己虔誠的人，任何聖人、以及特定蘇非行者或導師還是會有所質疑；他們也許感覺到

所有道團廣受壓制，但情況並不嚴重，而他們會承認在「後期墮落時代」不是沒有用意的，就算是不同於凱末爾的作法，還是會認為這是純化伊斯蘭的方式。凱末爾繼續針對在伊斯蘭聖戰中對抗希臘異教徒的勝利者授予戰士的頭銜。信仰虔誠的人民不滿凱末爾的改革，但他們並不會將其視為對宗教的任何直接威脅（除非，最明顯的就是在禮拜儀式中，不再戴寬邊帽）；他們會私下抗拒潮流，直到時代再次改變。

　　在這個氛圍之中，儘管強調律法的伊斯蘭衰弱了，蘇非伊斯蘭還是能夠重新獲得肯定，而或許在精神方面還能更強化。激進貝克塔什道團成員的著作家喻戶曉，其聲明革命是要實現平等與自由的思想，這是貝克塔什道團的一貫立場，以致如今不再需要個別的貝克塔什組織；但是大多數貝克塔什道團成員都不會同意。毛拉維道團總是受上層階級歡迎，而且與現代主義者友好，比較不關注伊斯蘭法，也就不會遭當權者的騷擾。他們主要的宗教中心是賈拉盧丁・陸彌（Jalâluddin Rûmî）及其在孔亞（Konya）後繼者的墳墓，這裡已經在國家贊助下成為博物館，遊客可以一窺蘇非行者信仰的遺風。但是，毛拉維道團繼續他們私下非法的儀式，包括獨特的舞蹈，但受過訓練的年輕人已經減少（以致於凱末爾死後多年，博物館需要重現毛拉維儀式以促進觀光旅遊業，並由年輕人來表演高難度的舞蹈）。的確，孔亞的博物館，對當地人和對朝聖的人來說都還是具備聖壇的功能，甚至對於博物館的保全本身也是如此，如果到場的人都還是意氣相投，他們就不需要限制其崇拜的熱忱。例如與伊斯蘭律法和舊伊斯蘭化觀點的社會禮儀關係比較密切的嘎迪里道團（Qâdiriyyah）與納各胥班迪道團（Naqshbandiyyah），就比較不受到寬容待遇，但他們還是能

妥適延續其傳統。在西元1939年到1945年戰爭之後，當更加自由的宗教表現獲得允許時，伊斯蘭的生命力似乎就依靠著蘇非而來；即使在階級之中有很多人都以不同的方式全心接受了凱末爾的改革，舊的道團還是很有吸引力，至少在個人發展方面是如此，而新的道團興起，就算依舊非法但還是相當受歡迎。

不過，伊斯蘭不只是由隱世的導師制訂規範，而是經學院。當受過正式訓練的宗教學者去世之後，大眾的伊斯蘭就會失去規範準則。那就難以分辨宗教迷信與正式宗教信仰的差異了。一般人會在公車或計程車上吊掛以阿拉伯文字專用形式寫成的咒語或護身符，以顯示他們對於阿拉伯文字的重視。雖然在政府法庭中的公證結婚可視為婚姻的基本要件（除了共和國遠東部分的山地居民大多忽視這項規定），但正式的婚禮是婚姻狀態中不可或缺的條件，伊瑪目認為應該由他們來安排，不應該忽視伊斯蘭律法的規矩。在西元1939年戰爭之後，即使為凱末爾犧牲奉獻的人，也看到有必要重啟正式的伊斯蘭律法訓練，以求在更理性控制之中帶來宗教的力量。

戰後，民眾的疑問逐漸轉向伊斯蘭該何去何從。在北非發跡的道團，以前很保守，甚至支持法國，在進入土耳其之後，變成了破壞凱末爾志業的宗教先驅。這樣的宗教趨勢並不強烈，該擔憂反而是，即使所有政黨理論上都同意維持凱末爾的世俗主義，但政黨之間還是充滿最情緒化的議題，即使有時候很公開，但這是有策略性的。儘管有政府與宗教機構之間的差距，但世俗主義無論如何並不會引進現代西方的宗教自由概念，也就是任何宗教信仰形式都能毫無所懼且獲得他人寬容的態度。一旦尊崇伊斯蘭的人都可以再次建立正式的宗教訓練，而且重新讓大家接受時，他們自然就會理所當然認為他們期待被

寬容的宗教形式，也應該就是那些在歐斯曼政權時被寬容對待的宗教。如果尊崇伊斯蘭律法的道團還受到鎮壓的話，那就是政府政策的問題了。但是，至少有些人理所當然會認為共和國裡許多的蘇非，都是以奧義學派為主，並不尊崇任何伊斯蘭律法，所以無論什葉或順尼，都不能有宗教方面的寬容，這並不是因為他們對政府有威脅，而是因為對於伊斯蘭律法的教義是不正確的。最後其中一個最有爭議之處，就是大多數人都熟悉的宗教自由問題，不論是凱末爾政府或蘇非領導人都未曾讓一般大眾熟悉這個問題，但宗教自由對任何精神成長其實都是必要的，因為這可以使現代化中階級的務實文化融合其精神需求，大多數現代化階級都認同這點，而且大多數人也都認為這是現代的基本條件。

從某種歷史特色轉換到另一種的過程，都不可能完整轉換，也不可能豪不含糊。即使就民族主義意識而言，例如西方的農業歷史，也未能真正取代伊斯蘭化的農業歷史，也就是還維持（一方面）在土耳其時期的優越面貌。而且，要從穆斯林宗教形成的偉大文明之中脫離之來，然後作為私人的精神生活，也是頗為困難的事情。穆斯林精神的傑作與波斯─阿拉伯文學傳統的傑作，是同時存在的。通常可以發現，最重視個人精神發展的人，也才有可能至少孕育有意識又深思熟慮地拒絕凱末爾主義的文化層面。許多凱末爾主義土耳其人，都曾經希望能出現真正的土耳其伊斯蘭「改革」（Reformation），也就是脫離舊式特色與更加不相干的要素，並讓伊斯蘭不只是現代的，也能是徹底西化的宗教。這類問題觸碰到人類內心深處，因為任何文化生活都必須面對其最嚴苛的挑戰。

凱末爾的解決方式有時候似乎都是暫時性的，或者頂多只是一種

表象。許多支持凱末爾主義的土耳其人，都很訝異看到群眾反西化的暴動事件：因為在西元1930年暴動中的民眾先是目睹其領導人遭槍殺，接著就有一名想要介入反政府示威的官員遭到斬首，並將其頭顱遊街示眾。但是，在納粹德國聲勢如日中天時，凱末爾主義在戰爭期間卻放縱其本身的偏執行為：頒布命令針對資金課稅，主要條款明顯針對非穆斯林的生意人（包括外國人，但卻必須是德國或其盟友的猶太人）。這樣的行政措施並沒有上訴或審核的規定，採取的作法包括羞辱他們還有囚禁他們作苦工，作為對其身為基督教徒或猶太人身分的附加懲罰。當德國勢力衰退之後，這些囚犯才得以獲釋。

第四章

埃及與東阿拉伯地區：
文化遺產之復興

在西歐大轉化時期，阿拉伯人比其他任何重要的伊斯蘭（Islamicate）族群，在文化方面都更是低落。雖然受到波斯（Persianate）文化影響的阿拉伯人並不多，但在大多數重要的阿拉伯地區，特別是敘利亞與埃及，政治權力與社會偏好還是影響了歐斯曼突厥文化中具有波斯（Persianate）背景的人。受過正統阿拉伯教育的人，大都侷限在像宗教學者或蘇非導師等有機會接觸宗教方面文化的人士。阿拉伯地區在火藥帝國時期就已經比較缺乏創新活動了，即使是從未被方言取代過的嚴謹著作，阿拉伯語文也已經式微，僅限於使用在比較狹隘的神學用途。一如其他穆斯林地區的情況，阿拉伯語文幾乎被視為死亡的語言，地方方言也跟阿拉伯文毫無關聯，人們也不會假裝把它當成主要的文化載具。所有傳統的手抄本長期以來都遭受腐蝕，而且在中後期的時候，古典阿拉伯時期（哈里發盛期）大量的學術與文學作品也已經難以取得，並可能像古希臘一樣永久遺失了。而比起開羅或巴格達，更有可能在伊斯坦堡發現留下來的許多作品。

同時，一如歐斯曼帝國的突厥區域，十八世紀時的貿易活動逐漸被地中海東部的基督教徒所掌控，而阿拉伯和非阿拉伯地區的基督教徒，也日漸接觸到蓬勃發展的西方文化。但是，阿拉伯穆斯林甚至沒有像突厥人那樣統治過那些基督教徒：外國人（以及阿拉伯基督教徒與猶太教徒）的優勢地位並未被削弱。因此，不論從伊斯蘭（Islamicate）文化遺產或現代化新興浪潮的角度來看，阿拉伯穆斯林都算是相對落後。因此，如果他們要面對歐洲的挑戰，就必須發展或振興在地文化實力，但這比突厥人或是其他任何穆斯林族群，都更為迫切也更加艱難。

儘管這樣，東阿拉伯地區的一些主要核心區域（但並非大多數的阿拉伯半島或北非〔Maghrib〕）都已經被歐洲的國際體系同化，同化的程度更甚於其他穆斯林核心地區。開羅在伊斯瑪儀（Ismâ'îl）時期就已經是很歐化的城市，而烏拉比（'Urâbî）的叛變也已經充滿西方理想主義。其實，克羅默（Cromer）時期的埃及不只在殖民經濟方面出現長足進步，並藉由敘利亞，而在措施和精神方面都成為現代化浪潮的焦點。不同於過去，也沒有像當時那樣多的正面支持，埃及正要朝向成為現代穆斯林族群的主要領導者邁進。必須從舊文化遺產中找出基礎，來尋求國家的現代觀，在這方面，比起其他任何地方，埃及與敘利亞更加顯得問題重重，更需要熱切和決心，才得以解決難題。

振興阿拉伯─穆斯林文化遺產：穆罕默德・阿布杜赫

埃及阿拉伯人比突厥人更加強烈反對西方政治勢力：他們遭受西方強權直接侵略、佔領，而且飽受英國人優越感之苦，未必總是像克羅默勛爵那樣巧妙或溫和地表達，但至少可以從知識分子階級的日常生活看出端倪；而且，伊斯蘭族群（Islamicate people）甚至已經日漸感受到淪為次要歷史地位的威脅。同時，有警覺意識的埃及人跟任何突厥人一樣，都知道與西方文化妥協的必要性。英國關注個人豁免權的成果之一，就是埃及的阿拉伯人走出困境後，比較能在印刷業自由工作，而阿布杜勒哈密德在位時期的阿拉伯人或突厥人則無法如此。埃及的新聞媒體在十九世紀後半葉時，像土耳其一樣蓬勃發展，但是更能自由表達，而且大多偏重穆斯林在現代化過程中所面臨的問題。

他們針對這些情況指出各式各樣的可能性，但普遍都特別牽涉到

阿拉伯文化遺緒所面臨的各種壓力。特別是在敘利亞，黎巴嫩山（Mount Lebanon）與日漸繁華貝魯特（Beirut）港相毗鄰，當地有大量的基督教農民人口，其中有很多阿拉伯基督教徒在教會學校接受教育。他們對於豐富的阿拉伯語文和阿拉伯過去的輝煌歷史，都很感興趣。

儘管這類文化遺產在語文和古老淵源方面皆與伊斯蘭有關，但至少與當時身為統治者、突厥的伊斯蘭倡導者無關。阿拉伯文在所有穆斯林地區都備受推崇，而西方學者也非常重視阿拉伯語文；同時，阿拉伯人中具經濟優勢的基督教徒，也樂於欣賞阿拉伯的其他文化遺產。在這個世紀的後半葉，他們其中有些人曾經嘗試以阿拉伯文來改寫純粹西方風格的著作，但最後並未完全成功。但另外有一些人則是日漸意識到「振興阿巴斯古典時期風格的必要性」；例如，以最純樸的風格寫過《瑪嘎姆詩集》（*Maqâmât*）的納西夫・亞濟吉（Nâsîf al-Yâzijî），就是承襲哈利里（Harîrî）的風格，他最後就因其純粹風格而成為晚近的大師級作家；如此一來，黎巴嫩的小敘利亞區就成為阿拉伯文化復興的重鎮。

由於當地埃及阿拉伯人的需求以及必要的準備，敘利亞基督教徒通常都滿懷著「以阿拉伯榮光之名」來復興阿拉伯文學的熱忱，他們率先在埃及建立阿拉伯文的新聞業。因此，阿拉伯人的認同感產生了強烈的文學與古典特色，並針對普遍的波斯—突厥（Perso-Turkish）環境，呈現出試圖復興古代的阿拉伯榮耀的趨勢，特別是阿巴斯古典時期。結果，埃及的阿拉伯穆斯林都非常能夠接受這樣的發展。

但是，對穆斯林而言，這樣的復興通常不只包括了文學方面，還要涵蓋阿拉伯崇高偉大的宗教歷史——也就是伊斯蘭早期的歷史。東

阿拉伯地區比任何地區都更想淨化和強化伊斯蘭，以便可以更有信心找出積極的支持力量。甚至文學復興所採用的語言形式，終究大部分還是要取決於維持伊斯蘭純正性與優越性，所衍生而來的重要性。在阿拉伯半島上，阿拉伯人所居住的地區，已成為瓦哈比運動的現場，後來某些日益增多的其他伊斯蘭淨化運動也在這裡進行。在這樣的氛圍下，在烏拉比叛變興起之前的一段時期，阿富嘎尼（Afghânî）短暫到訪，他是熱烈支持復興伊斯蘭世界的波斯傳教士，開啟了知識與甚至政治方面的活躍動力。阿富嘎尼最有影響力的阿拉伯弟子，就是埃及學者穆罕默德‧阿布杜赫（Muḥammad ʿAbduh, 1849—1905 CE），他曾與阿富嘎尼合辦一份名為《可靠之連結》（Al-ʿurwah al-wuthqà）的期刊。阿富嘎尼勸誡每個穆斯林國家進行內部復興，使其成為整體泛伊斯蘭運動（pan-Islamic movement）的一部分，而這些走向復興的每個國家都必須要相互合作，但這一方面通常是為了強調要走向國際化。當阿布杜赫導師因介入烏拉比叛變並且獲得原諒後，得以在埃及重起爐灶時，他還是表現得同樣積極；但是他將精力集中在埃及本身，並主張要立即進行道德改革、啟蒙教育，以及重新審慎詮釋宗教教義。

穆罕默德‧阿布杜赫最主要的努力就是反對十九世紀普遍採行的概念：廣義的因循原則（taqlîd）。這（確實）等於比中後期所認同的關閉理性思考判斷之門（gate of ijtihâd），還要嚴重。由於十八與十九世紀外來的挑戰日益增加，因循原則最後還（若非在神學方面也是一種心態）包含「在文化方面刻意反對所有西方的新形式」。就算老舊作法的正當性再怎麼備受質疑，通常還是會跟古老習俗所賦予的神聖性混為一談。穆罕默德‧阿布杜赫就反對這樣的觀點。有些反對這種

觀點的埃及人也確實想效法現代的法國人，他們膚淺的做法則是引起克羅默這類奉行者的輕蔑。穆罕默德・阿布杜赫喜愛前往歐洲遊歷，以重拾他對人類的信心，但除非能符合他自己定下的嚴格標準，否則，他會排斥西方的任何事物。當他反對因循原則和傳統時，他並非是因為支持隨意的西化而反對，而是因為支持穆斯林的理性思考判斷──同樣採用理性思考判斷相對廣義的解釋：以符合法律要求和伊斯蘭道德規範的既存規則，自由探索當時最理想的作法。他也受到許多現代歐洲思想家的影響，其中最重要的就是孔德（Comte），由於他的實證主義（positivism）不只提升了科學的客觀主義（objectivism），也提升了人類文化分析方面，但孔德還呼籲應該要有能不斷符合人類需求的全新宗教體系，而這確實與科學相當一致。不過，穆罕默德・阿布杜赫也確信：只有伊斯蘭才具備這樣的宗教體系。

他的影響力有一部分是在個人道德方面：他秉持著自恃的誠信與效率，對抗所有迷信與貪腐。譬如，由於他的警覺性，他能夠在某些負責的領域中，重建對個人正直與誠信的高度期待。他透過現代志願性機構，協助革新制度慈善事業的傳統，但因為政府扣押福利捐贈（waqf）的作法而有所中斷。但是，即使付出了這樣的努力，他有時還是主張以穆斯林的方式來進行改革，而非英國方式。他把理性思考判斷的原則重新引進穆斯林律法，最主要的就是實行「公共社會福利」（maṣlaḥah），在運用到文件時，採用伊本─泰米亞（Ibn-Taymiyyah）等人所發展出來的標準。但是，這不僅只是採納歐洲標準的藉口，而且還是伊斯蘭的實際運用；即使採行西方法律的法律，他還是偏好於採用相同的原則，就算在技術層面有過先例，他還是堅持其理性思考判斷和使用「公共社會福利」標準的權利。因此，他甚至將西方法律

的精神層次都加以伊斯蘭化。他最徹底的影響力，就是讓追求歐洲風潮的阿拉伯人，能夠尊崇古典穆斯林—阿拉伯文化遺緒，並利用其最獨特的各種內涵，作為建構現代社會的另一種合法基礎。

　　首先，穆罕默德・阿布杜赫致力讓受過現代式教育的人，能對伊斯蘭的合法性與適切性產生信心。或許是因為受到阿富嘎尼的影響，阿布杜赫欣賞伊斯蘭哲學家的政治立場（特別是伊本—哈勒敦所代表的立場），但是他更嚴謹看待伊斯蘭信仰。他選擇追隨嘎扎里（Ghazâlî）對待神啟和穆斯林社群的立場，他不只抨擊法律上的因循原則，也反對舊的辯證神學，並強調個人在靈性方面持續且更開放的深層見證。因此，以嘎扎里為表率，也讓他接受了現代科學（與哲學同化）——但穆罕默德・阿布杜赫自然更積極促成這種作法，而且比嘎扎里更加瞭解理性去證實基本真相的能力；他採用了理性主義學派（Mu'tazilî）理性能力的觀點，證實「先驗」（a priori）一定是好的一面，因此必須依靠真主。穆罕默德・阿布杜赫對於《古蘭經》的註釋，盡可能表現出謹慎的態度，但他以符合現代需求的方式，明確重新詮釋神聖文本；採用真主無可質疑（bi-lâ kayf）的舊手法，也就是認為必須接受神人同形同性（anthropomorphic）和其他的模糊表述，而不必設想其中的真正意涵。穆罕默德・阿布杜赫認為，文字的意義與夏菲儀（al-Shâfi'î）一樣，無論如何都是當時阿拉伯文化的功用之一。雖然他有時候會標新立異，像是主張精靈（jinn）或許其實是微小的生物，但他覺得沒必要引進任何激進的新理念，例如歷史文化相對關係的一般性概念，因為這會讓所有文本的意象都受到質疑。因此，在古典阿拉伯的創新時期就已經安排好的路線之中，穆罕默德・阿布杜赫都盡可能接受現代科學與技術。最後他終於成為埃及的首席大法

官（muftî），即伊斯蘭法終極的闡述者，他在歷史傳統的脈絡中悉心研究，足以鼓勵所有趨勢去重建適應能力與道德關注，在其形塑時期建構出法律的特徵。

穆罕默德・阿布杜赫在回歸阿拉伯伊斯蘭古典時期信仰方面的努力，等同於其回歸同一時期的文藝文化。一如敘利亞的基督教徒，阿布杜赫也積極地想讓長久以來遭受忽略的古老典籍、以及作為媒介的古阿拉伯文能重新獲得重視。其中他最重視的一項就是在愛智哈爾清真寺大學（Azhar mosque-university）的改革，東部的主要阿拉伯宗教學者都是從這個學校出身。他的工作並未持續太久，但他引導許多學生瞭解更廣泛的當代思想；包括（或許是最重要的）世俗古典阿拉伯文學的研究，以及某些現代西方的重要議題。阿布杜赫培育了高層次的現代新聞事業，但堅決主張要以純正古典阿拉伯文來寫作。他本身就是純阿拉伯文散文體的典範，但也合乎古代文法與詞彙形式。

埃及民族主義與阿拉伯民族主義

穆罕默德・阿布杜赫（就像在他之前的埃及改革者一樣）對埃及抱持著一份溫暖的情感。他對古典阿拉伯文化遺緒的喜愛，絕大部分都表現在他對阿拉伯埃及的感情上，大致上這可能有一部分與他對伊斯蘭世界感到興趣有關，也就是他從阿富嘎尼所得到的啟發。但就建立國家的務實角度而言，這幾位滿懷熱忱的人未必就會和諧一致。想要同時對埃及、阿拉伯民族主義和伊斯蘭都保持忠誠，本來就會進退失據，這種問題終究必定會明白呈現出來。其中有些在二十世紀初的二十年間就已出現，就像克羅默觀點中呈現出那種歐洲自鳴得意的世

界霸權，突然間都備受質疑。

有一群在穆斯塔法・卡米勒（Muṣṭafà Kâmil）身邊的人，他們並不像穆罕默德・阿布杜赫一樣，願意依循英國改革者暫時的長處，堅持無論如何都一定要落實烏拉比的目的，一定要將英國人從埃及驅逐出去，而埃及也要以穆斯林和阿拉伯基督教徒的合作為基礎，建立行憲政府。西元1905年，俄羅斯遭到日本擊敗之後（被視為「東方人」戰勝了「歐洲人」），很多穆斯林地區的民族主義都因此受到相當的鼓舞。接著在西元1906年發生了一個事件，讓穆斯塔法・卡米勒陣營有理由號召整個埃及來支持他們。由於有些英國官員在野外射殺鴿子而與一些擅闖的村民發生衝突，導致各有一名官員與村民喪失性命；政府吊死幾個村民，其他人則被處以鞭刑。看到英國人像「東方」暴君一樣的行為，埃及人感到相當震驚，他們深信一定要為此事件，在沒有英國人的監督之下自行進行改革，並建立起正式的民族主義政黨。同時，國際市場也出現危機，包括棉花市場，凸顯了新興繁榮強盛的侷限性。到了西元1913年，埃及的國會已發展成各政黨可以相互辯論的政治舞臺，並能透過普遍的競選活動，來宣揚政治主張。

西元1914年大戰期間，英國與其埃及根據地結盟，一起對抗歐斯曼帝國。埃及人想要支持可以名義上依附的穆斯林帝國（Muslim empire），而不是會控制他們的基督教帝國（Christian empire）。而另一方面，歐斯曼省分裡的阿拉伯人，一如從西元1908年革命以來的土耳其青年團，則是對他們在土耳其政府統治下的未來感到疑慮。文藝方面的復興始於敘利亞基督教徒，在穆斯林知識分子之間獲得迴響，特別是在敘利亞，他們還發展出像「阿拉伯人的偉大成就」（Arab greatness）一樣的觀念，結合阿巴斯古典時期，就像在埃及的情況一

樣。過去培養宗教學者的知識分子階級仍然維持其家庭的優越性，也可能還是效忠歐斯曼蘇丹政權。他們知道帝國內某種類型的地方分權，可以讓他們使用阿拉伯文，就像突厥文在教育與行政方面的同樣地位，阿拉伯—突厥聯邦就像奧匈雙元君主政體一樣。但激進分子為了要面對土耳其青年團鎮壓這類討論，便在軍隊內外都組成各種秘密社團，以阿拉伯獨立為目標。戰爭讓他們有了獨立的機會：他們在西元1916年說服了麥加的貴族後裔（sharîf）——出身統治聖城的阿拉伯家族頭目，是蘇丹在地方上的代理人，但能夠獨立行使職權；要求他與英國結盟，並且取得英國人對阿拉伯獨立的承諾之後，他們便在漢志宣告阿拉伯對歐斯曼帝國的起義。

戰時各地的情況都很艱困。在埃及，因為英國市場集中在棉花製造業，結果因為食物供應來源縮減，而幾乎造成了飢荒。戰爭同樣在敘利亞造成飢荒，土耳其青年團對阿拉伯人不滿情緒的蠻橫鎮壓使情況更加惡化。對於英國勢力得以在西元1917至1918年間進入敘利亞，在漢志叛變的阿拉伯人提供了重要的助力，而且使其佔領大馬士革，大馬士革貴族後裔的兒子費瑟勒（Faysal）之後便在當地自立為王，敘利亞人歡欣鼓舞。任何因為戰爭而犧牲、並且受到限制的地方，在戰爭結束時，就像是看到解放新時代來臨一樣。在西歐，這樣的情緒帶來了對民主與自由的期待，而很多阿拉伯人也或多或少感染了這種氣氛。但是同時，英國政府卻有著比較保守的計畫。歐洲協調組織解體之後，隨著在歐斯曼地區高度發展的歐洲共治體系崩潰，歐洲列強便陷入混戰，但戰勝國並沒有預期到歐洲霸權會就此終結，只認為會依照他們的喜好重新安排；他們假設任何「落後」的重要區域，至少都會間接落入任何一個戰勝國的控制中，因此便根據勢力範圍來瓜分

各自所征服的地區。如果阿拉伯國家即將成立，他們會希望能夠符合他們的計畫。

在東阿拉伯地區，戰勝國假定英國會繼續控制埃及與尼羅河上游的蘇丹地區；因為擁有蘇伊士運河的埃及，被視為英國和印度之間交通的必經路線。法國人則是擁有敘利亞中部與北部，他們因天主教的傳教工作而在當地具有特殊利益，特別是在歐斯曼帝國時期受到法國保護的黎巴嫩。英國則是取得伊拉克，因為控制波斯灣的重要性就是在捍衛印度，也由於英國石油的利益就在波斯灣，法國人與英國人因而以加濟拉地區（Jazîrah）為界。英國人已經控制東阿拉伯地區與南部沿海的城市國家，並主導對麥加貴族後裔的協商工作，則認為除了義大利人宣稱其具特殊權益的葉門的紅海沿岸地區之外，整個阿拉伯半島都是其勢力範圍。這也讓敘利亞南部（巴勒斯坦）成為國際控管地區。但在戰爭期間，俄羅斯人因為革命而筋疲力竭，英國人則是承諾錫安主義者的猶太復國運動，亦即讓渴望擺脫基督教歐洲的少數民族身分的猶太移民，能在聖經上所說的應許之地建立一個猶太國家，以重建民族家園；因此，英國想要取得巴勒斯坦，也是為了這個目的。

原來應該是外交機密的瓜分戰利品計畫一經揭露之後，不僅阿拉伯人為之震撼，連當初在戰爭時被說服加入英法陣營的美國人也非常驚訝，畢竟他們當時認為戰勝應該是代表民主的勝利，而且能透過民族自決的方式來保持長久的和平。然而，當巴黎和會取代歐洲協調組織之後，美國人卻沾沾自喜，因為透過國際聯盟來作為管理國際事務的途徑，任何有意獨立的非歐洲政府都能以歐洲政府的基礎加入；而且當佔領區域的勢力範圍依照國際聯盟命令，被宣告為暫時託管的手

段時，法國與英國便會引導落後民族走向獨立。（許多美國人都認為人類可以分類成許多「國家」，如果尚未能治理其本身，只需要在一段時間內接受「先進」強權的善意託管，直到他們能進入西方國際體系；如同他們的成員一般，不再有任何無謂的紛擾。）因此，美國人退出他們當初所認定的暫時性涉入國際事務。

很多阿拉伯人都曾經對美國的支持寄予厚望。敘利亞的費瑟勒早已前往巴黎，向世界大眾訴諸自決的原則，藉以對抗法國的佔領；敘利亞人（特別是巴勒斯坦人）就曾請求美國人前來協助，因為他們不想再受英國或法國統治，特別是他們拒絕敘利亞任何一部分成為猶太國家，因為那樣會導致當地阿拉伯居民從此成為異鄉人。但是，儘管法國人在大馬士革面臨嚴峻的阿拉伯抗爭，英國人隨後也在伊拉克遭到挑戰，但英法的軍隊仍然堅持佔領肥沃月彎的重要地帶。在埃及，穆斯塔法・卡米勒在戰前就已經去世，而他的政黨也逐漸式微，但在戰爭期間，穆罕默德・阿布杜赫的追隨者卻背離穆斯塔法・卡米勒的政黨，倒戈主張民族主義的路線；在戰爭結束時，他們要求埃及也要獨立。官方埃及政府其實沒有力量，但薩俄德・扎格魯勒（Sa'd Zaghlûl），身為阿布杜赫與阿富嘎尼的重要弟子，在政府之中享有改革者的盛名，則是組成稱為「瓦夫德黨」（Wafd，意即代表團）的非官方埃及代表團，有意代表埃及去參與巴黎和會。英國在西元1919年囚禁了一些想要加入代表團的人，因而引起埃及各地普遍的混亂與杯葛，使得英國人在開羅遭到孤立，造成埃及叛亂四起。為了穩定秩序，代表團獲得釋放，也得以前往巴黎，但還是沒有任何成果。

隨後有一段和諧時期，英國與法國試圖要建立名義上的阿拉伯獨立，或者至少是組成自治政府。當時不在敘利亞的費瑟勒，西元1921

年藉由英國人的勢力在伊拉克登上王位，條件是由英國人控制伊拉克；即使如此，伊拉克人還是沒有停止叛亂；最後在西元1932年，伊拉克獲得正式獨立，終止國際託管並成為聯合國一員——代價就是簽訂一紙條約，讓英國享有軍事部署的特權，還有模糊不清卻顯而易見的至高權利。而在埃及，英國則因為瓦夫德黨的要求而離開埃及與尼羅河上游的蘇丹地區；這些地方本該成為埃及領土，英國人卻不願將蘇丹人交給埃及，所以在西元1922年，單方面賦予埃及有限的主權而成立由梅赫美德‧阿里陣營治理的王國，英國得以繼續佔領。但是，除了一些沒有一般投票權的地方，埃及一般百姓仍然效忠在各次選舉都贏得壓倒性多數選票的瓦夫德黨，但英國人加以干預，特別是皇室的密謀，使得他們無法成立國會政體；直到西元1936年簽訂類似與伊拉克簽訂的條約時，才讓英國能夠繼續佔領蘇伊士運河，共治尼羅河上游的蘇丹地區，也讓埃及成為國際聯盟的會員國。法國人最後還是想在其於敘利亞的勢力範圍內，完成類似的工作，第一次把他們的勢力範圍切割成更小的政權之後，導致這段期間內出現對峙情況，也鎮壓了幾起流血衝突。他們從敘利亞北區的其餘土地，讓出了幅員擴大的黎巴嫩地區（為謀取私利而擅自分區給以基督教徒為主的區域，使其能依然效忠法國），他們在西元1936年也跟新政府簽署條約，但一直到西元1939年時條約才生效，此時已經開始新的戰爭。英國直到戰後才迫使法國人離開幅員擴大的黎巴嫩和縮小的「敘利亞」國。除了約旦東部（受保護的公國）之外，整個巴勒斯坦不顧阿拉伯的懇求，還是由英國直接治理。

在阿拉伯半島，英國人仍然控制著沿海城市國家，但放棄了麥加的貴族後裔，因為這位貴族後裔拒絕接受以英國人條件為主的和平協

議；另一位受英國保護的阿布杜—阿濟茲・伊本—薩伍德（'Abd-al-'Azîz Ibn Sa'ûd），則是重振了薩伍德家族祖先在阿拉伯半島中部的瓦哈比政府，英國允許他佔領聖城、在半島大部分地區建立新的薩伍德政府。重出江湖的強權瓦哈比對阿拉伯東部什葉穆斯林殘暴迫害的嚴重程度，比起前一個世紀在漢志地區的所作所為，有過之而無不及，但不久瓦哈比勢力就獲得承認，成為合法政權，甚至被各地順尼穆斯林視為受人尊敬的穆斯林政權。而在葉門，長期反抗歐斯曼人而勢力延續最久的柴迪什葉派（Zaydi Shî'î），則建立了由伊瑪目領導的山區政權。

結果，各式各樣的地方性抗爭導致了雙重的道德後果。一方面，歐洲人用人為方式將肥沃月彎劃分成不同政體；埃及不包括在內，歐斯曼帝國的阿拉伯部分分裂成七個部分，其中大多數是人為劃分的邊界，但四個敘利亞小區塊以外的地區，至少還有一些自然邊界。另一方面，各地區的民族在壓力之下已經能夠體認，不論是基督教徒或穆斯林，都必須高度重視自己身為阿拉伯人的共同點，並且否定、甚或是仇視英國與法國統治者。在伊拉克，尤其是埃及，日益高漲的阿拉伯愛國主義依附新的王國（但未必是他們的統治家族）；但是包括伊拉克在內的許多地區，尤其是敘利亞的許多政體（黎巴嫩的基督教人口除外）也模糊依附在更廣大的阿拉伯語人口，以求在任何政體中都能夠保有真正的民族認同，特別是敘利亞因英法（Anglo-French）的瓜分而產生的各個區域。總之，因為與土耳其完全決裂，而且不同派別團結一致對抗外國人，更廣泛的伊斯蘭情操變得不合時宜，甚至持續讓穆斯林族群感覺難堪。

農業轉型

　　戰爭期間的政治運作似乎一無所獲，而且除了爆發暴力事件之外，根本陷入了膠著僵局。這個局面最主要是由地主階級一手造成，而且除了一般人普遍認為阿拉伯人無法控制的最終英法勢力決策之外，還包括政黨之間的差異（或者，比較常見的是派系）比較少考量基本議題，而是著重在個人品德方面。在飽受挫敗的氛圍中，大多數的政治人物都走上貪污之路。在扎格魯勒（Zaghlûl）去世之後沒多久，這就發生在埃及的瓦夫德黨之中。到了西元1928年，他的繼任者——身為瓦夫德黨的領導人就已涉入了偏袒權貴的醜聞；而雖然瓦夫德黨在西元1936年條約簽訂之前還是有農民支持，但在之後的選舉中則嚴重失勢。但是，其政敵的貪污現象也幾乎不相上下。在伊拉克，對抗突厥人而與英國為友的努里‧薩義德（Nûrî Sa'îd）則是不斷晉升的政治人物，倡導由上而下的改革，他個人相當清廉，而其政治生命也比其他有權有勢的人還更加持久。他個人的優勢持續到二次大戰之後西元1958年，或許在某方面遏止了一些貪污行為，但因為他討好權貴階級而遭受憂心忡忡的民族主義人士質疑。雖然他在政治方面並未提出具體的重大承諾，但還是普遍獲得熱烈關注。

　　但是許多阿拉伯改革人士早已知道：現代的經濟生活是歐洲強權的必要基礎（一如土耳其青年團與突厥之父），因此特別渴望能振興現代工業。兩次世界大戰期間的敘利亞，尤其是埃及，在這類工業方面都有某些發展——特別是在紡織業與各種類型的二次加工。埃及的新工業隨著埃及人設立的新金融機構，主要是由阿布杜赫的追隨者所發展出來，都是刻意要為「民族復興」助一臂之力。新型工業代表日

益增加的國民生產總值，從統計方面來看，它彌補了十九世紀整體手工藝產業的流失。但是，直接參與的家庭數量卻非常少；相對於整體人口數增加的量，工業勞動人口增加的比例算是普遍較低。被迫進入城市的人口日漸增加，佔去了非技術性工作或服務業的職缺，例如幫傭或街坊零售業，或者大致上也存在（特別是西元1930年世界金融危機之後）失業、仰賴親友或臨時工的人口。

因此，土地耕種者與那些在農村裡進行附屬貿易的農村人口，仍然構成了大量群眾；甚至許多到了城市的人，無論他們返鄉是為了假期或是養老，仍然維持著農村的本質與精神。城市與鄉村之間一直都存在著界線，這種情形在埃及中尤其如此。迥異於國際化樣貌，埃及的城市具有黎凡特地區的特性，一半希臘、義大利，一半突厥，村民人口維持相對的均衡及一致性，甚至當村民移居城市時，他們也沒有感受到家的歸屬感。只有當村民能融入現代化國家時，埃及才能成為真正的現代化國家；因而，改革人士也轉而對農村生活猶豫不決，提出疑問：現代國家的鄉村應該具備什麼樣的條件？

埃及農村生活的改變比起任何地方，都還要更早受到現代化的影響，而且也更具關鍵性。從幾個方面來看，埃及是個特例。但是，這代表整個伊斯蘭地區的勞動力，因此值得更深入研究。此外，因為阿拉伯人在埃及的重要角色，所以其農民生活特別具有重要性。

甚至早在十九世紀之前，埃及的農村生活就並非完全沒有變化：產生像是玉蜀黍的新作物，以及新品種，例如咖啡；尤其最重要的是新的宗教形式，不只是伊斯蘭本身，還包括蘇非道團及其盛行的唸記儀式（dhikr）的擴散，以及普遍對於愛智哈爾伊斯蘭法學家的敬重，

已經改變了農村生活與道德方面的模式。[1]但是在十九世紀初期，這種改變已經開始影響農民與土地之間關係的根本。梅赫美德·阿里當時的專制暴政、干預土地的作為，比起他所做的變革還更加受矚目：亦即農業貿易化和干預灌溉防洪系統。這始於個人化農業方案和破壞農村自治的過程，儘管梅赫美德·阿里在位初期時已開始出現轉向墾地制（iqtâ'-type）的趨勢，但這進而使他建立了國庫與農村的直接關係；而到了薩義德時期，則是讓個別地主在土地挖掘壕溝的防禦工事，落實為合法行為。[2]

---

1 我們對於早期埃及的農村生活史瞭解甚少。Henry Habib Ayrout的著作 *The Egyptian Peasant*（由John A. Williams譯自1938年的法文版，以及作者的修訂版；1963年於波士頓出版），強調二十世紀埃及農民生活與法老時期之間的相似處，指出這兩者之間的類似部分包括某些工具及其他某些細節，以及社會上普遍存在的某些特定情況。關於農村實際生活方面的研究，這本書可能是英語學界裡最具權威的簡短導論（但是在宗教或精神生活方面著力不深），然而它對於心理層面與社會層面的論述過於簡單，因其強調埃及農民（fallâh）停滯不變。他所描述的不變，指的就是其他許多農民大眾；但書中大部分內容主要是談論梅赫美德·阿里時期之後，或者是埃及改信伊斯蘭之後。他並沒有強調埃及農村相較之下較為一致性的特色，例如：與敘利亞相比時。十九世紀埃及農村的演變，可參考Gabriel Baer的著作：'The Dissolution of the Egyptian Village Community', *Welt des Islams*, n.s. 6 (1959－61), 56－70。二十世紀的部分，可參見：Jacques Berque, *Histoire sociale d'un village égyptien au xxᵉ siécle* (Paris and The Hague, 1957)，這本書是作者對這主題一系列的研究著作之一，特別是關於大型農村的觀察，是下文的主要參考材料。

2 每當考慮到大量土地時，類似「封建」（feudal）這樣的用語，在多數伊斯蘭地區廣泛模糊地加入馬克斯思想（就是涵蓋任何前資本主義的意思），其實是相當不適當。稅田制或是大量的私有地產，都不是中古西方軍事諸侯次領地的「采邑」（fief）。但是，如果這個詞已經普遍使用，就一定只能運用在其中一種類別，而不能同時運用在這兩種土地佈局上，即使這樣的轉變已經有所闡釋說明了；的確，

到了伊斯瑪儀在位時期，棉花變成主要作物，而埃及的繁榮主要取決於棉花在歐洲的售價。從洪水氾濫轉變到常年灌溉，算是相當長足的進步。最後，土地日趨擁擠；由於人口大幅成長，人力短缺這類長久以來的憂慮就消失了，而且連未開墾耕作的土地都有人占據。在主張西化的領導者治理之下，這些改變引發了私人的所有權；也就是說，擁有土地變成民事法庭中個人的法律訴訟事件，而不是每座農村裡面的內部事務。自西元1858年以來，在那些法庭之中，土地就被視同私人財產。農村喪失了它的集體責任（徭役除外，徭役直到英國人統治時才不屬於集體責任），而且，個別農民的土地及其稅捐直接向政府負責。到了伊斯瑪儀在位時期，在開始出現這類情形之下，便有大量的旅外地主階級居住在城市裡，他們的土地（像以往一樣）不是經由政府授予，而是從喪失抵押品贖回權而來，或購自其他地主，或許更重要的就是：從農村富裕家庭出身的新階級「地主中間人」，其與其他農民的差異不只是富裕程度，而且還讓村長（'umdah）——政府指派的農村領導人——更具權勢，他們通常派遣自己的兒子前往城市去開創事業。即使如此，現代化對城市的影響已經過於迅速；農村與城市之間的傳統文化斷層則是益加明顯。

自從伊斯瑪儀時期以來，新的壓力也逐漸形成。人力曾一度長期缺乏，而當局也曾嘗試將農民約束在土地上；如今人口持續急劇增加，而當其中某個地區人力匱乏的情形愈來愈嚴重時，就會演變成農民最期盼能夠控制的重點。在薩義德時期，技術方面的工作獲得改良及發展時，一度還能抑制一些壓力；使單一地方產能可以達到兩倍甚

除非以謹慎、明確的馬克斯主義方式加以運用這個用詞，但情況通常並非如此。

至是三倍的常年灌溉，在此世紀結束之前，這幾乎已成為了普遍現象。然而，常年灌溉這樣的成果卻無法再次出現，結果是飢荒與瘟疫持續擴大。同時，常年灌溉並無法產生尼羅河淤積所帶來的天然效果，無法有足夠的時間讓土地乾燥與曝曬，以致於降低了埃及土壤的肥沃度；農民雖然能使用動物糞便去對抗這類隱憂，但還是難以面對寄生蟲疾病，因而損害了健康與體力，尤其是長期在水中工作的男性。因為新農業而產生，在英國統治時期又特別明顯的農村繁榮，就這樣日益衰敗。

二十世紀時，土地方面的壓力日趨嚴重；以往的貧困以全新又更嚴峻的面貌重現。隨之而來的是「破壞農村中平衡狀態的同一力量」，最後還是同樣以新的形式開始縮小了農村與城市之間的差距。即使是土地所造成的壓力，通常也都能讓村民不再只是著眼於農村之內，視野更加開闊。至少需要兩畝地才足夠維持一個核心家庭的生活。由於土地大量集中在某些人手上，多數的農民淪落為在地產上沒有土地的勞工，通常都是在「外來公司所建構的城鎮」（company town）中自立更生，這些農民與任何已知的農村沒有關聯，而且也沒有社會保障，或者不定期為小地主打零工。他們之中的許多人雖然擁有土地，但是由於面積過小而難以維持生計。即使姑且不論土地所有權集中的現象，最終也會由於兩次世界戰爭期間人口擴增的程度，也已經使當地居民難以維生。很多農民耗盡食物，而產能卻未呈比例增加，所以在家鄉沒工作，進而前往城市（特別是男性），從事一些非技術性勞力的工作。有時候他們會返回農村，始終與農村保持聯繫。

那些率先把新技術模式引進村莊的人，有時候是一些在城裡過得不錯的貧窮小伙子，但更常見的還是那些掌握更多土地的村長階級中

較富有農民，而這通常會進一步破壞村莊內部的均衡性、其與城市脫節的情形。在西元1914年第一次世界大戰之前，完全使用常年灌溉法已經破壞了用水的舊方法，每個家族都想在河渠上建造抽水機，以防止進一步氾濫的情況；比較富裕的家庭也能在當地奪取更具優勢的地位。在兩次世界大戰期間，抽水機的樣式改善了，而且變得更加昂貴，因此，水的貿易進一步擴大了富人與窮人之間的差距。同時，麵粉共同磨製，同時，街坊中幾個家族的家庭共同合作磨製麵粉的情形，也被較具機械規模的私人麵包廠所取代，因為這種做法比較便宜，同時又能進一步讓新興的農村商業階層有更多生意機會。

農村社群生活的問題

在這類改變的過程中，呈現共同農村生活的文化形式開始被城市生活所衍生的模式而取代，獨立的核心家庭模式愈來愈明顯，而農村的團結精神也就相形減弱。十九世紀時，農村裡日常食用的蔬果已經引進一些新的種類，這類蔬果（馬鈴薯與蕃茄）變得比較普遍，麥與米成為更常見的食材，可以負擔得起肉類的人，也使肉類變的普遍，但是有些古老的鄉村料理逐漸失傳，至少在比較大型的農村中會出現這種情況。即使衣物保有相同的基本剪裁，也變得比較精緻，至少到了五十年代，愈來愈多男人穿著內衣，女性服裝愈顯貼身，有些種類的鞋款變得四處可見（為了防止疾病）。富裕家庭的住宅也建造得比較理想，通常都有兩層樓，而傢俱也普遍日趨重要——甚至降低了珠寶在女性嫁妝方面的作用，以及對於她們個人的重要性。

儘管大多數村民仍效忠於伊斯蘭，但農村中的居民都認為這是盲

目崇拜，但宗教的重心還是出現了轉變。人們對蘇非道團的興趣降低了，但對於地方聖人墳墓的崇拜，仍然相當熱衷（儘管某個地區的重要聖人在其他農村不見得受到敬仰），但道團與他們的唸記儀式則相對受到忽視。這類改變不只反映出一些新宗教團體與基本教義的興起，還包括愛智哈爾大學的立場，因為這仍然是農村中公認的知識聲望絕對核心。自從十九世紀以來，這個趨勢使得道團的地位下降，並且對於比較強調伊斯蘭法的人造成一股壓力。一如早期的城市，如今甚至在農村，比較不受伊斯蘭法約束的文化生活，也都變得低調，例如葬禮時的奢華喪服。其實，這代表著集體的宗教情緒趨於平緩；當宗教崇拜的狂熱退卻後，農民們投入了政治。從穆斯塔法・卡米勒民族運動開始，農民已經知道城市領導人的政治行動，可能會針對他們本身農民的需求。西元1919年，農村在對抗英國人的過程中，已經採取積極的態度；二十年代有瓦夫德黨的普遍支持，而在西元1936年之後，因為瓦夫德黨失勢，而讓其他較小政黨取得興起的機會。就好像這些由地方家族競爭對手在一定程度上承認的國家政黨，即使受到宗教學者否定，仍會吸引曾遭受挫敗但更充滿熱情的農民。

的確，農村生活進一步商業化的最嚴重後果，或許就是削弱了村民個人對於更大群體共同生活的歸屬感。人口擴增最主要是以舊農村擴大的形式，而不是人口變多，因此單一農村通常會相形增大（農村人口通常達到一萬五千人或以上，而且維持其基本的農業結構）。此外，在農村裡，至少在較大型的村莊裡，這種充滿死巷、而且街道之間極少直接相連的老舊封閉式街區模式，也逐漸被貫穿的街道取代，相鄰街坊之間不再存在著隔閡。同時，邊緣的開放空間在土地的壓力之下也逐漸消失。過去使用共同開放空間的全村儀式，如今則是要在

村裡的不同的街道中舉辦。緊密連接的街坊家庭之間可能比較缺乏共通性：以城市為基礎而發展出來的法律，一直以來堅持採用開放式街道作為通道，同樣會壓制村際間的世仇，而顯赫的舊家族（通常在二十年代財政失常時，就已經瓦解）則不再具有影響力。許多家庭的男性習慣在一般的旅舍聚餐；但旅舍愈來愈少之後，男人就會在自己的小家庭裡吃飯，（可能的話）還有新式的傢俱可供使用。對於更具企圖心的人來說，與村中舊家族關係密切的愛智哈爾大學作為新增加的民間行業，使工作範圍更廣闊而有助於家計，所以較能感覺到個人的成就，而非家族的成就。甚至像是在婚禮、喪禮和封地等社區活動中吟唱的農村詩人（通常都極具天分），也都日漸由收音機、非個人且普世性的新事物所取代，而且通常都帶有政治性質。

在兩次世界大戰期間，相較於比較舊式、口味又較不濃烈的咖啡，濃茶的消耗量急劇增加。專家就曾經感嘆，最貧窮的家庭以喝茶為消遣的現象出奇普遍，這個習慣日漸導致嚴重的營養問題；據說農民都因為過度享受而失去他們僅存的一點土地，同時，城市居民長時間食用會使人體力衰弱的印度大麻（hashish）（後來僅在少數圈子裡流通），儘管政府如今有意要制止，卻還是在農村裡普遍存在，變成有錢男人晚間社交時間很尋常的附帶陪襯品。

到了西元1939年戰爭時，城市中很多比較有警覺性的人都已了解到，必須使用前所未有的根本方法才能改善農村裡的生活模式。十九世紀時的改革人士就曾經採用法國式的法律秩序，一部分用意是要確保個人的身分地位，結果卻因為村民無法理解而經常出現不公平的情況。想真正做出改善就必須理解農村的實際狀況，其次，人們可以接受新推廣的作物與餐點，但基本的生活習慣並未因此出現任何改變。

一般來說，甚至連小學教育都必須比以往更妥適規劃，因為有太多識字的村民因實際生活而生疏了習得的知識。這需要完整的規劃，結合符合農村需求的學校教育、醫療診所及淨水設備等預防措施，用以改善產量的農業方法訓練，甚至是成人教育及社區活動中心，藉以轉變農民對整體前景感到質疑又保守的心態。農村難免會由於些微風險而抗拒嘗試任何新事物，或者實際嘗試由政府負責的事務，而且，他們長期以來都視政府為主要敵人，認為要求增加生產的政策其實只是為了政府本身的考量。如果這類有效的完整計畫能夠成功，就可以讓城市裡受教育的年輕人瞭解更廣泛的需求與個人奉獻，藉以化解農村的偏見。如此奉獻犧牲的人很少見；每當面對農民緊繃的抗拒表情時，政府派遣到農村的法官、老師和醫師經常會摒棄任何他們原有的理想觀念，只想盡量以輕鬆又不損及利益的方式來解決問題。[3] 這種結果使想要改善農民日漸絕望生活的人普遍深感挫敗。

改革與民族文化

　　這類問題需要基督教傳教團長期展現的奉獻努力，或是比較晚近的共產主義核心分子：這需要有使命感，並徹底了解民族命運的願景。這需要某種類型的意識型態，也就是以某種積極或消極的方式，

3　見於 Tawfîq al-Ḥakîm 的小說 *The Maze of Justice*（Anglicized by A. S. Eban [London, 1947]），這本小說描述一個多愁善感的城市人被政府指派到鄉村進行改革，卻感到相當受挫。（一份相關報導可以作為同類事件的對照，其中提到土耳其農村改革的問題，這是發在相當後期的例子。可參見 Mahmut Makal's *A Village in Anatolia* [1950], translated by Wyndham Deeds [London, 1954].）

使其理念能和過去的文化遺產達成妥協，包含了過去的文化遺產及其理念。那些想要前往農村工作的年輕知識分子也需要這類文化取向，但對於村民本身而言，他們整體生活的本土根基就會遭到破壞。在當時的情況下，就必須專注在某種民族主義的理念，讓民族主義富有豐富的文化意涵。

就某方面來說，突厥之父（Atatürk）在土耳其共和國（Turkish republic）的解決方式，是清楚可見的。突厥人認為一個民族要在現代世界上有所作為，就必須大規模採用過去那些創造現代性的民族所採取的方式，並將其視為典範而發揮到極致。從另一方面來看，一個民族要加入西方才能夠進行西化。但是，這還不足以說明這種解決方案是否適用於土耳其。居住在土耳其上的人口不多，但至今為止，沒有發生像埃及一樣嚴重的人口壓力，由於那時土耳其共和國人口相當均衡，因此並沒有很大的壓力。埃及所面臨的壓力，則更快凸顯出純粹西化解決方案的困境。不過即使在農村，單純建構一如以往的文化生活，應該不會出現任何問題。即使在農村裡，過去的模式也已被破壞殆盡，人們對現狀也愈來愈不滿意。

在穆罕默德・阿布杜赫時期，知識分子階級已經區分成兩個部分。有穿著黑袍的傳統宗教學者，愛智哈爾大學導師為典型人物，代表著過去之延續。穿著土耳其帽的宗教學者，象徵自瑪赫穆德二世（Maḥmûd II）以來世代的現代化菁英、新聞工作者和現代型學校的畢業生，他們代表著西化。穆罕默德・阿布杜赫一派的人士屬於西化的階級，但他們不只是關切著西化，還要建立過去的價值觀：他們都認同改革穆斯林—阿拉伯生活的重要性，而且應該追溯到阿巴斯古典時期。但是他們之間主張的解決方式還是有相當大的差異。

穆罕默德・阿布杜赫的某些追隨者發起了擴散至整個阿拉伯世界、甚至遠及馬來西亞的運動：「原教旨主義」（Salafiyyah），這個運動就是宗教學者想要再次強調「強調伊斯蘭法」的伊斯蘭正統，不受傳統蘇非主義以及當地迷信的影響。他們希望採用現代方法：媒體、用於宣傳的世俗組織以及服役。對從事原教旨主義運動的許多人而言，社會凝聚力的有效單位應該是整體伊斯蘭世界，但他們通常都比較強調阿拉伯人是穆罕默德使命的特殊繼承人與落實者，如同最卓越的穆斯林一樣。因此，他們潛在的泛伊斯蘭主義（pan-Islamism），也就是提倡統一使用阿拉伯語文的聯邦、一般代表他們只期望以穆斯林基礎為中心的泛阿拉伯民族主義。然而，這類運動並非激進的社會變革，最終他們會支持阿拉伯的瓦哈比運動，因為瓦哈比運動比較偏向於二十世紀的調解方式，致力於重現能採行現代科技的伊斯蘭法生活，但對於人類關係的現代觀念，則做出極少讓步。在兩次世界大戰期間，受跨信仰阿拉伯國家政治需求的影響，而且在埃及日益增強的社會壓力之下，這樣的氛圍就失去了普遍支持。

另一方面，穆罕默德・阿布杜赫的許多追隨者與相關人士，他們都很關注以現代西方的觀念來進行社會改革，以至於他們極不關注古老阿拉伯文化甚或是伊斯蘭。在他們提出來的許多理想當中，嘎希姆・阿敏（Qâsim Amîn）就抨擊針對上層階級女性的隔離與約束，要求在社會中女性應享有與男性一樣的平等地位；當他第一次溫和又說教地批判傳統男性至上的態度時，便遭受強烈的譴責，人們視他為異端，他則是以寫書的方式，激烈回應說：文化的優越性直接取決於其女性的文化水準，因為她們是孩童的老師、男性的教化者。他竟然還貶低古典阿拉伯文化，並且認為某部分就是基於這個理由，阿拉伯文

化才沒有比現代西方來得先進。觀念與他對立的反對者也都大聲疾呼他們的意見。然而，在兩次世界大戰期間，西歐盛行女性主義，一些參與過歐洲女性主義會議的埃及婦女，都勇敢地摘掉面紗。上層階級的婦女不久便逐漸進入以往全由男性從事的行業，在社會中也表現出積極的行動。

在根本沒有面紗的農村裡，則並未出現直接的關聯性。問題在於對埃及而言，何謂文化規範的啟發，也就是說「重建農村形式的埃及」。而這最後還是取決於城市的選擇。在政治陷入僵局的情況之下，出現了大量文學作品去爭論這些議題，在文學本身的發展過程中，這些議題所反映的斷裂，其實就是未有充分現代關懷的舊形式以及作者、讀者都毫無準備的新形式所造成。如果想透過改革與復興舊文化遺產，達到對未來的充分想像，就必須要以大眾文學作為媒介。事實上，如果整個阿拉伯社群要重新確立自己的意識，而不區分教派，也不區別穆斯林與非穆斯林，那麼，以開放態度來進行文藝復興，可能會比宗教復興更加重要；因為在文學領域裡，基督教徒、阿拉伯猶太教徒能夠真正的與穆斯林共同相處。不過，作為現代文化基礎的古典阿拉伯文學復興，在達成流派與文學形式更具實質性的程度之前，似乎還包含了相當大的語言對立。

古典標準阿拉伯文（Fuṣḥà）的現代化

即使在十九世紀的西方，當大眾參與高層次的城市型文化，已經變成工業化新生活的基本需求，語言就會日漸被刻意簡化，外來的複雜事物也會因而單純化（例如英語中過多的拉丁語法）。對每一個如

今堅持要獨立的民族而言，都需要有標準化的書寫語言，而且應盡可能密切反映出一般人民所使用的當地方言，不應該再貿然遷就於農業時期那就連少數特權階級也必須耗上數年時間才能理解的華而不實的文學語言。文學必須以當地人所說的通俗語言來書寫，即使在學術方面，不只是一般長期普遍使用的主流語言排擠了拉丁語，也曾經被視為當地人所慣用的方言，並且由愛國的本土作家發展出專屬的文學風格。

　　然而，西方一直以來都在語言方面持續發展，因此並沒有出現任何根本的問題。但是在大多數西方之外的文明世界中，一八〇〇年代就已存在的標準化書寫語言，幾世紀以來已經具體化，而且不再適合於任何尚在使用的方言，甚至也和進行文學創作者所說的方言毫無關聯。此外，現代生活的所有日常詞彙總會日益被人遺忘，而且用以表達情緒的任何傳統文學形式也是如此。如同在土耳其，一般普遍強烈反對老舊標準化語言形式，發展出適合新大眾文化的文學風格，就是各地的現代化任務之一。

　　就阿拉伯人而言，形成文學風格的工作甚至比穆斯林族群更加複雜，因為這類民族的方言全都來自於古阿拉伯語，而且仍然與其非常相近，所以他們要學習這樣的語言比其他人容易許多。就許多方面而言，他們的處境甚至類似於方言根本尚未發展成文字形式的一些穆斯林族群；像是索馬利人（Somali），除了宗教學者的阿拉伯語文之外，索馬利人沒有其他文學語言，而這跟他們的母語並沒有太多關聯。而阿拉伯人的情況也是如此，他們並不像土耳其人或波斯人，宗教學者所使用的標準阿拉伯文，顯然就是他們使用的上層著述語言了。而且，比較波斯文與波斯口語的相異之處，甚或是土耳其基本語文與一

般使用的土耳其語兩者的差別，標準阿拉伯文更迥異於一般從阿拉伯語衍生使用的方言。所有穆斯林所沿用而作為學術用語的標準阿拉伯文（稱為「Mudarî」或是「Fushà」），是根據六世紀所說的阿拉伯方言衍生而來。一般所使用的由阿拉伯語衍生來的所有方言稱為「'Âmmiyyah」，在很久之前就已經出現極為顯著的變異，而其演變程度相當於聖經的《拉丁通俗譯本》（*Vulgate*）中的晚期拉丁語文，轉變成中世紀晚期義大利和西班牙方言。例如，在古典標準阿拉伯語（就像拉丁語一樣）中發生詞尾變化的名詞，已經不再變革（一如羅曼語〔Romance〕的情況）；相對而言，使用固定的詞序和其他類似手法以求文法的精確，變得更為重要。當然，詞彙修飾的情形還是超過了文法上的修飾，包括發音和新舊詞替換兩方面。在一般阿拉伯文不完整字母的書寫方法的文本中，其中有些差異可能會消失，例如「kilma」或「kalimatun」兩個單字的寫法相同。但即使對遲鈍的聽者而言，方言與古典標準阿拉伯文的精神也無法並存。甚至在中後期，有些家喻戶曉的故事就已經以比較接近方言的方式流傳，但是沒有出現像但丁（Dante）這樣的作家，能夠從方言中演繹出文學書寫形式。

十九世紀時埃及曾有意發展出書寫的方言，來取代古典標準阿拉伯文，以便讓當地人無須與宗教學者學習就能夠閱讀。這種作法不同於同時期突厥語文的改革，因為這不只需要刪減古字，還有文言冗詞，而且還必須適應新出現的語言結構；這相當類似於把新語言融入文字書寫，就像是改革舊語言一樣，因為在發展全新書寫工具時，通常表示會牽涉到必須將方言（或許是開羅的方言）進行某種程度的標準化，並致力使文體具備各方面的優美特質，使其具足夠彈性，能適用於相關或明確的脈絡，而這正是嚴謹著述的必要條件，但日常會話

時幾乎沒必要這麼做。但問題在於，書寫的方言是否值得這樣大費周章，畢竟方言相當接近標準阿拉伯文，而且早已經發展健全。為什麼不要求所有阿拉伯人都來學習它呢？

朝向書寫方言的努力，其實是與復興古典時期文藝風格同時發生，這代表重建標準阿拉伯語，使其能在各方面都被普遍使用。所有比較關注復興古典文化遺產而非訴諸一般大眾的人——和阿拉伯人一樣建立地位的黎巴嫩基督教徒，以及關注伊斯蘭淨化的穆斯林——全都加入復興標準阿拉伯語文的行列。他們不斷融入現代的需求，依照現代法文與英文的概念來修改其詞彙的語意學，並為全新的事物與概念創造新的用語。詩人與散文作家證明這種修潤過的標準阿拉伯文能適用於大多數現代文學，而新聞工作者則是創造出標準阿拉伯文的簡化版本。對於方言沒有字尾變化的文法，這種用於新聞的標準阿拉伯文做出某些重要讓步，但並未採行其任何比較特殊的手法。結果，就算這並非極為難以捉摸，但一般個人想要學習也不會太過困難，而且在實務上也能與法文的現代新聞文體互譯。這類復興的方言能彌補書寫方言的固有角色，並且對於發展方言所進行的嚴謹嘗試，其實早已因此而遭到摒棄。

除了標準阿拉伯語文與古典阿拉伯文化遺產的關聯性之外，還有幾個實際理由可以解釋使用標準阿拉伯文的原因。除了出於舊式教育寫作者的便利性之外，或許更重要的就是其普遍性。每個地方的方言都不盡相同，其發展可能會導致阿拉伯民族分裂成幾個小國家。這種與復興阿拉伯人日常生活並不一致的文化威脅很早就已存在。最後，這也演變成對於政治造成威脅，這是想透過更廣泛的團結、尋求勢力的阿拉伯人不可忽視的問題。可想而知，方言或許已確實達成一致

性。但各種阿拉伯方言之間的差異，大約就像義大利語與西班牙語的關係一樣，全都比較相像，但跟標準阿拉伯語文差距更大。例如，在大馬士革與巴格達，某種標準化開羅方言，最後可能也會像在拿坡里（Naples）的佛羅倫斯語（Florentine）一樣被理解，因此足以形成一種適合一般著述的工具。但是，但早期並未期待任何方言的一致性；僅僅是標準阿拉伯語文本身，就足以在統稱為阿拉伯人的世界中通用。

　　然而最後由於文化的關聯性，而讓標準阿拉伯文在嚴肅的作品上展現出優勢。如同希臘保守人士一直堅持使用古典希臘文而非方言，標準阿拉伯文本身就代表其無法背棄的文化榮耀、宗教神聖性。若使方言成為教育工具，而且文學則能夠給予民族自尊，也能讓極需這類文獻的人民共享其驕傲，就能形成供學者研究的不同古老文物習俗。或許更重要的是：標準阿拉伯文幾乎在定義上就是《古蘭經》的語言。標準阿拉伯文與伊斯蘭之間的共鳴如此強烈，因此按照傳統，不論學生程度如何，很多地方的基督教學校都禁止教授阿拉伯語文；基本上這些學校不會讓年輕人接觸到《古蘭經》這個無可取代的阿拉伯文典範。而阿拉伯穆斯林則樂於確信他們本身與其他穆斯林的相異之處，他們用神聖的語言說話（但也如同他們所承認的，已出現「訛用」），也因此特別有資格詮釋其文本。因此，比較活躍的阿拉伯人就會努力促成標準阿拉伯語文的現代化，而不是去發展方言。

　　許多作家發現到很難流利又自然地使用標準阿拉伯文，而到了二十世紀中葉，出現一群較為年輕的左翼作家，他們再次以各種方式群起對抗。總之，標準阿拉伯文根本不適合在其他地方都已採行口語風格的一般寫作。一如方言沒有書寫的形式，標準阿拉伯文也沒有口語形式。（的確，這種可能性並非憑空想像；同樣的字眼一方面可用

於「口語」和「方言」，另一方面又可用於「書寫」與「古典」。）[4]
在必要的情況下，有識字的阿拉伯人能夠運用標準阿拉伯語交談，因
為他們就是在那種環境下接受教育，但是他們無法用標準阿拉伯語講
笑話；儘管如此，方言的缺點遠遠超過於標準阿拉伯語。

阿拉伯文化遺產與現代文學

所有支持使用標準阿拉伯語為文學語言的理由，從比較廣泛的角

4　西方伊斯蘭主義者（Western Islamist）沒有藉口延續這個混淆的情形。由於他們的
　古典傾向，豪不掩飾地與方言相對立。很自然地，他們不會為了把標準阿拉伯語
　與方言口語形式之間的差異，同化成像是西方語言一樣的差異，而感到困擾，他
　們不會一直區分標準方言之外的語言；例如在歐洲地方省分的方言中所發現的情
　況。如果阿拉伯人能夠說服異議分子，阿拉伯語的例子在原則上無異於德語或法
　語，這之中也有許多口語方言沒有用於文學裡，他們就能夠在標準阿拉伯語中強
　調這樣的例子；但是他們只能藉由忽視標準英語、德語及法語唯有國內知識分子
　才能使用的事實，才能達到上述的目的。然而在這通俗的風格裡，無論是通俗或
　是其他形式，沒有阿拉伯人在家裡會說標準阿拉伯語。並非只有教授閱讀技巧的
　專家，才會注意到標準阿拉伯語在小學教育裡出現的問題，標準阿拉伯語似乎被
　視為孩童的母語普遍教導給他們，導致產生錯誤印象在阿拉伯人之間散播開來，
　誤認為阿拉伯語是冷門、艱澀的語言（或者至少是阿拉伯語的**文法**：由於那些專
　用術語，阿拉伯人因此認為唯有標準阿拉伯語才具備文法，方言並沒有文法可
　言！）。但較少提及方言不再重要，所以確保了有教養的對話可以不必具有嚴格的
　規範，或者至少確保這些規範不會受到正式規則的影響；因為真正的俚語、正式
　的會話風格、賣弄學問、拘泥形式的學究風格之間，並沒有固定的區分：所有相
　似的部分都被視為在不同程度上、誤解了唯一正確的語言「標準阿拉伯語文」。認
　為「口語」上使用的字就是指「方言」，這類在術語上的混淆情形，加深了誤解。
　這是另一個錯誤使用的趨勢，穆斯林學界應該摒棄這種用法。

度來看，也都能夠以比較一般性的方式，強化奠基於古典文化遺產的現代阿拉伯文化的其他層面，而不是像突厥人進行全盤西化時在語言或文化方面從頭開始。特別是標準阿拉伯語，通常都與一般的傳統文化遺產同樣具有為人熟知的豐厚、深遠的資源。兩者都富有輝煌的歷史與宗教方面的關聯，足以去消除對抗西方時衍生的自卑感。兩者都普遍存在領土遼闊又具潛在富裕優勢的民族，團結精神能讓所有人都更有活力；事實上到底哪些人才能稱為阿拉伯人，這樣的問題並非用廣泛的語言角度就能全面解決，而是還必須在作法上考慮到阿拉伯語在標準阿拉伯語之下，所衍生出的各種方言，而其本身與「阿拉伯」一詞有更古老的關聯性：首先是源自貝都因（Bedouin）的種族概念，其次就是《古蘭經》所使用的語言；這兩個概念本身基本上比較不屬「阿拉伯」範疇，而是屬於廣泛的語言層面。

同時，特別是標準阿拉伯語，也如同一般的傳統阿拉伯文化遺產，都有其本身的限制。由於普遍和現代以前的文化傳統具關聯性，人們想要以不再使用的書寫媒介作為表達工具時，就會覺得受到限制；受限於一般人都認同的標準，通常在這類生活經驗的影響之下，都難以擅用。總之，問題在於：像標準阿拉伯語言這類傳統規範，到底對於把日漸不安的大眾導入建立民族情感時所需的正面理想主義，具有多大的影響？

散文家塔哈‧胡賽因（Taha Ḥusayn）的回憶錄體裁，或許可說是兩次大戰期間最知名的散文體，他後來還擔任教育部長，他在西元1938年時撰寫一本分析埃及教育體系的著作，在書中他以穆罕默德‧阿布杜赫學派的文化觀點，承襲了實用的現代體現。教育著重於文化方針的考量，必須具有最明確的目標——而且或許這在教育中是最重

要的一環。教育可以陶鑄每個人自我認同的意識，透過普遍的理解概念與行動，進而超越了鄉村層級與村民對話的框架。因此，在表現出更民主與更有彈性的作法方面，塔哈・胡賽因也代表了理論標準的立場。他主張在廣泛的文化方面，堅稱應該把埃及始終視作歐洲的一部分，而埃及不僅是歐洲的一部分而已——相對於（非傳統意義上）印度文化地區，埃及也屬於西方的一部分；而且（按照慣例）把埃及無法參與現代西歐的革新發展，歸咎於歐斯曼帝國的統治者。

這種意識型態會如同突厥之父的西方主義一樣強烈。但是，塔哈・胡賽因普遍預設了不同的文化概念，他並沒有凸顯哥克—阿爾普（Gök-Alp）所強調的在文化與文明方面的差異；他還考慮到古典阿拉伯文明具備其特有的阿拉伯語文屬性，同時也是持續發展中的西方文明顛峰，所以對阿拉伯人始終十分重要。因此他在教育提案中，強調須審慎以標準阿拉伯語文、古典文學以及宗教教育訓練。關於埃及人的宗教教育，他還確實加入針對埃及科普特基督教教育；但他特別關注穆斯林教育，他確信唯有透過宗教的象徵領域，人們才能找到存在的目標，他晚年淋漓盡致地善用其才能，轉而重寫早期伊斯蘭的故事，而且採用優美的標準阿拉伯文散文體——以透過歷史想像來激勵人心。他在書寫的過程中盡量忠於現代學術風格，但其終極目標在於表現道德的原型，亦即第一代穆斯林應該具備的形象。新埃及終於得以透過這類記憶奠定基礎。

復興古典文化遺產的過程中，只有在宗教方面才能同時感受到其重要性與困難度，而且對於宗教的影響力遠比文學更加直接。的確，就某些方面而言，文學發揮出來的功用，早就在宗教方面已經出現過；亦即是「啟發全新層次的道德覺知」。西方的現代文學同時反映

現代創新大眾社會的外在結果，以及其求知與個體的內在精神。對於運用散文、短篇小說和小說等一般溝通媒介，現代性所造成的外在影響作用不僅止於大量又短暫的印刷報刊市場，還包括了形形色色、不知名的讀者。這類媒體的外在傳統與下列這類讀者習習相關，例如：其語言的流暢程度，不論是採取細膩的形式或深奧難懂的隱喻，都能充分表達每件作品本身的含意。包括伊斯蘭讀者在內的每一位讀者，在面對現代情況的流動和不確定性、並且必頁在藝文方面與之應對時，都能夠欣賞這類具有適應力的媒體。但是，小說在形式上具有更基本的特徵；譬如，小說能比傳統形式還更深入描述現代性的內在精神。最重要的是，他們能反映出人性的全新意識；也能透過重新構思悲劇這類較為古老的文學形式，表達出這樣的意識。事實上，現代西方小說在引領自我意識的現代態度進入人類生活之中，扮演了基礎角色，也賦予一種道德規範；例如，若現代小說家沒有先對個人性格的微妙差異加以探索，佛洛依德（Freud）的研究幾乎就無法完成。在西方之外的絕大多數地區，小說能讓讀者察覺到現代道德關注中比較顯而易見的層面——例如在女性的社會條件方面。但是，對於處境特殊的讀者而言，想要讓西方現代文學發揮更實質的道德作用，就絕非易事了。

　　透過詩歌藝術的領域去復興傳統上的啟發作用，或許最有效果。舊形式洗鍊之後，或許從歐洲風格的角度來看，舊的主題也就重新出現了。詩人邵基（Shawqî）有一首很戲劇化的詩歌，題材來自瑪吉儂（Majnûn）與其摯愛蕾拉（Laylâ）的故事，象徵著（也有浪漫意味的）古代阿拉伯人的最高品德：為了鞏固現代生活，使用標準阿拉伯文形式和古老的理想。即使如此，農村的方言詩歌（其中最具代表性的或

許就是愛智哈爾派〔Az'harî〕）在未受太大影響的情況下，自行其道。

　　戲劇作品的演繹藝術，從廣義角度來說，能傳播到最廣泛的閱聽大眾，即使文盲也不例外，同時又對現代性的條件特別敏銳，因此更能普遍接近大眾。在阿拉伯人之間，這很自然就會反映出最無法避免的語言問題，作為其他所有文學問題的典範。

　　至少從中後期開始，諷刺性質的傀儡戲與英雄傳奇的戲劇歌頌，變成為街頭最受歡迎的大眾娛樂活動，十九世紀時，首先在埃及的城市，接著是其他地方，劇團已經逐漸取代了這兩項娛樂，很明顯是在模仿巡迴於黎凡特鄉鎮的義大利演員，差別在於他們使用的是阿拉伯方言（用於傀儡戲與傳奇故事中）。演員採用的主題如同傀儡戲和吟遊詩人：通常都取材自《一千零一夜》（ *The Thousand and One Nights* ）的故事，或者是描繪一般人性的諷刺文學，最常見的就是詼諧或滑稽諷刺表演；男人會反串女性角色，以免招致流言蜚語，而歌唱是演出的必要部分。這些戲劇都受到社會各階層的喜愛，不過一些受過現代教育的菁英倒是嗤之以鼻。就這方面來看，傳統在改變的情形之下，基本上都已經以新的形式加以重新延續，倘若不是特別卓越，也沒有任何根本上的文化分裂。

　　十九世紀後半葉，戲劇演的企圖心更高，他們有時候會改編法文或義大利文的戲劇作品，特別是諷刺劇或鬧劇。當西元1914年戰爭發生之後，由於政府相當程度上的鼓勵，例如可以在埃及和其他地方，區別出這些劇團的特色；有些劇團持續擅長表演音樂鬧劇和滑稽戲，而且這種演出只受到下層階級和農村的歡迎。其他曾重新前往西方尋求啟發的劇團，如今更是全盤接受西方的戲劇：儘管有宗教學者的考量，但女性角色還是由女人扮演，而且使用歐洲戲劇的嚴謹譯本，不

只是改編作品，偶爾還採用歐洲風格的原創劇本；這些部分受到上層階級的喜愛。同時，針對個別讀者創作的短篇小說和小說則日漸受到歡迎，就這方面而言，新聞寫作也比較適合採用現代西方流派，而非傳統的阿拉伯形式。不過，無論戲劇或單純小說所採用的西方主題，都是那些最容易吸引人的軼聞趣事與道德勸說故事、通俗鬧劇，以及特別是歷史故事——這些主題都與《瑪嘎姆詩集》的故事或吟遊詩人的英雄傳奇沒有太大差別。而在最深入西方現代作風的本質層面上，描繪複雜人性的小說和戲劇則發展得相當緩慢，沒有創作出悲劇作品。

　　撰寫故事與小說的作家在寫作時，皆採用敘利亞新聞書寫的標準阿拉伯文風格，並以受過教育的讀者為對象；由於日漸豐富的細緻度，所以有愈來愈多嚴謹的劇作家也同樣採用標準阿拉伯風格，而捨棄了方言。這種作法相當適合歷史戲劇，或是不求寫實效果的象徵主義戲劇，但顯然不適合詮釋角色，因為日常生活的流暢用語就能表現出必要的弦外之音。由於觀眾尚未完全熟悉主題，語言的問題只會促使戲劇避免這類主題。最細緻的古典阿拉伯文體裁即將跟不上潮流，而最細膩的現代體裁也尚未能取而代之。

　　另一方面，在戲劇表現的整體部分，有一段時間在城市中具有特殊地位的劇團，則是先後透過電影和廣播，再次更廣受大眾歡迎。因此，除了專供知識分子欣賞的節目以外，主要的媒介就是方言；但其中還是有些微欲呈現出嚴謹的戲劇表現效果。受歡迎的電影通常都無法更深入描寫人性，一般電影則是延續音樂鬧劇或音樂傳奇劇的老傳統，並像早期的演員一樣取材自《一千零一夜》或歷史傳奇。在嚴謹的表現形式方面採用標準阿拉伯語，足以檢驗劇作家對阿拉伯文化的

忠實情感；大眾文化則由方言表現出來。

　　現代阿拉伯生活有可能分裂成兩套文化標準；一如標準阿拉伯語的規範並無法導正一般的日常談吐，較有教養的典範也對導正大眾大眾文化沒有太大作用。所以，較有教養的典範與大眾文化生活之間的差距，在於前者由於接觸過去的偉大成就而變得更形豐富，後者則在現代環境中變得相當普遍。阿拉伯人想要復興傳統文化遺產的意圖更加深這方面的問題。突厥人的新文化就曾背離根深柢固的大眾文化情感，阿拉伯人為了避免突厥人遭遇困境時所採取的方式，卻也面臨類似的進退兩難處境。對於上層階級的阿拉伯知識分子而言，或許最具價值的閱讀素材版本與翻譯都同時出現在二十世紀初期；透過重新編輯那最具啟發性的古老文學而加以復興，同時，透過翻譯來引進最具啟發性的新文學。但是，這兩方面都無法表現出當時的在地生活，也不能為現代阿拉伯人提供何去何從的願景。這必須費力地透過一部又一部的歷史劇，並透過實驗性小說、非實驗性的小說，不斷地努力。因為就語言本身而言，想要從無到有別出心裁，就可能需要捨棄一些東西，亦即割捨其中最具潛在優勢的新技巧；但是，要直接在舊技巧上建立新的技巧，就可能會讓新技巧出現遲滯，進而使其發展範圍受到限制。想要突破困境，就必須要有創造精神。

　　像塔哈‧胡賽因等大多數比較世俗傾向的穆罕默德‧阿布杜赫的追隨者，當他們在主導阿拉伯文化復興時，都認為重點應該是埃及。現代制度之下的單位應該是尼羅河流域的農村，而這必定會為尼羅河流域的居民帶來全新的啟發作用。但是對所有阿拉伯人來說，尋常可見傳統的阿拉伯文化遺產，而進行復興的地理範圍當然必須包括肥沃月彎和阿巴斯的首都巴格達。其他懷有類似觀點的阿拉伯人不久

便將所有阿拉伯人視作他們齊心協力的團體。埃及人曾一度在文化方面頗為自恃，甚至將阿拉伯人——即貝都因人——基本上視為外國人。然而在兩次世界大戰期間，埃及已逐漸成為東阿拉伯地區文化生活的重鎮，尤其是開羅，其重要性更甚於以往。在開羅的愛智哈爾清真寺大學，長久以來就是阿拉伯東部的最重要的經學院（madrasah）；但是二十世紀時，開羅也逐漸成為所有阿拉伯語地區的電影重鎮，而且開羅在新聞媒體甚至廣播方面的重要角色，則更是不在話下。如果開羅對各省分漠不關心，其他東阿拉伯地區在得知開羅是阿拉伯人民族的基本重心後，都會心生警惕。肥沃月彎和阿拉伯半島本身的阿拉伯人，都日漸渴望發展出適合所有層級阿拉伯人的全新模式，包括社會和教育，以及經濟和政治等各方面。因此，這絕對需要埃及人的合作，埃及人無論如何都必須配合這樣的需求。這種情勢最後終於迫使埃及人在政治方面做出正面回應：錫安主義者（Zionist）橫跨蘇伊士運河，準備進入埃及。

考驗示例：錫安主義

農民勢力的竄升速度必定緩慢。歐洲列強環伺，想要在其中力爭獨立，就必須克服這類行動中的固有障礙。然而就算不夠恰當，阿拉伯人一直以來都解決了這類問題，但阿拉伯人到了西元1939年的戰爭時，還是解決了這類問題，他們因發展出全新的文化生活而深感自豪。阿拉伯的知識分子不僅在文學方面，能汲取西方的研究方法、像其他穆斯林地區的人們一樣積極又富創意，而且在都市社會與金融模式、宗教思想以及科學與藝術等方面，也普遍都是如此；事實上，他

們的表現更甚於大多數地區。大多數的阿拉伯知識分子都不太相信任何政府，因為政府通常都是貪腐的，而且全都受制於外國的影響力，內部也會受到權貴階級的控制；但是，他們對約旦與伊拉克政府，都懷有一定程度的信賴，尤其是兩次世界大戰期間武器配備相當精良的埃及陸軍與空軍。但是，位在東阿拉伯國家中的巴勒斯坦，則長期存在於自我肯定方面的艱困處境。

　　錫安主義者的民族主義與阿拉伯民族主義同時發展，而且同樣是十九世紀總體世界局勢下所產生的結果。這個世紀中，各種不同的東歐民族都陸續想建立自己的民族，並且想讓自己免於遭受當地帝國的統治，力求以平等的立足點進入現代西方的生活；但是，東北歐阿什肯納茲（Ashkenazi）猶太人聲稱自己具有不同信仰甚至是語言（意第緒語〔Yiddish〕，一種德國方言），不同上述大多數民族，於是未參與這類運動。事實上，農民與地主階級的新民族主義強烈轉而對抗某個群體，這個群體在波蘭或者俄羅斯代表城市中掌握了社會的矛盾心態（但並不是權力），等同於歐斯曼帝國的黎凡特人。但是，阿什肯納茲猶太人（Ashkenazi Jewish）在東歐的任何地區，都沒有足夠力量來建立自己的國家。同時，西歐猶太人認為現代事物會對個人和政府造成壓力，儘管現代事物可以緩和宗教與種族差異性，但還是無法完全泯除基督教徒對猶太人的長期敵意。有時候，當某些階級在詮釋新的民族主義時，還會再次激起另一波敵意；就算不像在東歐那樣慘遭大屠殺，猶太人的地位還是毫無保障。因此，當東歐的阿什肯納茲人研擬出似乎能解決猶太人問題的方案「移民到巴勒斯坦」，他們便獲得大多數西歐猶太人的支持。事實上，他們所提出的解決方式頗能呼應西方的一貫想法。

歐洲人因為深信其民族本身具有根深柢固又永續的優越性，而且沒有在任何短暫的次要形勢引導之下，他們就能夠發展出現代生活，並且建立他們在整個世界的主導地位，所以，他們通常只在自己的正義感和寬宏心的限度內，隨意自由看待世界上的其他地區。至於最多只能藉由西方的恩惠才得以向前發展、文化停滯的其他民族，他們則是著眼於十九世紀的當前局勢，幾乎不太讓已對他們造成負面影響的現代事物，再對他們、甚至是內部未來的可能發展，造成任何影響。在北美洲之類的某些地區，人口日益增多又缺乏土地的歐洲人，他們面對著只是組織鬆散的純樸農民或獵戶，因此，只要以優勢文明的名義去接收其土地，就能驅離或清理這些農民及獵戶。而在文明較高的地區，譬如穆斯林地區，就不是那麼容易能夠用這種方式接收土地。

　　例如在阿爾及利亞（Algeria），法國人自西元1830年以來就鼓勵法國農業生根，但他們並無意驅離穆斯林人口。其實（差不多跟其他地方一樣），這類人口持續大量增加。法國人只想在他們可以合法請求權利的地方定居：例如，從「不法」地主取得，或者自行宣告廢棄的土地。事實上，有時候他們還會將未進行精耕的土地誤認為「棄置」土地，但其實那是當地土地使用的基本方式；有時候農民必須忍受固執的地主。但即使沒有偏離正道，法國人還是無法將日漸引進社會的外來社群視為不合情理，而這類屬於現代西方社會的外來社群，他們所具備的政經實力足以形塑當地的生活方式，然而卻未顧及既有人口的期望或權益。法國人相信他們正在「開發」阿爾及利亞：因為穆斯林確實從現代農耕技術、現代運輸與管理以及商業模式等，取得了一些利益；這不只對法國人本身有利，還帶給穆斯林進步與繁榮。如果法國人本身還保留那最大一份的利益，僅只是因為這些利益是由他們

自己創造出來的，如果不是這樣（他們都確信），穆斯林就會繼續過著自古以來固有的艱苦生活、停滯不前的文化發展，在專制統治下過著貧窮與悲慘的生活。其實，只要穆斯林能和法國公民一樣擔負應有的法律責任，也就是放棄其依伊斯蘭法所具備的法律地位，法國人還是樂意讓穆斯林分享法國人所具有的特權。對法國人來說，這似乎是稍微捨棄只有盲目偏見才會感到猶豫的過時信念。然而，不論法國人的文化向來如何，即使是那些接受過法國學校高等教育的穆斯林知識分子，也很少會歸化為法國人；而即使如此，他們一直到了西元1939年的世界大戰，才看到了脫離法國統治的一絲希望。定居阿爾及利亞的歐洲人（其他地方有時候會稱為「白種定居人」），在日益不滿的人口當中自成一個權貴富裕階級。

在十九世紀，將歐洲人移居到被視為「無人居住」的土地或至少是未開發過之地，而且適合歐洲生活方式的土地，這種觀念即使在理想人士的圈子中，也幾乎沒有受到任何質疑。阿什肯納茲猶太人圈子內的某些理想主義人士，認為上述觀念理所當然應與他們長期以來的悠久抱負結合：所有猶太人回到聖地，並以精神的完美境界來重建猶太國家。無須等待彌賽亞來帶領他們，而是應該立刻借助歐洲資金和現代性所帶給他們的全新經濟資源返鄉，就像歐洲人一樣。至少，依照歐洲人的標準，整個敘利亞似乎就是一塊「無人居住」又確實未曾開發過的土地，佔有適合歐洲人定居的大量空間。如果猶太人在歐洲不能擁有自己的家園，這是因為他們注定只能在自己的土地——即巴勒斯坦。猶太人如今應回到錫安山（Zion）。

錫安主義很快就逐漸盛行為一種理念，甚至是個人的行動。在十九世紀下半葉，很多猶太人確實進行了移民，並開始說起長久以來

在日常生活中都沒人使用的希伯來語，還把希伯來語當作母語來教養子女，教他們視巴勒斯坦為自己唯一的家園。他們受到說阿拉伯語和其他意第緒語的猶太人質疑，他們有些人質疑是否應將屬於神聖語言的希伯來語貶低為日常用語；另一些人則質疑，人類是否真的能建立一個達到精神上臻至完美境界的國家。儘管如此，這樣的願景強大到足以在歐斯曼帝國散漫的治理時期，形成日益深植於希伯來語系的社群。他們買進外居地主（absentee landlord，意指將地產承租給他人，但很少或不來看管的在外地主）所有的土地，著手開墾許多沼澤地和荒廢的土地，並普遍引進歐洲的進步元素來發展經濟。

正是這個社群，讓巴勒斯坦變成了在英國託管之下的猶太家園。雖然歐洲移民在二十世紀時甚少增加，但錫安主義者還是獲得官方承認；希伯來語也因此成為巴勒斯坦的官方語言之一。然而同時，阿拉伯民族意識因為對抗英法而日漸強大，因為敘利亞南部可能真的會淪為殘餘歐洲移民的殖民地，所以即使在能夠驅離英國人的阿拉伯地區中，阿拉伯民族意識便專注在錫安主義的威脅。歐洲的猶太移民被視為用以支持英國統治敘利亞的既有藉口，以及歐洲的未來堡壘，可用來直接控制蘇伊士運河；就長期觀點而言，也能將埃及從肥沃月彎區隔開來，並讓阿拉伯人長期處於軍事干預的威脅之下。

當地阿拉伯人起初都指望英國的公平對待，希望英國瞭解到這塊土地並非「無人居住」之後，也許就會有效限制猶太移民的人數，以便盡量減低外來者統治巴勒斯坦阿拉伯人的危機。然而，在三十年代世界經濟大蕭條的壓力之下，歐洲的反閃族主義（anti-Semitism）變得愈來愈有敵意。德國的納粹政府自西元1933年起，將潛在的反猶太情緒，轉變成以往只零星出現於東歐的計畫性殘暴謀殺。猶太人從德

國移民，接著德國政府在西元1939年世界大戰擴張控制權的期間，猶太人更是從整個歐洲移民，移民潮從此為之氾濫。巴勒斯坦當地的阿拉伯人最後訴諸武力，僅只是這個舉動似乎就讓英國人不敢掉以輕心，英國人於是承諾會限制移民。不過，來自歐洲的壓力只有在戰爭結束時才會增加，當時那些從德國大屠殺劫後餘生的猶太人（其次還有波蘭人、法國人以及其他民族），只渴望能離開他們無法信任的基督教歐洲。像美國這類領土相對廣闊、比較容易收容移民的獨立國家，卻都冷漠以待；他們的反猶太偏見也時有所聞。只有在巴勒斯坦，他們才找到棲身之處，那早就與英國政府交惡的當地社群，願意收留他們，而且以偷渡的方式、甚至是恐怖行動來幫助他們。對於巴勒斯坦來說，他們像是陷身在逃難的船上，不顧一切地爭取錫安主義者的狂熱，也亟欲建立猶太國家，為了爭取自己的權益而不擇手段。基督教徒確實幾乎不讓他們有任何選擇。

到了這個時代，所有東阿拉伯人的政治意識主要關注於「巴勒斯坦阿拉伯人當下的命運」，以及「外來政權侵犯敘利亞的長期影響後果」。在這片受託管的巴勒斯坦狹長土地上，除了本來就已擁擠不堪的人口（將近兩百萬人）之外，似乎並沒有足夠空間可容納迫近的龐大人潮：總有人必須先離開。在三十年代後期，巴勒斯坦的阿拉伯農夫，有時因為移民的錫安主義者而被迫遷徙，導致他們無地耕作；然而英國人以特殊措施直接統治這塊地區，讓他們難以與這樣的勢力抗衡，結果就是讓最菁英的阿拉伯人離開黎巴嫩。因為出現更多移民，樂觀來看，他們是阿拉伯人家園的外來少數人口；在最壞情況下，如果這些移民欠缺資金傍身也沒有一技之長，就會變成貧窮的亂民，或者甚至是被迫離開，讓新來的人有空間可以居住。穆斯林與阿拉伯基

督教徒都有反猶太的意圖，尤其對穆斯林而言，猶太人操控當地的可能性是最終的腐化；在基督教西方的面前，他們被迫承認猶太人的地位。耶路撒冷是基督教徒、穆斯林和猶太教徒的聖城，巴勒斯坦的阿拉伯人準備戰鬥，呼籲相關聯的阿拉伯人都前來協助，一起驅離入侵者；伊拉克人、敘利亞人（分屬於這三個國家境內），甚至是埃及人與沙烏地阿拉伯人，都很樂意提供協助。

阿拉伯軍隊與他們的人民，對於這類行動皆深感自豪，有信心能一舉成功。即使西元1945年第二次世界大戰已經結束，阿拉伯政府組成了聯盟，在共同目標上集合他們的力量，領導巴勒斯坦的阿拉伯人。對於巴勒斯坦問題，穆斯林與基督教徒、肥沃月彎的阿拉伯人與埃及的阿拉伯人，都同樣感到備受威脅。至少，就此一議題而言，埃及人一直都相當願意承認那既不是單純的埃及民族主義、也決非泛伊斯蘭的民族主義，而是世俗意義上的所有阿拉伯人（不論其穆斯林的潛在傾向如何）；因此，他們必須共同回頭去關注自己的阿拉伯文化遺產的價值。

到了西元1948年，世界各地的西方海外統治全面潰隄，而英國也無心持續處理巴勒斯坦這樣棘手的問題，此時阿拉伯人與錫安主義者已經爆發戰爭；他們讓聯合國（繼承自國際聯盟與歐洲協調組織的世界權威）接管巴勒斯坦的職責，而其表明錫安主義者與阿拉伯人之間必須分治；然後，英國人退出巴勒斯坦。儘管錫安主義起初堅持主張整個受託管的巴勒斯坦，而且絲毫沒有妥協讓步的意思，但分治事實上對他們而言仍是一場勝利，畢竟這給予了他們一個國家，雖然這片領土不大。至於長期以來抗議敘利亞分治的阿拉伯人，他們接受了較小規模的領土，仍算是遭受到挫敗；等到英國人一離開，各個阿拉伯

國家就開始展開攻擊。雖然初期的空襲頗有成果，但他們不久就開始爭吵著未來收回巴勒斯坦的要求，在互相指控對方背叛和各別政府的貪污、無能之下，阿拉伯勢力就這樣被了擊潰。錫安主義者不但擁有由於分治而分配到的土地，而且還補充了完善的政策，而戰爭所形成的各種情勢也讓他們擺脫了大量的阿拉伯居民，使得數以萬計的難民逃逸至鄰近的阿拉伯國家。錫安主義者宣稱建立以色列國，而阿拉伯人普遍徹底感到受到屈辱，因為以色列的存在似乎代表著：阿拉伯人終究還不能在現代世界中佔有一席之地。

第五章

伊朗與俄羅斯帝國：革命之夢

面對西方強國壓倒性的勢力，也察覺到這樣的強權是來自西方社會的文化特質，因此很多歐斯曼突厥人便合理推論出明顯的結果：現代世界的民族救贖取決於是否能摒棄過去較無影響力的伊斯蘭（Islamicate）社會傳統，進而接受歐洲當代較優秀的傳統。解決的方式就是要進行西化；唯有西化的國家，才能與其他西方國家平起平坐。土耳其位處東歐，其與東歐基督教民族的密切關係應有助於達到這方面的效果，而主張這種合理觀點的擁護者散佈各地。歐斯曼帝國與土耳其共和黨改革的主流路線就是、或至少被視為透過西化來進行現代化，也就是透過歐化：若借助許多富人之間已相當風行的西方主義，就比較容易進行這種過程。這種過程對於大多數穆斯林族群都十分具有吸引力；但對於土耳其人而言，即使只是採行西方作法還是不太足夠，仍必須根據在地文化傳統進行某種調整。某些方面，可以振興和加以重建，而某些方面則必須透過革命來徹底剷除；土耳其人似乎已經兼顧兩者。

　　許多人都認為復興老舊傳統就是現代化的主要關鍵，特別是身處現代化過程中的阿拉伯人。他們並不相信必須對挑戰做出過度激烈的反應，他們並沒有改變傳統，而是想復興自己的舊傳統，以求淨化那被視作衰退期間所累積的舊傳統，並藉由他們自己根基深厚的傳統所衍生的全新力量，去面對西方。他們想要以復興和重新詮釋伊斯蘭（Islamicate）歷史為基礎來進行現代化（Modernize）。事實上，目標方面的差異並未產明顯相異的結果，但是領導階層所進行的方式，特別是介於兩次世界大戰期間，在很多活動領域中都留下痕跡。

　　西伊朗王國就曾經歷過一段密集的西化，尤其是兩次世界大戰期間內它在社會的公眾層面上。照本宣科式的西化在當時也並不足夠。

當時曾虛有其表地重提古老傳統，但對於伊朗西部的現代化而言，最重要的基礎就是革命的理念；對於革命的期待，甚至是實現革命。嘎加爾（Qâjâr）政權可能是唯一爆發大規模街頭革命的穆斯林國家，而這在西元1879年之後的歐洲其實相當普遍。而西元1917年的俄國革命也長期或短暫出現在伊朗與高加索的部分地區。這整個區域的現代化因為革命的夢想而變得多彩多姿。

初期的革命代表必須推翻包含王室（通常都與西方強權結盟）在內的極小部分最具特權的階級，以便在現代化過程中讓城市中產階級擁有更多機會。然而，一旦以民意為依歸並實施合理的作法，就不容許革命之夢與現有的缺失有任何妥協。在二十世紀，對於有些人來說，就是從頭開始徹底重建社會：務必摒棄伊斯蘭法，但即使將歐洲法典更理想也不會全盤採行；而是建立比舊伊斯蘭世界或當前歐洲還更加理想的未來新秩序。一個民族不只能取代有權勢的頂尖階級，還包括所有特權階級，而他們都是當前國內外優質文化傳統的載體。接著就能以全新模式自行重建生活，而整個過程可以取國內外其他任何形式的社會作為借鏡，並非只是某種延伸。這樣就能像共和國時期的土耳其人一樣，捨棄伊斯蘭（Islamicate）遺緒，但未就此與西方同化；而是應該發展出其本身的特殊現代性，既不是伊斯蘭也不屬於西方，而是比兩者都更加優越。不過，這一夢想卻很晚才開始出現。

巴比派（Bâbî）的社會抗爭

在伊拉克與高加索的伊朗境內及其鄰近地區，長期都是伊斯蘭文化（Islamicate culture）的重鎮，較不受早期新歐洲的影響。歐洲貿易

在薩法維帝國時期確實曾經相當活躍（甚至一度出現了天主教宣教會），但是到了十八世紀時，由於內部的政治紛爭，其重要性已經降低；直至該世紀結束之前，歐洲的利益大都屬於間接性質，也就是透過歐斯曼帝國、印度或伏爾加地區（Volga）中比較核心的地帶。同時，這塊屬於波斯（Persianate）文學傳統核心區域的地區，一直以來忠於什葉伊斯蘭，其文化傳統相對獨立於最直接受新歐洲影響的地區。伊拉克與伊朗一直到進入十九世紀時，都還維持著哲學與宗教方面的高度發展，幾乎與其他穆斯林世界並駕齊驅。甚至早在十九世紀時，即使商貿階級的地位每下愈況，但宗教學者在法律體系方面還是出展現出長足的發展，而且波斯人還出現一位備受尊崇的重要穆拉‧薩德拉（Mullâ Ṣadrâ）學派哲學家（穆拉‧哈迪〔Mullâ Hâdî〕，西元1797或1798～1878年）。直到一八三〇年代之後，由於什葉伊斯蘭失勢，才使作者的地位被降低為後繼者的角色。

我們都已注意到十八世紀下半葉的某種哲學思想，也受到穆拉‧薩德拉的影響，也就是導師阿赫薩伊（Shaykh Ahsâ'i）的影響。他所發展出的什葉伊斯蘭，異於瓦哈比派以及與其同時代的薩努西派（Sanûsî），不只具有濃厚的效忠阿里後裔的色彩，也具有高度的哲學思想；著重在不斷提升人類的精神層次。但是也能像他們的理念一樣成為改革主義者，並且反對蘇非道團；這顯然確實是千年至福觀念，就像他們的理念一樣，在後來西方大轉化的影響下產生重要意義。相對之下，當時的情勢尚未被西方腐化，但也深切瞭解到西化會限制伊斯蘭社群的權力，並且還呈現出生活中全新的未知可能性，也就是一八三〇年代導師派（Shaykhî）的什葉人士心中的期待，而且比以往

更加堅定，他**們**期盼❄新的巴卜（Bâb）1，也就是隱遁伊瑪目（Hidden Imâm）的特定發言人，能夠再次讓社會走上正途。須拉□□□□□□□□□'Alî-Mo　ammad, 1819－1850 CE）極具神學與靈性上的天賦，擁有大量追隨者並廣受城市商人階級的尊崇。身為巴卜的阿里・穆罕默德就宣布（自西元1844年開始）了一套全新又開明的伊斯蘭法，一系列用以取代什葉伊斯蘭的全新象徵體系，並期待不久之後其追隨者能夠落實先知天意般的全新社會正義。

巴比派即巴卜的追隨者，非常迫切想看到新正義能夠落實。他們極力宣揚巴比派的舉動，旋即就造成他們與什葉宗教學者之間的公開衝突，然後演變成他們與嘎加爾政府的衝突。阿里・穆罕默德遭到逮捕，但在獄中他還是繼續鼓舞一群忠實的理想主義人士。暴亂四起，最後更形成大規模起義；阿里・穆罕默德因此遭到處決，而這項運動則於西元1852年遭到血腥鎮壓。

阿里・穆罕默德逝世之後，他的大多數追隨者逐漸接受另一位年輕人巴哈烏拉（Baha'ullah, 1817—1892 CE）的領導，他接著便在西元1863年宣稱自己是阿里・穆罕默德預言的新先知；而這些接受他領導的巴比派成員，後來就被稱為巴哈以派（Bahâ'î，而其他人則稱為阿扎里・巴比派〔Azalî Bâbîs〕）。巴哈以派仍具有巴比派的社會使命，他們支持城市商人與工匠階級，並讓婦女擁有比傳統伊斯蘭女性更加自由的地位（在西元1848年，一名大名鼎鼎的巴比派女人公開扯下她的面紗）。但是，他們放棄直接在伊朗起義的理念，轉而期待能以新

---

* 1　編註：「bâb」在阿拉伯文中意為「門」、「通口」，在這裡指涉隱遁伊瑪目與一般人之間的媒介。

秩序的紀律，來使世界產生更普遍的轉變。巴哈烏拉已具有國際性的視野，在他被逐出嘎加爾領土的流亡期間內，歐斯曼政府因為他可能會進行顛覆行動而將他扣押，最後讓他定居在大敘利亞地區的阿克（Acre）；他在當地吸引了許多伊朗境外的改信者，不過新信仰的追隨者最主要還是集中在伊朗。他兒子繼承其地位（以什葉派方式），獲得許多歐洲改信者（特別是在美國）的支持；他則很欣慰這些人的宗教傾向屬於普世主義式的自由主義（他勸阻殺戮，不論是戰時基於政治理由殺人，或是為飲食而殺生）。最後由他在牛津接受教育的孫子繼承其志業，接著便以全世界為基礎來重整信仰，並透過其制度努力不懈地進行傳教，將此以信仰為基礎的政治秩序散播至全世界。

導師派的宗教觀則延續巴哈以派的初衷，他們的普世主義式道德觀主張以及開明的社會秩序，反映出蘇非中心難以估量的精神生活，並藉由夏伊希派之類的運動與什葉派擁護者的主張結合起來，成為崇尚社會正義秩序的精神組織。但是，到了十九世紀下半葉，這個運動則進一步與十九世紀歐洲的自由主義結合，進而在某種程度上成為一個媒介——將現代性技術中的精神層面引進伊朗西部。最後，擁有部分美國改信者的巴哈以派，則是與那些西方傳教士（還有多數是印度人的索羅亞斯德教）共同進行新自由世代的教育，吸引了許多非巴哈以派的學者。

阿富嘎尼（Jamâluddîn Afghânî）以及對歐洲讓步

當起義的巴比派成員逐漸被熱衷教育的巴哈以派成員取代時，正是連嘎加爾朝境內也逐漸盛行與西方妥協的年代。西元1848年，納西

魯丁（Nâşiruddîn）就任新國王（在位於西元1848～1896年）時，便開始致力於讓行政制度步入軌道，並嘗試將其施政作為進行歐化；西元1852年，他採行西方路線，設立了官方的高等教育機構；從西元1840年起，各種不同的西式學校如雨後春筍般出現，而從西元1858年起，當地學生留學歐洲的人數則遠遠超過拿破崙時期。西元1823年之後，印刷術在伊朗已經普及，而西元1851年之後，則出現報業的雛形；西化的城市生活樣貌大致上出現於德黑蘭，而較不普遍於伊斯坦堡或開羅。國王親自遍訪整個歐洲，並以上流社會中閱讀法文時慣用的簡單文體寫出其所見所聞，文中充滿興味、推崇和某種敬佩之意。

然而在嘎加爾朝期間，不只是伊斯蘭文化（Islamicate cultural）傳統維持比其他任何地區都更加活躍的精神；甚至是十九世紀末期並未直接受到俄羅斯人統治的波斯人與亞塞拜然人，也都是如此，相較於歐斯曼帝國或印度居民，一直都大致比較不受國際新強權的影響。同時，舊式的土地所有權，幾乎大多仍然維持著薩法維帝國時期之後的情況；商會則較少受到國際貿易的嚴重影響，到了十九世紀末期，各城市都仍然保持著最強盛的組織形態。政府體制本身進行現代化的嘗試，並未形成有效率的專制政體，但舊的法定認知卻遭到徹底破壞，因此使得大多數人口免於受到中央直接干涉的影響。可能由於較富裕的家庭形成了中央集權的觀念，才演變成習慣將（透過非正式的輿論）特定理性主義宗教學者（mujtahid）視為最有權威性的人，即使他並非是具有伊瑪目頭銜的巴卜。他的教令足以約束所有什葉穆斯林，而遍及國內外的富人也都情願將五分之一的宗教捐（khums）捐獻給他，而非捐獻給地方上的理性主義宗教學者或伊瑪目。這樣的發展有助於理性主義宗教學者在新情勢之下維持其獨立局面，尤其當這類學者被

派駐在伊拉克的時候，國王便鞭長莫及。最具代表性的就是在俄羅斯統治的穆斯林地區，熱衷西方事務的少數前衛人士，俄語就是他們學習的歐洲語言；在嘎加爾政權中最常使用的語言還是法語，而非英語或俄語，而當地各民族的語言則主要用於貿易與政治。也就是說，對於西方現代性比較正面的回應，主要還是在菁英階級的理論方面，因為他們選擇在西方最具影響力的西方語言，而非伊朗境內最實用的語言。

　　但是，國王對於西方國家感興趣的地方，不只是在學術方面；他的興趣不僅限於昂貴的奢華旅程。國王為這番遊歷所付出的代價還包括：提議讓歐洲商人在他的領土內享有特許權，舉凡興建鐵路與石油探勘，甚至是公家彩券；國王想要共享利益。他似乎認為這類事業比較有保障，因為能讓王國透過比單純外貿還更加深入的方式，從歐洲獲得利益，而且在實務上又不會限制其本身的獨立性。他深知俄羅斯的實力；事實上（他並未將地方軍力進行現代化，因為費用太過昂貴又不能確定成果），為了保衛他的王權，他還引進一支特別的「哥薩克」（Cossack）軍團，由仍在高加索俄軍指揮官控制下的俄羅斯人訓練和指揮。但是，他也與英國發展關係，藉此希望列強不會讓彼此任何一方全面接收。在這一方面，西元1889年時，國王邀請賈瑪魯丁・阿富嘎尼（Jamâluddîn Afghânî）前往德黑蘭；阿富嘎尼是一位非常熱忱的傳道者，他能鼓舞全世界的穆斯林，讓他們具有穆斯林的共同願景，藉以一起對抗西方，阿富嘎尼就是埃及年輕大師穆罕默德・阿布杜赫（我們之前曾經提過他的事蹟）的導師。他的影響力早就令英國人深以為懼，而他後來居住的俄羅斯也承認他的地位。如果國王認為藉由安插朝廷權位就能夠馴服這位苦行的狂熱者，國王未免太高估自己了。

出身嘎加爾朝哈瑪丹（Hamadân）附近的波斯人阿富嘎尼，據說曾在靠近庫法的什葉派知識中心的納賈夫（Najaf）受過教育。他在阿富汗時獲得了早期他在政治方面的經驗，然後隨之於西元1868年遭受流放，當時他正處於挫敗的一方，對印度的穆斯林改革運動相當熟悉；他似乎一直都很厭惡穆斯林寧願受西方宰制並只想藉此安穩度日的心態。因為他認為他們只是想要能安穩過日子。從那時開始，他不斷到埃及、印度、西伊朗王國、俄羅斯和歐斯曼帝國等地四處奔走，想藉此鼓舞穆斯林團結，以重申伊斯蘭的權威。他力勸他們要讓後期傳統回歸到早期穆斯林時代更簡樸又更嚴謹的生活模式，以便讓穆斯林可以使用現代科學技術。

阿富嘎尼似乎並未開創許多新觀念，但他認為某個時機或特定時刻的懇求一定會有助於達成他的理想，並能強化日漸成熟的熱忱。因此他表現得相當活躍，有時候還強烈主張進行各項改革；包括政治、宗教和社會等各方面。他似乎一直都以哲學傳統作為學術基礎，這充分顯示出宗教終究是一股政治勢力。他不斷探索各種不同領域的新知識，而且不像伊斯蘭法主義者那樣對政治戒慎恐懼，因此，他強調在知識方面必須融入現代科學，而在政治方面則應該結合伊斯蘭的內聚意識（'aṣabiyyah）。他譴責蘇非傳統的內斂性格和傳統宗教學者的蒙昧主義，並提倡要有一個「穆斯林的馬丁・路德」（Muslim Luther）。不過，他雖然推崇西方在技術與知識方面的蓬勃發展，卻強烈譴責西方（至少是他筆下那些毫無哲學觀的一般大眾）無神論的唯物主義。他強烈主張：穆斯林族群都應該奮發圖強，並在「泛伊斯蘭」（pan-Islamic）運動中與其他日漸復興的穆斯林族群合作，以團結一致的政治力量來對抗西方。雖然早在他採行泛伊斯蘭概念時，歐斯曼人就已

經開始推動此一概念，而且也有意讓歐斯曼帝國蘇丹來領導追求穆斯林團結的運動，但他的泛伊斯蘭概念畢竟與阿布杜阿密德的想法並無太大關聯。

在一八七○年代的埃及，阿富嘎尼首次引發熱烈迴響，並吸引一些最優秀的埃及青年去支持激進的反西方穆斯林現代主義。烏拉比運動（'Urâbî movement）遭到鎮壓之後，當他於西元1884年流亡巴黎時，便發行了時最具影響力的阿拉伯期刊：《可靠之連結》（穆罕默德‧阿布杜赫是這份期刊的合夥人）。這份期刊因為強烈的反英言論，而遭到埃及與印度的英國人抵制，以致於無法繼續發發行；然而，因早期讀者反應熱烈，所以走私的期刊還是唾手可得。但是在某種程度上，阿富嘎尼最重要的影響力在嘎加爾朝。當地一般民眾早已普遍對國王的新專制主義焦躁不安，尤其是國王還聘用了許多外籍人士。許多年輕的什葉派知識分子都很崇尚西方所謂的「民主」，認為這西方民主是對抗專制的「法治」，事實上可視為伊斯蘭理念中最完美的內涵，以及以伊斯蘭律法來治理的堅決主張──如同個別律法權威闡述者所代表的主張。他們以「伊斯蘭式民主」（Islamic democracy）的名義，熱烈支持阿富嘎尼。因為國王無意以他的方式進行改革，阿富嘎尼不久後便與國王絕交。

阿富嘎尼的視野寬廣，所以能指出「讓嘎加爾領土確實免於受西方強權進一步干涉」的想法並不可靠；也就是說，認為給予外國人特許權，會導致進一步受到外國人的宰制，因為這會讓某些歐洲人擁有某種法律基礎，而使其他歐洲人以此作為干涉的藉口。而在西元1890年，當國王終於提議給予英國公司菸草的專賣特許權時，等於讓英國人的勢力足以控制整個國內外菸草的貿易，而波斯人普遍都需要使用

菸草，所以一般人都傾向於抗拒這項政策，這時阿富嘎尼便認為僅用這項施政就足以說明：國王在尋求外資時根本不顧及穆斯林的福祉。菸草農民便受到買主獨家壟斷的宰制，很多小貿易商也都慘遭淘汰，而消費者則必須到異教徒的地區購買菸草，但恪守教規的什葉穆斯林都認為異教徒不純潔。

　　阿富嘎尼也跟德黑蘭附近什葉聖地夏赫·阿布杜阿季姆（Shâh 'Abdul'aẓîm，古代稱為拉伊〔Rayy〕）──他的庇護所中的其他人一樣，對這項措施深感不滿；他強烈喚起群眾的情緒；不只是民族主義知識分子，其中有些人還對阿富嘎尼崇拜得五體投地，而且連市集商人也感受到壓力。但是，這也讓另一個更重要的團體產生回應。不同於歐斯曼帝國中阿富嘎尼備受宗教學者嫌惡的順尼伊斯蘭地區，因為當地的宗教學者一直都與統治者有密切的合作關係，而不想進行根本的改變，阿富嘎尼還是能引發什葉派宗教學者的廣泛迴響，因為他們一直都不仰賴朝廷。西化的國王引起了宗教學者的質疑，最受他們關注的是外國異教徒的各種威脅；當阿富嘎尼在西元1891年被驅逐到伊拉克時，他曾寫信給派駐當地、最富眾望的理性主義宗教學者，力勸他針對反對菸草壟斷做出行動。這名理性主義宗教學者也確實採取了行動，他裁定吸食菸草違背宗教，直至西元1892年才撤銷這項壟斷措施。整個嘎加爾領土內的人都必須遵行這項法令，甚至連王室裡也看不到菸草，理性主義宗教學者因而比國王還更受人民遵從。人民也相當自律，所以並不會僅因為廢止特許權的承諾，就使自己廢弛紀律。一直到特許權體制明確廢止時，學者才再度裁定菸草合法，而波斯人也才又開始抽煙。

　　因此，阿富嘎尼有助於促成什葉宗教學者、市集商人和西化知識

分子之間的結盟關係。起初所產生的結果相當矛盾，國王為了不讓取消菸草特許權損及他在歐洲資本市場的信譽，他必須為菸草專賣支付賠款。因此，他覺得有必要以南方的關稅來抵充英國的貸款——這是比較不會受到批判的權宜之計，但如同埃及人在總督伊斯瑪儀（Khedîv Ismâ'îl）時期的發現，這個作法或許其實還更加危險。但宗教學者與新知識分子的聯盟容忍國王的此項措施；國王於是持續推行抵押國土的政策，聯盟因而變得愈來愈難以忍受。阿富嘎尼曾受邀到伊斯坦堡，卻發現自己就像阿布杜勒哈密德的其他賓客一樣，幾乎沒有任何說話的機會。但是阿富嘎尼的一位親近弟子啟程到伊斯坦堡之後，與他的導師商議，便在西元1896年刺殺了國王，在起初的震驚過去之後，則是因誅殺暴君而受到商人們的讚揚，宗教學者也沒有反對商人的這種看法。嘎加爾政府要求歐斯曼引渡阿富嘎尼追隨者中的某些人，其中大部分都是阿扎里・巴比派成員（但阿富嘎尼基本上極仇視巴比派信仰，認為他們分裂了伊斯蘭）；他們慘遭處死。阿富嘎尼本身則從未因此放棄，但隔年因故去世，而當時伊朗人認為阿富嘎尼之死是由阿布杜勒哈密德一手造成。

　　阿富嘎尼改善政治理念的方式都是根據實際的需要性，他以傳統哲學為立論基礎，並不期待大眾基於一貫的理想而採取理性的行動。但是，伊本—魯胥德（Ibn-Rushd）與伊本—哈勒敦已經表明自己無意成為革命分子。或許可以推測阿富嘎尼已經發現到時代已經改變，所以呼籲比較激進的緊急策略。但是，他的新政策並未具備新的哲理基礎：他公開擁護阿布杜勒哈密德的計畫，是某種哲學上的政治；他也鼓動那些不滿施政並敵視該項計畫的人。但是，當他在這兩方面同時並行時，技高一籌的阿布杜勒哈密德則將他逮捕。阿富嘎尼的困境讓

其他許多有是非觀念的伊朗知識分子，產生熱烈迴響，因為他們認為透過像哲學家之類的菁英來進行改革，總是較有指望，但還是希望能藉由訴諸宗教學者和大眾來支持菁英。這種作法最能夠延續伊斯蘭（Islamicate）歷史的一致性，不僅是整體社會，甚至還包括激進分子的思想。這曾經一度產生相當豐碩的成果，但最重要的是終於促成相對弱勢的伊朗人——尤其是那些西伊朗王國的伊朗人——能透過這種健全的做法來達成令人滿意的現代化；因此，這間接促成更激烈的革命。然而，其正面影響作用在當時最為顯著。

新國王穆薩法魯丁（Muẓaffaruddîn）是比較軟弱的人，因此阿富嘎尼所結合的一幫人不久便開始要求他徹底改變他父親的政策。但是穆薩法爾無意贊同他們的意見；他也想要前往歐洲去旅行，並需要金錢來支持其王朝的作風。他曾一度虛與委蛇地進行某些內政改革，但不久便轉而求諸於外國人：支持俄羅斯貿易的比利時人去主導伊朗境內的關稅，而在西元1900年時所協商的一筆俄羅斯貸款則是以北方的關稅作擔保。在隨後的幾年之內（英國因在南非的戰爭而分心），俄羅斯影響力持續快速攀升，城市商人對偶發的動亂極度感到不滿，因此許多宗教學者向國王提出明確警告：如果他不認同伊斯蘭法，他的權力就不會受到認可。但是西元1904年時，俄羅斯加入了對日抗戰，但俄軍不久便遭受重挫。到了西元1905年俄軍慘敗時，俄羅斯人民便四處起義反抗沙皇的專制政體；而到了西元1905年底，德黑蘭的一些領袖則起義對抗嘎加爾政權的寵臣。

先前國王的現代化施政完全罔顧原有的秩序，確實引發了人們對當前不公不義的憤慨，然而最終還是無法避免這類憤慨演變成全面的群眾運動。同時，現代化的知識分子因為有其理論基礎，所以都極為

了解必須研擬開明的計畫，並且負責任地執行；但很可惜，甚至連在互補依存方面，他們也沒有現代化制度的充分支持，所以無法徹底實施其計畫。

西元1905至1917年間的革命

日本似乎也像其他地方一樣受到西方壓力的影響，不過當他們擊敗歐洲強權之後，對於整個世界而言，歐洲就再也不是戰無不勝了。此一事實在隨後的幾年內，促使勇敢的歐斯曼突厥人與阿拉伯人群起對抗他們的西方統治者——其中包括土耳其青年團（Young Turk）的革命，與埃及的穆斯塔法‧卡米勒（Muṣṭafà Kâmil）民族主義，也同樣為印度本土政權帶來希望。受到最直接影響的伊朗人與亞塞拜然人，則做出最迅速又最重要的行動。他們都受到在俄羅斯所發生事件的鼓舞，但導火線則是政府對商人所採取的高壓手段，而這些商人過去都比較不受專制政體控制。西元1905年底，一些宗教學者與其他德黑蘭的人，孤注一擲前往夏赫‧阿布杜阿季姆的聖壇避難，而國王不敢在這樣的地方對他們輕舉妄動；因為他們廣獲大眾支持，所以國王只好承諾會對他們的要求讓步：撤換首相並成立有權糾正濫權的司法院。

但是，當他們離開庇護所之後，國王卻沒有實踐他的諾言；經過一番動盪之後，首都的宗教人士全都被流放到庫姆。西元1906年7月的行動更是一次重大賭注。最初幾天就有五百人尋求庇護，最後約有一萬三千人紮營露宿——而這一次則是在英國公使館（比任何聖地都更加安全的避難所，更可以用來對抗背信棄信的國王，只要英國官員願意提供庇護，並根據歐洲的新國際法，將保護他們視為其於危急關頭

時的榮譽）。商會組織比其他穆斯林地區完善，而新的政治會所扮演著領導角色，不僅維持良好秩序，更維持了清潔、分配市民所帶來的食物。德黑蘭的運動受到重要地方城市的關注，多數階級都有各自的理由，對嘎加爾家族的壓迫感到不滿。嘎加爾家族中有些被指派為省長的人，都相當貪婪（反而在歐洲人對伊朗保障繼承法之前，當時的制度還比較審慎）。在亞塞拜然的塔布里茲（Tabrîz）；即在裡海商業貿易中心的拉須特（Rasht）；以及在伊斯法罕（Iṣfahân）與須拉子（Shîrâz），都出現了深表同情的行動；有些人前往英國領事館，向英國人表示他們支持那些被壓迫的人民去尋求救濟，尤其是對俄羅斯強權的明顯抗衡。如今他們不僅要求撤換內閣官員，更要求須制訂憲法、成立國會，以限制王室的財政與行政，包括法典與普通法庭在內，而這些以往都受制於國王與其他省長。

尋求庇護進而演變成全面罷工；市集全都關閉了。尋求庇護人士大多是商人與工會成員（宗教學者都在庫姆〔Qum〕），政府威脅要以狂暴的軍人強行進入商店搶奪。然而，避難人士組成委員會以確保一致的行動。在委員會中有些受過現代教育的人，很瞭解歐洲的憲政主義，決意要堅持到政府承諾制訂憲法。像是在俄羅斯一樣，有代表議會成立，這是最為重要的改革，其他國家應該效法。有些宗教學者宣示務必要讓國王知道統治只會帶來苦難，隱遁伊瑪目才是真正的領導人。現代化改革人士擬定了一部憲法，政權搖搖欲墜的國王最後只好同意。這部憲法效仿自比利時（歐洲人公認的憲法典範），其中最重要的條款就是要求組成國會（Majles），透過有限度的選舉權進行選舉，但是涵蓋具備任何生活條件的所有人。不久之後便開始進行選舉，而且一旦德黑蘭的選舉出現結果，就立即成立國會，無須等待其

他省分經常會延遲產生的選舉結果，因為王室指派的省長有時候會從中作梗。

進入國會的塔布里茲與亞塞拜然代表，讓國會議程能順暢進行。亞塞拜然的現代化與自由化壓力比其他地區都更加強烈。塔布里茲是王儲駐守之地，而王儲則是一位追逐私利的專制省長；但是此外，突厥裔的亞塞拜然人越過了俄羅斯邊界，與同胞聯繫。而在巴庫（Baku）當地，則已經發現了石油，因此世界主義的氛圍主宰了整座城市（但不包括其腹地）。

沙皇統治下的亞塞拜然穆斯林已經意識到，現代化的各種可能性似乎僅次於伏爾加韃靼人。他們閱讀歐斯曼的新聞媒體，而且很多人都支持土耳其青年團的理念。他們積極參與西元1905年的俄國革命，但並非像許多基督教徒那樣激進。後來，當俄羅斯逐漸平靜並壓制比較狂熱的革命分子之後，便有幾個俄羅斯亞塞拜然的領導人跨越邊界，採取行動繼續對抗嘎加爾政府。

西元1907年，新國會最關注的重大議題就是要擺脫對外債的依賴，措施包括以王室專款（一如歐洲）來限制國王的花費、將政府所課徵的部分稅收都收歸國庫，以及成立國家銀行來進行國內貸款，藉以彌補國王直接造成的財政窘境。許多生活條件較為窘困的人都做了很大的犧牲，去籌措國家銀行所需資金，不過最後募集的資金還是不敵早已運作完善的外國銀行。然而，想要限制國王開銷就相形容易多了；但這類限制正是新國王最堅持要廢止的。

穆薩法魯丁國王之子——惡名昭彰的塔布里茲省長——在西元1907年初繼承王位，成為穆罕默德·阿里國王（Muḥammad-'Alî Shâh），他雖已簽署憲法卻不太願意遵守。許多重要城市因為反對由國王所支

持的當地高壓施政作為，而且為了制止王室的武器運送，西元1907年這一整年都不斷出現多起暴動和其他行動。國會中比較具備民主精神的人士，是由塔布里茲的議員所領導，尤其是受過教育的年輕學者（二十五歲）哈珊・塔吉薩德（Sayyid Ḥasan Taqî-zâdeh），他們迫切要求推動更大規模的改革。而以俄國曾實行過一段時間的議會制度所設置的市議會，則獲得了授權。民主派強烈主張所有人民都應具有平等的法定地位。但國會中傾向溫和改革的宗教學者卻反對這種主張，而民主派的回應則說「伊斯蘭基本上就是符合民主」。全境紛紛成立許多民主政治團體，並支持國會中較傾向於自由主義的政黨，也時常發表具有影響力的文章。而為了與其抗衡並支持國王來反對國會，反革命的保王主義（royalist）團體也在某些宗教學者的支持下陸續成立。

西元1907年8月底，由於德國貸款（一般認為比較沒有政治風險）受阻，所以國王的新任首相似乎終於有機會說服國會接受俄羅斯的貸款。但此時首相卻遭到暗殺，這樁事件讓大多數的保王分子都相當震驚，並增強了立憲分子的決心。而英國（在當天）與俄羅斯簽署的一項協議，也就是英國人承認俄羅斯在包括德黑蘭與塔布里茲的整個嘎加爾朝北方領土的特別權益，則使高漲的民主聲勢更加堅定。這只是英俄放棄結盟、對抗德國的一部分計畫；但從伊朗人的角度來看，英國人其實已經放棄了嘎加爾人民，由其獨自承受俄羅斯宰制，不會再有其他歐洲列強干涉（或許除非是政府的獨立性遭到威脅），甚至也不再有競爭性的談判籌碼。同時，政治團體在各城市設立夜間進修學校和其他慈善計畫，而國會則研擬財政改革的詳細計畫，使其盡量能兼顧既得利益者和政府的償債能力，並規劃讓軍隊國家化，讓國會能執行其決議。

十二月，國王試圖在德黑蘭發動政變，但政治團體群起武裝並得以順利保護國會。另一方面，因唯恐讓俄羅斯有進行干預的藉口，而且英國也必定會容許這類干預，所以並未出現積極反對國王的任何行動。而到了西元1908年6月，國王研擬出比較理想的施政計畫。在俄羅斯與英國向反對勢力下達最後通牒的支持之下，由俄軍指揮的國王「哥薩克」軍團襲擊了國會。德黑蘭人迫切地想再次進行抗爭，但領導階層力勸他們要接受國王所提議的協商。有一名志願兵當場舉槍自盡，因為他說沒有進行抗爭就返家，會愧對他的妻子。俄羅斯指揮官接著便將為首的立憲主義分子逮捕或驅離，並在市區頒佈戒嚴令。但是，如果國會沒有效忠國家的軍隊，則施政改革毫無績效的國王也難以籠絡軍心。相較於歐斯曼帝國或埃及，比較健全的民間團體更是專制君主統治的弱點。哥薩克軍團能夠掌控德黑蘭，但國王要制衡國內的其他地區只能依靠從部族招募的兵源，但部族只會掠奪和破壞，根本無法長期壓制全國形勢。塔布里茲堅持了幾個月，但就在反抗俄軍占領時慘遭擊敗，從此其他重要城市也群起反抗並形成大規模的內戰。

同時，難民不斷致力於喚起歐洲輿論去支持革命運動。革命分子基於歐洲人的誠意（尤其是英國人），因此都盡量避免在戰爭中傷害外國人士，才不會造成其加以干預的唯一藉口；其實，當時似乎因為俄羅斯政府本身反對干涉主義黨，才能使其倖免於遭到俄羅斯的全面干涉，但最後還是到處引進數量相當龐大的俄軍，據稱是準備要保護外籍人士。最後，西元1909年，南方的部族成員與拉須特的立憲主義人士合作對抗保王人士，佔領德黑蘭並將國王罷黜（他獲准逃至俄羅斯）。

當時有許多重要的保王人士遭到殺害，包括一名為首的理性主義宗教學者，他曾鼓動抵制憲法而與其他理性主義宗教學者對立。但是大多數的舊統治階層，只要願意與國會合作就都只遭到拘禁。會有這種作法，部分是因為聽從歐洲（和俄羅斯）的意見，另外則是因為想要有更多受過實務訓練的新手，例如像是協助過土耳其青年團的阿布杜阿密德軍隊與官僚體制。雖然最新的國王只是個青少年，由國會推選出的攝政王輔佐，但朝廷有基本的自治權力去控制行政；革命所造就的新人一直都無法獲得國會多數的信任，他們無論如何都無法勇於撤換老舊的行政家族。國會的決策僅限於具「自由主義者」傾向，並想改變其路線。也就是說，立憲主義分子能瞭解到歐洲友人力勸的「權力分立」主義：王室及其內閣必須與立法部門共享權力，但並非由立法部門取代。

即使如此，施政運作還是有些改變。根據憲法規定，指派的官員必須回應現代化過程所作的努力，也就是建立官僚體制，而在土地所有人方面，則是廢除早期在各地實施、由地方自行負責的老舊模式。這種作法有時候會有立即的負面結果，卻終止了獨裁省長比較嚴重的暴政。為了建立中央集權體制，雇用瑞典人來訓練新的憲兵隊（gendarmerie，特別是在遠離俄羅斯人的南方），後來則長期效忠民主人士。美國人也受聘用來改革財政並授予極大權利，包括有權招募他們自己的財政憲兵隊。

確實有可能是因為美國人的努力，才使俄羅斯人不至於輕舉妄動。到了西元1911年，俄羅斯沙皇已能嚴密掌控內部的革命運動，因此隨時都能應付波斯的情勢。首先是協助前國王的侵略，但最後失敗了；接著，發出最後通牒要求美國撤軍。美國人因為遵守伊朗政府適

用雇員而非西方外交官的協定，因而破壞了西方團結，從此招致歐洲殖民地的嫌惡；而且，他們還曾因為反對特權階級能豁免改革，觸怒了王室家族和內閣。當俄羅斯人在最後通牒之後全面入侵時，歐洲人漠不關心，而內閣則極有意犧牲美國的財政專家；只有國會與人民支持美國人。國會立場堅定（某個愛國婦女協會曾一度聚集國會，並在立憲主義分子熱情的示威活動中突然揮舞槍枝，讓在場男士們全都無法漠視她們）。解散國會是必要的作法，從此由不具正當性但有俄羅斯武力支持的內閣來治理整個國家。

在第一次大戰期間，歐洲交戰國都將嘎加爾領土視為一條走廊。德國人（和歐斯曼人）認為，倘若能透過阿富汗取得足夠的軍力，就有希望在印度以泛伊斯蘭觀點的名義為歐斯曼哈里發發動叛變。而英國與俄羅斯都認為必須控制伊朗才能阻止這類行動，並作為其本身對抗歐斯曼人的基礎；他們毫不掩飾地自行瓜分整片領土，分據南北。同時，許多民主派的立憲主義分子，或如當時所稱的民族主義人士，都逃往伊斯坦堡接受土耳其青年團的保護，其中也包括俄屬亞塞拜然的革命分子。境內不久再度爆發內戰，頓時兵荒馬亂、斷垣殘壁。民族主義人士在德國人和歐斯曼人的保護之下，在克爾曼沙赫（Kermanshah）建立政府，並控制大部分的南部地區，其中部族與瑞典人指揮的憲兵隊也支持他們對抗英國及俄羅斯所支持的德黑蘭「溫和」當局、保王派人士。但是，歐斯曼的影響力不夠，德國人又距離太遠、部族也難以駕馭，而稅收不足更讓憲兵隊無以為繼。到了西元1917年，英國與俄羅斯幾乎已完全掌控局勢。當俄羅斯大革命開始時，新的（溫和社會主義者）俄羅斯政府覺得有必要清理在高加索與伊朗的負擔。解除了來自俄羅斯的壓力之後，民族主義的內閣曾一度

在德黑蘭和南方掌權，當時南方的英國駐軍則受到了鬥志高昂民族主義人士的圍剿。但在冬季缺糧之後，英國人在西元1918年間便覺得有可能重新掌握情勢，甚至可以取代俄羅斯在北方的地位；他們也確實向前挺進、跨越了沙皇政權的邊界，並介入俄羅斯的革命。

韃靼復興主義者（Tatar Jadîdî）與俄國革命主義

　　隨著戰爭結束，英國國內也出現壓力，輿論要求他們減少在高加索及伊朗的負擔。西元1919年間，他們試圖培養對其有利的當地政權。特別是德黑蘭政府，他們還草擬一份條約，讓比較「溫和」的立憲主義人士能夠掌權，以對抗民族主義分子，並使英國無須全面軍事佔領就能成為其有力的附庸國。即使伊朗革命屢戰屢敗，但其精神使其不至於淪為歐洲的附庸國；如今俄羅斯正在進行革命，因此讓反抗英國需索行動更趨向於可行。

　　俄羅斯帝國內最主要穆斯林族群的韃靼人，同時也不斷追求迥異於獨立波斯人的理想，伊朗人的政治與革命都與俄羅斯、西方息息相關，但是韃靼人則認為應該普遍參與俄羅斯的政治運作；而且在某種程度上，他們極力爭取帝國內其他的穆斯林族群，與其攜手合作。

　　在西方世界中立場矛盾又不斷努力想趕上西方腳步的俄羅斯人，一直都強烈體認到當時的社會與未來社會之間的差異。年輕人的眼界最有可能熱烈追求革命。理想主義的願景已全面展現：有些人堅持斯拉夫人（Slav）在世界性宣教中比較保守的信仰，即代表基督教中的東正教，這種文化遺產是要發展出更具精神層次的未來，而不是類似十九世紀西歐那種比較傳統式的自由主義。就這方面來看，這些願景

就包括最熱烈的西化改革者與未來革命分子所抱持的希望；但是自從西元1905年的革命以來，政治反動之後就很少達成這種願景。俄羅斯人顯然對沙皇政權並沒有太多正面期待，一些革命悄悄出現，給未來帶來真正的希望。

十九世紀下半葉的俄羅斯年輕知識分子，特別是在主張革命的觀念方面，一向都比西歐的反對人士還要熱烈。一直自行其道卻不徹底的東歐，在同化現代化的技術性時便陷入進退維谷的情況。俄羅斯專制政體即使在其軍事和行政方面都運用現代化技術，還是很能迎合既有的特權階級，特別是大多數的地主貴族。受過教育的年輕人，都能全面接觸西方新式的知識與社會生活型態，但他們比較不熱衷現代事務，特別是政治方面的運作，卻對因西歐標準而飽受貧窮之苦的農民頗能感同身受。此外，現代觀念雖未與幾世紀以來的演變具關聯性，但已形成一個挑戰所有舊觀念的全新真理體系。所有與此有關的年輕人，基於其良知，似乎都認為有必要積極推翻舊秩序，以便能充分因現代理想與能力而獲益。

到了世紀末，革命主義已成為政治必須面對的重要形勢，而且可能足以推翻沙皇政府。在西元1905年的革命之後，其發展路線得以進一步具體化。其以最審慎樂觀的方式，提倡西歐中產階級自由主義式的憲政民主。而比較具社會主義傾向的革命分子則更想徹底瓦解經濟特權階級，使農民能成為最大受益者。有些人甚至採取激進的無政府主義，拒絕與任何受政治力支持的強迫手段自願合作。

伏爾加韃靼的年輕人（以及比較少數的克里米亞的突厥人）則無法擺脫這類動盪對其造成的挑戰。早在十九世紀下半葉，充滿普世自由平等觀念、並且認為必須進行激進社會改革的西化改革人士與革命

分子，就很能吸引年輕穆斯林，因為他們深信老舊宗教學者的狹隘境界之外必定另有天地。而想復興斯拉夫東正教的人，通常都會將真理視為斯拉夫民族的特殊天職，則無法提出同樣訴求。但是，處境類似的穆斯林卻能對此發展出其本身的願景，也就是必須復興伊斯蘭，而且特別是突厥人的伊斯蘭，突厥族群天生就必須承擔伊斯蘭世界的使命。不過，革命主義與突厥民族主義（Turkism）的立場都具有不滿和對抗俄羅斯獨裁社經秩序的色彩，所有穆斯林的當務之急就是必須從中解放。至於伏爾加韃靼人，儘管他們技術已經進步，但在政治與心理方面還是一同對抗歐洲，並認同帝國中其他的發展中穆斯林族群；甚至認同境外的歐斯曼突厥人。

伏爾加韃靼人在十九世紀上半葉就已採行以布哈拉與撒馬爾干（Samarqand）為代表的各種傳統生活模式，包括其社會習俗，甚至是已復興又繁榮的教育及知識生活。即使他們在工商業方面，也都迎接了西方霸權擴張的潮流，但還是引進婦女的面紗，並迫害那些想探索西方思想的人們。之所以實施這樣的文化政策，一部分是由於融入他們最重要的市場能夠獲得直接的商業利益，但部分也是因為固有文字傳統與其所代表的理念、規範之間的差異：穆斯林無法像基督教俄羅斯人那樣接受西方文藝與哲學，因為獨特的穆斯林身分而必須維持屬於他們的神聖社群文化的一致性，所以反而承受了很大壓力。不過，一旦貫徹政策，就會帶來決定性的結果。韃靼社會中相對現代化的部門其實相當薄弱；不同於商人，由於政府偏袒基督教徒移民而被迫遷徙到土地貧瘠地區的農民，甚至比俄羅斯農民更加貧窮，而且或許更不開明（但是比較能夠識字）；而那些最後移居城鎮擔任勞工的人，則與基督教徒工人保持距離，並從事一些最不需要技術的工作，也沒

有受過培訓。接近世紀末時期，即使商人已普遍因為非基督教徒的身分而受到差別待遇，但他們在突厥斯坦的法律領先地位已不再有利於其後續發展，他們在當地的重大投資還是受到阻礙，尤其是西元1880年之後，一些比較具備西化知識的俄羅斯企業家，甚至以更快速的現代化促使伏爾加區域的韃靼人漸漸感到身處劣勢。缺乏技術展望的全面激勵，使他們的工業停滯、技術落伍，並因此失去了競爭力而歇業。

　　十九世紀下半葉初期，轉而致力於日益盛行的現代化──而且，到了此一世紀結束之前，更是在韃靼人的城市階層中普遍盛行起來。他們在教育方面著重於教學方法。其中有一種教學方法普遍受到歡迎，主張這種教學法的人抗拒《古蘭經》的舊式教學法，他們的教學方法被稱之為「新式」（jadîd）；而其他大多數是現代主義者的鼓吹者，則稱為復興主義者（Jadîdî）。復興主義者的「創新」，不僅在其傳授《古蘭經》的方法，還包括其於文學、科學、社會生活與經濟活動等各方面的全盤措施。只要是在穆斯林教派的限制範圍內並採行韃靼人的語言形式，他們都會從純粹模仿土厥斯坦人的形式，進而轉變到幾乎完全融入俄羅斯的模式中。而這些復興主義者之間所出現的爭議，就是報紙和文學應該使用哪一種突厥文；到底是以單一突厥語為標準，還是以每個民族的方言為準。由於一般都認為俄羅斯模式比歐斯曼模式更具吸引力，所以最後由方言獲勝。復興主義者也開始出現新的政治立場，甚至早在西元1885年起，就開始不斷鼓吹某種革命意識。

　　在絕大多數是俄羅斯人的人口組成中，伏爾加韃靼人日漸分散，有些成為追求自由信仰的農民，有些則成為商人以及後來的工人。不

過，無論他們在各階層的地位有多麼卓越，都不會就這樣消失在俄羅斯的脈絡當中。因為他們一旦破壞了伊斯蘭社群的團結，當初與佔優勢地位的俄羅斯人競爭時所處的劣勢，就必定會讓他們銘記在心。因此，韃靼人認為他們與帝國中的其他穆斯林族群是命運共同體，而且應該在其中居於領導地位。而這些民族中具現代化思想的人幾乎完全接受韃靼復興主義；然而，儘管在那些直言不諱的韃靼人當中，這算是主流觀點，在其他地方則只是代表比較審慎的少數人。而且，不久之後便清楚可知：當形成互補依存式的「殖民」社會時，各民族的利益比俄羅斯人從韃靼人身上取得的利益還大，而韃靼人基於其本身的種種困境，所以在經濟分歧方面仍選擇歐洲一方。

這在突厥斯坦（Turkistan）特別明顯，還有從哈薩克斯坦（Kazakhstan）至其北方的草原也是。突厥斯坦的經濟轉型日趨完整，在俄羅斯佔領之下，全面引進像修築鐵路之類的技術人員，規模都遠多於各個獨立的伊朗政體，但鐵路一般都是由俄羅斯工人負責營運。特別是在費爾干納（Farghânah）的錫爾河上游農村，以及烏滸河農村，不論在自治汗國邊界內外，甚至在高原山麓的土庫曼斯坦（Turkmenistan）鐵路沿線，棉花變得益加重要。到了世紀末，突厥斯坦的進出口貿易量已經超過俄羅斯本土。哈薩克的轉型過程似乎相當劇烈：從原來的游牧經濟逐漸轉變成俄羅斯移民耕作的農業區域。但是突厥斯坦的人之所以普遍感到不滿，是因為極少數享有特權的俄羅斯定居者可以管理技術性較高的新經濟工作，而在哈薩克斯坦（還有柯爾克孜〔Qirghiz〕山區），俄羅斯人的到來意謂著大批牧人必須挨餓；這些牧人受限於蠻荒的貧瘠之地，當地年作物歉收時，他們的畜群就會死亡。當他們有時候因飢荒而群起抗爭時，取而代之的卻是慘

遭屠殺，或遭受放逐的厄運。對於那些地區來說，最大的問題就是俄羅斯定居者技術進步所造成的競爭。韃靼人並非完全認同這個問題，他們總是能自行設法解決。在突厥斯坦人數較少的韃靼人聚落，他們幾乎與俄羅斯人一樣，跟當地穆斯林不相往來，而受到俄羅斯人的保護。在帝國中的某些地區，韃靼農民通常都是技術比較進步的居民，其他穆斯林則都十分擔心會被他們取而代之。

儘管喀山是人文薈萃之地，但布哈拉在整個十九世紀還是順尼派的世界中心，吸引印度、中國以及伏爾加地區本身的無數學者。其中有學養又強調伊斯蘭法的宗教學者並不尊重俄羅斯人，並將其視為異教徒，但在政治方面，他們則願意妥協，並不太在意韃靼人所形成的新趨勢。尤其是在擁有自治權的布哈拉政權當中，宗教學者逐漸握有超乎尋常的權力。直到西元1905年，而且在人們更能體認未來的政治可能性之後，才有比較多的突厥斯坦知識分子加入韃靼的行列，去追求更有效率的教育及更廣闊的願景。韃靼聚落對穆斯林的這種人文萌芽極具影響作用，而且似乎與當地格格不入。

西元1905年以後，韃靼復興主義者中基督教徒追隨者的領導階層，加入了憲政民主分子的行列，要求俄羅斯帝國進行政治自由化。除了一般性訴求之外，他們只另外要求：在所有俄羅斯領土內建立穆斯林文化的自治政體，其中，韃靼商人階級自然率先示範。他們還一度與其他復興主義者共同合作。但不久就出現失合的現象。一方面是因為在其他穆斯林族群中，當地復興主義者佔多數優勢，傾向於地方自治甚或是從俄羅斯分離成各別的獨立國家，而不是在整個俄羅斯帝國境內形成非國界性質的穆斯林自治。這種作法上的基本差異，造成其他各黨派之間相互猜疑，最後終於導致憲政民主主義分子退居次要地位。

西歐的馬克思主義勞工運動早在二十世紀初，就已經喚起了馬克斯社會主義運動，而其劇烈程度足以與早期的所有革命運動相匹敵。馬克斯主義者主張：在所謂的技術化社會中，所有比較農業性前技術城市時期社會中特有的階級關係，應該由所有個人之間的共通關係加以取代（其中的掌控權便是所有現代化社會權力的實質來源）；而且在社會中，這類機械裝置與其所有生產方式，之後並非由少數具技術或具財務操作能力的特權人士所控制，而是由操作機械裝置的一般民眾來控制。隨著過去承載上層文化的所有舊階級遭到淘汰，未來就會出現一種新文化——不是階級文化，而是讓所有事物都煥然一新的人類文化。

技術化新產業中曾是農民的受薪工人，這類急遽日增的個體並沒有從前農村生活的基本社會保障，也沒有各種較低層次的城市制度能介入他們與雇主權勢之間的關係；工會團體受到嚴重打壓，然而由於他們無法回到農村，所以如果不這麼做，他們就沒有交涉籌碼。迥異於過去的是，大英帝國的工業化比以前都還來得更突然應更全面。現代產業工人已脫離從前革新時期的社會關係，而這種情況比其他任何方面都更加嚴重，因此，他們確實特別迫切需要填補過去在理論方面的差距，這是受過教育的革命分子在接受西方新觀念時，感受到的整體認知。有一群人數愈來愈多、才華洋溢又見多識廣的馬克斯主義者，那些靠薪資生活的工人不久便接受他們的理論指引；因為馬克斯主義者的論點事實上對受過教育的年輕人來說，普遍具說服力。另外，這種主張也確實在歷史上有其特殊潛力，因為在任何現代化經濟體系中，確實都是由產業工人控制機械，同時卻與舊秩序毫無利害關係，所以其間的革命性重整並不會對其產生任何影響；因此，要創造

新的公平秩序——每個人都擁有平等的權利和特權——就必須依靠產業工人，如同那些站在機械設備面前的產業工人那樣。

共產主義之勝利

在亞塞拜然，韃靼人的領導地位和憲政民主政策都受到現代主義改革者和復興主義者的挑戰。西元1904年12月，馬克斯主義政黨就曾主導一波全面性的罷工，進而在巴庫油田獲利頗豐的公司更居優勢；罷工的參與者包括亞塞拜然工人和當地為數眾多的俄羅斯與亞美尼亞工人。當時幾乎還沒有任何亞塞拜然的共產主義者，但是西元1905年的革命之後，則引發對政治的普遍關切，當地的許多亞塞拜然政黨都逐漸偏向馬克斯社會主義路線。而其中有一個亞塞拜然的馬克斯主義政黨，由於其政見包括對工廠及油田等產經設施進行集體社會控制，所以最受巴庫亞塞拜然薪資工人的歡迎。一般而言，平等黨（Müsâvât）算是俄屬亞塞拜然最強大的政黨，是由前馬克斯主義人士所創立，如今在其將所有穆斯林政體結合成邦聯的政綱中，另外新增溫和的社會主義，以支持歐斯曼帝國的土耳其青年團。

西元1917年，在這段革命的新年代，俄羅斯帝國各地的穆斯林一致提出共同主張，這也開啟了推翻沙皇的契機。但是，韃靼人頑強抗拒其他國籍居民所要求的地方自治，堅持他們的非地域性的純粹文化性全穆斯林政體，在政治方面則由穆斯林突厥人與基督教俄羅斯人，形成一個強大的中產階級共和國。結果，韃靼人的領導權遭到其他人否決，並宣布終止團結穆斯林的行動；至於亞塞拜然人，他們是領導階層的唯一選擇，其勢力卻不足以取代韃靼人的地位。如今，每個穆

斯林族群都在快速崩解的帝國中，為其本身的命運努力奮鬥，然而韃靼的領導階層就曾要求所有復興主義者，還是要以俄羅斯的意識型態與政黨為主，去追求其本身的未來；雖然並非全都是憲政民主主義人士。這種情勢加速了可能同時出現的根本性發展：最後將帝國中所有穆斯林族群凝聚在一個全新（但非中產階級式）的俄羅斯共和國之中。

　　到了西元1917年，馬克斯主義者分裂成兩個政黨。其中一個比較審慎樂觀的政黨確實著重於終極的工人社會主義，但主張在過程中必須促使工人階級逐漸懂得承擔必要的責任，而當政黨透過革命取得政權之後，就會為了俄羅斯人的共同利益堅決對抗德國人的勢力。因為憲政民主主義人士已退居次要地位，伏爾加韃靼人的領導階層不久便轉而與溫和派的社會主義人士結盟。但是，另一個後來自稱「共產主義者」的馬克斯主義政黨，則反對任何妥協（就革命分子的立場而言，既存的所有審慎樂觀假設，其實皆屬謬誤，而任何事物也顯然都有可能性），因此很快就深獲普遍的支持，包括俄羅斯軍人與受薪工人，甚至是很多期待能立即全面重建社會的農民。他們主張應該不惜一切代價去終止戰爭，並呼籲要立即廢止地主所有制，進而在西元1917年底奪取政權；透過廣設於部隊、工廠和農村中的臨時地方協調會（蘇維埃代表會議），而完全擺脫軍官、主管或地主的權威控制。為了貫徹這類維護基層民眾的政策，即使與其四海一家的論點不一致，他們還是承諾要讓帝國中所有不同籍貫的人，都能有權建立各自的政體，甚至能完全脫離由俄羅斯蘇維埃代表會議所建立的新共和國。

　　到了西元1918年初，各個不同民族的穆斯林都受邀加入，亦即由難得與宗教學者合作的復興主義者所安排的自治或獨立運動。但在這

些地區的俄羅斯居民當中，有為數眾多的工廠勞工、鐵路工人和石油工人，甚至還有農民定居者。主管、官員以及工廠老闆都深感無能為力（除了沙皇俄軍的殘餘部隊，反革命的激進領導分子偶爾會帶著他們四處燒殺擄掠，藉以維繫其勢力）；但是，新的俄羅斯蘇維埃並不願意讓自己湮沒在獨立的穆斯林社會。蘇聯在西元1918年初陸續發動政變，基本上都是由共產主義人士所主導，幾乎到處都有大量的俄羅斯人參與。事實上各地的技術化政經機構皆由俄羅斯人控制，因此就算他們在某些地區人數不多，但還是佔有優勢；而通常宗教學者都比較信賴俄羅斯政權——因為所有俄羅斯人似乎都很相像——而不信任一心媚外的復興主義者，亦即唯一有能力掌控現代機制的唯一穆斯林。不久後，大多數的穆斯林共和政體就全數都被蘇維埃共產主義體系併吞了。

起初，亞塞拜然人似乎有了不同的命運。亞塞拜然人與高加索南邊的其他地區一樣，曾一度受到沙皇軍隊的某些殘餘部隊控制，當時他們鎮守前線對抗歐斯曼人。但在西元1918年3月，巴庫發生共產主義蘇維埃的政變（政變期間，與亞美尼亞人結盟的俄羅斯工人，由於爆發了新仇舊恨而屠殺亞塞拜然工人）。在巴庫的共產主義人士接著還協助安札里（Anzali）較為激進的民族主義人士。而安札里則是裡海沿岸的伊朗重要港口，他們在最後的沙皇俄軍隊撤退時就曾主張波斯的社會主義理念。然而，隨著沙皇軍隊的撤退，殘存的前俄羅斯亞塞拜然平等黨員，則宣布成立亞塞拜然共和政體（Azeri republic）；甚至到了夏末，歐斯曼軍隊也在巴庫形成一股勢力。英國人這時已深入北波斯鎮壓安札里的民族主義人士，在巴庫共同力戰歐斯曼人，但是，英軍在西元1919年從這個地區全面撤離，平等黨掌控的亞塞拜然

政府便遭到了控制。但其無法維持這種控制的情勢。最初傾向社會主義並創立平等黨的復興主義者和地主階級之間，出現了決裂，因為地主階級要求承認其於鄉村地區的治理權，而當地的穆斯林農民通常都比較想擁有自己的土地。平等黨沒有突厥之父的土耳其的支持，又太過於專注在舊歐斯曼帝國邊界之外的征戰，因此後來便與能供其武器的俄羅斯共產主義人士結盟。大多數是什葉穆斯林的宗教學者，他們相當不信任平等黨復興主義者世俗化的突厥民族主義，因為其幾乎一度造成順尼歐斯曼政權沒落；因此，當巴庫的俄羅斯與亞美尼亞薪資工人在技術方面鞏固了其重要地位時，就迫切希望能讓蘇維埃政權改頭換面，而政府則被迫與俄羅斯共產主義人士公開協商，而亞塞拜然最後終於在西元1920年，成立了一個與俄羅斯蘇維埃共和國結盟的蘇維埃共和國，並藉此確保其內部秩序；這對於許多人來說，都是一場解脫。

　　巴庫的共產黨員支援安札里的民族主義人士，甚至遠及鄰近伊朗的拉須特，但其實當地幾乎沒有俄羅斯居民，一般機構比較沒那麼技術化，各類薪資工人的人數也比較少。當地無法實施像沙皇邊界北部那種的蘇聯統治。另外，在英國人開始撤離德黑蘭之時，當地的民主政府便與共產主義人士進行協商。但是，一向都不願意接受俄羅斯宰制的宗教學者，則是認同地方上的革命運動。因此，要接受共產主義的控制並不困難。

　　其實，共產主義人士這時正迫切想更全面實踐他們的理念，亦即讓各種不同國籍的人都能享有自治與獨立，包括受制於沙皇和歐洲所有帝國的人民。這個西歐勞工階級很快就會參與的世界性革命，在對歐洲的依存方面還是必須有其本身的立場。但是，這必須採取不同方

式，而且毫無疑問發展會比較緩慢，因為社會主義社經基礎必備的技術化生活，其發展尚未成熟。因此，根據莫斯科所頒布的法令，地方上的共產主義政黨便向穆斯林地區的復興主義者招手，不論其是否確實為受薪工人或農民；這類政黨甚至還一度由他們主導並尊崇土耳其民族主義理念。其中最著名的就是在突厥斯坦所發動的一場民族主義復興運動，他們以共產主義為名義，普遍主張社會主義理念（特別是對抗俄羅斯富人），但最重要的是強調社會現代化與突厥獨立，期間參與運動的人們來自各個階級，其實最有利的就屬文人和商人階級。共產主義人士為了要發動更全面性的運動，便在巴庫舉辦一場大型會議，邀請在歐洲帝國主義之下受苦受難的各地代表。俄羅斯境內由穆斯林主導的一些共產主義新政黨也派員出席，另外還包括民族主義運動相對激進的其他附屬地區。即將來臨的新秩序引發了熱烈迴響。

　　共產主義人士趁勢與波斯政府簽訂條約，幾乎放棄沙皇時期俄羅斯的所有主張，並在舊邊境劃定明確的北方邊界，條件是波斯人要能脫離歐洲人的帝國主義統治，並形成緩衝地帶，藉以對抗西方資本主義再次從南方進犯新興俄羅斯的意圖（如同戰爭末期所發生的事實）。最後終於在西元1921年重新召開的伊朗國會，正式批准了俄羅斯的條約，並否決了英國的保護關係，因而英國人只好撤離。這時，俄羅斯在戰時所組軍隊的一名指揮官禮札（Reżà），加入了民主主義改革人士的陣營，並且在德黑蘭奪取政權（顯然獲得英國首肯），擺脫外國干涉並有能力繼續執政，而且在接下來的數十年內，也至少達成了波斯革命的某些理想。

共產主義者之解決方法

　　此時，嘎加爾政權中有少數極具重要性的激進分子，他們認同共產主義政策，因此大致都希望能藉由俄羅斯蘇維埃的模式及其支持，透過工農階級的協調會，集體控制經濟體制，進而重建社會。他們為數眾多，可說和前沙皇時期以穆斯林為主要人口的地區中具類似理想的人數幾乎不相上下。但在北方邊境的穆斯林，其後的社會便依循了共產主義政權的模式，因此一般人都普遍將「革命」視為往事，而且如今對南方邊界的人來說，革命也比較沒什麼進展；因為所有改革都保留完整的基本階級結構，因此激進人士都覺得才剛起步，他們漸漸瞭解到革命的希望；如果要超越禮札（Rezà）所營造的景況，則必須靠共產主義分子跨越邊境所發動的革命。這種情勢對某些反對革命潮流的人來說確實是一種警訊，而對於人數日漸眾多的其他人來說，正好足以說明如何才能解決技術化世界在進行現代化過程中所產生的問題：這似乎是個即將實現的夢想。

　　馬克斯並未大膽提出薪資工人最後掌權，以及剷除每個獲利僱主的階級之後，應該建立何種社會的藍圖。前提是：在現代生活中已經與機械設備產生共同經濟關係的薪資工人，並不會分裂成新的經濟階級。因為這也同樣假設，經濟利益是社會唯一的重大利益，而且會使政策產生根本矛盾（文化遺產的差異性，包括基本上被視為與社會權勢同樣重要的宗教傳統），這種共同的整體經濟利益，就代表不會有進一步的社會衝突。但除此之外，其唯一目的其實相當具普遍性，一個社會中的「每個人都要能自由發展，才能使整個社會自由發展」。但是，整個過程中的某些標準似乎並不明確，也讓社會中的每一個分

子都具備「與生產方式形成薪資工人」的共同關係，並藉此完成革命。因此最後必須讓社會進行技術化並充分發揮某些意義。就像技術化社會的普遍趨勢一樣，如果（但並非馬克斯主義原來的理論）經濟體系中的每一個人都能像有固定工作的人那樣，發揮其最高效率，則其功能方面的準備與活動就會因專業分工而產生差異，而非根據對其身分的外來期望，那麼，各具不同功能的差異性就會變得可有可無，甚或是產生缺陷。

經濟體制中技術層次的壓力都相當直接。不只是小型企業，個人商家或農場到達某個層次之後，技術都會不如大型企業；而且在文化方面，對日漸增多又不明確的專業分工也較無助益，但這是技術化社會的基本現象。資本主義社會裡最典型的就是最不受傳統束縛的北美洲，其所形成的普遍趨勢，就是單人作業（甚至在某些農業部門）被大型企業併吞，或者透過其他方式而形成其經濟上的附屬關係。共產主義社會便刻意鼓勵這類趨勢，甚至還透過國家機器強制實施，以作為更快速現代化的措施，並確保整體薪資工人階級更加一致化。特別是「農村生活的愚昧狀態」」，也就是說，農民的生活還侷限在早期先人所留下的日常生活模式之中，無法擺脫，但土地因現代化的機器與金融而併入城市，所以也跟著一起消逝。

在同樣的風氣之下，種族背景與民族的差異則被視為多餘的偶然因素，只是從早期社會背景所流傳下來，因此，當每個人的身分都只在於其個別技術與經濟功能時，這就顯得不適當了。「每個人的自由發展」必須以徹底的整體社會平等為前提，就像在文化遺產中的家族世襲一樣，不應該有生而不平等的情況。如果當初共產主義者容許先前個別民族要求分離的民族表現，就能克服甚至連俄羅斯薪資工人也

會期待的民族優越感習性，也可以確保其他人對於民族自決的主觀意識。但是，從長時間來看，通常都假定薪資工人應該認知的團體利益，只有取決於其與機器共同關係中所產生的共同利益，一如技術時代中有固定工作的工人和機器。

其實，在共產黨內部相當短暫的某種抗爭之後（因為真正解放全世界的人民必須包括解放西方，甚至包括具有特權的西方與俄羅斯工人階級），伏爾加韃靼人和其生活人口中佔多數的俄羅斯人，表面上似乎已經難以區別，但他們還保留本身的語言和獨特的文學傳統。在穆斯林人口佔多數的共和國之中，這類發展似乎比較不單純。歐洲人與穆斯林之間的差別，其實還是重大的社會差異問題，而且大致上都與必然存在的社會階級差異性一致。

共產黨蘇維埃領導階層很早就已經徹底掌權，因為它是真正能確保工人共同利益的唯一政黨。接著是黨內日漸成形的中央集權和教條。巴庫會議後不久，穆斯林共和國各政黨中的比較徹底的馬克斯意識型態開始復甦，後來更成為最具重要性、並在西元1921年之後竄升為俄羅斯的最新主流意識形態。在這種穩固情勢之後的穆斯林叛變則遭到鎮壓；但是經過長達十年的抗爭，特別是在突厥斯坦，被稱為巴斯瑪奇（Basmachi）的游擊隊活動，還一度由土耳其青年團的領袖恩維爾‧帕夏（Enver Pasha）領導。宗教學者在這重要的二十年內，還是傾向於由俄羅斯莫斯科統治，而不是他們本身的當地復興主義者。曾有一段時期（除了藉由將土地分配給農民、消弭仕紳階級之外），社會中受共產主義機制影響最深的族群，就屬俄羅斯人（還有韃靼人）。

即使如此，穆斯林生活的某些敏感面向還是受到動搖。城市生活

還是持續進行全面現代化，穆斯林得以共享歐洲化的榮景，已經推動識字和與女性自由，而宗教方面，穆斯林與基督教徒則皆被公然攻擊為剝削者的把戲。但是，就連象徵女性屈從和舊上流階級虛榮心的面紗（早期曾因想壓制面紗而引發嚴重抗爭），這類早期的過時風俗，也都不再徹底禁止。儘管宗教學者的地位日益受損（而其素質因經學院減少而日漸低落），但對於一般大眾還是偶有影響力，聽信其教導的人還是像以往一樣，因為尊重而實踐他們的信仰。另一方面，復興主義者在幾種突厥（與波斯）語言方面，都與官方所推動的活躍文化生活妥協。新文學嚴格採用現代方言（舊察合台語與歐斯曼突厥語都日漸式微），而到了西元1928年，則採行拉丁書寫字母；後者因形式嚴謹而不同於土耳其共和國所使用的語言，因此不僅大幅減少與傳統的延續性，還包括國內的各種現代土耳其文趨勢。儘管如此，伊斯蘭時期的重要人物在當地都具有英雄地位，並至少在土耳其與波斯文化遺產的學術界，也都重新獲得肯定。

特別是直到穆斯林叛亂都大致平定之後，穆斯林人口才得以融入共和國。為了要在鄉間引進城市的生活標準，便從西元1928年起，開始推動農業集體化，將小農耕作集結成大規模的機械耕作。而對突厥斯坦的直接影響作用就是：重新挑起對沙皇體制的兩種最大民怨。隨著實施集體化，游牧部族就必須定居下來；這樣的作法幾乎摧毀了他們和其畜群的生活條件——同樣是因為飢荒與移民。因此，這也相對有助於引進更多的歐洲移民。由於領導階層已經垮臺或因革命而分裂，因此當地人民比沙皇時期更沒有防禦抵抗能力。同時，集體化進而導致必須推動一九三〇年代的工業化，其中包括強制性的社會儲蓄：亦即將年度產能加以最大化，包括因日漸成熟的技術化所造成的

任何增產，但不是投入民眾消費，而是挹注政府的法定經費投資。

　　這段時期內，在快速技術發展的壓力之下，革命顯然還無法克服民族與階級在共和國內趨於一致的趨勢。一如以往，大多數穆斯林（但不包括法國人在阿爾及利亞所稱呼的文明人〔évolué〕，就是已經受法國文化同化的穆斯林）仍然住在城鎮中的不同區域，並從事各式各樣的工作，但技術性和薪資都比較低。然而，強制工業化時期的冷酷無情卻吞噬了穆斯林，而俄羅斯人也是如此。在整個一九三〇年代所進行的政黨整肅（通常都不只是權力轉移，還包括對於選錯政治立場的那些，所採取的實質懲罰），剷除了大多數具民族主義傾向穆斯林的領導權，而且建立了向莫斯科負責的體系，其中的國家或政黨穆斯林領袖通常皆隸屬於俄羅斯人的副主管；但在那些與穆斯林人口接觸頻繁的機構中，則是由當地的俄羅斯人出任一些較不引人注意但比較敏感的職位。到了一九三〇年代末，在中央所頒佈的命令之下開始進行全新的俄羅斯化：從西元1938年起，穆斯林使用的字母逐漸從拉丁字母轉變（首先接觸西方文學），成為與俄語一致的斯拉夫（Cyrillic）字母；這樣的趨勢在戰後的俄羅斯地區達到高峰，包括長期追溯俄羅斯文化優越性的教條，就這方面而言，很多來自於伊斯蘭時期的文化遺產都必須重新給予負面評價。

　　強制採行現代化與工業化的作法，最後終於大量提升消費。穆斯林農民的家裡，都有電力與縫紉機設備。以穆斯林為主區域的平均富裕程度並沒有比一般俄羅斯人差距甚多：雖然以西方標準來說還是偏低，但已經比前一個世代高出許多，特別是遠高於南方邊界的波斯王國，而繁榮也多半都比較能平等共享。即使管理與勞工階層之間薪資的差異極大，但不再有無所事事又壓榨農民或工人生產的獲利階級：

地主、放貸者和靠收租金過活的中產階級也都已不復見。而也大幅減少了以往在身分地位上的偏見：鄉間確實能對城市生活的複雜性駕輕就熟。到了戰後時期，年輕農婦不僅能成為管理當地社會的共產黨員，她還能被甄選為村務委員會的領導人物。另外，舉例來說，她在這類委員會中還能將較新的共產主義複雜教條，以及披戴面紗之類的舊式（也因此是過時的）城市複雜性加以結合。

對於有企圖心又願意與（共產主義式）俄羅斯生活模式同化的人而言，也有相當均等的機會：到了一九三〇年代，年輕人普遍都能識字。（因為這些人野心勃勃，所以非共產黨員的其他一般人民就比較不可能成為領導人。）想要在技術化社會的脈絡下過著舒適生活，「從舊式文化特色所衍生的事物」不是應該鼓勵的目標，而是「個人必須展現其必備的才能或技巧」；也不是實踐演進過程中的文化價值，而是要「實現目前為未來所設定的社會目標」；因此，具有天賦和意志力的人就能因個人的特殊才能，根據自己的意願，進入適合的行業，而且只要工作稱職，就有機會可以晉升，其飛黃騰達的可能性遠超過處處受限的前革命時期。

儘管關於民族文化有各式各樣的爭議，而且一般都特別關注某些類型的前革命文學，但其實博物館都極為重視舊有的文化遺產——包括伊斯蘭和現代以前歐洲的文化遺產。古老的哲學對話詩——伊斯蘭或西方的——只被視為古文物的收藏旨趣，但所有人其實都充滿地主和靠收租金度日的概念；反映技術時代的實證主義、物力論的馬克斯主義現代辯證思想，取代了這些過時的概念；同樣，實用的「社會主義者的理念」現代觀點，也取代了舊藝術傳統；而宗教信仰的傳統，包括整個伊斯蘭的歷程，也都交給了博物館。科學知識都普遍被尊崇

為相當可靠的智慧，而這也在技術時代持續現代化的過程中年復一年的更新。在這些情況下，每個不同民族所尊崇的獨特傳統——姑且不論其個人的任何精神或美學偏好，指相對於對每個人而言，都具同樣意義的共通性最新實用設備——便都成為只帶有地方性色彩（例如，特殊的民俗舞蹈，或者籃子的編織模式）。他們所受到的威脅，甚至被貶低到不是盲目崇拜，就是只為了吸引觀光客的程度。值得注意的是，穆斯林的共和國裡最普遍盛行的伊斯蘭宗教觀念元素，就是年老婦人的瑣碎傳說：符咒對抗精靈，或者為了祈求婚姻幸福而向聖人祈禱等。清真寺與其知識傳統被變成微不足道的儀式與神學，幾乎無法吸引年輕人。

但是，因為作為生活力量的文化特色消逝，便出現對品味與終極目標差異的根本性爭議：隨著減少不同文化團體，可能會產生的嚴重差異，就會失去爭議與妥協的社會基礎，因為藉此個人才有發展自己意見的空間。對於中央命令所產生的任何基本問題，幾乎都能認定具有正確觀念；事上實也確實如此。現代化人士在進步過程中過度堅持致力於控制意見，以致於難以取得基本事實：數據變成支持政治的工具，旅行與對現狀的自由觀察被離奇地縮減。（而大量的官方暴行通常都是為了掩蓋祕密。）處於這種情況下的技術化社會，只能說是不合常理又瞬息萬變；但是，在基本事物方面遵從規定的壓力，對於一個有固定工作的人來說確實極為沉重，因為他們必須要成為北美洲一般所稱之的「理想的組織人」。同時，人們可以為了追求名利而更自由地去追尋比以往更加廣泛的各類職業，但事實上，另外一種選擇性日漸被排除了，亦即自由又深入探索每個人獨特的原初自我，以及其於宇宙中無法預料又毫無瑕疵的地位。

禮札國王與知識分子

　　南方邊境的指揮官禮札在嘎加爾朝境內日漸足以完全掌權，各個不同階級在革命的過程中，並未出現重大的權力轉移或任何社會權力的重組；甚至除了民族主義與現代性的籠統一般性原則之外，並未發展出全面性的意識型態。禮札是透過軍隊建立自己的權力，在起初幾年內，他主要是軍隊的領袖，並致力以廣受歡迎的藉口來壯大自己，也就是確保國家的獨立，藉以對抗可能的外國干預。當西元1921年政變發生時，他發覺理想主義盟友不再適當，便將其摒除於權力之外，轉而與地主合作（他們如今已懂得在國會中鞏固其本身的勢力），直到軍隊強盛到足以擊垮內部的所有反對勢力。他甚至佔領了曾經是嘎加爾政府領土一部分的美索不達米亞平原；因為英國人與新政府達成有關石油的協議，當地阿拉伯人對其英國攝政者感到失望。到了西元1924年，禮札正準備要朝向突厥之父的相同路線，來運用共和國的概念，但由於太多人害怕會對傾向贊同土耳其共和主義的伊斯蘭造成明顯的敵意，因而退縮了。他終於在西元1925年罷黜了末任的嘎加爾國王，並自封為王，接著便建立了新（巴勒維）朝代。基本上，除了伊朗王國能再度免於外債纏身，並獲得承諾而且（假設）具有未來足以自我防衛的實力之外，其餘似乎都並未改變。

　　然而，伊朗革命之所以會有豐碩的成果，是因為禮札國王執行了複雜的現代化施政模式。伊朗大致上都是仿效突厥之父的改革，就像其改革一樣，他們在許多方面的作法，他們都極類似於俄國革命促使共產主義開花結果的作法。甚至在整體文化情勢方面，也有部分類似之處。禮札也像共產主義者一樣，似乎也希望能在未來文化方面的觀

點超越伊斯蘭文化傳統，而且並不會因此就只接受西方的最新文化。但即使共產主義者所鼓勵的新文化確實開發出某種獨立精神，但在禮札國王時期，大部分只停留在表面層次。前伊斯蘭的伊朗傳統成為新靈感的基礎，不過，這類靈感在新政府大樓的外觀表現得最徹底。事實上，在禮札時期，代表伊斯蘭的宗教學者，在經濟方面一直都相當落後（最主要是剷除他們在教育體系中的剩餘勢力），而不具威望（例如，在什葉派伊斯蘭曆一月〔Muḥarram〕節慶時禁止一些比較感性的表演，最重要的是以陽曆新的國定世俗節日，取代一部分的宗教節日）。但是，現代西方其實是以實際的制度來限制伊斯蘭的公眾角色。不同於突厥之父的徹底西化主義，伊朗所摒棄的並非是正面的部分：禮札鼓勵強烈的官方反西方排外主義，主張西方知識只能應用於技術層面。因此，新的陽曆並非西方的格里曆，而是新的國家伊朗曆。

　　如同蘇聯，伊朗政府也致力於改善文盲，並且支持男女平等主義（但成效不大）。然而，迥異於蘇聯，禮札甚至還進一步禁止披戴面紗，並且與西方一樣，為女性提供像護理等各種職業訓練；但年輕女性並未出任農村裡的領導。禮札亟欲建立現代化的機械工業，並挹注了政府資金，設立許多間工廠，以及建造橫跨伊朗西部的鐵路，藉以充實技術方面的基礎建設；但是，新的工廠在經濟方面通常都維持獨立，而且雖然有關稅保護，卻在虧損的情況下營運。除了建立足以鎮壓內部異議的強大軍隊之外，禮札的最大成就就是擊敗各自獨立的游牧民族；他的暴行包括要求部族定居在自耕農場，但相較於共產主義者對待部族的方式，這種作法其實較不具破壞性（而且也決非不可改變）。如同共產主義者的統治，是透過箝制批判政府的資訊或輿論，

而強制推動官方的意識型態，並在嘎加爾境內強制實施非波斯民族的波斯化，主要是亞塞拜然突厥人迫切希望能建立起突厥文化；其波斯化的程度比蘇聯的俄羅斯化，更加全面。

到了一九三〇年代後期，禮札政府大致都解決了所有缺失，並能維持其境內的嚴格紀律。王國裡有現代化景致的城市，滿佈林蔭大道和電燈；人民具有建國意識，穿著比較接近西式剪裁的服飾（而在禮札忠誠的憲兵隊比較容易接觸的農村，甚至還強制執行），此外，還透過新聞媒體與廣播讓人民對於世界的事件有初步認識。最重要的是，年輕人的教育日漸普遍，在各種不同的學校接受現代西方技術訓練，並懂得怎樣從技術化立場來看待生活。然而，佔人口大多數的農民（但還未實施集體化）還是一如以往，仍然受到地主與放貸者的殘酷剝削，而富有家庭卻遊手好閒又奢華度日，罕見有人將其資金投入難以預測的城市工業化相關事業，或者對土地進行技術改良。在禮札實施審查制度之下，除了詩歌領域之外（通常都是表達異議，或由流亡者撰寫的詩歌），富裕家庭甚至不太具有文化創意熱忱，但似乎沉迷於翻譯的法文小說。在文化遺產之內的對話仍持續保持開放，但興趣濃厚的人並不多。但是，禮札已經營造出民族自尊，除了部族之外，似乎各階級中的大多數人都支持他的政權——另外，就長期而言，才剛接受教育的城市知識分子也不支持其政權，因為他們雖然日漸對共產主義感到興趣，卻都遭受到強烈打壓。

某些錯覺都隨著第二次世界大戰而幻滅。當西元1941年德國人攻擊蘇聯時，蘇維埃政府動員了所有資源；許多穆斯林族群遭到**集體**流放，他們從蘇聯較為西邊的地區，前往較不受影響的地區，他們在當地若有不滿情緒，也不會再陷入危險，然而，不論是對於個人或整個

民族，他們都很難重建令人滿意的生活；而且隨著新一波的歐洲移民定居到大草原，使得穆斯林成為自己土地上的少數民族。伊朗西部對於蘇聯來說，變得愈加重要，因為伊朗西部是蘇聯與西方盟友聯繫的少數管道，特別是從英國（還有美國）進口重要的物資，因為他們在技術發展方面遙遙領先。英國人與俄羅斯人要求自由運輸和軍事保證，禮札（追求伊朗獨立是他的志業）則加以拒絕；軍隊也無濟於事，而土地就這樣遭到佔領，北方遭到俄羅斯人佔領，南方則是英國人；於是，禮札因無能而退位。

第六章

穆斯林印度：
社群主義與普世主義

印度的穆斯林被迫以特別嚴格的方式，表明朝向現代性的立場。類似像文化與精神傳統意義的這類問題，其他穆斯林族群都未曾如此徹底地面臨過。如同我們曾經提及，以某種民族主義為架構總是能解決重建社會中日常生活的種種問題，因此最能有效克服現代性的缺點，並能藉此蒙受其利。但是，本身沒有獨立領土的印度穆斯林應該採行哪一種民族主義呢？其實，有幾種互相牴觸的民族主義可供其選擇，而且，並非所有人都認同它們，但其形成的過程對於全世界的穆斯林來說都極有意義；因為原則上，伊斯蘭形成了一個獨特的全球性社會。而整個世界的穆斯林，就像在印度當地的情形一樣，都是分散在大多數屬非穆斯林的人口之中。印度穆斯林的問題最終還是全世界穆斯林的問題。

英國佔領下的印度穆斯林

到了西元1818年，英國在印度大多數地區都是最重要的勢力，並直接統治伊斯蘭極為強盛的孟加拉與恆河平原。英國人還在數十年內併吞了印度河流域的土地，團結的穆斯林也險些遭到併吞。就某些方面而言，接受英國人統治代表從某種異教徒統治（錫克教徒在旁遮普某些地區的統治）轉變成另一種較不那麼令人厭惡的異教徒統治。因為英國人曾一度持續採行帖木兒帝國的施政模式，包括以波斯語作為官方語言，所以本來人數就較為稀少的基督教徒位居上層階級，對日常生活不會造成太大影響。但是，當英國人決定淘汰波斯語而偏重使用英語時，顯然英國人的統治對於印度人而言，主要只是事情的改變而已——對穆斯林而言，代表統治階級已不存在，更普遍的情況則是

使其傳統文化生活的基礎遭到破壞，而這正是靠著權力帶來威望和財富的先決條件。在這樣的情況下，穆斯林特權階級所出身的家庭都是因為共享統治者的特權與責任，才能過著顯赫生活，所以通常都會認為學習英語和適應英國公司的工作要求幾乎無法改變家道中落的事實。從此以後，關於擔任商業機構或政府單位主管職位的必要訓練，接受的對象大多是印度人（例如，甚至在半穆斯林的孟加拉），而眼看著他們以前的臣民位居領先地位的穆斯林則更加痛苦。這樣的景象通常都會讓他們更進一步退縮到他們深惡痛絕的生活方式——靠著土地的收入過日子。

　　遲至西元1857年，大批的印度人出現了與穆斯林同樣的感受，他們也想要看到帖木兒後裔的朝代恢復強大的實力，並在伊斯蘭的保護之下，促使印度人與穆斯林密切合作，並以此作為苦壯重建的基礎。城市中較低階層的印度人與穆斯林大致上還是擁護源自帝國的統治階級，而且都不太信任具英國文化背景的英國人或印度人。四處散播謠言，說（舉例說明）穆斯林厭惡的豬油、任何印度教徒都不會感到輕蔑的牛油，兩者都是用來潤滑印度軍人用牙齒打開的彈匣，此時就會接二連三發生對抗英國軍官的聯合叛變。因為大批當地軍隊聯合叛變，所以當地很多統治者便開始反抗英國人，穆斯林與印度教徒皆參與其中。早已退位的帖木兒帝國國王在德里毫無權勢，被說服以其名義展開慘烈的復辟之戰，以回復一個多世紀之前的形勢。

　　君主政權無法協調他們的努力。儘管英國本土的情勢出乎他們預料之外，而且後勤補給也十分短絀，但是英國的現代派人士行事特別有效率，又足智多謀；為數眾多的印度人不是忠實地擁護新秩序，就是估計能夠藉由英國人而穩固其實力。在雙方都展開英勇無比又殘暴

至極的行動之後——雙方都覺得必須孤注一擲——英國人大獲全勝。他們都傾向怪罪於本來就是印度對手的穆斯林（不論他們是否效忠），因此英國的政策還一度特別顧慮到穆斯林的觀感，進而排除其家族涉入公共事務。

此時，較有警覺心的穆斯林認為：毫不可能可以直接恢復過去的歷史。其中最積極的人物之一就是在印度北部的阿赫瑪德汗（Sayyid Aḥmad Khân，後來受封為爵士），他提出了與英國人全面合作，以此為基礎推動穆斯林復興的整體計畫。對他個人而言，透過詮釋伊斯蘭正足以合理化其計畫，也就是符合十九世紀的自由主義世界觀，而其中則以英國文化最具特色：這種世界觀根據自然科學的探索為真理的原始來源，人類生活的趨勢本來就是會更進一步深入了解這類科學真相，進而落實人類追求理想的可能性；而理想生活中最重要的就是人類繁榮與個人自由。阿赫瑪德汗想傳達：伊斯蘭基本上就是《古蘭經》的精神，無須任何補述。他透過《古蘭經》的精神發現一個認同自然世界的訴求，亦即人類福祉的世俗觀念，還有強烈的激進主義（特別是相較於大多數的蘇非主義），並能充分解釋成大自然造物主至高無上的教誨，也就是以自然為基礎來讓我們自己反璞歸真。他運用阿拉伯化的英語詞彙，稱呼他的教義為「nêchariyyah」，即「自然主義」，並藉此進行伊斯蘭內部的改革。

英國自由主義的訴求包含政治上採取自由放任政策的進步教義，以及，對於個人自行透過各種方式增加儲蓄和投資獲利、設置宗教基金會等方面，道德上的指涉，而這在生產力不斷擴增的年代中，顯然是企業家的世界觀，也就是願意讓「值得救濟的貧民」保有某些儲蓄，但無法忍受社會對商業的限制；這能將既有優勢充分合理化，以

及提升物質與道德層次的觀念的概念，並能使勞工在未來年代中的福祉具有長期的正當性。這種原則比較偏離基督教，而與伊斯蘭較為一致，卻又明顯與傳統伊斯蘭互相矛盾，某一部分是因為宗教學者的教條和宮廷傳統（但不斷受到各類事件的衝擊），尚未經歷各式各樣的轉型和削弱；兩個世紀以來，基督教已相當熟知這種情況；另外也是由於：只有極少數印度穆斯林能擁有足以媲美英國商人的優勢社經地位。宗教學者使阿赫瑪德汗的某些主張變得支離破碎，因此，他的新神學無法受到廣泛接受。

但是，對於阿赫瑪德汗來說，實際的意涵就是「新觀念可以較為接近印度的情況」。這並不是指以英國人的生活方式來度日，而是要在英國人的現有基礎之下開創自己的未來。為了達成目標，並非一定要採行英國自由主義，而是僅接受其中的某些價值觀，至少能作為次要選擇，來替代消逝的蒙兀兒繁榮。就這方面來說，阿赫瑪德汗的某些思想或許有益於穆斯林：除了神學方面之外，他還強調伊斯蘭在實務方面的合理性，其實連富裕的穆斯林也能普遍接受。為了進一步推展，他們還支持他在阿立噶爾（Aligarh）建立穆斯林學院，以英語來講授現代科目，同時大致上都以傳統方式來傳授正統的穆斯林神學，而其畢業生通常都有能力在英國企業或是英國政府機構工作，但同時又身為良善的穆斯林。人們接受他的政治領導，想要進一步融合英國人與穆斯林的上層階級，而基於英國人引進現代化的理想秩序、啟蒙印度，所以都隱含擁護英國政權的心態。因此，穆斯林的共同認同可以維持下去，而且同時又能顧及每個人的個人權益。

為了這類政策，他的一些弟子想出一個較不激進的方式來詮釋伊斯蘭，毫無疑問地，基本上就是自由主義；但對於伊斯蘭古典阿巴斯

朝哈里發政權的看法，則認為其具有文化的開放性，又促進了科學的發展，因此對他們目前的開展來說，是很好的模範。他們借用某些西方伊斯蘭學者的論述，主張西方的科學與進步最初是來自於伊斯蘭；也就是說，早在蘇非主義的年代，伊斯蘭就已經從嶄新的進步中衰退了，因而他們的當前要務就是：向西方求教以便能重新獲取伊斯蘭所失落的部分。因此，伊斯蘭歷史文化遺產的意識得以藉此維繫；鼓勵年輕的穆斯林以穆斯林的身分去開創他們的命運，而非僅只是印度人。

中產階級伊斯蘭與烏爾都語文

伊斯蘭農村雖然相當鮮明，卻未形成另一股強而有力、足以和印度教相抗衡的全面文化。所有農村，甚至整個區域中（一如在信地〔Sindh〕或東孟加拉）都是穆斯林，而印度教徒通常都是外來階級的代表——地主或放貸者。而在穆斯林與印度教徒混居的農村，穆斯林其實像印度各種不同的種姓階級一樣，形成另一種特殊的階級。因此，對於農村來說，印度教徒與穆斯林的對比通常依當地實際情況，意謂著不同義義，但通常都和經濟階級有關；例如，有時候地主是穆斯林而農民是印度教徒，有時候則是恰好相反。印度教徒和穆斯林的衝突有時候會相當激烈，但都集中在涉及的事件；當觸及共同的整體文化脈絡時，就會造成十分明顯的階級衝突。

在城市裡，伊斯蘭形成比較廣泛的文化實體。經常會出現印度教徒店家和穆斯林店家比鄰而居；他們的大部分風俗習慣與社會關係都極為類似，但宗教的差異通常也會引發其他事物的嚴重差異。他們有

各自的節慶，閱讀或聆聽不同的典籍，頌揚不同的歷史英雄，穿著不同（事實上，每個階層通常都有專屬的服飾），甚至連享用的食物種類也稍有差別；穆斯林喜愛肉食，而印度教徒則通常偏愛不含肉的飲食。有時候，他們彼此的猜疑是由於群體經濟利益衝突所導致；但在同一個經濟階級中，因為文化差異而分化成不同群體，則是比較常見的成因。雙方不會通婚而且（通常）也就讀不同的學校，因此，縱使彼此是朋友，通常還是會形成不同的社交圈。各自的社交圈並不會因為有縱橫交錯的關係而結合在一起，而即使彼此互不相識，還是能透過婚姻和共同具備其他會員身分，而形成人脈關係。因此，並不太會因為某個階級地位之間的階級衝突，而產生經濟利益方面的差異。

因此，城市穆斯林文化生活的特別主張，同時也是基於社群存在而擁護穆斯林社群的主張。強調終極理想時，都必須質疑其是否會破壞文化脈絡的穩固現狀。想要維持他們在文化生活上的緊密關係，就必須承受極大的壓力。

十九世紀下半葉，穆斯林與印度教徒之間爆發社群暴力的危機更加強化了這種壓力。農村裡的階級暴力很自然就會帶有宗派性的社群色彩。英國人不見得會遏止城市中的互相猜忌，以至於普遍形成對立和控制的情形，而各種不同勢力則促使情況更加惡化，因此每個群體都受到現代情勢的威脅。因為印度教徒想復興他們的文化特色，作為自我認同的基礎，藉以面對現代化的挑戰，所以他們通常都會回顧由穆斯林主導的時期，關注於此時印度教徒偉大的古老梵文化。他們通常都會想盡量減輕多少交織在其生活中的伊斯蘭壓力；例如，恆河上游平原的語言包含兩種書寫形式：使用波斯字母（採取這種形式稱為烏爾都語文〔Urdu〕）和使用梵文字母（採取這種形式稱為印度語文

〔Hindi〕）。許多印度教徒會刻意避開充滿波斯文字又與伊斯蘭相關的烏爾都文，改而採用印度文，因為其中的波斯文字通常由梵文的同義字取代，而文意的關連則屬印度文。當印度教徒建立某種團體，試圖用印度語來取代盛行的烏爾都語時，穆斯林（也會有一些較反社群概念的印度教徒支持）就會建立起對立的團體，來捍衛和宣揚烏爾都語文。當這類對立由未受教育的人主導時，他們有時候就會刻意表現出挑釁行為：印度教徒會在穆斯林禮拜儀式時，安排嘈雜的列隊行進，而穆斯林會特別在大庭廣眾之下，宰牛烹食。到了二十世紀中葉，這類社群的緊張關係在印度重要地區變得非常普遍，並造成間歇性的暴動。

　　最後，波斯語仍是蒙兀兒帝國的官方語言，作為國際伊斯蘭的語言，帝國從不會覺得本身被分裂了。烏爾都語文在十八世紀時發展鼎盛，但有部分是因為它再也無法吸引優秀的外籍穆斯林前往印度，所以還是屬於非官方語言。在十九世紀，由於波斯語不再具官方的重要性，而且有必要盡可能恢復穆斯林人口的密切關係，所以各地區穆斯林日常普遍使用烏爾都語文，尤其是在恆河流域蒙兀兒帝國的內地省分，烏爾都語文便成為印度─穆斯林文化的最主要語言。

　　烏爾都語文從很早期開始就具備兩種功能：它是德里、陸克瑙（Lucknow）和拉合爾（Lahore）等蒙兀兒帝國傳統中心城市盛行的語言；就這方面而言，儘管在很多地區它最多只是市場上的語言，而且（例如在孟加拉）即使通常不是上述所說，對於那些把財富和印度─穆斯林蒙兀兒傳統視為一體的人們，烏爾都語文被視為一種媒介。阿拉伯語無疑還是穆斯林神學在學術上所使用的語言；穆斯林與印度教徒在十九世紀時都還熱衷於研究波斯文，兩者都是無與倫比、世界上

首屈一指的知識寶庫；不過，烏爾都語文卻成為一種特殊的蒙兀兒—印度的歷史意識工具，因為它將印度穆斯林結合成共同的社群。但是在恆河上游平原，至少在某種程度上，烏爾都語文在其他地區的城市中，都還是當時家庭日常生活中所使用的方言；就這方面來說，這是現代文學中散文與小說一定會使用到的語言，而且它也跟著英文的趨勢，來詮釋日常生活中的困境與道德意涵。

在現代意識（Modern consciousness）方面，印度穆斯林保有許多種古老的印度文化形式。印度以面紗隔離女性，世上沒有其他地方的男女隔離規範，比印度的情形還要嚴格；在印度當地，身為穆斯林的要點就是要具備上流階級的氣質，而且要特別強調儀態高雅。印度教徒同樣承襲了這樣的習慣，女性不用披戴面紗的情形，時間上比歐斯曼帝國主要城市更遲；當家庭中的男性已習慣穿著西式服裝、講英語、外出工作時，女性幾乎還是保持在類似帖木兒帝國極盛時期的生活型態。文學舊傳統還是非常活躍，甚至當愈來愈多小說家力求表現十九世紀西方小說溫馨家庭的主題時，烏爾都詩歌藝術也不斷以波斯傳統的文體，創作出許多偉大作品（但也是有現代性的痕跡）。即使到了二十世紀中葉，相較於突厥人或阿拉伯人，印度—穆斯林年輕人特別喜愛公開的（男性）詩歌競賽，此項比賽由詩人以既定的形式來吟誦自創的詩歌，可以由現場聽眾進行評選，並透過公開口頭表決方式選出優勝者。由於這類競賽一直都十分活躍，因此持續到鐵路時代和廣播時代，並能跟得上變革的快速腳步，因此最後能融入現代生活的最深層內涵。

甘地的時代

隨著第一次世界大戰結束，整個世界都再次期待著要實踐工業與自由革命所承諾的社會富裕與個人尊嚴。歐洲人更是對破壞所產生的亂象有特別深切的體認；他們認為絕對不能重建當初導致戰爭的舊秩序；而當今的亂象必須由和平與繁盛來取代。各方都責怪對方惡貫滿盈，才造成戰爭的恐怖，並因此漠視其本身可能引發的任何負面反應。似乎最多就是必須檢討統治階級的失職。整個歐洲都出現革命和全面改革的浪潮：舊的特權階級全數被掃除，並開創每個人的新自由與尊嚴。馬克斯主義者的造反只是新時代大夢的一部分，包括普遍出現極端自由主義者的兒童學校，通常都屬於嚴謹的反戰主義與素食主義；積極推動合作經濟計畫，以及包羅萬象的政府施政作為，以確保各階層的人都能共享安全及一直都只保留給特權階級的機會；而繪畫和文學當中的實驗主義則不顧一切想擺脫幾世紀以來的規範，迫切想達成激進的發展。

歐洲從一致採行君主專制政體，演變成許多共和國為了和平而結合的「國際聯盟」。不同於十九世紀時的自由主義，如今的口號則是「民主」以及普遍的人類尊嚴。在十九世紀前衛人士實現夢想的普遍熱忱之中，絕大多數都只有見多識廣的知識分子，才最擔憂戰爭所引發的怨恨和破壞，會使人類掉入深淵。

西歐自然同時成為兩種核心：「最大希望」和「最嚴重的不祥之兆」。世界其他地區所反應出的形勢，確實通常都是樂觀主義，而非悲觀主義，根據各地與現代性持續進展過程的關係而異。在印度，英國人已深切體認到印度的支持，對戰爭具有重要性。印度軍人一直都

遠赴海外服役；而在本土則創立大量的戰爭新工業。讓更多印度人進入政府單位任職的步調極為緩慢，這似乎讓大多數的印度領導人深感憂心，尤其是印度教徒；為了要鼓舞更全面的行動，英國的自由主義者便勸說英國政府，要在戰爭勝利時實施印度的本土統治。已經同化在現代化脈絡中又擁護主義的大批城市印度人，都表現出歡欣鼓舞和充滿期待的樣子。

在戰爭結束後不久，戰爭時因熱忱而接受比較多自由主義觀念的英國人就認為：將這麼寬廣的獨立空間賦予其帝國當中最廣大的區域，實在是不切實際；這個想法再次說明，印度並不是由單一民族組成的國家甚或是群體，而是由各種不同民族所組成。若「自治」稱不上是接續在一個不同又較未開化的外國政權（比方說俄羅斯）之後的無政府狀態，那麼「自治」充其量也只是由當地一個或多個民族中具優勢的階級統治其他各個民族。為了維持良好的秩序，英國人認為他們必須不惜一切代價確保自己的地位；重大改革全都遭到延遲，大眾的抗爭嚴重到焦躁的官員進行血腥鎮壓。英國政府不久便有意要延續以前的帝國統治，只做適度的調整。已經習慣英國人合法性和榮譽的印度大眾，則是相當憤慨並極力抗爭，但顯然於事無補。

於是，領導階層由一些嶄露頭角的印度企業家和白領政治人物，轉變成與眾不同的印度律師與記者——穆漢達斯・甘地（Mohandas Gândhî）。甘地在英國讀過法律，成績非常優異，但是他在英國接觸到的新激進人道主義理想深深吸引了他，後來還嚮往英國文學，例如：索緒爾（Thoreau）、羅斯金（Ruskin）和托爾斯泰（Tolstoy）的理念，著重在非暴力、富創意力個人主義者的合作式社會。他也認同民主與社會主義的理念，但未必認同其某些實際表現；他也深受宗教

的普世主義、和平主義和素食主義等前衛概念所吸引。他推崇現代西方的偉大人文成就，尤其是反映在個人尊嚴與機會的法律保障，但他並未鄙視一般大眾的物質福利，特別是衛生與教育方面。然而，他仔細聆聽現代社會的批判，指出過度機械化不符合人性，尤其是工廠勞工的生產線；許多富人過著空虛的生活，卻剝奪了讓勞工溫飽最需要的土地與其他物資；在世界大戰期間，很自然就顯露出公共重商主義的虛假、荒謬和醜陋，以及政治上的煽惑與沙文主義。甘地受到最具理想性的現代基督教傳統所啟發，他知道如何重新體悟印度教的某些固有優點。他認為純粹的政治民主，甚至是工業社會主義，只要是透過自由協定去實踐，都會有其優點，但仍然有不足之處。印度必須要走向現代化，但甘地認為，就算印度能夠達到這個目標，也不應該只是依循西方當前的作法。印度必須為自己找到比西方更加理想的嶄新路線，而且世界其他地區接著也可以跟隨著印度。

甘地曾在南非勇敢面對西方種族的傲慢與不義，他成功帶領印度社群（有些是穆斯林，有些則是印度教徒）奮勇對抗西元1914年前幾年間的某些種族歧視政策。而在南非，他針對現代性的問題，甚至是生活上的一般性問題，發展出自己的一套作法。他最關切的是個人的道德生活，他建立了四海之內皆兄弟的理想主義群體。在整段奮鬥歷程中，他的夥伴包括基督教徒、穆斯林和印度教徒，其中還包含了歐洲人及印度人。但是，個人的道德規範不能夠脫離公眾生活；如果當地的習俗不斷墮落，就需要加以反對和克服，才能爭取個人尊嚴。最後，他的群體殖民地成員都被訓練成「非暴力抵抗的不合作主義」（Satyagrâha），亦即「真理之力量」（Truth-force）的戰士。他主張純粹的真理對於理想的人類生活最具影響力：首先，如同他身為律師所

學，就是秉持事實的絕對真理；而且不論人類是否在軟弱的逃避之下，最後都必須追求全體人類所傳承的道德真理。他以其群體的少數成員為核心，並結合南非煤礦區的勞工，甚至是他家中的婦女，組成整支真理之路的隊伍。他們透過非暴力的罷工、拒絕服從不公平的法律，宣揚理念和人性尊嚴，並承受因此遭致的所有磨難而不加以報復，他們獲得支持並推翻歧視性的法律，最重要的是落實了他們對人性的堅持。

最後終於回到印度的甘地，他渴望的民族主義必須要能加強「面對面的地方關係」，而非加以破壞，而且應該讓視野更加寬廣，擴大他們的經濟基礎，並訂立遠大的目標。他著重於透過經濟方面去拯救印度農村，並進行道德重整，而非印度城市的機械化。甘地的看法基本上就是他提出來的機械化創新，必須能同時具備高度的生產效率、簡易的操作以及修復方式，因此像是運用這類機械並賴以維生的農村中，也只需要少數人，就能夠自行有效地控制。現代的發明能力應該為人類提供效率並確實提升經濟效益。甘地因為堅持其最終目標，所以並沒有想要透過獲取最高權力來開創改革。他深信人應該透過自己的努力來爭取幸福，並透過展現個人的人類正當性來完成改革；否則他們就無法利用其成果來提升精神層次。

甘地在印度（因為他在南非的事蹟，所以在印度聞名）首先進行的公眾活動，就是直接訴求要從英國人手上奪回地方自治。但是，他所構思的這個理念，最主要並不是基於利益和基本人權的考量，而是將其視為每個印度人的個人責任，以終結體制對印度人本身榮耀的危害。他希望印度人凡事能以更大的印度福祉為依歸，而非依從英國人的管理，但他尊重英國人的統治。他關切的事是無論好壞，印度人都

應該在自己的土地上享有絕對尊嚴。他認為，所有印度人都必須了解自重才是最重要的目標，而不只是知識分子菁英；因此，他的首要提議就是要讓社會大眾甚至是文盲，都能加入民族主義運動。藉此，他便在民族主義夢想的危急存亡之際，確立了他的領導地位。

從哈里發運動到農村自我改革

最初甘地的關切在於，要能以超越所有宗教路線來形成民族主義運動。在擁護英國統治的阿赫瑪德汗理念持續影響下，穆斯林社群中的大多數人一直都對印度人在地治理的意見，保持冷漠的態度，因為無論如何也不再由穆斯林統治。因此，民族團結就必須讓印度人口中的穆斯林，與印度教徒、錫克教徒、帕西人（Parsi）以及基督教徒，全都一起加入民族主義運動。甘地的解決方式，就是同時接受盛行的穆斯林理念和更為普遍的「自治」（Swarâj）理念。從阿富嘎尼時期開始，穆斯林就日漸注重於成為世界上一個完整社群的意識，也就是能持續保有獨立性和在歐斯曼政權中的權威；由於阿布杜勒哈密德的宣導，他們甚至已經接受歐斯曼帝國蘇丹的哈里發地位，就算地方上由異教徒統治，但還是一致認為他能確保伊斯蘭所有地區在司法與道德上的狀態。讓印度穆斯林最為難堪的是，英國政府在戰時支持歐斯曼突厥帝國（被派去迎戰土耳其人的印度軍隊，大多數都是穆斯林，這樣的經驗讓他們個人深感羞恥）；戰爭結束時，穆斯林渴望突厥人能獲得真正的和平，因此哈里發應該強大到足以維持重要核心地帶的穆斯林統治自由，最好能包括漢志的諸多聖城。這是追求榮譽的理想，因此對於甘地來說，再怎麼卑微也要堅持這種前提；此外，充滿熱忱

的穆斯林隨時都想向所有民眾宣揚理念。穆罕默德・阿里（Muḥammad ʿAlî）與蕭卡特・阿里（Shaukat ʿAlî）兄弟倆推動一項受到宗教學者支持的重大全民運動，但避開了穆斯林聯盟，因為他們當中一些較為享有特權的穆斯林仍然希望與英國人合作。穆斯林的尊嚴在處理戰敗的突厥人時岌岌可危，因此甚至連村民都深受這種訴求感動，但未必都了解其於技術方面的需求（當然，他們從未聽聞過歐斯曼突厥帝國）。

因此，印度國民大會黨（Indian National Congress）便在一九二〇年代結合兩大要求：即英國人保障印度的自治，並讓歐斯曼突厥帝國能擁有光榮的和平。甘地充分擴大他在南非順利進行的實驗範圍，進一步與他的副手推動一項與英國當局不合作的全印度運動，只要英國仍然拒絕尊重他已經提出的公平要求，這項運動就會持續進行。這項爭取自治的運動所採取的作法，包括拒絕納稅、聯合抵制英國進口貨以及支持印度產製貨品（因為甘地關注農村經濟，所以最好是農村的手織品），還有拒絕遵守為了鎮壓運動而制訂的法令。哈里發政權（caliphate，波斯文是「khilâfat」）本身不可能發動運動中的這類直接行動，但人多數較低階層的穆斯林，因為戰爭使其貧窮的生活更是雪上加霜，因而感到絕望，所以便充滿熱情地加入國民大會黨，爭取自治的全面運動。

這樣振奮人心的事情幾乎遍行各地，除了富裕的家族。像穆罕默德・阿里與甘地這樣的人，他們採行的方式不僅惠及城市居民也顧及農民，使他們大致上至少還能暫時保有紀律，不論是否遭到嚴重（而且有時候是微不足道的）暴力，他們都願意遭受鞭打與監禁，這樣的激情相當具有感染力。印度西北地區的許多穆斯林農民都得出一個結

論：如果他們不應該與異教徒的不公正統治合作，較尊嚴的方式就應該是始終如一地貫徹下去（的確如同許多穆斯林法律學者幾世紀以來一直維持的方式），並從異教徒支配的地區，移居到由穆斯林政府統治並能徹底實踐伊斯蘭的地方。而最近的這類地區，就是阿富汗。當他們抵達邊境時，阿富汗政府當然會阻止他們，因此有數以千計的人死亡。在西南沿海地區的喀拉拉（Keralam），稱為摩普拉人（Mopillah）的其他穆斯林農民——極度貧窮又憤慨的社群——則決定要在當地建立真正的穆斯林哈里發政權，以驅逐印度人地主。這種對於既得利益的威脅，則慘遭英國軍隊血洗。爭取自治運動的主要陣線還是維持著非暴力的紀律，並在西元1922年初以前一直都勝券在握。接著，甚至連國民大會黨主辦的活動，也爆發暴力衝突。雖然這些事件都是獨立個案，但甘地認為這恰好顯示：印度人還沒有能力以克制和公正的方式來治理自己。印度人必須再經歷許多年的紀律與準備工作。不過甘地在暴力擴散、或讓英國軍隊因此取得先機之前，就中止了這項運動，讓很多人為之震驚，但他們還是服從了。

一開始就不切實際的哈里發政權奮鬥，最後必然與爭取自治運動大約同時結束。當突厥人罷黜了其蘇丹之後，印度人可以要求的也就所剩無幾了。但是，如今則是開始進行比較不那麼強烈，但或許更為根本的階段性工作。甘地與其追隨者開始教導印度人真正的自由，也就是藉由修正他們生活方式中的濫權還帶領他們，而這種生活方式並非因英國人所致，而是其本身造成的。

印度教徒最關切的就是消除賤民制度——對某些社會等級的嚴格隔離（例如製革工人與清潔工），他們被迫過著屈辱又低賤的生活方式。賤民運用真理之路的手法，以極度的忍耐與堅持不懈，迫使高層

種姓的印度教徒面對這種不公平行為的醜陋真相,最後並改變了他們的這種行為。但是,甘地的關注更為全面:他穿得跟農民一樣簡樸,不辭辛勞地走遍一村又一村,鼓吹全新的生活方式。他很早就如同聖人般獲得印度一般民眾的信任,如今他則是教導他們潔淨的價值:如果農村不注意清理垃圾或有礙觀瞻(幾乎所有農村都是這樣),他就會立刻表示自己的不滿。甘地鼓勵他們利用沒有工作的閒暇自己製作衣服,也協助他們重新學習因為西方機械製造而沒落的工法,並種植蔬果補充本身食用所需。甘地的追隨者在接下來的幾十年間,逐漸發展出無數這類計畫;最後則特別著重在建立實用的「基本」教育方法,有部分是參考杜威(Dewey)的學說,但完全都能配合印度農村的需求。一般都認為,傳統的識字教學法通常毫無效果——因為缺乏使用文字的場合,所以讀寫能力遲早會完全喪失。甘地的追隨者則提議要讓教育年輕農民能完全自食其力,教導他們種植和飼養,以供應飲食上的需求;讓他們自己紡織校服的紗線、縫製自己的衣服,甚至自行興建校舍,促使他們在必要時能完全獨立,就算只有自己的資源也沒問題;最重要的是把他們所學知識帶回農村,教導給其他年長者。

要完全發展出甘地追隨者的計畫,過程相當緩慢,也會受到新一波政治獨立運動的阻礙,但是在印度生活不斷出現複雜問題的過程中,他們還是持續探索新方法。其中,甘地的穆斯林追隨者付出很多心血;在知識方面,穆斯林的知識分子阿布卡拉姆‧阿札德(Abûlkalâm Âzâd),算是最重要的領導人之一。多次出任國民大會黨黨魁的他,為了穆斯林的獨立,以及穆斯林與印度教徒共同合作、建立自由公平的印度,還特別研擬論述。對他來說,《古蘭經》的訊息

就是普世正義；穆斯林的使命必須是：不必非要恣意統治他人不可，而是在任何社會情勢之下都要有一貫的作法，去追求正義與人性尊嚴；因此，穆斯林在任何運動中都應該成為先鋒，承諾要為他們自己與印度人同伴爭取最大的自由與正義。在比較實際的方面，穆罕默德·阿里（在哈里發政權運動失敗時）專心注力於在德里附近新建一所學校，這所學校是從保守的阿立噶爾學院獨立出來——「民族主義學院」（Jâmi'ah Milliyyah），民族主義穆斯林的領導階層以及追隨甘地路線的某些人都出身自此學院。

在印度，最徹底實踐甘地主義的地區，就屬印度帝國西北邊界、由阿布杜嘎法爾汗（'Abdulghâffar Khân）所領導的阿富汗部族。這些部族雖然以其世仇與劫掠出名，但族人（多數在農村而不是城市）積極實施幾乎是全面性的社會自我改造計畫。世仇結束之後，在布杜迦法爾汗時期以服務神的名義（Service of God，波斯文是「Khudâî-khidmat」）加強紀律，進而推動學校教育等各項革新。當發動民族主義的獨立運動時，阿富汗人所稱之的以服務神的名義，則提供了有效又確實的支持，他們隨時都嚴守非暴力的原則；《古蘭經》所鼓勵的寬恕勝過復仇，成為忠貞穆斯林詮釋甘地理念的基礎。但是，此地區內的這類印度教徒，即使並未信奉伊斯蘭，也能參與運動，但必須遵守相同的紀律。較少的強烈的階級差距，有助於讓所有人都能接受這樣的運動，因為（不同於印度多數地方）全面公平實施相對比較不會損及一些既得利益；因此，得以消除甘地信徒在各地所面臨的重大障礙，現代性因而更有正面的吸引力，執行起來也較不受干預。幾十年之後，整個區域都出現確實的成果，愈來愈繁榮，社會也更有紀律，並更有能力承擔自治。

社群主義

　　當然，並不是所有穆斯林都樂於接受這種普世主義者式的民族主義。而有相當數量的理想主義者──但不再是主張蒙兀兒帝國優勢的貴族統治傳承者，如今堅決親英（pro-British）──則是再次抱持穆斯林統治印度的希望。認為印度民眾需要有能支配的群體來治理，顯然贊同英國人的看法，所以瑪胥里奇（Mashriqî）似乎早就深信那個族群應該就是復興的穆斯林。瑪胥里奇將為數眾多的小資產階級組成稱為哈克薩爾（Khâksâr）的軍隊，致力於實施副武裝的軍事訓練，以便應付社會的緊急情況；他就像個現代的末世引導者（Mahdî）一樣，堅決主張只有他的追隨者才是真正的穆斯林，因為他們所信奉的伊斯蘭既不是走一般的傳統路線（他認為那已經毀壞了），也不是根據（他極力抨擊的）宗教學者的學說，而是基於《古蘭經》和攻無不克的早期哈里發政權所賦予的社會與政治使命。瑪胥里奇的信條在道德上相當嚴格，而且和甘地信徒一樣，主張效率與紀律。他也將非穆斯林的一神論者納為自己的追隨者，但他的哈克薩爾部隊（盲目、忠心地服從其命令）顯然隨時都能在英國人被驅逐出印度的任何情況下，組成特殊任務部隊、重建伊斯蘭式的秩序。當哈克薩爾部隊以訓練為由開始介入緊張局勢時，英國人開始覺得有必要加以遏阻這股勢力。

　　因此，印度穆斯林的民族主義能以整個印度領土為基礎，根據伊斯蘭普世公平正義的訴求，而與其他教派合作；或者是根據伊斯蘭的主張，而與其他教派對立以爭取優勢，以實踐他們的信仰、成就卓越的社會秩序。第一種作法是長期性的，最受支持並推崇國民大會黨的一般大眾所歡迎，但他們通常都不接受甘地與甘地信徒的主張。第二

種作法的吸引力則相當有限，但是，早期在戰後幾年間，因為始於一九三○年代的全新公民不服從運動，而被重新激發的熱情則已逐漸消失。甘地為了追求獨立所領導的民族主義運動，因為第二次失敗而使很多人相當氣餒。印度在一九三○年代的大蕭條期間，也深受其害，普遍滿懷的希望立即演變成滿腹牢騷的苦狀。甘地最關注的則是印度的道德淨化，而爭取獨立僅是其中一種手段；他強調非暴力、農村家庭工業和消除種姓藩籬；對許多人而言，尤其是以印度教徒的地位來看待淨化時，這似乎也是一個長期目標。城市穆斯林開始訴諸第三種民族主義，也就是主張印度是單一個體，但僅限於非領土的部分。他們開始認為自己基本上就是穆斯林，而且要在更廣泛的印度架構中追求穆斯林的特殊地位與特權，不論這種架構是否仍受英國統治，或者獨立。這種在特定區域而非整個國家領土內、以教派社群為考量的取向，就稱為「社群主義」。

社群主義有很多種形式。它所採取的最溫和形式就是：基於與國民大會黨相同或幾近相同的目標，而並肩合作的獨立穆斯林組織。旁遮普地區中產階級的政黨自由人黨（Aḥrâr），主張獨立、民主與社會主義的印度，因此與國民大會黨合作（不需要像國民大會黨一樣必須整合各種不同意見），但他們通常還是強調穆斯林和《古蘭經》的訓諭。但是，大多數這類穆斯林團體通常比較強烈關注「僅限於與穆斯林權益有關」的運動。他們鼓勵穆斯林只要顧及本身的穆斯林身分，而無須考量其身為印度人、旁遮普人或孟加拉人的立場；甚或是考慮到其身為勞工、店東或農民，與其他勞工、店東或農民享有共同利益的立場。而最堅定的地方自治主義穆斯林組織，就是穆斯林聯盟（Muslim League）；因為這個聯盟代表富裕和地主階級，所以總是對任

何形式的印度獨立保持冷漠，但無論如何，都還是堅決主張穆斯林整體須享有特殊的保障。

這種社群主義並不期待整體的穆斯林社群，也就是全世界性；它本身的訴求僅限於印度境內。他們的共同立場基本上是帖木兒裔─印度共同傳統的意識。其中比較極端的領導人會極度讚揚帖木兒帝國時代，而且將烏爾都語文視為承載其文化的獨特語言（儘管大多數的印度穆斯林並不說烏爾都語），因為這代表其文化處於最新的形式。但是，社群主義並不想像帖木兒帝國時代那樣徹底重建伊斯蘭統治，他們的目標是要讓印度穆斯林能另外建立起自己的國家。他們將印度視為在同一領土上具有兩個國家：印度國（他們通常會將錫克教徒、帕西人和基督教徒納入），以及穆斯林國，他們主張這兩個國家都分別各有自己的文化與社會結構。事實上，他們主張必須盡可能有兩個平行的政治結構，以便能表達兩種不同的社會結構。

這樣的方針則與任何民族主義的主要目標之一背道而馳：也就是要減少某個地區內的某些特定差異與特權，以便能在更寬廣又較非個人的基礎上，建立新的現代制度。另外，在穆斯林成為少數又不可能是少數統治階級的情況下，這也顯示出伊斯蘭本身想要形成整體社會的一貫訴求。（這種情況基本上在穆斯林屬於少數人口，但在烏爾都文化重要核心城市的恆河平原中，則特別常見；而在穆斯林佔多數人口的地區，則比較少有這類訴求。）由於其潛在的高度吸引力，因此有更多穆斯林認同他們是一個社群，而在強調國界的民族主義盛行的時期，這似乎是一種能讓穆斯林傳統歷史觀點得以保持完整的方法，而並非只是融入（不論是否為「先鋒」！）某種普遍性的民族運動，而且不論是否有意，都會無可避免地帶有印度教徒色彩。

然而，在穆斯林聯盟掌控下的社群主義，長期以來基本上就是一種減緩危險性的變革方法。最重要的是，穆斯林聯盟主張實施地方自治選舉政策：穆斯林與印度教徒應該就不同的候選人名單進行投票，而不是就同一份名單進行投票；意思就是說，穆斯林候選人應該只訴求穆斯林選民，而印度教徒則只訴求印度教選民。這種政策的目的，就是要徹底迫使候選人去支持任何——能讓穆斯林以穆斯林身分團結一致的政策，也就是任何能將其與印度教徒區隔開來的政策，而以共同名單進行選舉，則會迫使他們盡量同時討好穆斯林與印度教徒選民，並藉此找出讓他們聚集在一起的因素。無論如何，地方自治投票都只討好擔憂社會變革的社群主義者，而他們最關切的就是要維持各式各樣的團體特權；其中之一就是印度教大會黨（Mahâsabhâ，印度教徒社群主義的最強大政黨），另外則是其反對陣營穆斯林聯盟。印度國民大會黨仰賴的是印度教徒與穆斯林之間的團結，並期望促成這種團結的全面進步，而接受團結的作法；因此，一旦接受地方自治選舉，就必定會損及他們本身未來與印度的整體和諧。一九三〇年代末期以前，一如印度教大會黨只代表少數的印度教徒，穆斯林聯盟也都一直只代表少數的穆斯林。

伊各巴勒的夢想

　　出身拉合爾優渥穆斯林家族的穆罕默德‧伊各巴勒（Muḥammad Iqbâl, 1876－1938 CE），幼年時期即接觸並信奉傳統伊斯蘭，當然也接觸過其深愛的蘇非主義思想和詩歌。伊各巴勒年輕時就是享有盛名的烏爾都語文天才詩人。他也遵循阿赫瑪德汗的理念學習英語。他在

西元1905年前往英格蘭取得博士學位。西元1908年，他出版了一本關於某些穆斯林的重要研究論述，尤其是蘇非哲學家；顯然他們的思想對他而言，仍然相當重要。比較特別的是，他採用巴卜弟子巴哈烏拉的體系，而這個體系則是根據穆拉・薩德拉的思想體系建立的。伊各巴勒對巴哈烏拉思想的敘述，就像是能預見他自己後期的論述一樣。但是，他的哲學思想，至少多半源自於最新的歐洲潮流，像是晚期的浪漫主義與後浪漫主義：伯格森（Bergson）、尼采（Nietzsche）、懷特海（Whitehead）、英國的理想主義者，還有那些與他們辯論過的人。伊各巴勒透過這些現代人的觀點來描述早期的穆斯林哲學家。

回到印度之後，他還一度擔任執業律師，也教導過哲學。但由於他發覺自己厭惡印度伊斯蘭中普遍的虛偽、懦弱和無能為力，所以辭去公職，甚至還一度很少寫詩。同時，他也對其民族的墮落表達自己的感觸，某部分藉由哲學分析，其他部分則是藉由詩歌來抒發。

伊各巴勒對道德哲學全神貫注。什麼樣的生活才有價值？要解答這樣的提問，他必須採行有關生活本質的某種推論：也就是本體論（ontology）。在這方面他與大多數的現代人一樣，其預先設定的前提就是：進化的事實極為重要。晚期生活會無可預期地出現某些早期未曾存在的新特徵。同時，他也跟大多數的現代人一樣，認為在無限多種個人的不同性格之中，會有無法預料的價值。因此，生活無法像中古時期哲學家所闡述的那樣，化約成限制在其自然類別中的封閉體系。人類在宇宙的當然地位，無法在特定時刻、或者針對那些特定價值進行詳盡分析。但伊各巴勒並不會因此就承認某種單純的相對論：也就是說，他不認為宇宙只是事件的聚集體，任何應遵守的秩序，其所具有的實際意義，其實只是讓我們能巧妙操作事件，以符合當前可

能出現的任何願望；這也代表，我們的願望並無法以我們本身意志以外的標準來判定，或是藉由訓練或旨趣來加以形塑和認定。他也深信，有些目標本質上就比其他目標還更理想；而且，穆斯林在印度的墮落之所以不恰當，並非單純因為其不適宜或者有礙觀瞻，而是因為這違反了長久以來的宇宙規範。

伊各巴勒深信，個體存在的整個無限可能性之中，就必定會有解決方案。其中包含的並非任何特定價值，而是個人本身的獨特性。整個宇宙整體呈現的是絕對的獨特性：這就呈現出與伊斯蘭所認知真主一致的絕對獨一的個體性（Absolutely Unique Individual）。因此，每個有限個體——也就是每個人所認定的命運，就會愈來愈像真主：愈來愈是獨特的個人，也因此愈來愈具有創造力。時間，也就是演變，並不是機械操作的連續消逝點，而是個別創造力之開展；時間只是個人用來表達的工具，它本身超越了時間；因此，新穎與反差並不代表將舊事物視為毫無意義，而是要讓我們體認宇宙廣大無窮的潛力。因此，作為個人創造力（以及宇宙演變的最重要部分）領域的歷史，還有甚至是歷史進程，都必須是道德關注的核心，甚至是試煉道德的正確性。

所有信仰當中最具歷史張力的伊斯蘭，似乎滿足了道德方面長久基礎的需求。但可達成此一目標的伊斯蘭，必須是社會秩序與政治運作下的伊斯蘭，是伊斯蘭律法與偉大聖戰士的伊斯蘭。在這樣的伊斯蘭之中，伊各巴勒認為他能同時看到有活躍又負責的行動，有創造力卻又絕對不偏離無上的宇宙觀與權威。因此，他強烈反對非伊斯蘭的被動性與謙遜，也就是他稱之為「波斯的」蘇非主義（符合十九世紀時因頹廢而遭棄絕的蘇非宗教與波斯文化）。但是，他自己對於伊斯

蘭的理解是：蘇非可以令人接受。他更關注穆罕默德啟示的內在精神，而非其外在細節；此外，他還期望出類拔萃的個人代表整個社群，在他們自己的生活中體現這種精神。

　　當他引用可以辯證的相似例子，來證明自己的思想合乎伊斯蘭傳統時，其實大多源自蘇非作家。他認為伊斯蘭能同時滿足兩種社會需求；一方面，它能藉由永恆不變的伊斯蘭法及其所保障、普遍根深柢固的生活方式網絡，來提供社會生活的延續性，不會因為受到任何個人或團體的約束而被恣意改變。這樣的延續性必定具有長期性的標準，而任何個人都能藉此隨時檢視自己，而且是個人得以開展的可靠脈絡。同時，伊斯蘭也具有發展的原則。儘管伊斯蘭法很穩定，但基本上並非靜止不動；其組成要件使其能在個人具創意和社會進化時，回應新的需求。伊各巴勒堅決主張（有好的前例），必須隨時保持盡力而為和獨立判斷，而且《古蘭經》主張要追求個人的探索和嘗試。其實，他想要呈現：只有伊斯蘭才能啟發經驗主義態度與歸納探索的精神和方法，他認為這方面是意識體系進步的關鍵。

　　他認為伊斯蘭應被置於世界歷史的核心。在伊斯蘭之前的時期，人類社會與人類思想平穩地進步，儘管有時候參差不齊；但是，從原始部落膜拜儀式與巫術時期，一直到像印度教與基督教等告解宗教（confessional religion）興起，人類的心智都必須依靠特殊但非完全理性的啟示介入——而這類啟示則來自於比一般人更博學的先知天才，而他們所宣示的真理並非人類可以證實。當時在知識方面的努力所達成的偉大成果，例如古希臘哲學，仍然足以說明人類心智的侷限性，也就是說，當時還無法完全擺脫原始的束縛。伊各巴勒認為，古希臘思想基本上是具演繹性本質的某些抽象概念，事實上只不過是高度理

性化的神話，並無法依個人本身的意識力來探究經驗主義上的事實。

　　穆罕默德所接受的啟示，是最終極又最完美的啟示，他的啟示帶給人類一些原則，讓其他任何啟示都成為累贅。它透過其絕對的一神主義與重要的務實主義，得以讓人類擺脫神話的限制，並讓人類從此不再受制於經驗探索的窠臼。在人類原始的條件下，只有在先知的層次才能具有解脫束縛的洞見；但是，一旦具備之後，就再也不需要進一步的超理智的頓悟，因為經驗主義式的歸納性科學就足以讓人類向前邁進。伊各巴勒想透過《古蘭經》樸素、直率的教義，然後以各種不同的實驗科學、中世紀各門派穆斯林思想家偶爾出現的非亞里斯多德形上學等論述，來證實確實存在這種知識成就。伊各巴勒也接受西方的看法源自穆斯林，他認為西方基督教國家之所以懂得相對於純理論的實驗科學，最早源自於穆斯林，他認為文藝復興與現代西方科學快速地蓬勃發展，是因為運用了伊斯蘭的原則。但是，西方所採取的這種自由的原則，是改變與進化的原則，並未將其與同樣重要、而且伊斯蘭也採取的延續性原則加以平衡。結果，西方的發展雖然快速卻失衡，而且在道德方面也不健全，最後也因此瓦解了。

　　同時，伊斯蘭一直都堅持穆罕默德所接受的整個啟示：雖然在發展過程中猶豫不決地慢慢開始採行自由原則（西方至今仍然如此），但還是維持著社群的延續性，其基礎就是穆罕默德本身對社會的理解，並讓自由不會變成放縱。西方的個人主義已經被偶像化，而且在追求過程中並未考慮到依賴絕對個體，也就是對於真主的依賴；因此遭到扭曲。就伊斯蘭而言，如果穆斯林要喚醒他們的文化遺產意識，就會形成更真實的個人主義，並且不淪為放縱。甚至如今，穆斯林有重要的任務，是真主永不妥協個體的唯一見證，因為所有終極意涵都

是為了人類思想的自由，也為了個人特質的道德導向。歐洲的唯物論必定會使它本身遭受到毀滅，因此，在邁向徹底個性化的過程中，伊斯蘭堅持隨時都能更冷靜又更安全地引領遭到磨練的人性。

蘇非主義在歷史上的這類角色，應該就是具有崇高精神的菁英，應該扮演特殊又具創意的角色。事實上，卓越的個人就是伊斯蘭自由與發展原則的主要受益者；也就是藉由這類個人，才能讓歷史的演進過程呈現出更加明顯的個人特徵與多元性，並使真主的潛能更臻完善。這樣的個體便會逐漸成為尼采所稱的超人，也就是伊各巴勒以古典蘇非語彙所稱的至上者，這是萬物的極致，甚至是其存在的理由。如同蘇非主義的情況，儘管這類個人或許會認為：伊斯蘭法在未來可能形成比當前還更加理想的社會形式，因此他在維護伊斯蘭法的立場時，也同時會顧及社會的和諧；但一般大眾未必能了解這種層次的真理。因此，所有的人類終究都應該愈來愈接近完美個體的獨特性，因而更接近真主；同時，幾乎最接近這種情境的人，才能實現真主創造的目的。對伊各巴勒和蘇非行者來說，穆罕默德本身就是其終極完美人普世性和理性的原型。

在充滿活力的散文和涵義模糊的詩歌中，所呈現的這種體系，其影響作用有一部分是因為對知識運用方面的審慎態度。在伊各巴勒對於伊斯蘭法彈性的正當性分析當中，他認為（例如）公議（ijmâ‘）的作用就是讓新條件和新觀點能形成意識和深思熟慮的調適，這種作用迥異於夏菲儀體系當初的功用。雖然這能說明發展的原則，但他卻無法證實，如果不用夏菲儀的分析，要如何維持延續性原則。他對於中世紀穆斯林思想家的詮釋，通常是緊扣他的目的，而且他對於現代歐洲的演變，也是抱持膚淺而片面的觀點。他也確信，伊斯蘭不同於印

度教這類體系，因其僅具有延續性的原則，而且也不同於現代西方體系，因為基督教的重大缺點就是對法律的否定，因此只具有發展的原則。但他從未提出確切論證來證實，像印度教之類的其他中世紀體系，並無法同樣具有發展原則；或者，伊斯蘭會比基督教還更能維持其現代性，而不會危及其延續性原則，因為這在他的作品中幾乎都被視為理所當然。儘管如此，伊各巴勒的體系呈現出對伊斯蘭比較細膩的辯護，而非穆斯林經常在西方著作中發現的——對伊斯蘭的譴責與對基督教的辯護；的確，他曲解歷史的惡名昭彰程度，頂多如同一般西方人，因為他們通常都認為歷史的演進應該是以基督教為中心。

基於伊各巴勒兼具鬥志和審慎的態度，而他也意識到伊斯蘭的崇高終極神意，並熱切渴望能透過現行制度加以具體化，因此儘管未盡完善，但終究還是能合理解釋穆斯林社群主義。可以確定的是，伊各巴勒並不認為穆斯林應該將其社會或政治觀點限制在任何特定領土之內。他所關切的是全世界的伊斯蘭社群，而且他擔憂穆斯林在巴勒斯坦和在德里的地位。其中具有象徵意義的就是，在詩文中表現了最重要的訊息；在他向穆斯林表達訊息的最重要詩文當中，他是以國際性的波斯語撰寫，而非當地的印度烏爾都語文。他反對任何過度的絕對地域性民族主義跟世界性伊斯蘭同等重要（但他認同在穆斯林人口佔多數的地區，如果社會革新有其必要性，則可以強調某種程度的地方性民族主義）。但在實務上，除了他們從事印度穆斯林文化保存運動的任何特定地域性國家之外，還強調穆斯林的社會與文化獨立性，就是對抗更廣泛的印度民族主義。儘管當前未臻完善，但還是必須確保伊斯蘭能進行獨立的根本性進化。其實，伊各巴勒還與穆斯林聯盟合作。

甘地是社會運動家；他看到了衰微，但相信其中的崇高性，而且

事實上，在他行動的過程中，他的待人處事一直都展現出高尚的情操。他涉獵不廣，但都融會貫通。但是他渴望和鼓吹的就是嚴肅深沉的生活：他總是很惋惜沒有時間做瑜珈這種更高層次的活動。伊各巴勒則不一樣，他本身就是極為嚴肅深沉的詩人；他發現自己有墮落的傾向，並對他自己的世代感到絕望，因此以扣人心弦的詩歌來表達他的渴望和訓誡，鼓吹新世代也能跟著他一同追求更具精神層次的生活。同時，他也比較著重在現存的挫敗中盡量維護其中值得挽救的部分，而非立即加以重建。甘地在進行最新的建設性行動時都極為務實，從未識人不明或錯失良機。但他從未深入探索哲學問題，至少他在最具關鍵性的歷史觀點方面，大致上算是天真（一如他本身最後有些許瞭解）。伊各巴勒對於歷史脈動和延續傳統有效性方面的認知，則相對強烈許多；因此，他對於本身世代文化體系在政治方面的需求性，就比較有「務實」的認知。因為甘地對穆斯林的吸引力衰退，也因為升高的地方自治壓力，傳統伊斯蘭對他們也就益加重要，所以比較年輕的穆斯林知識分子就期待能從伊各巴勒得到啟發。

巴基斯坦

第二次世界大戰急劇引發許多事件。貧困甚或是全面性的飢荒都比一次大戰時更加嚴重。戰後立即發生的事件就是儘管英國人獲勝，但印度最後還是成為了獨立國家；因為獨立而出現的現象，或許就是在許多方面都產生全新的秩序。所有具政治警覺性的人都狂熱地操弄著這樣的權力，因為他們或許都亟欲取得如何建立新秩序的決定權。只有甘地和甘地的信徒堅持：最重要的並非考慮誰應該掌權，而是應

該思考在社會中行使權力時的道德層次問題；他們的作法對於較為急躁不安的人來說，顯得愚昧，因此甘地很快就喪失其領導根基。因為（或許是無意）某些英國人的操弄（仍然希望避免獨立），使地方自治主義變得岌岌可危。穆斯林大眾愈來愈兩極化，少數人仍然支持印度國大黨，而大多數人，特別是在恆河平原地區，則是（直接或間接）支持主張比較極端的社群主義路線的穆斯林聯盟。

　　多年來一直是穆斯林聯盟領導人的穆罕默德・阿里・真納（Muḥammad-'Alî Jinnâḥ）是個精明的政治人物，他獲得具政治思想的年輕穆斯林知識分子幾近狂熱的擁戴，稱他為「偉大的領導人」，也就是「Qâ'id-e A'ẓam」。在一九三〇年代末期，真納讓穆斯林聯盟得以推動更普遍的群眾運動。真納在戰爭期間支持英國人，更提升了他的地位。此後他採取了「兩個民族」的方針，儘管結論有些怪異，但仍具邏輯。在針對地方自治或獨立的問題進行協商時，他主張英國人不應該與代表所有相關利益的團體協商，而是與代表民族或多民族的團體協商，而且是此一民族中最強勢的單一組織協商。他宣稱國民大會黨代表印度教的印度，而他的穆斯林聯盟則代表穆斯林印度。英國人似乎接受了這個概念，並拒絕與其他穆斯林團體協商，不論他們的選舉結果多麼成功，因為英國人畏懼他們使真納失勢。其他穆斯林都遭到忽視，而且也似乎注定（在事件的演變過程中）完全無法發言，除非他們加入穆斯林聯盟陣營；而其實他們已經有意加入。國民大會黨被迫只能代表印度教徒（並心照不宣地代表非地方自治主義穆斯林），與聲稱代表所有穆斯林發聲的聯盟進行協商。

　　抱持這樣的想法已經有好幾年，也就是在關於印度獨立的事情上，至少穆斯林為主要人口的省分應該有自治權，或最好是能完全獨

立，以便能在不受整個印度多數印度教徒人口阻礙的情況下，自由實施伊斯蘭政策。大約在西元1937年，這種想法進一步具體化而成為「巴基斯坦」（Pakistan）的概念，也就是在印度河流域中形成獨立的穆斯林政體。穆斯林聯盟則在西元1940年接受巴基斯坦的口號。

　　或許有些人會認為，這最主要是用來作為對抗印度民族主義者的談判籌碼，當然，倘若真的實現，則會使印度其他地區穆斯林的社群主義者希望破滅（也就是說，聯盟贏得最大支持），而同時又能順利滿足穆斯林省分社群主義者的期待（聯盟比較不強盛的地方）。不過，這個觀念很快就像早期支持歐斯曼哈里發政權的類似概念一樣沸騰起來。至少，整個印度的穆斯林都認為更重要的是——伊斯蘭至少應該大致上能獨立治理，而非他們本身在巴基斯坦以外的大多數地區受印度教徒歧視方面，應該有任何特殊保障或基本權利。宗教學者也普遍正式反對這個概念，但幾乎所有階級都忽視他們。對於農民來說，這算是某種宗教信仰復興運動：伊斯蘭治理的真正公平正義即將要重建，至少是在某些地方，而或許最後也會發生在他們身上。之前宗教學者一直都反對改革並與地主同一陣線，當然如今還是一樣。對於城市知識分子而言，理想則是在比較世俗的方面。他們認為應該讓整個印度的烏爾都文化進行同化並能蓬勃發展，至少其中某些部分能藉此使執政當局活化。但是對於城市居民來說，這種理想同樣有某種千年至福的觀念。他們的伊斯蘭被幾個世代的自由主義削弱，已經變得比較像是社群的忠誠而非敬畏宇宙。然而，無論伊斯蘭的影響力是否逐漸下降，但在所有宗教中還是具有影響力；至少重建完整政權的蒙兀兒—伊斯蘭文化核心已經成為神聖的志業。

　　真納顯然已體會到廣受歡迎的秘訣，因此主張巴基斯坦應具備如

社群主義的伊斯蘭一樣，獨特又無可妥協的主張，而在印度其他地方，則完全不堅持社群主義的條件。他刻意將這個觀念保持模糊的狀態，直到幾年後才形成具體的主張，不只在印度西北部，還包括印度東北部。這兩個地區結合便讓穆斯林成為大多數人口，如果非穆斯林與穆斯林同樣具有投票權，顯然並不會選出任何穆斯林社群主義團體來掌權。這種主張本身以及他總是以模糊不清的方式提出，都充分顯示出其不切實際，而這似乎是刻意想延遲任何與英國人的協商，即使英國人有意願安排協議；另外，若有了協議，獨立本身也會受到耽擱，但是，無法進一步延緩獨立。同時，因地方自治選舉對地方自治政治有利而熱烈形成的全面性爭論，而幾年來戰爭造成令人無法忍受的壓力更使其擴大，所以導致穆斯林與印度教徒之間極為緊張的情勢，彼此之間充滿敵意又互不信任，總是處於爆發暴力衝突的邊緣。穆斯林的期望最主要是對巴基斯坦的要求，假如他們的需求遭到否決，就極有可能爆發內戰。不論英國人最初的意圖如何，如今的情勢已經對他們不利，不論英國人是否願意，離開時都必須將印度分割。

他們終於妥協，包括遠比其當初要求還小的新巴基斯坦——不是僅有六個主要省分，還包括了那些穆斯林佔多數人口的行政區。因此，新政體約有百分之七十的穆斯林，佔比例相當大的多數人口，但只約佔印度穆斯林人口的五分之三。分割中間部分孟加拉與旁遮普人民的新邊界線是匆忙劃分的，而政權則是在西元1947年8月移交給新的印度與巴基斯坦政府；此後，幾乎每一個人都感到震驚，雙方壓抑的激情、累積的恐懼與猜疑，全都傾洩在一場歷史上最大規模的非軍事屠殺之中。

到處都爆發大規模暴力衝突，但是在旁遮普，國家的種族特色已

經永遠改變。整個旁遮普所融合的人口包括一個地區的穆斯林，和另一個地區中的印度教徒與錫克教徒；西部地區劃分給巴基斯坦，穆斯林佔絕大多數人口，如同東部地區的錫克教徒與印度教徒；而區分印度與巴基斯坦的中央地區，則人口比較相當。當分割法案公布、主權轉移時，整個印度，特別是旁遮普，都充斥著傳言。穆斯林都知道具有種姓意識與信仰復興主義傾向的印度教徒，把他們視為不神聖的局外人，並相信聯盟所告訴他們的——等他們獨立時，印度教徒才要對他們實施最殘酷的暴政。甚至當巴基斯坦已經獲得承認，有些人還是擔憂一旦英國人離開，印度的大多數地區就會想重新奪回失去的省分。印度教徒與錫克教徒則認為最後穆斯林的這種行為，就代表穆斯林有意鎮壓巴基斯坦境內的任何非穆斯林，然後藉著巴基斯坦來重新征服印度北方其餘的地區，並重建穆斯林治理（印度軍隊中大多數人都是穆斯林）。雙方的社群主義者都無法確定暴政、鎮壓，會實施到何種程度；雙方都分別有很多人隨時等著對方出現最壞的情勢。

最壞的情勢似乎很快就發生；新仇舊恨，甚至在政權實際轉移的前幾天，就已經導致了暴動。由於轉移時的當局瓦解、進行通訊，因此整個旁遮普頓時謠言四起，傳言農村會遭到徹底摧毀，城市會有大屠殺。很快地，對方在當地的少數人口社群都遭到報復。當暴力升溫，更普遍擔心對方會侵犯，人們似乎都認為只要滅絕少數人口，就能防止他們成為入侵者的內奸。少數人口族群的成員開始逃到邊境以求生存；甚至在他們的逃離途中，人數就已經開始減少了。抵達德里與拉合爾的火車載滿了屍體：瘋狂的人們爬入車內，在火車抵達邊境之前就屠殺了車內所有乘客。在德里車站，那些想要逃到巴基斯坦的人，在屍堆裡藏身：一名高大的錫克教徒，舉起他的劍指向一名穆斯

林老婦，有人問他：「為什麼你要殺她？」而當他一劍劈向她頭顱時則答道：「我不知道，但我必須要這樣做」。

而主張民族主義的印度教徒則是以比較英雄主義的方式，冒著生命危險保護穆斯林家族，甚至整座農村，特別是在恆河平原；無須說，在巴基斯坦也有類似的英勇事蹟。國民大會黨的領導人不屈不撓地巡視德里，想要阻止殺戮。當形勢終於平息之後，針對於這場罪惡，甘地堅決主張印度比巴基斯坦更加難辭其咎；新政權之間終於避免了可能的戰爭，而印度的大多數地區也都重新恢復信心。（甘地後來遭到極端社群主義印度教團體殺害，大致上是因為他在當時支持穆斯林的干涉。）

孟加拉出現大量難民，但旁遮普的樣貌已經改變。幾天之後，雙方都有數以萬計的人死亡，也都出現數以百萬計身無分文的難民。原已相當貧窮的西巴基斯坦與印度北部大城市，則滿是無家可歸又身無分文的新移民。在西旁遮普，事實上是整個西巴基斯坦（因為殘餘的印度教徒，大多是全穆斯林的信地與巴魯其斯坦〔Baluchistan〕的商人，都已撤離），幾乎已沒有任何印度教徒或錫克教徒家族留下。在旁遮普東部，也幾乎沒有任何穆斯林家族留下。意外的人口遷移終於完成。二次大戰出現滅絕集中營、燒夷彈以及原子彈之後的幾年，似乎就已經確認印度必遭最嚴重的天譴，印度人已經分裂成唯物主義的現代西方、現代印度以及穆斯林和印度教徒，面臨它一手造成的慘狀。

因此，當巴基斯坦終於成為現實，建立它的穆斯林就必須重新思考他們的立場。在巴基斯坦，穆斯林聯盟必須設法養活他們接收山來的各省分所有階層人口，也就是整個印度最貧窮的地區，而其物質的

經濟關係已因分割而遭到阻斷。但就長期來看，或許更重要的是他們必須面對穆斯林被激發出的情感上回應，已經不只是政治操作，而且還是真正的宗教激情，並不會像以前那樣由於政治人物的運作就會趨於緩和。在印度，留下來的四千萬穆斯林必須學會如何與印度民族主義妥協，而且要採取遠比以前更加卑微的姿態；畢竟如今是更為弱勢的少數人口，而且還普遍被質疑為敵對又殘忍的外國強權的代理人。只要他們的伊斯蘭還在政治上代表社群主義，他們就必須重新探索伊斯蘭的精神意義，否則，就會像許多穆斯林知識分子的可能下場一般，因理想幻滅的絕望而墮落。

第七章

在二十世紀的浪潮下走向獨立

西元1914大戰之後，歐洲世界霸權衰弱，不同的穆斯林族群開始承擔起責任、走向獨立的命運。這樣的情形在二十世紀裡愈加強烈，穆斯林共同遇到的問題，就是現代性與世界的衝突。非西方國家在經歷對立的過程後而獨立，也因此為其帶來獨立與國際責任的關係。一切都來得比十九世紀還要突然；的確這可能也比歐洲高層權力內部分崩離析更加突然。結果，新的獨立不是以技術化社會的平等地位為基礎，而是不安定的世界局勢，其中有新獨立的政府，被迫要致力於取得自立平等，以求維持他們的獨立。這樣的努力導致了在極度窒礙難行時，面臨到技術化過程中悲觀的人為壓力；不過，他們也意外取得民族自尊與精神自食其力的機會。[1]

一、歐洲世界秩序之瓦解

二十世紀上半葉的殖民主義（西元1905～1949年）

西元1904年，英國與法國政府在爭奪勢力範圍之中取得了共識，歐洲強權為了帝國主義的利益，瓜分了次撒哈拉非洲的穆斯林世界（儘管用了幾年的時間，甚至是幾十年，讓穆斯林國家完全臣服）。但

1　在這最後一章以及結語，我對一切人事物不會抱持疑慮的態度，儘管這並非合適的方式。對於美國人來說，我似乎主張共產主義，對俄羅斯人來說我是新帝國主義；對穆斯林來說，我似乎是基督教傳教士，而對基督教徒來說我凡事為伊斯蘭辯護。他們說的當然都有道理。但是，如果他們同意我說的是有一貫思想的話，以及我在本書的論點沒有前後矛盾的話，也就滿足了。

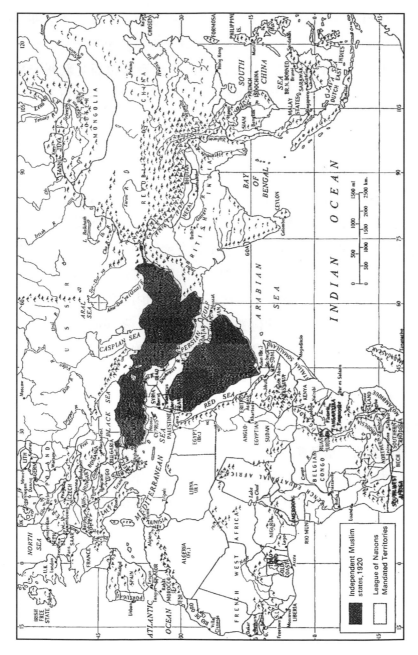

圖 7　凡爾賽會議後的穆斯林世界

是，同一年俄日戰爭爆發，強大的歐洲列強敗於「東方」、「亞洲」國家，而在西元1905年，城市人民奮起扭轉歷史錯誤的方向。

與其他歐洲社會相比，日本國內的社會發展與西北歐洲較為貼近，且其前一次的黃金時期與西北歐洲的社會發展是齊頭併進的。可能更重要的是，結合了十七與十八世紀的情況，日本的政策是加強對外商業貿易，避免外國人在日本取得過多利潤，的確也不會對日本演變造成嚴重的影響；也就是說，這樣的政策預先避免了西方大轉化最嚴重的破壞力，也讓日本的經濟與機制完整無缺。當最後日本與全世界接軌時，它便完全瞭解過往世界的脈動，利用其未曾受損的資源來配合技術主義更核心的層面，也並不會完全依賴西方經濟；在努力獨自發展、謹慎行事之後、日本能夠長時間與西方齊頭並進。因此，在發展上仰賴西方的窮困民族是無法在極短時間內就能夠仿效日本人的創始力。但是，面對西化的趨勢，若將「東方」落後歸因於劣質的種族因素，那日本人的成果就是心理與象徵性質的價值了。每個地方接受現代教育的年輕知識分子，都認同他們的意識有民族目的，比前人更加強烈，他們對於西方及其成就也有充足的瞭解，日本的勝利就是他們民族主義使命的最終結果。

那時期的幾項革命運動，在歐斯曼帝國與埃及、伊朗以及印度都已經過討論了，但西元1914年大戰之前，這些革命的結果都令人難以滿意，完全無法與日本比擬。的確，歐洲的直接統治似乎逐漸擴大。到了西元1896年，英國人控制著馬來半島的內陸部分；西元1910年和1914年，英國人將其轄下的掌控範圍延伸至整座半島，但是並未觸及泰國。西元1907年，在海洋的另外一端，荷蘭最終讓歷史悠久的亞齊蘇丹國（sultanate of Acheh）臣服於它。法國人也讓他們的帝國，不只

深入黑色人種地區（瓦達伊〔Wadai〕，西元1911年），還包括了貴族統治的摩洛哥。

　　幾個獨立政權苟延殘喘，將摩洛哥的命運視作範例。十九世紀末，當阿爾及利亞與突尼西亞接二連三遭受法國佔領之後，原本在北非（Maghrib）仍有獨立政權的摩洛哥朝代也陷落了；此一情形表示在歐洲人對此區予取予求的情形下，摩洛哥無法維持對自身政權上的掌控；面對歐洲利益與部落動盪局面的競爭，蘇丹沒有能力與之抗衡。然而，沒有出現可能的繼任王朝能夠獲得歐洲人的協助，以取得統治權。因此，為了維護蘇丹的王位，法國人支援蘇丹重整他的政權。由於德國人也考慮要佔領一部分土地，所以介入了一段時間，但是在幾個歐洲列強的會議之後，歐洲同意法國人的行動，蘇丹也聘用他們為顧問。到了西元1912年，法國人擅自佔領摩洛哥（保留北方的某個區域給西班牙）。接下來的十年間，他們以蘇丹之名著手建立殖民統治的仁慈典範，在隸屬於歐洲人所有權的農場上，建立大型繁榮的農場，然後興建了完善規劃的現代城市（而且也採取措施，保存風景如畫的古城非斯〔Fez〕，當作博物館來營運），並且壓制了所謂的部落動盪。

　　但是西元1914年的一次大戰改變了歐洲，也使得現代化的穆斯林滿懷著希望，比日本勝利時更加樂觀。歐洲列強的長期以來爭執不斷，危及他們彼此之間的關係，引爆了全面性的大屠殺，他們的海外殖民地也遭受到程度不一的波及（如同我們已知悉的部分），列強局勢走衰。德國人苦吞敗仗，被逐出這場競賽，俄羅斯人則是遭逢革命；戰爭結束之際，英國與法國政府竭盡所能以他們自己的利益為前提，開始重組歐洲霸權；但是他們這些受一九二〇年代理念影響的人

們不僅資源短缺，也對殖民地戰爭不滿。他們完全無法維持戰前的歐洲優勢。

在大多數伊斯蘭世界較為核心的地區，穆斯林參與技術性世界已經有相當長期的經驗，大部分的人對於現代化都有一定的理解；迄今，他們大多數也盡量避開西方的直接統治。從土耳其、埃及到阿富汗，多數穆斯林地區或多或少都設法取得歐洲人承認、具有獨立主權的政府。在其他各地，穆斯林的前景都較不樂觀；在錫爾河─烏滸河流域，他們以共產主義革命的名義成立政府，在北非（Maghrib），則以中產階級法律與秩序的革命為名義，此時歐洲的統治尚未消退：穆斯林保守分子並不支持獨立，因而削弱了獨立的意圖。當舊的反抗精神已經被壓垮時，印尼察覺必須有新現代化的作為來對抗荷蘭的統治。在次撒哈拉非洲，立基於戰前的殖民統治歷程，有進一步擴大的趨勢。但是，核心穆斯林領土的新地位，對所有穆斯林造成了影響：在國際聯盟（League of Nations）中，儘管身為「宗主國」的西方統治者仍是「殖民」地區的代表，但是「獨立」穆斯林地區在聯盟裡卻有他們與西方列強平起平坐的代表，並爭論著西方國際法坐大的論點。

到了西元1922年，在大多數穆斯林核心地區裡，現代化民族主義者提倡的原則在某種程度上已經發揮作用，至少表面上看來是如此。他們建立了許多政權，至少有一些獲正式承認的自治政權，正常來說就是有一些代表機構。接下來幾十年間，在土耳其、西伊朗王國、突厥斯坦等地，現代主義者掌控著發展走勢，而舊有的社會模式表面上似乎不復存在；即使現代主義的發展有段期間在阿富汗（但不是在沙烏地阿拉伯）稍稍受到阻饒，但也進行過同樣的嘗試。在其他現代化程度較高的國家裡，接下來二十幾年間為了擺脫西方的束縛、當地的

西方耳目，這些國家時常做出徒勞無功的努力。不過，穆斯林主要核心地區的城市、甚至是那些像土耳其一樣未獨立的改革者，愈來愈模仿西方的發展重新塑造城市：公車、打字機、牙膏廣告以及航空飛機；趕往工作而未披戴面紗的女性、西裝畢挺的商人汲汲營營，這些逐漸變成所有城市的慣常生活方式，但是平民尚未脫離窮困的悲慘生活。多數這類城市甚至已經引進關鍵動力機械的工廠與勞工。西方大轉化的核心元素，正在深入伊斯蘭中土。

至少，在其他大部分穆斯林地區，一樣形式的現代化的開端正要萌芽；然而，這些地區以直接的現代化方式被歐洲文化同化，現代化的區塊甚至多於伊斯蘭的重要地區。現代化與獨立的穆斯林重要族群的世界性統治尚未建立一個能夠取代西方的穆斯林文化（更不用說政治方面）焦點。僅有少數獨立或幾近獨立狀態的重要政權，幾乎削弱其他所有穆斯林地區日漸增長的現代化菁英塑造過程：控制特定穆斯林地區的帝國強權，其文化體系同化了這些地區。

西方文化的語言發展在政權較為獨立的區域，大多取決於其所處的地域性因素。在地中海東岸一帶，當義大利與法國貿易往來的利益向上攀升，以及法國盛名遠播歐洲並影響了當地受過教育的普羅大眾，原義大利通商語言逐漸被法語所取代。在南部海域一帶，英語是當地國際共通語言，儘管如此，獨立地區的政府機關仍舊使用當地語言，而西方文化的交流，通常是以語言翻譯的方式作為傳遞的途徑。但是在大多數其他地區，他們的菁英學習掌權者的語言，一部分是因為政府機構運作向前進展的緣故，部分是基於商業理由。與工作上需使用伊斯蘭語言（Islamicate language）的人們相比，他們在某些方面上更能理解西方文化，但他們只學習單一語言來吸收現代西方的概

念。即使在西方觀點普遍盛行的地區，就連學者也很少學習第二種西方語言。因此，在敘利亞北方、北非（Maghrib）、蘇丹西部與中部逐漸增加了一大群深受法國文化影響的穆斯林群體；而居住在巴勒斯坦、伊拉克、印度、馬來亞、東非、尼羅河流域的蘇丹地區、奈及利亞以及其他地區的穆斯林群體則是受到英國文化薰陶；還有一些居住在蘇聯中部與南部的穆斯林群體是受到俄羅斯文化的洗禮；另外有小部分穆斯林受荷蘭文化的影響，他們多數分布在馬來群島或者是義大利（的黎波里、索馬利亞等等）。這種型態則是由美國傳教團或是非帝國主義的歐洲政府的導入而開始轉變，讓那些有本錢拒絕接受當局所發揚主流文化洗禮的人們接受獨立式的學校教育。

即使相隔遙遠，富有法國文化素養的穆斯林還是能彼此相互瞭解，反而那些居住在他們的鄰近地區、富有英國文化素養的穆斯林，就較不能像他們這樣相互理解。這不僅是共通語言的緣故，也因為他們在生活與社會上有共同的先決條件。受法國文化洗禮的穆斯林崇尚法國小說家與哲學家，而受英國文化涵養的穆斯林就會去閱讀英國文學作品。對於有法國文化素養的穆斯林而言，巴黎是文明的中心點，即使如此，他們仍然痛恨法國強權並對穆斯林的過往歷史感到自豪；他們在了解中央集權的法國官僚體制之後，才逐漸成形公正政府的觀念。對於有英國文化涵養的穆斯林而言，牛津與劍橋才是所謂紳士風采的起源地，即使如此，他們仍是憎恨英國人的勢力眼並對穆斯林的過往歷史感到自豪；他們對於公正政府的概念則是受當地如紳士般行政長官的典範的影響。對於受到俄羅斯文化薰陶的穆斯林而言，不論他們對於在自己土地上居住的歐洲殖民者，以及莫斯科集權管理的感官為何，他們不只很快地成為優秀的馬克斯主義者，也發展出如普希

金（Pushkin）與高爾基（Gorky）般精湛的文藝特色，並參考俄羅斯官僚體系的長處而建置自身完善的行政管理制度。

　　這一套殖民方針使得現代主義者對於社會與生活觀感，以及對於發展的鴻溝，產生認知上的不同，特別是在西方與其他民族之間的關係。每一個帝國強權都會各自發展出一套帝國理論。法國人以古代羅馬帝國的宏觀視野為本，將其近來的成就視為普世文明的力量——將拉丁語及拉丁語系導入異邦民族，並以優越的文化力量同化他們。也因此在社會意涵上，法國人本身樂於接納深受法國文化素養薰陶的穆斯林，但仍對當地傳統與機制嗤之以鼻；故他們喜歡在自己的領地制定直屬於法國的規範制度。英國人也以古代羅馬帝國作為典範，並以全球民族的仲裁者自居，經由較為優越的民族所制訂之律法與秩序的整體架構下，每個民族都能夠掌控自身的命運。因此在社會意涵上，英國人認為深受英國文化洗禮的穆斯林無論如何都不屬於優越的民族，但是對當地傳統與機制而言，英國人反而抱持較開放的態度來看待；他們偏向於任何時期都能透過當地固有政權來施行間接統治。即便穆斯林對西方有所期待，但也有所不滿，他們的態度並非完全一致，有些人可能出自於種族及人性被羞辱而厭惡西方，其他人則是因其民族瓦解威脅到伊斯蘭的認同感而討厭西方。

　　這些深受西化的穆斯林成員紛紛投入世界的舞臺後，西方人便再也無法全面壟斷技術市場，當中最具象徵性的就是英屬印度政府在國際聯盟代表的印度穆斯林——阿嘎汗（Agha Khân，伊斯瑪儀里派尼查爾分支〔Nizârî Ismâ'îlî〕的領導人）獲選為國際聯盟的主席。但是與此同時，他的崇高地位也象徵其所屬社會在西方嚴謹的規範體制下，能夠涉入世界事務的程度多寡。他豐富的英國文化內涵，讓他得以有

力地鞏固當下情勢。

　　一九三〇年代，經濟大蕭條讓歐洲霸權更進一步邁向崩解的深淵。這事件可能比西元1914年的一次大戰帶來更加嚴重的打擊，此外，西方各國政府財政資源吃緊的情形也導致他們無法維持其海外版圖的控制權。這更逐漸削弱西方的特權地位──建立在各地的西方經濟優勢，似乎艱苦地掙扎。即使如此，大蕭條造成西方窘迫的景況並未真正相對造成其政治權力上的削弱，而真正受到嚴重影響的層面是依賴型的經濟面向。但也就是這個因素最終會危害到歐洲霸權。在整體世界中（當然除了蘇聯以外），大蕭條代表國際資本市場的機制已經嚴重崩潰，而這個機制曾經是霸權的經濟核心；對於那些與世界市場合作而獲利的中產階級而言，他們生存在所依附的社會裡，大蕭條代表毀壞或至少是嚴重的不安全感；這也意謂著低下階級、城市勞工、農民悲慘的窮困問題，因為他們與市場合為一體。整體來說，資本市場不久前才步上軌道，但一般世界市場整體經濟失序混亂的情形，似乎尚未結束。在蘇聯境外，不允許任何方式的公開討論，中產階級傾向於保守並且接受西方維持現狀，也已經開始失去了信心；那些保守傾向並接受西方現狀的中產階級，也已經開始失去了信心；以往被莫視的下層階級開始嶄露頭角並積極地參與政治活動。不過，西元1939年戰爭促使未明朗化的認知產生。

　　西元1939年的戰爭並沒有像西元1914年第一次世界大戰那樣波及穆斯林世界，卻造成了哀鴻遍野的災難，也可能讓人口巨大流失；截至目前為止，這也讓有些較為孤立的區域，陷入世界政治方面的爭執之中。在任何情況裡，這都影響了那時代每一個穆斯林族群的生活。正如我們所見，即使蘇聯的穆斯林動員參戰，還有許多俄羅斯人

與烏克蘭人（Ukrainian）投入新的工業之中，可是任何的政治異議仍會遭到嚴厲打壓。土耳其雖是中立國，但身為中立國的處境確實是造成其生存壓力的主因。西伊朗王國引以為傲的現代化獨立已經傾頹，也遭到宿敵聯合佔領。東阿拉伯人只能眼睜睜無助地看著英國人與德國人為爭奪此地短兵相接，親英的政權也只有在英國人點頭同意之下才能續存。最後，那些政府不能阻擋大批猶太難民自歐洲移民至阿拉伯地區；儘管阿拉伯人合力抵抗，錫安主義政權（Zionist state）還是在西元1948年建立了起來。

通常來說，戰時期間發生的任何事件所累積的能量一旦成熟，獨立就會更近一步，但需要付出慘痛代價。在印度，戰時的壓力促使穆斯林亟欲劃分界線、建立穆斯林政權。西元1947年他們達成了這個目標，但代價就是大屠殺、百萬難民，還有激烈的社會分裂。在更遠的地區，北非（Maghrib）成為美國入侵之地點，同時此地說法語的穆斯林也分為兩派陷入角力戰：一派是主張喚起平等自尊的希望，甚至是最終自我管裡以擊退納粹（Nazis），即使接受他們給予的保障。在印尼，日本人的佔領差辱了荷蘭人，以往荷蘭人代表西方，而這也讓印尼穆斯林瞭解，日本人同為「東方人」，能夠與西方平起平坐，儘管他們必須接受日本引導還有控制。他們之中多數是宗教學者，建立了現代技術形式的宣傳組織，習慣了新生活的觀念。最後，他們加快腳步以協助穆斯林現代主義者建立印尼獨立政府。政府必須擊退尾隨打勝仗的美國人之後、再次來到印尼的荷蘭人，他們的犧牲奉獻讓印尼在西元1949年才成功贏得真正的獨立。

但是在許多地區（儘管不是全部），戰爭所導致最迫切的嚴重性及其後果就是城市的擴張（擴大兩倍與三倍以上），伴隨而來的是出

現許多居無定所、貧困的新城市居民。幾個地區已經變得比以往更加依賴機械製造的產品，正常的貿易管道已經被切斷，戰爭強烈刺激了地方的工業生產。但不僅只如此，戰爭加重了大蕭條時期累積的分裂，讓沒有辦法再依靠土地的農民充斥著戰爭前後的城市。戰爭之後，不僅是無所適從的農民，再加上從印巴分治逃離出來的難民；但是即使是沒有難民的地方（例如北非〔Maghrib〕），農民還是遷移到城市之中，也改變他們對於在鄉村親戚的態度。他們在城市裡沒有辦法維持生計，因為新工業還不夠興盛。如果不出門行乞，那麼他們一方面接受親友救濟，一方面是到處做雜工──最明顯可見的是在不顧一切地在路邊擺攤，年輕人賣一些貼身背心或其他便宜的機械加工品，賺點外快補貼生活開銷。當城市舊的貧民區變得更加擁擠時，他們就向外遷移至廣大郊區，住進臨時利用油罐或廢棄木材搭建、缺乏公共衛生設備的棚戶區房子。官僚體系政府實施的新建房舍若不符合城市規範，就必須依照規定而拆除，藉以守護市民的健康標準。但是這並非只是拆除所有不符規定的房舍而已，搭建好的房屋必須獲得認可，確保房子一旦完工後不會倒塌，並可以入住。故走投無路的家庭會聯合一起在一夜之間砌起牆壁並搭建新屋頂，然後隔天就能夠獲得政府當局認可。

　　新的貧困有時後會被誤解成，只是延續了「東方」的「老年」貧困而已。有時候會設想所有事物都是新式的，都是迄今不曾想像過，會對追求美好事物油然而生那股切的期盼，必須藉由觀察西方人以他們習慣的生活方式過活以及西方影片的刺激作用才會讓期盼實現的可能性。的確，在技術化的西方標準之下，農業社會大眾（不只是「東方」）的居住水平相當貧困；而且，人們確實明瞭這類的貧窮是可以

解決的，也因此要求改善的措施。但是，較有權勢的當前政治勢力則需要面對更重要的事實：人民大多比從前更加窮困。造成這種現象的其中一項因素就是人口增加，導致可用的土地變得更少以及每個月能獲取的食物也更少。但重要的是，在許多地方，都可以把這現象稱之為「有作用性的」貧窮。

我們會看到在特定城市或者國家的一般的消費層面是屬於功能性的貧窮情況；例如，一旦多數家庭都開始使用電話，就會變成不可獲缺的物品。當然這不是因為嫉妒或是物質上能跟左鄰右舍相比，而是因為先前流行過且較不貴重的物品已難以取得。因此，若沒有透過電話，街坊鄰居的傳聞就難以在人們的口耳之中流傳開來。在沒有私人交通工具的社會，工人並不需要私人交通工具，這並非是因為他們不知道所缺的是什麼，而是因為工廠地點與工作選擇的模式是以工人搭乘速度較慢，或者是其他類型的大眾交通工具至工作地點為前提，而使用的這類大眾交通方式的人們，並非處於競爭劣勢，而沒有汽車的美國工人現在也是如此。國際之間也有些發生過的例子可舉出作比較。「預期中的變革」只是新知識出現的部分結果。更重要的是，一旦地方的平衡已經失效，也就不再能夠達到過去能夠接受的收入水平了。當貨車與公車價格變得比駱駝與驢子便宜（用於整體競爭目的），駱駝與驢子也就消失了，而從前仰賴駱駝、驢子的相關的事業與設備，也會隨之整體消失，例如：副產品、馬糞、短程移動等等。整體經濟以這樣的方式進行轉變時，現金與外匯在某一層面來說就變得相當重要，甚至對於社會下層也很重要。例如，這讓窮人沒有能力購買進口商品。在世界市場沒有競爭能力，不只是威脅到了奢侈品，還有生活必需品。除了人口擁擠對土地使用造成壓力，通常生活較為困頓

的人民不再能達到過往「勉強溫飽的生活水平」——因為他們不僅花在昂貴的消費更為多種，從旅行到電影都包括在內，他們也在舊有的替代品消逝之後，轉而去注意另一項物品。

在這些新的、沒有組織的低下階層（他們變得相形重要），經濟要求迅速轉為政治上的訴求。現代主義者長久以來抱怨大眾停滯不前、無知，也害怕向前進展。情況不再是如此：熟悉這樣技術化生活的層面，就像是公車旅行、電影、現代醫療，窮困階級對事物的認知可能比你我知道的還要更多。他們可能更加謹慎，也不再冷眼旁觀。

如果西元1939年世界大戰導致穆斯林世界大混亂，這也導致了歐洲強權的衰弱。德國與義大利已經垮臺，但法國首先遭受德國人擊敗，且恢復緩慢；即使英國已經承認這個情況，考量戰爭的高額鉅資來自於穩定發展的技術化過程，會有大規模的消耗，他們也不可能跟俄羅斯或是美國人匹敵。英國人對於印度爭取獨立，並沒有太大的反對。跟西元1914年一次大戰後各國高喊獨立相比，當印度、巴基斯坦、印尼、敘利亞、黎巴嫩、甚至伊拉克與埃及在戰後紛紛宣布獨立建國才具有真正實質的意涵，已經是比西元1914年一次大戰還要實質的獨立。整體來看，歐洲世界的霸權已經結束了。

但是，另外兩個西方強權的新興宰制力量填補了衰微的舊西方歐洲強權——美國與蘇聯。有一段時間裡（儘管蘇聯經歷過嚴重的破壞），這兩個超級強權似乎控制了全世界。但是他們之間有激烈的爭執，其中一個代表西方長期以來組成的資本主義世界市場，另一個則是站在反對的最前線。在這場對立之中，人們期待穆斯林應該扮演關鍵角色。西元1949年中國加入共產主義陣營之後，在東半球資本主義市場的範圍中，仍有為數不少是低技術化但長久以來已有城市發展的

地區，這與伊斯蘭舊世界及其各地的屬地的狀況是一致的。美國人期待獨立的穆斯林政權，能夠一同站在全球的西方陣營，以圍堵蘇聯的力量擴大，而俄羅斯人盡全力鼓舞穆斯林族群反抗依賴資本主義世界市場的政府。

自從這兩個世界強權在短時間內擁有原子彈之後，原子彈被視作具有全面破壞能力的「終極武器」，也因此只要破壞力能夠讓對方屈服，這項武器就會被用來對付任何擁有原子彈的敵人。這場競賽很快就會陷入僵局，至少是這兩大強權的正面對決，但是，它們變得更積極地間接行動，像是維持或者提升各自在低技術化地區的地位，尤其是在伊斯蘭世界。這些地方在人們眼中是屬於單一世界的社會——他們不是建立在宗教或者文化虔信的基礎，甚至也不是建立在西方的基礎上，而更像是建立在中立基礎、技術化投資的層次。低投資的地區稱為「未開發」，或者以較樂觀的角度來說，是「開發中」地區。用這個基礎去瞭解他們最終發展的形式——亦即技術化，但由於尚未穩定發展，於是就被視作「無立場的地區」：當他們完整發展後，假設他們一定得達成的話，他們就應該會成為西方陣營或是另外一方的其中一員。這場的競爭結果，似乎端看是誰能夠贏得擁戴以取得舊歐洲世界霸權的地位。資本主義者或共產主義者都不能指望穆斯林族群能夠從爭奪繼承西方強權所陷入的泥沼中，開創出屬於他們自身的命運。

殖民主義終結（西元1949～1962年）

獨立的非西方政權仍尚未成熟，由於獨立政權的興起力量是肇因於西方本身內部的危機，而不是民族互助的力量所導致。因此，這些

民族必然得持續跟西方陣營的強權衝突，即使在獨立之後也是如此。這類衝突則會驅使他們加速現代化的進程。

但是，衝突的存在不代表他們必須從西方共產主義世界霸權，轉移到西方資本主義那一方。在資本主義世界市場與蘇聯所領導的共產主義兩方的角力戰，位於蘇聯本身之外的多數現代化穆斯林，並不想要表態站在哪一方。他們具有幾項西方社會的文化特質，而且一向如此，更令人注意的是他們與資本主義民族相互關聯的特殊價值，包括：接收資訊、查詢資訊的自由，提出異議的自由，以及多元與獨立社會發展的自由；似乎都是自由走向制度化的前提。這些都被中央集權共產主義的現代化方式排除在外。在任何情況下，許多現代主義者本身並不喜歡共產主義體制裡「以嚴格控制的平等作為解決方式」，有許多受教育的人，只因代表舊的剝削階級，重則就會被消滅，或者輕則嚴重地被掌控，以防止他們有意或無意間破壞了新秩序。然而，多數穆斯林不願與西方陣營站同一陣線來對抗共產主義。

客觀來看，穆斯林無法理解共產主義的運作（非正常共產主義革命的程序），也看不出為何西方盟友防堵共產主義。此外，他們繼續保持不信任西方歐洲強權的態度，相比之下，他們更加信任蘇聯，畢竟蘇聯在革命之後顯然對於南方邊界並無惡意。土耳其則是一大例外：土耳其人向來擔憂俄羅斯人覬覦色雷斯海峽，而蘇聯在戰爭後期有意親近土耳其，藉以取得那裡的特殊地位，也想要阻擋英國與美國對土耳其的支持。蘇聯想要鼓舞亞塞拜然的突厥（Azerî Turkish，甚至庫德族），在戰爭結束、尚未撤離軍隊之前，從伊朗王國獨立出來，不過最後還是完全撤退到舊邊界，目的是為了石油探勘的許可權；但這些許可權（伊朗國會始終反對）從未發揮影響力。阿富汗政府感受

到一些威脅，但是在蘇聯經濟成長後，限制了其人民直接與蘇聯穆斯林的聯繫。

到了西元1949年，甚至舊式城市化文明世界的多數地區，已經獲得獨立，他們與西方強權之間還是維持著緊張關係。比起蘇聯從歐洲世界霸權（除了西元1914年之前俄羅斯的邊界之內）的軍事撤退，更重要的是蘇聯自革命以來撤走的經濟霸權地位。如果外國私人資金不再能獲准進入俄羅斯，連帶的後果就是俄羅斯私人資金也不能再進入世界市場；如果蘇聯與其他國家有貿易往來，主要是雙方政府主導，也因此逐漸有控制的力量。但是在西方，私人資本市場還是佔主要優勢。低技術化的地區沒有在內部實行經濟上的控管，西方自由產品的競爭，以及西方資本市場還是維持著自十九世紀以來的相同問題。即使某一部分的經濟控制，是由民族主義政府強制實行，已經在發展中的依賴型經濟還是取決於西方地區資本主義的市場中心。此外，無論官方公開或檯面下巧妙進行，西方政府不可避免都以壓力來取得各地對於西方經濟利益的支持，因此與任何試圖改變當地經濟依賴特徵的顯著形式相互對立。

儘管小心翼翼，西方列強屢次直接介入維持當權政府的力量，以避免破壞現狀。對於西方人來說，最重要的政治考量就是「穩定」，由於政府之中存在著難以預測的改變，尤其是這些改變會演變成預期之外的新式經濟規範，或甚至是由於國家利益而被沒收，使得投資不穩或者毫無利潤可言。低技術化的社會最需要的是「發展」，而發展需要投入更多投資——更多來自西方的投資，還有他們長期以來的盟友。如果這樣的投資因為「不穩定」而沒有產生利潤，那麼接著就會出現在任何地方（國際資本市場開放），當地發展可能受阻。因此，

西方人認為對於促進穩固的政府，他們自己的利益和土地利益都至關重大；也就是說，當地政府會持續維持既有利益，也會抗拒任何有吸引力的壓力，因為這似乎會釋放當下貧苦大眾的壓力，也會產生長期的負面影響。由於西方強權優越的經濟與政治談判力量，他們擁有極大的影響力，以西方國際法完全合法的理由，就算無須完全使用（例如當地政府面對大眾威脅時的請求）西方軍事力量，在伊斯蘭世界還是隨處可見西方軍事基地。但從低技術化地區的立場來看，無論是否合法，這樣的影響力就是強行介入，而且還令人怒不可遏。

　　因此，多數獨立的穆斯林地區，就像那些受到西歐直接統治的地方一樣，仍然感覺到西歐強權的壓迫，反而來自俄羅斯的壓力減少許多。但特權階級從依賴型經濟獲得許多利潤，可能減輕了這樣的壓力（像是在沙烏地阿拉伯政府，有相當多難以說清楚的元素，這樣的壓力引起一些不滿），更多的現代主義者想要跳脫依賴型經濟的侷限，對西方壓力感到憤怒。因此，「帝國主義」嚴格認定就是非共產主義西方強權的海外帝國主義，其他政府擴張至鄰近地區（相當頻繁！）並不在算在相同的討論範圍內。

　　這種與非共產主義西方的衝突，肇因於低技術化開發地區的低下階級成為政治活動的潛在參與者之後被彰顯出來。民眾不相信當地特權階級，但逐漸認為他們自己是西方的盟友。新興的下層階級開始支持受教育的現代主義者。他們逐漸稱自己為「社會主義者」。

　　但是在西元1914年大戰之後，「民主」變成了進步的標語，在西元1939年世界大戰之後，一般說來，在西歐盛行「社會主義」，英國則是「社會主義」政黨取得政權。不論「社會主義」代表的意義為何，都引起了大眾關注經濟與社會問題，直到解決這些不利因素前，大眾

也會注意到「民主」的不可能性對他們自己影響重大。比較特別的是在低技術化地區裡，讓人注意到一項困難——即建立有規模的技術化社會，因為這需要全民參與，只要大眾仍然窮困就不可能達成這個目標。而且，這需要資本主義世界市場的影響力，如果可以自由運作，就會永久成為依賴型的經濟，伴隨而來的就是特權階級與貧苦階級之間的矛盾；藉由計畫、控制資金上的投資方法，就能夠避免這樣的情況，而且，以這樣的方式也可逃離世界資本主義的宰制，以及當地盟友的控制——也就是說，以社會主義的方式——然後以大量工業化來達成目的，讓一國之經濟可以自給自足，也能夠提供工作機會給貧苦人。

因此，西方理想主義（現在是以社會主義形式呈現）再次結合了當地力量，讓現代主義者更熱衷於他們的宣言——形式上的獨立還不夠，因為這仍然代表屈從於西方；必須要藉由經濟獨立強大自己的力量；而且這種經濟獨立一定要以採取提升大眾經濟的形式，大眾不能再遭受到忽視，而且要走向工業化與某種層面的社會主義路線，來執行這種理想。大多數這些現代主義者，都不想要變成共產主義者；但他們至少亟欲擺脫非共產主義西方的控制。由於大眾在背後的支持形成了威脅性，他們因而拒絕與西方陣營、美國領導人結盟；在某層面上來說，他們能夠對穆斯林政府造成影響，穆斯林政府因而拒絕加入美國世界聯盟的系統。

新的反西方運動，有時候轉向了戰爭期間新興的經濟關係，包括：穆斯林地區的石油供給了西方陣營。石油與原物料方面的生產，有三個差異點。第一，對於西方而言極為重要，不僅只是有用的商品，因為西元1939年世界大戰前後，在同時期的穆斯林乾旱帶中部，

石油在軍事與民事上的使用趨於多元，特別是波斯灣與裡海地區，變成了東半球極為重要的生產者。蘇聯邊界上的巴庫石油供給大部分的蘇聯市場；但在伊朗與伊拉克及阿拉伯半島，受到美國油田的競爭，而且美國石油是西歐石油的主要來源，所以擁有半數壟斷的地位。第二，原油的銷售利潤相當高，但有能力在自己境內做石油生產的政府，卻只有少量利潤。許多公司為了石油開採權利，爭執不斷，在戰爭期間，尤其是戰後，獨立的政府訂立了高利潤比例——沙烏地阿拉伯從一九三〇年代開始私自挖掘油田，在戰爭期間與結束之後，也大量生產石油，從美國公司取得百分之五十的利潤，這已經是公定標準。因此，西方特別關注的對象又增添一樁，石油是產地的特殊希望。最後，那些石油生產的技術化提升了那些希望，例如：許多石油工人幾乎有必要汲取高技術化的訓練，特別是產地的提煉與鑽鑿，而石油似乎形成了開發重要技術化工業的必備要素。到此為止，工業有助於整合國家經濟（未必會發生這情況），這讓整個經濟走向技術化。

　　顯然，石油日益成為政府的收益，應該在生產石油的地區運用（在某種程度上，可以從政府的每日預算中提撥出來）技術化投資，以提升一般的經濟水準。但是，這個觀念興起之後，應該不僅止於使用外國人給付的器材——政府應該將石油工業的發展從原本「由外資投資開發」本地無法替代的自然資源，立即轉換成為「國家的投資經營」以作為國家現代化的一種手段。這建立在西方的國際法，也就是獨立的國家在其領地內擁有主導國家利益的權利，甚至可以由本土的法庭來決定在領土內的外國財產都可作為當地適當的賠償（最後一點，是世界法庭後來的決定）。如果產地真正獨立了，就能掌握「國有化」油井，作為政府的財產，而有石油利益的西方政府就沒有權利

反對了。對於西方來說石油相當重要，西方希望能夠從產地購買石油。

這個理論第一次的試驗，是在伊朗王國。在英國與俄羅斯把禮札國王廢位、流放之後，他們扶植了他的兒子穆罕默德·禮札（Muḥammad Reżà），但政府還是由國會主導，才得以與反德的內閣進行合作。當英國人與俄羅斯人離開之後，國會就取得優勢地位。國會由商人與大地主把持，他們掌握了農民的投票，並不希望繼續現代主義者所提倡的改革；但是，現代主義者與國會似乎皆同意石油國有化。在現代主義者的普遍提倡之下，穆罕默德·穆沙迪各博士（Dr Muḥammad Muṣaddeq），他曾經拒絕賦予蘇聯石油的特許權。由於年輕國王希望得到西方的財務支助，儘管這不是國王的意願，國會還是在西元1951年時，同意把英國控制的南方油田以及煉油廠全部收歸國有。伊朗人不希望英國以軍事力量從中介入，因為過度介入會破壞他們自己與其他獨立但低技術化國家的關係，英國也因而不再能夠承受得住他們的憤怒；但由於英國介入也能夠讓蘇聯具有反介入的抗衡力量，其實沒有任何西方陣營的國家願意看到這個局面，所以蘇聯擴張代表著讓這區域不再靠近資本主義世界市場。

英國人沒有派遣出軍隊，但是也並未接受國有化。他們相信，如果任由尚未準備完善的伊朗政府來運作石油產業，會破壞石油業的營運，也可能會帶來風險，而且也不符合伊朗人的最佳利益。西方人自認為是以合法、和平的方式，施加合理性與穩定性。他們使用優越的經濟資源，進行杯葛。英國石油公司遊說所有西方石油消費人：掠奪石油公司的財產的行為，違反了石油特許權條款，這種行為非法，而且石油不應該只屬於西伊朗政府。石油購買商不敢牴觸這種條款，以

免他們必須為了相同的石油而重複付款給伊朗人與英國公司；的確，油輪由石油公司控制，所以不能輸送；因為英國技師不能為伊朗政府工作，即使可以運輸與販賣石油，也難以製造（特別是提煉）。是伊朗政府愈來愈仰仗石油收入，但這項資源已經逐漸減少。但是當伊朗政府的壓力變得嚴峻時，西方的壓力反而減輕。有可能是由於鄰近穆斯林區域的石油生產，在伊拉克與阿拉伯國家裡皆快速上升，所以很快地，西方市場察覺到封鎖伊朗石油後，並不會造成損失。西方期待的是西伊朗政府承認失敗，而且接受石油公司修訂的生產條件。

伊朗的公眾情緒非常有影響力，儘管經濟面臨重大困難，低下階級的經濟情況明顯更為艱難，而且這些人大多數都沒有工作。伊朗對美國人有強烈的反感，因為美國在西方陣營的領導地位，但在教育不普及的小鄉鎮裡，美國遊客還是僥倖比英國人受歡迎，相比之下，英國受到伊朗人憎恨。自蘇聯佔領伊朗北方之後，共產主義人士建立了一些勢力，而激進的伊斯蘭法主義者擁戴伊斯蘭，在世俗化國王遭黜位之後也形成一股力量，他們反對國王改革、支持穆沙迪各或者至少是他的國有化政策。在其他穆斯林地區，穆沙迪各頗受愛戴；在整個伊朗，他也廣受歡迎。但是沒有任何生產石油的政府支持伊朗（因為伊朗當時的損失，反而對他們有好處）。儘管會遭受到西方杯葛、不會獲取其他穆斯林政府的支持，獲得大眾支持的現代主義者想要掌握這項優勢；他們知道，即使這麼做會犧牲石油利益，但伊朗可以藉此獨立自主。

但是，享有特權的人在國會掌握權力，變得比較不支持穆沙迪各；到了西元1953年，穆沙迪各受到大眾擁戴，沒有國會支持而又對抗國王，也逐漸面對共產主義者的挑戰。儘管街頭示威運動支持穆沙

迪各，他的地位還是變得衰微，最後，軍隊出面干涉，以國王的名義罷黜並逮捕穆沙迪各。在軍隊的支持下，公眾情緒遭到壓制，而國王與國會正在與西方協商石油利益，不過這沒有讓令人憎恨的英國公司重新取得運作石油的權利。同時，國王加入西方陣營的軍事聯盟（結合伊拉克、土耳其、巴基斯坦）。這可以保障他獲取英國的支持——尤其是面臨俄羅斯衝突的時候；這也讓他們得到美國軍事上的可觀協助，以及財務上的支援，促使石油方面的生產更加有助於伊朗的經濟。穆沙迪各想要運用特殊的石油生產條件，取得經濟上的獨立，顯然這個想法已經失敗，反而屈服於西方陣營，與對方進行經濟與政治上的結盟。

不過，穆斯林地區多數人民最後沒有接受這樣的決定。穆沙迪各擔任首相時期，在埃及另外有所斬獲，即取得更多現代主義者的支持。就像其他的東阿拉伯人，埃及人對於在巴勒斯坦敗北一事耿耿於懷，應該譴責的是阿拉伯政府中掌握權力的那些人；他們奉承西方，但還是迎合既有權力者的利益——像是地主與其他人；而且與西方結盟；以及犧牲小團體利益的貪腐現象。在巴勒斯坦戰役之中，資金與物資都用在錯誤的方向，相當可惜。年輕的軍事官員更加悲慘，他們受過技術方面的訓練，也感到改革理想的鼓舞，此外，無論是為了他們自己或是家庭，他希望特權階級能夠藉由改革而迫於壓力。軍隊中的資深官員在任何地方都與政府結盟，對國王也是如此；但年輕的官員就因為這個因素，而遭受到排擠。在西元1952年，開羅民眾多半失業又絕望，他們的怒氣表現在——焚燒多數歐洲人下榻的頂級旅館、在大庭廣眾之下殺害歐洲人，也有更多隨意的破壞行為。一些年輕軍官察覺到發起政變的時機，於是在暴動幾個月後，他們逮捕開羅的上

級指揮官。短時間內,他們就宣布共和國成立,從此對抗英國利益。

　　他們在革命之中取得權力,也比較了法國革命與俄羅斯革命;這場革命比較溫和,沒有發生任何血腥事件(對於這種情形,他們說:因為埃及人是溫和的民族),但同樣具有代表意義。與穆沙迪各所主導特權階級利益的議會(Majles)相比,他們從一開始就廢除代表相同利益與因素的埃及國會與其政黨,並採取強硬手段以確保特權階級不再有機會反對他們。在一段時間的爭奪之後,一位名為賈瑪勒‧阿布杜─納西爾(Jamâl ‘Abd-al-Nâṣir)[2] 的軍官起身運作政變,他成為了重要人物,而且他的軍官委員會統治整個國家。起初(如同穆沙迪各一樣)受到共產主義與強調律法的伊斯蘭代支持,阿布杜─納西爾卻翦除他們,特別是後者。阿布杜─納西爾把地產分配給窮苦農民、進行改革,這些過去或多或少都沒有發揮成效──最重要的是如今已沒有貪污,也鼓舞了民族主義對抗西方的思潮;他贏得了農民的支持,以及多數接受現代化教育階級的人們、城市下層階級熱烈的歡迎。

　　同時,英國人焦慮地觀望著情勢。戰後,他們從埃及撤軍到了蘇伊士運河,他們認為這裡是讓西方陣營與國際市場互通有無並維持影響力的地方。現在,阿布杜─納西爾為了確保能夠對抗外力干涉,運用他的力量從埃及的任何地方──亦即從運河部分──開始來消滅英國軍力。在一段長時間的騷動之後,阿布杜─納西爾告訴英國人:如果他們想要與埃及維持穩定關係,那麼英國軍隊就不能駐紮在埃及,也

---

*2　編註:阿布杜─納西爾維埃及共和國的第二任總統,被認為是歷史上最重要的阿拉伯總統之一。臺灣一般常見譯名為「納瑟」,但正確的譯名應為「阿布杜─納西爾」。

就是說，英國必須讓步；英國人同意了，但把塞普勒斯（Cyprus）作為另一個軍事基地。

　　阿布杜－納西爾選擇在亞斯文南方興建新的水壩，作為埃及下一階段重要的經濟發展目標。大水壩蓄水效率更高，因此能夠施行更大面積的灌溉，也能在沙漠中開墾；但對於幾年內就快速成長的埃及人口來說，水壩設施還是不敷使用。或許更重要的是，水壩設施用來做水力發電，其所產出的大量電能可使新的工業計畫付諸實現。這樣的作法解決開羅大量的失業人口，成果不容忽視。美國政府給予財力上的支援、收取微小利潤，帶給埃及政體「穩定」的希望。社會大眾對於水壩懷有高度的期待，然而，阿布杜－納西爾（就像其他的東阿拉伯統治者，還是與以色列錫安主義者交惡）無能取得西方陣營的軍事協助，除非他選擇加入他們，但是他拒絕了，反而加入共產主義陣營，而且保證會提供共產主義者品質優良的棉花作物。美國人對於阿布杜－納西爾與共產主義政權結盟感到震驚，特別是為了經濟目的，於是在西元1956年取消水壩興建一事的協議。開羅報紙頭條指出──這就像是美國攻打埃及一樣。

　　埃及石油產能不多，但它享有另一項對非共產主義的西方來說幾乎同等重要的資源──蘇伊士運河。的確，此為大量石油透過油輪運輸的往來要道。運河的持有及經營也是由歐洲公司經特許權協議後簽訂。由於英國軍隊已經撤離，蘇伊士運河就由埃及掌握。阿布杜－納西爾在國際法上所持的立場，與穆沙迪各相同，他將蘇伊士運河國有化的方式進行報復。在所有東阿拉伯地區以及更遙遠的地區，人民對於他的勇氣感到興奮，也猜測他是否能成功。就像是伊朗，運河公司撤離他們的專家，目的就是為了中斷運河的運作；但是埃及也有能力

聘請其他專家，最重要的是它能夠自己訓練人才，技術化的工人數量上比伊朗更多；運河的運作一直都很平順也沒有發生意外。運河公司想要將船艦的通行費支付給自己，而不是給埃及，要不就改道航行經過好望角（Cape of Good Hope），但這樣的作法並不實際；運河依舊是無法取代的。阿布杜─納西爾似乎想要擺脫這樣的現況。

到了西元1956年底，已經感到徹底絕望的英國政府不再是社會主義政府，也不必再容忍殖民地式的獨立：如果埃及能夠讓蘇伊士運河這個國際貿易重要動脈國有化，就能夠有助於整個資本主義世界市場的架構能在各地興起的新民族主義下運作，而眾所皆知，他們反對西方陣營的利益。法國人也有相同看法，他們在蘇伊士運河也有利益，而且埃及支持阿爾及利亞穆斯林的叛變，讓他們感到相當困擾。英法兩強決定透過國際法與秩序使西方在當地有宣示自身的權力，訴諸武力來解決問題。從他們在地中海島嶼的基地來說（有關於以色列的攻擊），英國人與法國人合力對埃及開戰，想要奪取蘇伊士運河，也希望推翻阿布杜─納西爾政權。阿布杜─納西爾的地位比穆沙迪各更加穩固，他的政權之所以會興起，是因為受到大眾及對個社會的支持；甚至於阿拉伯國家的支持。以色列將他們全數剷除了，但英國人與法國人還沒有合適的計畫，就面臨了更多他們沒有預期到的抵抗運動。美國人以道德主義的立場，還有俄羅斯人不願意讓資本主義西方取得勝利，雙雙以外交方式介入，俄羅斯人幾乎引起戰爭。聯合國組織下令停火；法國人與英國人都知道他們沒有立場可以拒絕。最後英法不情願地撤離，阿布杜─納西爾取得勝利。

包含西方陣營，所有人都學到了蘇伊士運河的教訓；儘管西方強權還是想要佔有軍事上的優勢地位（維持全球的基地），但在原子彈

條例之下，他們不再以砲艦干涉海外事務（或者飛機），不再藉此支持特殊的西方利益、對抗當地政府。這是歐洲世界霸權告終的必然結果，更進一步來說，西方陣營海外各地的領土普遍脫離附屬地位：不只是過去的城市化領土，還有許多地方已經在西元1949年之前取得獨立，還有些是尚未開發的地方。西元1956年，法國人已經被迫允許摩洛哥與突尼西亞獨立（英國人允許尼羅河上游的蘇丹地區）。西元1958年，法國人開始計畫讓殖民地獨立，同時仍然保持與殖民地之間的聯繫；例如西元1960年讓次撒哈拉完全獨立，但在多數情況下，還是跟法國維持著關係。英國的次撒哈拉領土上有眾多穆斯林人口，主要是奈及利亞，在西元1960年時也成為獨立國家，但缺乏系統的治理方式。同樣地，在所有南部海域一帶，許多地方相繼獨立，特別是西元1957年的馬來西亞、西元1960年的索馬利亞、西元1961年的桑吉巴（Zanzibar）。不過，有些南方與東方阿拉伯海岸還是由英國保護了許多年。

由西方陣營列強固守的唯一海外主要穆斯林領土，即為阿爾及利亞。如同前述，法國居民人數眾多，也持續一段很長的時間，不過阿拉伯與柏柏（Berber）穆斯林的人數超過了法國人，人口比例是九比一，法國認為阿爾及利亞（就像是合法取得一樣），是法國的領土一部分。當突尼西亞與摩洛哥在技術方面只作為保護地，並經過暴動之後才得以獨立，但法國人並不認為這種獨立適用於阿爾及利亞。阿爾及利亞的穆斯林愈來愈不能與法國人妥協，從西元1954到1961年間，他們發動了游擊戰，強迫法國承認阿爾及利亞不是法國人；而當局在經濟層面上仍仰賴國內多數百萬法國移民者所有的發展方向與技術，即使巴黎政府對當局的影響日漸式微，這些法國移民者仍恪遵法國的規

章；阿爾及利亞國家政府著手整頓政局，並終於在西元1962年獨立。

獨立與相互依存

　　一旦大眾起義堅持建立獨立於西方控制的新秩序，即使新的政府[3]能夠贏得獨立，技術化世界提供給任何低技術化社會的困境仍然持續存在。許多政權不能真正獨立，除非他們可以嚴格把自己封閉在世界貿易之外；對於這些大多數的政府而言，這種孤立甚至讓他們能夠生存下去，意指任何可能的技術發展都結束了。故必須要去發掘有那些關係，以便有助於融入整體世界，而且不能讓那些關係破壞這得來不易的獨立。這些政府真正需要的是跨國間的聯盟形式，藉以能夠有效取代歐洲的霸權地位。可以在幾個層面上尋求解決方案。西方與共產主義陣營之間的僵局，至少是暫時的結果，多數穆斯林族群對兩陣營的對立也有所對應。

　　這樣的問題由人為劃分的單位而突顯出來，以這樣的方式設定自己為獨立的「民族」國家。現在已經知道十九世紀期間歐洲人如何樂意於劃分永久疆界，即使他們沒有進行軍事上的佔領；無心卻有意的疆界劃分準則可區分為道德因素與地理層面上的考量。通常界線切割

3　在美國用語，因為美國政治因素的緣故，「state」已經意指「省」（province），而「state」則是由「國家」（nation）一詞所指稱。因此，新省分（new states）已經被稱作令人誤解的「新國家」（new nations），彷彿政治法令能夠創建一個國家；而美國作家經常（儘管多數的他們頭腦清晰）使用這樣的詞彙，猶如現實中它們的確是國家（nations）。如果在建國之初就將地區間的劃分與爭議闡明，就會明確制定人民的國家意識。

了對立國家的種族團體——因此庫德族在伊朗、土耳其、伊拉克境內切割成三部分；說普什圖語（Pashtô）的族群（安息人〔Pathans〕或阿富汗人，依據種族來區分）切割了阿富汗與巴基斯坦；說馬來亞語的族群，則是在印尼與馬來亞。幾乎所有這類例子，（潛在的或實際的）叛變或跨國間的糾紛，都耗損了所有相關國家的精力。或者，藉由個別群體間採取的方針將不同民族聯合起來：尤其他們大多數在許多黑色人種地區被分割的國家，將不同國家穆斯林以及異教徒民族聯合起來。因此，因為英國人已經從海上滲透到內陸，直到受到法國人阻礙，奈及利亞包括北邊（也就是黑色人種地區）部分，穆斯林偶爾在政治中有保守特權，聯繫著南方部分（也就是，政治中心位於幾內亞海岸的雨林），是異教徒的或基督教徒的，他們有現代化的傾向，讓「落後的」北方人民感到相當不滿。因為英國人沿著阿拉伯奴隸貿易路線，滲透到了尼羅河，尼羅河流域的蘇丹共和國聯合黑色人種地區北部的（還有說阿拉伯語的）穆斯林多數（他們都已經相對現代化）與南部的異教徒與基督教徒（這些教徒位處於黑人次撒哈拉區域，這個地區一直到近期仍尚未開化，被視為「落後」地區，並且不滿於處境優越的、先前奴役他人的穆斯林統治）。在這些例子裡，新政府必定遭受到內部反對勢力的嚴重破壞。

　　通常共同主導新政府的人主要是所有受教育的菁英，他們說一樣的帝國語言——例如法語或英語——在思想方面則有一致的文化模式。在這樣的例子裡，藉由帝國語言文字表達的象徵去突顯文化上的依賴程度，政府才能夠降低國內衝突，並避免損害政治獨立。但對於新政府而言，試圖去大規模重劃邊界十分危險。只有在印度邦聯，英國帝國為有某種程度文化一致性的不同民族留下了政治主體的形式，多數

民族都還沒有文化的一致性，相對容易以政治目的來劃分新的種族邊界；由於對於印度整合統一，劃分邊界沒有經濟效益也十分危險，政府甚至長期以來抗拒重新劃分邊界。在其他方面，規模較小的新政府無法承擔重整上的資源浪費，就如同印度的現況，重劃邊界所造成的種族糾紛是肇因於各種族對其深厚的忠誠度，一旦爆發就會無法收拾。此類考量意謂著這幾個新國家的政府機構決定去掌握他們原有的權力，以及去變更疆界，以宣示其管轄疆域之擴張。但是，每個國內混沌不明的情勢，以及其與周邊國家的關係，則增加了國與國之間探尋互不干涉模式之需求。

假若真的適宜的話，最合宜的安排也或許是最幸運的安排，就是自發性地與西方勢力結合，並在新的基礎上去保障低技術化以及發展初期依賴性較高的國家，讓它們能夠獲得技術化與經濟力量的援助，目的就是為了盡快成長到合適的經濟層次，並讓真正的「互助」得以實現。先前英國帝國的「文化英國」樂於看到先前的帝國轉型成大英國協，在其內部，特別的優先權建立在諸如貿易關稅此類的事務，並同意彼此互利，而其中的拓展計畫就是以直接的技術協助為開端。甚至「文化法國」也自然而然地採取這類的安排。法國總統戴高樂（de Gaulle）瞭解「殖民地」對於獨立之需求，而且盡量平和地讓他們獨立，同時也勸說新政府的菁英加入剛開始成立的「蘭西聯盟」，但很快地與法國形成了非正式關係，聯邦之間的緊密度甚至更甚於大英國協。蘇聯的俄羅斯文化菁英跟這些安排的情形類似，除了沒有經歷取得獨立的過程之外，蘇聯穆斯林共和國還是相當依賴俄羅斯共和國，而不是大英國協政府或者與法國聯合的國家，或者他們先前的殖民者，即使是在西元1953年史達林（Stalin）去世後的自由化時期也是一樣。

此種的安排的前提是技術協助的概念，一般來說是高技術化國家給予低技術化國家協助；這逐漸變成西元1939年二次大戰以來世界的標準。對於提供協助的強權來說，給予他國利益協助就是犧牲自己的納稅人，促使廣大世界的市民安居樂業。自從技術化開始進行以來，二十世紀的人們其實逐漸居住在沒有邊界的疆域裡——整個世界的局勢密切影響他們的生活。隨著歐洲霸權瓦解，至少特別對那些參與資本主義世界市場的西方強權同等重要，特別是那些參與資本主義世界市場的國家，如同對於先前依賴形式的政府那樣，有些可見的替換模式，作為讓所有地區有持續下去的條件。

　　以往的帝國強權承認：為了他們的商人和其他想要前往殖民地的居民，他們的殖民事務部耗費冗長的時間與經費，讓殖民地成為適宜居住的環境——不只是軍事開銷，還有學校獎學金與其他必需的計畫，因為殖民地經濟無法獲得直接可動用的財源支撐。在獨立之後，似乎適合延續這類開銷，因為仍然必須居住在新政府。希望能夠維持政府公職服務的水平，如果可能的話，還要增加人們整體消費的層次，透過經濟的發展有助於確保新政府的「穩定」。美國儘管沒有許多殖民地，還是有一致的發展。在西元1939年二次大戰期間，較不受波及的強權——特別是美國，協助其他經濟較為拮据的盟友，戰爭之後，美國的優勢來自於協助西方戰後重建；這似乎適合美國去拓展相似的協助，例如軍事與經濟上的協助，去幫助低技術化的國家，也讓他們成為發展蓬勃的鄰國。

　　同時，就像技術協助的模式意謂著開明帝國主義的延續模式，如同過往經歷過的發展，所以這也代表更多私人傳教活動的延續模式，就像他們過往至今的演變：在兩次世界大戰期間，西方傳教工作逐漸

在醫院與學校加強服務，比較沒有直接改信的意圖；而許多理想主義的青年脫離傳教團，在比較沒有特權的土地上加入自由的「志願工作營」，表現他們堅定的意志，藉由手工生產的勞工，而且同時運用他們從較有優勢的社會中取得的技術優勢。最後，甚至連政府都採取志願工作營的想法。

當歐洲社會在戰後重獲他們的力量，許多私人、宗教、慈善、甚至是工業團體，在歐洲與美國逐漸努力去協助低技術化的民族，藉由輸送技術去協助他們「發展」。多數歐洲政府也從事這類協助，那些以往沒有殖民地的國家有時候尋找規模較小的新政府（例如：瑞典、突尼西亞），他們的協助可以發揮最大效用。技術協助有時候變成為優勢與心理的競爭，以及技術上的立足點。因此，如果特定西方政府送來新的設備，新的零件也必須從該處下訂，那麼貿易的基礎就建置完成。後來這演變成每一個在經濟方面有所發展的國家，都有各自協助他國的計畫；不只是西方陣營而且還包括多數共產主義國家，以及日本、以色列、甚至是印度邦聯。總之，這些伊斯蘭世界國家之前鄰近的屬地，現在是受益最多的區域。

美國建置工業廠房的規模是可與世界其他地區的聯合企業相比擬的，美國的協助（軍事與經濟皆包括在內）有相當大的規模，整體而言，美國會想盡辦法提供各式協助，讓低技術化國家能夠依附在資本主義世界市場，以避免該國加入共產主義陣營而錯失達成適度發展的良機。但是，除了美國的協助之外，最大量的協助是透過新政府與歐洲前帝國政府之間的特別關係。這樣的安排有重要的優勢，例如，不同於對美國協助的依賴，協助讓「相互依存」有更廣泛且可預期的模式；基本「殖民地」產品之銷售，在歐洲國家獲得保障，例如，即使

當新政府接受協助去讓未來的產品多元化。但是，這種與西方強權聯合的特別安排也有缺點，因為當短期決定全都來自過去依存關係裡既定、普遍的利益成長，將必然難以持續建立獨立經濟的長期目標。他們當下所考量的利益，不僅是那些歐洲國家主要的環境因素，而且還有在新政府中仍有重要性的當地盟友；不論現代主義者的官方政策走向為何，那些利益相繫於永久的依存關係。歐洲人關注的是廣闊的影響力量，以便於防止任何激烈的改變。

在這樣的情況下，很難出現社會革命，反而容易出現在為取得平衡而重新分配利益的任一新政府。很難去設想在這樣的現況下所發生的社會革命，以及一個新國家內部針對利益平衡所做出極大的調整。但是，沒有如此重新組合，對於基本平等的劇烈變動就有可能會受到阻礙。因此，在這樣的安排之中，歐洲政府潛藏的主宰力量—甚至在任何地方，使得技術協助也製造了稱為「新帝國主義」的局面，現代主義人士以及舊帝國主義都感到擔心。

各地新政府與西方積極聯繫，較不危險的方式就是透過國際組織之建立，也就是前身為國際聯盟的聯合國（United Nations）。新政府與西方強權的特殊關係轉而將聯合國作為平衡力，其他低技術化的政府至少也都想要效法。新興的聯合國在歐洲和諧與國際聯盟之後，作為基礎的西方個體，每個政府都握有一票，多數最獨立的政府都有西方背景——幾乎每個歐洲與拉丁美洲的小國家都享有投票權，而中國及其藩屬與印度邦聯卻各只有一票。但逐漸地，由於小的獨立國家在阿拉伯地區、東南亞以及特別是在次撒哈拉非洲地區數量激增，雖然不具實質的代表性，但藉由平衡勢力以及讓先前的「殖民」政府執政，讓大家跟西方一樣享有平等的投票權。西方陣營同時創造出適合

他們自身事務的特殊「歐化」組織，因此，聯合國變成處理西方與其他地區關係的主體，或多或少是以平等為基礎點。聯合國與其特殊附屬組織——例如聯合國科教文組織（UNESCO），提供了多元政治方案之管道，甚至有些政治或文化聯繫上的技術協助，但是這類組織在結構方面，則受限於所有主要陣營一致認定的實際規定，而且也無法適當解決獨立國家所需要的孤立。

土耳其建立與西方直接聯繫的管道，而不是自行與任一強權接觸。在西化政策的路線中，土耳其為了要達成其西化的政策，便開始試圖加入特定的西歐組織，對於舊西方國家來說，這是一種脫離的手段，與美國及蘇聯比較起來便不再是小規模的國家。同時，土耳其也以反蘇聯的立場，取得了美國協助。但這樣的過程，對於多數國家來說，既不是心理層面的，也不是地理層面的。多數低技術化的非西方國家，歡迎所有支持另一方而產生發展鴻溝的國家團結一致，這讓他們能夠更有力量與西方陣營對立。埃及阿布杜—納西爾、印度的尼赫魯（Nehru）、印尼的蘇卡諾（Sukarno）領導穆斯林與非穆斯林，於1955年聚集在印尼的萬隆（Bandung）舉行會議。萬隆會議挑起了激情，也在聯合國內外都有號召力，一開始稱為「亞洲阿拉伯人」，然後更多次撒哈拉國家獨立之後，則稱為「非洲的亞洲人」陣營。有時候這類力量聚集，是以中立（不結盟）的立場，來對抗西方與共產主義陣營，而這也可能包括中立的歐洲強權。更常出現致力於取得獨立以對抗西方的國家，可能包含了共產主義勢力——像是中國，或者甚至是蘇聯（由歐洲地理學家的角度來看，這在技術方面可以作為「非洲的亞洲人」陣營，而領土多半在「亞洲」）。但非西方結盟沒有成果，因為低技術化的國家不能夠給予其他人相當足夠的協助，除非在

一定程度上重新思索貿易模式。

　　低技術化國家之間獲得了更進一步的建設力量。有一部分是由於殖民地政府所導致的分裂，這些國家絕大多數的規模都相當小，人口也很稀疏，但通常如果國與國之間能形成區域邦聯，就會變成一股很大的力量。這樣的邦聯降低了孤立所導致的缺點。如果穆斯林產油國在穆沙迪各時期就已經結合，他們就會面臨西方的杯葛，然後也會出現反杯葛的力量。邦聯也會幫忙解決因劃分文化團體界線所造成的一些問題。幾個這樣的區域邦聯，在次撒哈拉非洲已經萌芽，但有實際上的執行困難。在這時候，印尼與馬來亞以穆斯林為主的國家，想與基督教為主體的菲律賓聯合起來，成立馬來西亞群島盟邦。

　　區域邦聯最重要的企圖，就是東部阿拉伯地區的人之結盟，西部阿拉伯地區則較少人加入。泛土耳其主義在蘇聯控制的多數土耳其語地區、土耳其的歐洲地區裡，是最重要的議題。泛伊朗主義就沒有獲得這樣的機會。但是泛阿拉伯民族主義（pan-Arabism）仍然非常活躍，在阿布杜－納西爾在蘇伊士運河取得勝利之後，主導了阿拉伯歷史。阿拉伯人愈來愈感覺到自己是一個民族，有單一命運，不滿帝國主義留下支離破碎的局面。如果他們團結起來，將會是龐大、有策略作用的地區；阿拉伯人能夠分配石油財富，讓所有阿拉伯人都擁有利益；也許最後還能擊敗以色列。

　　感情上來看，以色列的存在是阿拉伯人強烈尋求團結的動機。以色列仍在東阿拉伯地區威脅到當地的歐洲移居者。以色列特別與西方聯合，進而導致衝突，如同西元1956年，支持英國與法國入侵埃及。此外，當以色列從世界各地帶來愈來愈多的猶太移民，對以色列稀少的資源也造成愈來愈多的壓力；即使以色列領導人不試圖借用色列西

方盟友的資助來擴張以色列的邊界，阿拉伯人不知道人民的壓力會迫使那些領導人——或者找尋新領導人——去進行擴張版圖的行動，如果阿拉伯人出現這樣的問題時，也會導致更多阿拉伯人遭到流放。以色列愛國分子只能期許自己：國家能夠包含所有以色列古代的領土，如同原先的計畫。即使接受以色列存在的事實來換取其不得擴張的保證，以色列的潛在貿易與工業資源，輔以西方資金的挹注，就足夠讓周邊阿拉伯地區的商人階層感到畏懼，並形成難以匹敵的競爭威脅。因此，持續穩固的利益會一直讓阿拉伯人對以色列存有敵意，他們在心理與個人方面都受到錫安主義的影響。任何阿拉伯政治人物想與以色列結盟的念頭，儘管只有些微意願，都是不明智的作法。但是，倘若阿拉伯人之間分裂，就更不可能擊敗以色列了。

　　多數東阿拉伯人幾乎熱切想要團結一致擊敗以色列，但是仍是有無數的阻礙。除了每個國家機關都存有永續政權的想法之外，團結的目的就是要協助防範以色列——有些國家生產石油的利益，使得在那些國家的人民想要留住此利益並用作當地發展，而且以色列阻擋了多數強大阿拉伯國家、埃及、東阿拉伯民族主義之中心及肥沃月彎之間的聯繫。即使強烈的阿拉伯民族主義在埃及、敘利亞、伊拉克有領導地位，而且許多阿拉伯穆斯林有意把阿拉伯民族主義與伊斯蘭遺緒連結起來，促使黎巴嫩基督教徒離開、加入鄰近的邦聯。但是，英國人似乎起初形成了整體的阻礙；他們感覺到情勢難以掌握，因為他們原本在幾個國家中都以「穩定」之名來治理，現在那些地方利益都因為團結而居於次要地位，尤其是伊拉克與約旦的君主制（與沙烏地阿拉伯敵對，因為他們利用石油，與美國取得愈來愈緊密的聯繫）。西元1952年，埃及發生革命後，英國反對當地局勢改變的影響力則漸漸消

減，但對伊拉克的影響力還是很強大。

埃及阿布杜—納西爾在西元1956年勝利之後，聲勢水漲船高，取得領導地位並催促著團結。在敘利亞共和國，自法國人離去之後，政治局勢就變得非常不明確。如今，出現了社會主義政黨——也就是阿拉伯社會主義復興黨（Ba'th）——為阿拉伯團結帶來希望，但同時他們也擔憂共產主義策劃政變；西元1958年，這讓敘利亞人轉而支持阿布杜—納西爾，因為他主張埃及與敘利亞統一為「聯合阿拉伯共和國」（United Arab Republic）。他以強制手腕進入敘利亞、鎮壓共產主義，如同他在埃及的作風，也鎮壓國會以及特權代表；他也號召其他阿拉伯政府參與新的邦聯。這樣的證明已足夠引起反對英國介入及反對伊拉克貪腐特權的回響，就像是西元1952年埃及革命的翻版，這需要一批年輕的軍隊軍官去推翻國王的政權。伊拉克知道這是道德革命的時刻，於是停止興建新皇宮的工程，娼妓也在街道上消失了，而且每個人都相信新的公平正義、井然有序的生活就要開始了。

但是，新的伊拉克政府猶豫是否接受阿布杜—納西爾的嚴厲統治，而代價就是阿拉伯的團結，此外也嘗試延續前任主事者把石油利益投入伊拉克發展的計畫。英國人最後離開了，但阿拉伯人仍然沒有團結起來。到了西元1961年，敘利亞人準備破壞他們與埃及的特殊聯繫，也使得復興黨領導的「聯合阿拉伯共和國」再次取得權力。最後，分裂的阿拉伯國家還是讓阿拉伯人困擾不已。政治和經濟的計畫總是相互矛盾，甚至有文化自我認定的層面，像是使用語言或是宗教角色，東阿拉伯人仍然維持分裂狀態，徘徊在阿拉伯團結的理念以及大量人為定義的國家。在偌大的世界裡，若沒有符合他們國情的界定，個別的國家也就無法享有完整獨立。

二、國家重建之規畫

不論穆斯林國家將與其他世界發展何種關係，在西元1939年二次大戰之後的幾十年間，穆斯林國家內部逐漸有某種冒險的計畫，藉此急速地改變社會秩序，比戰爭期間多數穆斯林所思索的方式更加有效。技術化的核心觀念快速演進，在不同的形式中，幾乎在任何地方都可以看到。結果就是走向混亂──社會、經濟、甚至知識的、精神方面，都是政治關切的主要對象。想要成為獨立國家仍然遙不可及，即使獨立帶來國際經濟聯繫的有效控制。找出方法去同化以及緩和技術化後產生爭議性的結果，是必要的指施，因為這是國民生活的重要部分。一些權力高層人士，通常都從新的經濟與社會條件中取得財富，而新的窮苦人民比起以往，更不可能賺取任何財富。

再者，只要當地社會與經濟秩序能夠即刻迅速重建的方式還未找到，獨立就會仍然處於動盪的局勢中。作為史上技術改變最迅速的腳步，技術主義代表經濟「追趕」的核心問題：因為無論低資本地區如何進步，高資本地區還是有比較好的發展，實際的經濟生產差距會逐漸擴大。這個情勢特殊的層面，在獨立之後變得日益劇烈，比帝國統治時間更強烈；製造原物料的國家與生產完工製品之間的「貿易方式」，比以往更加每下愈況；也就是說，逐漸減少製造，所以也因而減少投注其住投資。儘管理論上並不見得如此，但發展差距的動力在此時又一次加強了這樣的結果。一般說來，「未開發」與「帝國主義」仍然是同一事物的正反兩面──若沒有特別的措施，似乎「未開發」地區就不可能避免「帝國主義」宰制。

低投資的地區有潛在的優點。人們不投資陳舊的設備，才能夠跟上時代的腳步，有些人認為這是重大的優勢；新建立起自己所屬的研

究中心與工廠的國家,在科學與科技方面,甚至會超越一些仍舊採用過時作法與老舊設備的古老國家。很可惜,只有在相當順利的情況下,大量的同時投資才能夠免於不利條件的阻礙。這樣的情況不可能在多數的伊斯蘭世界上演。

從表面上來看,似乎是有相當完好的過程,不管個人的社會觀念如何。要配合許多技術時期所造成的混亂,特別去配合大量的新貧窮階級,是以最正向的技術化類型,進行激烈快速的經濟發展。而這代表每一個國家必須以某些方式,取得對自家經濟與社會之控制,才得以脫離國際市場的擺佈。此外,同時盡可能地,世界秩序必須是在有資源之下,才得以有安全、豐富的發展成果。

世界秩序的健全發展無可避免地延遲(最有可能地),因為受到主要世界陣營,甚至是個別的國家的權力操弄,每個國家都希望建立自身的地位,如果最後期望的安定能夠實踐,自己就能獲得最好的利益。但是同時每個獨立國家至少都能夠以這樣的方式處理內部事務,也就能確實讓獨立的計畫發揮最大的成果。因此,二十世紀廣泛運用的詞彙例如民族主義、工業主義、民主、社會主義的意義,需要急迫的實踐。「民族主義」不只是愛國主義,而是對國家的完整自治權的堅持,還有政府不受阻礙的權力;即使是對角色定位不明及不受管束的外國資本也能行使其權力。「工業主義」不只是經濟生產的形式,也是給予國家獨立現代社會最基本特質的方式。「民主」不僅是認同個人的自由權利,也包含個人不可侵犯權與政治言論的保障,還有最主要的是所有階級參與現代技術之社會,包括(不論形式為何)政治之參與。從傳統分析角度來看,「社會主義」並非特別表示對於經濟活動的集體社會權威之前提,已經轉變成在私人權威之下集體實踐;

反而這代表對於國家經濟更廣泛的社會責任之認同，不管是以什麼樣的機制呈現。

自從西元1939年世界大戰以來，對於贏得民族自決的必要性，獨立的穆斯林國家特別有兩項計畫。一種是來自於對伊斯蘭宗教與法律遺緒之希望，不只是適用於現代需求，而且能夠提供現代西方無法尋得的道德穩定。因為這項任務強調改革後的伊斯蘭法角色，因此稱之為「新伊斯蘭法運動」（neo-Shar'i）。另一項計畫是來自於接受現代西方社會形式作為一般的標準，以及將伊斯蘭轉移至如基督教與猶太教過去在西方社會所扮演的角色，如此能夠避免更多西方人所造成的錯誤。這樣的計畫造成「直接民主」或「國族主義式的社會主義」的結果。有一些穆斯林族群嘗試直接採用西方社會的形式，藉以解決他們的問題，有些穆斯林屬於舊西方陣營（特別是土耳其），或者是共產主義陣營（蘇聯的穆斯林）。但是穆斯林堅持的獨立發展，一般採取這兩種形式的其中一種，以便達成計畫的目的；最重要的是，這樣比較像是告知未來的希望與計畫，而不是當下實際的成果；然而，在有些國家裡它們卻扮演重要角色，幾乎在任何地方，這類計畫的潛在價值都是政治生涯之中最具有發展的事實。

復興伊斯蘭：「新伊斯蘭法主義」作為實質規劃

結果，「新伊斯蘭法計畫」刻意製造社會是由舊伊斯蘭社會（Islamicate society）演變而來，是伊斯蘭世界技術化的先決條件，而且在西方現代化之前，就已開發生技術上的蛻變了。但是，他們的作法幾乎不盡然依循伊斯蘭文化（Islamicate culture）的資源與定位，而

是特別從伊斯蘭宗教的層面而進行。這是伊斯蘭法主義走向伊斯蘭的現代形式。

　　幾種情形聚集起來，讓二十世紀的伊斯蘭有強大的基礎，代表早期的伊斯蘭法主義。在十九世紀，穆斯林普遍否定過去的伊斯蘭遺緒（Islamicate heritage），，由於他們在伊斯蘭世界中所造成的貪腐缺點；還有，如何導致這種否認的原因，不只是早期阿拉伯民族主義對於波斯化傳統之理想，還有蘇非主義對於伊斯蘭法主義所代表的政治與社會意識傳統。這個趨勢在二十世紀加強了。在西方統治的地區，伊斯蘭律法由西方權威所加強，以「法律與秩序」之名犧牲了當地的習慣法。這一部分是來自於對掌政之渴望，基於最佳的固有規範，還有部分是透過特定領土而取得共通法律標準的希望，由於行政影響力的因素，以致於貪污愈來愈能夠查獲與控制。伊斯蘭法，在司法方面之拓展，並非是舊有的伊斯蘭法。伊斯蘭法的範疇當然就是侷限在家庭法與相關事務，但即使在所屬範疇裡，但它的精神還是有改變。在英國領土內，這視為是單一個案法（仿效普通法），還有作為司法之前例，連同其他程序之安排來改變其精神與結果。在法國領土內，這不僅是程序上的改變，還是有時從全世界通用的基礎轉移至民族的基礎；例如在北非（Maghrib），某些法國人相信伊斯蘭是民族形式的阿拉伯宗教（學者著書立說闡明了這一論點），也相信柏柏人應該、也能夠遠離「外力」侵犯（法國人就是外力），因而當伊斯蘭法在阿拉柏人之間普及化之後，在柏柏人之間習慣法也變得系統化，對立著伊斯蘭司法權，即使在世界主義的情況裡，仍然正常運用著伊斯蘭法。儘管如此，連帶影響伊斯蘭法受到注意，這是伊斯蘭存在的最強而有力的呈現。當年輕人逐漸不再接觸伊斯蘭遺緒（Islamicate heritage），伊斯蘭

法與相關法律、以及社會觀點，卻能清楚辨認他們是穆斯林的特點，而與西方區隔開來。

然而，偶然發生強調伊斯蘭法主義的新興論點，適用於穆斯林感受最深、一直持續的社會壓力。其實，現代主義者的優先考量就是政治，如果穆斯林有任何特別想要成為社會抵抗與轉變的趨動力，這種轉變必須是政治及社會方向的伊斯蘭。只要伊斯蘭法主義者恪守法律，傳統上就必須由他們表現出關注歷史與社會秩序。確實，強調聖訓的宗教學者對於當下情況之批判最為徹底，作為改革者——像是漢巴里法學派，或者甚至是反叛分子。伊斯蘭一方似乎最堅守當代社會秩序，也就是大多反映出商人的世界主義、個人主義與務實主義，以及不同於前現代農業秩序的貴族體制，則交由伊斯蘭法宗教學者來實踐它。反之，蘇非主義強調信仰的內在層面，最關注人際關係，滿足了前現代時期新興社會機制時的需要，而如今則傾向於政治之保守態度。

特別是，伊斯蘭法主義所帶來的政治方針，通常能夠在叛亂時期，配合新種族與新階級之需求，對抗西傾的特權人士。在印尼，伊斯蘭法的力量，針對著舊專制秩序，還有爪哇群島比較近期的卓越勢力。

在印尼，與其他地方一樣，十九世紀反映出對蘇非主宰之抵抗以及施行伊斯蘭法律的利益；除了是因為與南方阿拉伯商人有更活躍的接觸，也由於麥加朝聖越來越頻繁（拜蒸汽船之賜），新觀念有來自世界各地的支持者，甚至是介於開羅伊斯蘭法主義改革者的聯繫。在柏柏人中，就像法國人一樣，荷蘭人比較希望伊斯蘭之中有新的、有潛力的革命力量，能夠簡化成單一阿拉伯主義，但印尼人並不認同，最終也會對其漠視；由於伊斯蘭與伊斯蘭法關聯密切，荷蘭人不鼓勵

以當地習慣法取代伊斯蘭法的趨勢。但是在實際上，荷蘭行政體系、甚至是立法活動，多數是要促進對伊斯蘭法的尊重，這趨勢一直持續下去。蘇非道團也因此失去了力量與聲望。

　　但是如往常一樣，這個新伊斯蘭法主義的趨勢因為其他衝突而變得複雜。在荷蘭人治理之下，古老內陸稻米王國的爪哇人（為了世界市場，開始投入大量提供原物料的生產）的人數變多，也威脅到了荷蘭在群島中的主宰地位。在內陸的爪哇社會，一般來說忠於農業貴族，而顯得比較守舊。他們的文學語言是爪哇語，曾經歷悠久的伊斯蘭以前的歷史。在內陸爪瓦語之外，海岸城市（以及其他島嶼）逐漸偏向於擁抱新伊斯蘭法主義的趨勢；可能（以他們的重商方式）他們從來沒有完全像內陸人一樣尊崇蘇非主義。他們的語言比較接近馬來語，更是與伊斯蘭遺緒（Islamicate heriatage）緊密相連，甚至在蘇非主義裡也是如此。因此，相較於內陸爪哇人，以及特別是他們貴族所採用的方式，馬來語言及其文化特徵除了與海岸地帶頗有關聯，更適合接受伊斯蘭法與伊斯蘭的思想。角力舞蹈的一種類型在海岸地區相當受歡迎，很適合穆斯林；爪哇皮影戲內容多是老梵語英雄以及蘇非傳奇，都不歡迎倖存的異教徒。同時，在內陸爪哇伊斯蘭主義的新興元素發展出以伊斯蘭為名的抵抗運動，延續強調蘇非主義舊貴族的文化領導地位；儘管像是很多地方都有的新元素，起初也都以新道團的形式來組織。即使蘇門答臘離內陸爪哇尚遠，新伊斯蘭法主義以及比較舊的當地傳統在相互衝突之下，通常變成了當地種族，甚至是階級衝突之表現。伊斯蘭律法在不同層面上成為一種象徵，在其內文中有幾處提到以富有活力的新思維跟舊有的傳統作對照。

　　然而，沒有較傳統的伊斯蘭法的單純復興，也沒有朝向伊斯蘭法

的普遍傾向，能夠符合現代穆斯林的需求。在主要的穆斯林思想中心，要重新思考伊斯蘭，還有伊斯蘭法的本質與角色。在二十世紀時，穆斯林逐漸認為伊斯蘭是一個「系統」。這並非做為個人信仰，或者忠誠於歷史社群，如今可以將伊斯蘭視為理想生活的完整模式，這種理想獨立於社群之外而實現，是社群應該要接受的模式（可能甚至超越個人之上）。伊斯蘭的「系統」部分奠基於哈里發盛期之後，從伊斯蘭法主義者發展而來，而且當整體伊斯蘭法政策的概念發展時，對於取代哈里發的地方統治者，伊斯蘭法政治生活的細節可作為指南。但是，即使在那個時期，伊斯蘭法的制度可視為一連串對個人的特別指導責任，成為有責任性質的職位，而順服於神（islâm）的意識仍然維持他們的個人奉獻之中——無論這是否讓他們重視指揮。如今伊斯蘭普遍堅持社會秩序的藍圖，可以藉以對抗資本主義或者共產主義這兩個相互對立的社會系統。

這樣的矛盾，一部分來自社會與知識分析的現代概念，幾乎活動的任何種類都可以形成自治的系統。這可能也欠缺有些法爾薩法赫研究的傳統，宗教教育主要是視為政治現象。幾世紀以來，重視哲學思想的穆斯林強調儀式要有規範，例如作為鼓舞社會良好秩序的手段。像是阿富嘎尼這類的人，維持著這類循環的政治途徑。現在對於有些穆斯林來說，這個方式主要是伊斯蘭的忠誠，不過忠誠不是從屬於個人的獨立——過去獨立的人主要都是哲學家。在極端的案例中，（例如）禮拜可能特別被認為是一種社會規範，而任何個人靈性層面益處只是附帶的效果但這樣的使用建議作為卓越的義務，不單純是理性的歷史評價。許多穆斯林似乎要表達他們對於真主的服從，比較少以伊斯蘭的個人直接呈現給真主，主要都是對於伊斯蘭服從與忠誠的方

式，同時理想「系統」與歷史表現，同時理想「系統」與歷史表現是接受真主獨一。對真主或者甚至對於無神論者有所不敬，在有些穆斯林地區，並沒有太多風險，反而有意對於伊斯蘭或先知不敬的，比較有危險。

一般而言，伊斯蘭作為理想的社會系統，帶來的「真正的」民主，因為這建立了信徒之間的平等地位，也要求統治者「聽取」國家事務；這也帶來了「真正的」社會主義，因為天課（zakât），對於富有階級施加了社會責任的原則。這些一般概念，在伊斯蘭世界多數地區，已經有許多人做過細節的闡釋及證實了。作家詳細引用《古蘭經》與聖訓，並且援引了看似相關的傳統伊斯蘭法學。

但是他們幾乎完整忽略了《古蘭經》解釋的古老規範，在其中有引文的意義是有詳實記錄的文件所闡釋的，以當時使用的語言，還有先知穆罕默德時期的言論，以及另外註明的解釋。他們也忽略了古老的聖訓批判；他們強調聖訓的有效性，藉以批判現代西方，可自由拒絕任何不適合他們的言論（即使他們引用這些言論）。對於法學家，現代主義者在短時間內收回了法學家的權利，甚至是在順尼派之間，藉著理性思考判斷詢問的方式來修訂；但是，他們沒有感覺到受制於證據的規矩，這運作了自夏菲儀時期以來理性思考判斷的諮詢。這樣的工作是非常普遍的神學辯護，而且似乎證實了這會偏向對伊斯蘭的敬仰。

但是，在現代化伊斯蘭整體的氣氛之中，西元1939年大戰之後更有紀律的運動成形，可能更加特別地運用了「新伊斯蘭法運動」。這幾乎同時在不同地區成形，提供了在特殊地區世俗主義的替代品，也是國際聯繫之間不同類型的替代品，例如聯合國的類型，有民族主義

作為基本支持。這些新伊斯蘭法運動原則上會希望以新的基礎，來統一所有伊斯蘭世界四分五裂的國家：每個穆斯林國家會以伊斯蘭法原則為基礎而結合起來；但是，這表示以民族團結的基礎之下，沒有什麼情況能夠把大家區分開來，因為所有穆斯林族群應該能夠以相同的基礎，結合成廣大的穆斯林世界。（對於這些穆斯林，低技術化國家的國際合作，最基本的基礎，既不是對立於西方的低投資地區，也不是反對西方陣營，而是正面的泛伊斯蘭理念。）但更有意義的是新伊斯蘭法的內在計畫，民族主義會重新製造伊斯蘭的基礎。

　　如果技術化轉變之出現不在西方，也不在伊斯蘭世界，還是可以猜想會是以某些路線來進行。專業的互助基礎，例如，是在西方，現代技術主義其實已經有了強大領土國家結構的前提。伊斯蘭法的契約性基礎，能夠擴大至各個地方，技術主義可能已經以更直接的國際主義形式來發展。以契約為基礎的資本主義，也許已經建立了新的、更有彈性的國際化方式來運作，無視任何當地的司法制度，可能會由世界權威關注的非中央化複合體來維持。這樣的模式的確可能是更適合世界技術主義，而不單純是源自西方的模式；可能甚至排除了發展差距的一些問題。但是這很明顯地不是穆斯林在這時候所建立的；歐式國家似乎無法避免。因此，新伊斯蘭法主義已經與西方的基礎模式融合一起。特別的是，這也代表了國家已經是法律機制，在伊斯蘭法歷史中是前所未有的概念。伊斯蘭法不會是依附穆斯林統治者的自治統治，而是國家的「憲法」，以法定實體來處理，不只是加強而且還有發展伊斯蘭法。

　　發展新伊斯蘭法理論最徹底的，是在印度與巴基斯坦的伊斯蘭團（Jamâ'at-e Islâmî）運動，由阿布—阿拉・毛杜迪（Abu-l-Ala

Maudûdi）領導。毛杜迪在西元1939年大戰之前就發展了他的論點，也反對建立巴基斯坦，前提就是因為巴基斯坦政府會讓世俗現代主義人士取得權力，這會讓印度穆斯林由非穆斯林來統治。但是，當巴基斯坦成立之後，運動的重心轉移到了巴基斯坦領土，而毛杜迪起義要讓巴基斯坦成為真正的伊斯蘭國家，儘管不同建立的意圖；起義獲得宗教學者的廣大支持。這個運動也受到大學生支持，在印度與巴基斯坦都是。毛杜迪與他的追隨者有神學的解決辦法，至少針對著要現代機構以伊斯蘭法的立場來重新打造。他們不滿意僅是伊斯蘭法重新解釋來配合西式的實踐方式，還要找尋新的形式。因此，他們關切的是在現代大規模財政，要以銀行制度、利息制度來進行，如何合適地（或更公正地）完成合作銀行體系的基礎，而且不需要支付利息，因此也不需要建立沒有個人生產基礎的私人財富。他們同樣在法律系統受到道德的衝擊，甚至是以伊斯蘭法為名，在印度則是當作案例法，前提是互相抵制，每個都表現出這樣的事實在個別案例之延伸，不會關注事實整體。他們關切的是要表現法律模式，不是特定利益之提倡人，而是中立的大法官（muftî），其專業角色有助於讓審判有公正的結果，技術化有其權限，以掌理對現代法律之溝通。

他們的計畫仍然讓外界不懂；專家主導巴基斯坦現代機構有效運作，卻只有一點影響力。不幸地，他們在不同方面的活動，有最穩定的成果。如果伊斯蘭是國家的基礎，伊斯蘭的意義必然有清楚表達，而且，真正的穆斯林在穆斯林議會就能有投票權。他們將注意力轉移到穆斯林異議分子，特別是阿赫瑪迪派（Aḥmadiyyah，由古拉姆・阿赫瑪德〔Ghulâm Aḥmad〕在十九世紀晚期建立的，他主張要使用和平的方式成為馬赫迪）已經建立了有效的社會組織，包含經濟合作與其

他懲戒單位，但基礎是嚴格效忠其特殊的個體，而且是其他穆斯林想要改信的。阿赫瑪迪派代表社群中的其中一群人，他們加重了派系分裂的威脅。對於特殊神聖引導的主張，還有甚至是先知的預言，可代表他們的創始人，視宗教學者為異端，伊斯蘭團的力量也分裂成幾個派系相互傾軋，最後造成動亂。新伊斯蘭法運動因此變成了革新的社群主義，（世俗政府）認為這樣有罪，罪名就是導致彼此不合。以技術主義原則而建立的社會，非法暴力比以往來得不名譽。這樣的社群主義受到懷疑，伊斯蘭團的力量也就愈來愈減弱。

在東阿拉伯人之間，最重要的新伊斯蘭法運動，就是埃及哈珊·班納（Hasan al-Banna）建立的穆斯林兄弟會（al-Ikhwân al-Muslimûn）。他希望對阿拉伯團結的支持，轉為是整體穆斯林團結的力量，而非穆斯林的阿拉伯少數團體，例如埃及基督教徒，扮演的就是受到寬容對待、可是還不是平等的角色，而最後其他穆斯林族群也會加入（但要順從阿拉伯人為伊斯蘭領導人）。不過，他不是只有遙不可及的政治計畫，而是有實際社會行動：建立學校以及其他在埃及鄉鎮的社會服務。在西元1952年埃及革命之後，阿布杜—納西爾必須與穆斯林兄弟會合作，因為他們比起其他社會運動更有草根影響力，甚至超過了共產主義。但是，他們也是危險的盟友：他們要以刺殺的方式，解決阻礙他們的力量。新伊斯蘭法主義也涉及了政治暴力與傷害。穆斯林兄弟會在埃及遭到鎮壓，但還是保持活躍，至少在各地阿拉伯人之間還有理論基礎。

西元1939年大戰之後，印尼獨立，新的民族主義要求社會能夠完全自決，不只是一般「伊斯蘭社會主義」的要求，還有新伊斯蘭法運動（Darul-Islam）希望以伊斯蘭法原則建立的政府。這帶來了一系列

有破壞力的叛亂，但（像是新伊斯蘭法主義）在內陸爪哇建立主要勢力，還有其他島嶼的海岸地區。相反地，這沒有在爪哇勝利，反伊斯蘭的共產主義運動卻取得了空前的勝利，超過其他獨立的穆斯林地區。

　　新伊斯蘭法運動，不管如何開始，代表著以伊斯蘭觀點最劇烈的介入技術化社會。但是蘇非主義，儘管拒絕組織與物質資源，但沒有在受教育階級中消逝。許多年輕受過教育的穆斯林還是有蘇非導師，可諮詢有關自我意識的問題，儘管公開場合只符合一點對蘇非主義的興趣。蘇非主義通常在社會組織比較新穎、比較重要的部分裡，主要的機制功能幾乎再次降為個人事務而已。十九世紀的蘇非行者有意扮演防衛性的、保守性的角色，在二十世紀比較沒有政治意圖，除了在特殊的情況之外，不過作為走上改革的道團變成是種族團體的政治發言人。但是至少在個人領域，蘇非主義能夠持續表達伊斯蘭觀點深層的意涵，而且人民發現技術化情況不是投機的形式。的確，在二十世紀蘇非主義經歷過某種程度的復興，有時候是很明顯的新形式。

　　在印尼，特別是在傳統的貴族階級之間，復興的蘇非主義變得普遍。但這不只是一世紀之前的蘇非主義，沒有社會衍生的分支。至少，許多人之間，這更是個人的、知識的蘇非主義，強烈受到歐洲影響。爪哇穆斯林藉歐洲學術方式，來瞭解老梵語特色，不只是用於皮影戲，還有爪哇蘇非民俗故事，代表著梵語印度密契主義經驗與觀察的廣大特色。許多爪哇知識分子有意推崇梵語傳統，在西方學術間頗為普及，為了對蘇非主義有新的瞭解；新的神秘主義運動眾多，是受到了梵語的啟發。在北非有主流的新蘇非運動、系統化的知識、普世的關懷，瞭解現代科學的特色，還有現代心理學與哲學的元素，贏得

許多法國與其他歐洲信徒的支持。從印度來看，英語之傳播，多過於現代化與普及化的蘇非主義，在西方信徒中也是這樣。

所有那些運動之實踐，主要有保守的政治意涵：前提是，豐富的內涵在運動之間傳播，對於現狀有政治的影響力。積極的社會意涵，道團蘇非主義原本有的，卻都遺失了。但是，他們確實有潛在的政治意涵，表現在比現在有潛力、有意義的類別之中。他們主張世界主義，還有直接面對新的宇宙觀與歷史觀，提出了伊斯蘭特色有可能扮演新的、正面的角色，如果最有壓力的困境得以解決的話，便可理解現代化所出現的問題。

伊朗的什葉部分，儘管知識分子之間都否定了伊斯蘭，他們的後人對於老式的自由思想傳統，在禮札國王下台後的幾十年見，伊斯蘭復興可能都比其他地方還要來得重要。在政治方面，這樣的復興最優異的表現，是在於重振對伊斯蘭法的尊崇，結合了理性主義宗教學者卡夏尼（Kashani），他以理想的角度，期待以新伊斯蘭法路線來建立伊朗獨立。卡夏尼保護了行動主義團體，反對與任何西化人士的妥協；他們稱自己為「伊斯蘭奉獻者」（Fida'iyan-e Islam），採取暗殺行動，像是西元1946年暗殺卡斯拉維（Kasravi），因為他在禮札國王時期，以世俗主義民族主義來攻擊傳統的伊斯蘭。

但是，可能更重要的是，蘇非道團在精神方面有重大的成長。早在十九世紀，蘇非（甚至是什葉派）受到什葉宗教學者的迫害，自薩法維帝國晚期就這樣，但是已經衰弱了；死刑變得比較少，最後也沒有了。禮札國王鎮壓的嘎蘭達里道團（Qalandar-type）的蘇非行者，他們四處乞討造成混亂，奇裝異服也不同於現代化；但是他並不打擾在道堂的蘇非者。（這樣導致了嘎蘭達里道團的改革，他們住進蘇非

中心，變得相當循規蹈矩。）在戰爭之後，幾個更為保守的蘇非道團，人數增加了，財富也增加了。有些是以新穎的方式管理：一是維持著中心權力，正常來說是由十人委員會中最卓越的導師來管理（什葉派的伊朗稱為至上者〔qutb〕）。其他運動反映出蘇非意識，主要是導師派（Shaykhî），不需要認可道團蘇非主義，頗受歡迎。在晚近的環境裡，蘇非思想獲得了特別的動力，正值薩法維帝國時期特別幾個什葉密契主義的學說，受到西方存在主義的影響，例如法國學者亨利・柯爾賓（Henry Corbin），所以有了很有創意的新解釋。柯爾賓的書受到廣大歡迎，儘管開啟獨立的唯一形式，會是精神的、知識的獨立，是建立於無可否定的現代投機傳統，而且是有伊斯蘭化基礎的。

世俗性的革命：「直接民主」作為折衷選項

最有知識的年輕世代，否定了新伊斯蘭法的解決方式，認為這個不切實際，也是具有風險的社群主義。他們多數人幾乎沒有考慮甘地路線的激烈作法，那做似乎太過勇敢，或者太過於犧牲了。他們有意要配合，或者（最多）溫和改善已經與西方妥協的部分，然後目標是在現代化西方所建立的社會，又或者是蘇聯的社會。

這樣的意圖直接與西方陣營整合，一般來說若是可行的話，就非常有羞辱意味了。在西化共和國裡，西突厥人的例子可作為範例，不過不完全令人信服。他們在西元1950年突厥之父的政黨保護下出現，有真正自由的選舉，逐漸積極的商人階級，還有仍然多疑的農民，一同以選舉而讓現代化政黨以及老式的西化方針，產生力量，但無意介入政府控制以及宗教壓迫。在那時候，新政府一味侵擾反對派，也以

軍事政變再次加強自由選舉；但是對於整體而言，西式的國會機制儘管沒有產生革命，還是有能力保護多數階級的利益。農民主要是贏得權利，藉以振興許多早已不受認同的伊斯蘭宗教儀式，還有以經濟的方式，讓鄉村也能夠取得拖拉機與其他設備。然而，城市貧民窟與鄉村的貧困，在土耳其仍然是一項大問題。

在其他地區，許多崇尚蘇聯解決方案的人，變得全然是共產主義人士，希望連結他們的力量與其他世界的共產主義，也有激烈的結果，不論要付出多少代價。但是，共產主義方案意指不只（之前已經說過了）個人組織，還有對於民族特色與自主自尊忠誠的斷裂：不只是給既有的共產主義國家帶來某一程度的貢獻；還有政黨的紀律，包括廣泛的馬克斯主義教條，已經是替換成任何其他文化模式，即使在無關的領域（例如藝術或者文字），當然最特別的是含有明確伊斯蘭的領域。許多穆斯林沒有準備新伊斯蘭法的計畫，仍然也沒有準備與伊斯蘭化的過去完全切斷關係；此外，他們尊重主流的西方社會，也讚揚他們當代的文化。因此，多數人都是以西方為範例，儘管與西方還是有所衝突，還是會以西方陣營的立場來思考。

不過，一般而言，典範很難模仿得維妙維肖。許多人想要西方的模範，甚至是想要以蘇聯為模範，更多開明的人興起了這樣的希望，在強人領導之下，能夠取得權力，也加快改變的腳步，而不需要求助於共產主義陣營的聯繫，或者共產主義的團體；但不必要等待整個長時間的演變，西方已經歷過這個階段了。「民主」是西方與共產主義社會的主要口號，以理想方面來看，戀指所有市民之參與，大家在義務方面有一樣的地位，在技術化社會享有一樣的利益。但如果民主代表要等待大眾的行為，去涵蓋治理舊的既定利益，就需要比較長的時

間，也會有不必要的破壞。憲政民主所接收的（例如，大眾投票給政黨候選人）幾乎是來自各地，在伊朗政府或者埃及革命之前，單純是延續權力現存分配之手段，在其中那些在經濟方面足夠強盛的力量，以控制輿論媒體，還有指示投票最重要的是有益於鞏固自己的力量，而且因此會阻擋任何重大改變。這個口號起於穆斯林地區，也適用於許多地區的希望：大家想要的是「指導式民主」，許多「民主」社會的美德，盡可能維持或建立，但這是在強大、不可質疑的引導之下，除去擋在進步之中強大的社會勢力。（這讓我們更加便利地將「直接」的替換為比較模糊的「指導」。）

　　我們可以從幾個例子中汲取一些模式，雖然未必符合任何例子，但在首次走向直接民主的努力時，就可獲得成功，而阿布杜—納西爾的埃及就是典型例子。在這件例子裡，以「埃及社會主義」之名，關注集中在幾個大的、當下的實際問題，變成強調了技術主義的新層面，凸顯了社會最有決定性部分的特色，還有新的貧窮也加強了危機情緒。最重要的問題有三種。擁有大量私人農業土地的人，不能容忍城鎮未顧及農民所需：不只是農民持續受到這個過程的負面打擊，還逐漸瞭解到這並不是必要的；還有，任何土地上產量豐富的投資，最後都受到挫敗（對於有錢人來說，他們不需要土地，而農民卻沒從土地中得到好處），難以給農業部分帶來更多技術化的方法，藉以供給這個社會所依賴的食物。「土地改革」變成社會進步的主要象徵。但是幾乎像土地改革一樣重要的，就是工業化。某一數量的現代化工廠可能強烈打擊了舊的社會平衡，但這不需要代表經濟整體的工業化。為了這項目的，工業必須要能內在平衡，以求工業之間得相互支持；這是國家計畫，而不是不受控制的私人企業；但極為平常，這樣的國際

計畫與政府投資直接（舊的既有利益控制了政府）反映出舊的不平衡。

　　第三個問題，伴隨著土地改革與工業化，有一部分是來自於前兩個問題。在有正面行動的社會裡，每個人的信念都很重要。似乎受挫於進步的機制，人民變得憤世嫉俗，默許了政府的貪腐，並且視之為正常情況。在直接的歐洲監督之下，還能維持著高標準的誠信，但獨立之後每個違反規範的事情卻都獲得寬恕。貪污的形式在農業時代變得相當普遍，包括賄賂與偏袒親人等不同形式，但這不僅是舊模式之延續，古代的情形中，這樣的成分可能比較少，個人機會主義比較大一點。但是，比較重要的是，這扮演了很不一樣的角色。眾所皆知的貪污一度公開於眾，有時候允許當地活動相當大的自由，能夠逃離官僚控制；現在這通常是打擊最健全之努力，甚至是在地方層面。貪污現在重新加強了配合其他問題的困難度，由於非法的私人利益當道，如果他們不能夠合法進行的話，當更多的貪污盛行時，就比較不可能（例如給付政府公僕高薪資，這方式是沒有私人利益的壓力）減少貪污。貪污使得土地改革與工業化，就算是最好的計畫，都會造成瓶頸。

　　受到這類問題打擊的階級，都不是很窮困的人們，他們難以理解那些階級對技術化社會最關注的困難是什麼。在那些多種類型的專家與技術人員之間，他們不是商人、地主、或者農民，沒有方法能瞭解不合常規的情況：技術的進步是唯一面對無助挫折的方法。學生的研究讓他們瞭解技術化社會發展的可能性，他們想要以父母親為基礎，繼續向上發展，他們唯一個機會就是希望社會改變。最後則是軍事官員，或者甚至是比較低階的軍官（因為上層將軍一般來說都與現存社會上層階級，整合在一起）。結果，軍官形成了社會之中，技術訓練

專家裡最大的單一個體。當（例如是巴勒斯坦戰爭所發生的）貪污防範了有效的行動，他們至少像國家裡任何團體一樣有極小的依賴，在這樣的結果中掙扎著。

軍事政變由軍隊上層指揮官發起，一般來說是符合現狀之下的利益競爭，或是符合捍衛現狀來抵抗由下層開始的革新（如同當穆沙迪各在伊朗的民族主義經驗，遭到軍事力量終止，重建君主制度）。但是，就像西元1952年的埃及，低下層級的軍官取得領導地位，而上層指揮官袖手旁觀，這樣的軍事政變符合的利益，是屬於人稱「直接民主」的計畫。這樣軍事政變能夠讓新的技術化階級取得權力，犧牲舊的上層階級，就像是（如果是平常的、比較不那麼冷酷無情地）街頭或者鄉村的共產主義革命。但是，取得權力的階級，在社會整體來說並沒有帶來太大的混亂，因為這不需要擔憂嚴重的抵抗。在埃及，舊式有地產的貴族（他們代表外來的土耳其傳統）在革命之後，逐漸沒有重要性；新的軍官擁有權力，並不相信舊式政權的代表，而是傾向於找尋比較卑下的人，才能以平等地位來對談。但是，貴族沒有就此消失，也不是完全遭到剝奪。他們逐漸不再擁有土地；他們的商業優勢受到限制了；他們沒有辦法取得新工作；但是，儘管有一切不利，他們多半還是能夠在他們的社群中，無所事事悠哉生活。

革命政府在政變之後的首要任務，就是打擊貪腐。這是「革命道德性」浪潮初始。在這期間，每個人受到新希望之鼓舞，假想此後一切都會不一樣了，所以就會因為不誠信而感到羞愧（或者擔憂當別人都誠信時，他會被檢舉）。如果政府如此成功，就還能維持這樣的情緒。但是這情緒之加強，是以指派新人來保障新秩序的方式，還有以照顧官員按時領薪的方式，那就不用找理由行賄；最後以嚴格的罰緩

處置貪污的人。

　　此時政府必須進行土地改革。這代表著以合理的低價來徵收貴族的大地產，他們現在沒有辦法抵抗這樣的作法。但是，這也表示了，確保土地控制不只是重新集中在新富有階級手上，讓高利貸與其他人利用農民的無知。這也代表了，生產必須要維持水平或者增加，但如果土地簡單地劃分成小的個別區塊，讓給每個之前身為佃農的農民，個別的部分有可能沒有經濟利益，也比大地產來得沒有生產力。對於這個問題，在農村地區有解決方案，就是有些農村的農民合作，可以保障成員的保有權，技術化活動（例如拖拉機或甚至是肥料使用）能夠一同進行，市場買賣是以相當廣泛的基礎，讓融資與買賣協議能夠有作用。這需要有競爭力的中央政府，為了改革自己本身，農民不會信任其中一人能圓滿處理合作事務，但可能的是（不再做最壞的打算）簡單處理與當地高利貸、或是舊地主的合作，以處理自己的利益。在埃及，必要的新資金很難在一開始就取得。但是，革命官員霸佔他們這種跨張的行動，一再延緩了對舊地主的賠償。這造成了嚴重錯誤，官僚讓整個計畫都停滯了，不過逐漸土地的面貌也改變了。而且，每個人的小麥消費確實也有增加趨勢。

　　最後，政府必須重視工業經濟。這不只代表計畫新投資，且無須考慮當地或者私人特別利益，卻需要控制國家裡所能得到的資金。這需要的是人稱「直接的」經濟。然後，這似乎也像埃及的情況一樣，資金投資之沒收不只是外國的公司，還有外來商人居民，例如埃及城市中，說希臘語、義大利語的次要的中產階級，對立著阿拉伯居民的主流方法。這樣以種族來刺激的方式，可能帶來巨大的政治優勢，也可能增加政府長期經濟策略的自由。但是他們不認為這有立即的經濟

成果。而且他們的人為成果也很卑劣。

　　但是，革命政府也必須與政治機構合作，藉此表現新的「民主」。在西方，「民主」作為政治秩序，人們期待這能夠提供國會機構的地方，最重要利益團體的代表能夠彼此協商；如果所有階級的市民或多或少代表著利益團體的其中一個，這樣的系統就能夠合理發展。不過，「民主」一詞可以有相當不同的意涵。至少，在理想層面，共產主義的民主（假設所有市民擁有或者應該擁有一些基本利益），要求單一指示的政策制訂組織（政黨），其中的問題，幾個關切利益的代表並沒有完善協商，他們獲選是因為大的觀念，還有在沒有特定利益團體為主流的規範，所以他們能夠為一般公眾利益喉舌。然後大眾參與是以投票的方式：人民投票不是給個人的特別利益，而是全體政黨的計畫，表現出他們的滿意，或者理論方面他們可能不滿意的部分。

　　在低投資的國家裡，大問題似乎造成壓力，而受教育階級的意識強烈，似乎讓所有市民認為，國家獨立與技術發展是超越了一般的利益。因此，甚至當共產主義遭到否定時，不只是馬克斯主義還維持大眾教條，共產主義的民主概念似乎比起西方更有吸引力。因此，這是幾個政府的專注的部分，著手「直接民主」的計畫，以求創造國家的「政黨」，由老舊既有利益滲透來小心保護、以國家的立場來承受這些問題。然而，在軍事政變之後，不是單純由上層來創造出來的，而特別是軍人會以任何方式決定每一件事情。（突厥之父延續創造國家政黨這樣的事情，但在這個年代比較沒有廣大的計畫時，就比較少人會參與了。）阿布杜—納西爾有很好的意圖，但也沒有成功。

　　但是國家政策制訂的論壇，讓比較沒有受教育的階級得以參與改革，也是很重要的事情，作為任何技術化機構來說，他們一同合作是

不可或缺的。這一部分可能透過國家政黨來安排：埃及有這個經驗，高層次改革政策之討論的確變得相當活躍，即使在農村也是，都發生在革命不久之後。一般說來，政府技術介入農村逐漸的成長（在革命之前就開始了），加速了農民牽涉其中。農業合作的傳播，儘管他們是由上層開始的，帶給農民缺乏的社會模式。新政府集中心力引進現代的社會與醫療服務進入農村，在大的農村就有大的單位。在第一個例子裡，這並不專注在改善特定服務，而小的農村可能受這樣的情況所苦；但這開放了比較多元的醫療照顧、學校教育、社團活動，還有在每一個地區也一樣，因此也比較快速提升鄉村的水準。不過，鄉村參與新秩序，還是不甚積極的、在政治方面之參與也是很緩慢的。

在低投資地區裡任何改革計畫的重要議題，一直以來都是家庭計畫，如果增加的人口不是要盡快掃除他們所有經濟獲益的話，在社會方面這便是不可或缺的。優秀的技術可以取得，但人民不見得會想要使用。任何特定的夫妻，在限制國家人口成長方面，並沒有直接利益。有些人會因為小孩增加而歡樂，在良好的農業條件之下，因為他們有最好的在經濟能力；其他人也可能會這樣。的確，經年累月下來，人們已經知道，有越多小孩，就有越多人在最後可以照顧父母；道德標準是用來鼓舞小孩之養育，在高嬰兒死亡率時代裡，是為了個人的、為了社會的。不是所有人都能立刻理解，過去的經驗已經不再有用了，舊式小規模的農業繁盛已經不再，現在每個個人在經濟方面的訓練，比起家庭人口多寡更有意義；或者，從經驗來看，道德標準會因為當代問題而沈淪下去。人們面對貧困時，會想要採取行動，一旦時間拉長就會更沈浸於這個觀念。但是，只有人口以有些方式真正進入技術化社會的情境時，他們會學習評價他們的未來，不會只是因

為家庭穩定為標準，還因為對技術化競爭的遠景，能夠在家庭計畫之中有完美的成果。這僅是相當漸進地在家庭計畫中開始，甚至表現在埃及農村的初步結果。

社會改革的模式，我們稱為「直接的民主」，不是基於任何準備妥當的意識型態。而是這出現在任何特定國家的情況。在不同地區會有一樣的情況，依賴著每個時期的共通條件。在這個情況裡，我們可能大致集結一起，不同的政權會彼此同化，既不是西歐的國會模式，也不是共產主義，但基於軍事干涉的立場、技術化階級的支持，還有秩序良好的大眾參與，以嘗試減少貪污的情形；這奪取的不僅是西方影響力，還有更多當地的特權階級，特別是外來的；還有，完成中央計畫得透過土地改革，還有平衡過的工業化。一國的領導人與其他有相同目標的領導人做協商，但甚至在有些相同模式裡，幾個國家內的改革是很多樣的，強烈與成功的程度也是多樣的。我們可以看，每個在某些方面不同於埃及的例子，卻都在某些程度上表現出共同的精神，還有認可彼此或多或少相似的努力，像是印尼、巴基斯坦、阿爾及利亞。

二次大戰之後，印尼的經濟獲得喘息的機會，至少有迫切的飢荒有了一點期望；農業仍然提供足夠的食物，甚至在人口眾多的爪哇也是，至少是農村的人口。儘管如此，還是出現了快速轉變的要求。值得注意的是，新伊斯蘭法與共產主義運動式如何變得強大。基於蘇卡諾的軍事支持，不用懷疑他就是領導人，有意要走國家發展的路線。他的計畫廣為人知。他要的是「印尼社會主義」（Indonesian socialism）。但最後未能完全實踐。

蘇卡諾著重在選擇一個一定要先行解決的問題，而這個問題在任

何地方也是阻礙，即創造國家觀念。從爪哇的貴族與熱切尊崇伊斯蘭法的宗教學者，到海岸區外圍的人、當地的農民、世界各地的商人，都必須相信他們是一個民族。但是，在創造國家觀念時，蘇卡諾使得經濟與社會問題比以前還要嚴重了。他的發展計畫，需要馬來穆斯林社會清除外來力量，然後其經濟一定要獨立。但是，這必須基於一致的立場，就是要讓內部所有本土人民和平。蘇卡諾試著掌握所有力量，任何部分都必須令人滿意，如果印尼的發展會成功的話，那便是主張伊斯蘭法、共產主義、重視技術的軍隊：每個部分都是要維持其他人的緊密關係。管理所有人需要蘇卡諾的領導天賦、受到中立伊斯蘭精神的激勵、還有有大眾委託的直接合法性。所有人都是要保證，以共通國家目的之名效忠於他。這個的模式，在脫離外力的直接自由裡，比起經濟發展是更為成功。蘇卡諾趕走了多數荷蘭居民，甚至是荷蘭與印尼通婚的家族，因為他們也代表外國特權的階層。然後，他大力打壓中國零售商階級，農民對他們並不友善。

這個結果，是要絕對認定為是印尼人民的元素，放置到他們的資源上面。但是，不管最終社會的優點是什麼，這都有效地限制了任何的一般經濟發展，是要脫離那些最有可能用到的個人與財務的資源。這也讓馬來西亞人民內部妥協變得相當必要，以彌補政策執行中經濟不善之處。這讓嚴格的財務政策變得難以執行，最後還有工業的或者甚至是農業改革。這也需要延遲有效的土地改革，土地改革法不能真的執行，為的是避免破壞國家團結。（但這個事實接著讓最受影響的爪哇農人，還有比較靠近共產主義人士，以直接行動來鼓舞土地改革，違反了蘇卡諾的希望。）而且，不需要真正的社會改革或者財務政策，一點點通貨膨脹的控制就會讓政府公僕掉入貪污的泥濘裡。在

這些情況之中，蘇卡落沒有辦法實踐他內部統一的想法。

此外，軍事性質的民族主義政策所附帶的國際效果，就是抵抗英國在馬來群島剩餘地區的「新帝國主義」，在群島之中印尼人不能單純只承認邊界線，而是人為的外來壓力。（的確，印尼人延伸到了群島之外，以暴力威脅的方式取得巴布亞省〔Papua〕鄰近島嶼的荷蘭佔有區，儘管事實是巴布亞人相當不同於印尼人，也對印尼人的擔憂多過於取得，反而荷蘭人比較無害。）結果軍事努力消耗了外國提供的資源，使得不只是改革，還有重大的經濟發展，在那時候都不可能完成。儘管如此，印尼還是擁有自己管理的權力了。

在巴基斯坦，缺少激烈的計畫（不像是埃及與印尼，甚至不能稱為「社會主義者」），出現了某些比起印尼還要明確的結果。政黨選舉機制的政府模式，承襲自英屬印度而來，是有一段時間的機會完成的。但是，巴基斯坦面對著嚴厲的問題，引起了建國的行動，還有印度區域也有貧困與衝突的絕望問題。有時候會出現建立國家的觀念，是以伊斯蘭效忠為主，會伴隨著無法彌補的錯誤。

一部分是因為宗教的原始基礎，一部分是因為政治的關係而無法做為印度邦聯。巴基斯坦誕生了，如同任何國家一樣，有權力的人利用大眾之間激烈的衝突幻象，在那個危機時刻站穩腳跟。對於伊斯蘭巴基斯坦的要求，興起於西元1939年戰後令人擔憂的逆勢局面，這幾乎確定是以前沒有過的。但是，有權力的人起而創造了巴基斯坦，只有一些有高度道德才幹的人（特別是穆斯林聯盟領導人真納），差不多在國家成立的時候去世。他們的政黨，穆斯林聯盟，建立在危險的忠誠之上，而當這個目的達成時，紀律就鬆懈了。多數代表容易受到貪污引誘，沒有上層的人去檢視他們。很快地，他們就失去了大眾尊

敬，也就失去權力了，沒有留下單一個國家政黨，只有不同的地方政黨去配合必要的國家需求，而特別的是，去解決巴基斯坦建國所面對的其他問題。只有在安息區域，甘地的弟子阿布杜勒嘎法爾汗（'Abdulghaffâr Khân）建立過合作的新精神（儘管阿布杜勒嘎法爾汗遭到巴基斯坦政權監禁過），似乎可以建立起來，沒有貪污問題阻擋。

國家建立時的暴力現象，結合了專斷的行動，讓情況變得更加糟糕。來自各分區的難民問題，人口多過於印度，夾雜了民族間不可避免的衝突，都集中在巴基斯坦。從恆河平原來的移民，都受過教育（他們有意要取代逃往巴基斯坦旁遮普與孟加拉的領導分子，要成為印度人），通常不受到旁遮普當地人的信任；但是和旁遮普一起的人，他們形成了有力的陣營，在各地都成為一股勢力，比以往還要艱苦地對抗著新國家其餘部分。以象徵的角度來看，這個陣營想要採用烏爾都語（恆河平原的語言，在旁遮普也廣泛使用），作為「穆斯林」語言，信德人甚至是孟加拉人也要用烏爾都語，他們想要以他們的語言，來強調他們的文化認同。在那時刻，國家似乎就要分裂了。

唯有解決問題的創意基礎，對於所有貢獻的人來說，可以做為國家精神概念；但是巴基斯坦國民只有共通的穆斯林信念以及印度的歷史。後者是負面的，但在情感方面這變得很重要，巴基斯坦政府以政治的方式，建立對印度邦聯敵意的必要性，他們選擇要代表印度主義。如同在印尼一樣，對於國籍觀念之需要，與外交政策息息相關。喀什米爾的主要穆斯林地區，在劃分範圍後還是在印度境內，因為穆斯林領導階層相信（在同時間），世俗的印度政府會對於社會進步更有幫助；巴基斯坦人堅持應該在巴基斯坦當地起義，加上邊界的部落侵犯，讓他們與印度走上比預期還要強烈的衝突。

巴基斯坦建國精神的的另一個基礎，就是伊斯蘭，由毛杜迪伊斯蘭運動的新伊斯蘭法主義所替代，引起了社群的暴動。巴基斯坦自身毫無能力（儘管許多印度與錫克「外來」元素已經減弱），結果就是在獨立九年後，還是無法讓國家憲法制訂。

　　可能因為自身問題越趨令人絕望，還有因為人民能夠在政黨治理下，掙扎了很長一段時間（因為英國固有的國會主義），巴基斯坦找到了（至少是暫時的）合理且持久的解決方案。西元1956年（的確，當憲法最後投票通過，很多問題還是沒有解決），軍隊奪取政治人物的地位，鎮壓了政黨勢力。領導人艾尤布汗（Ayyub Khân）想要建立新的、穩定的民主，以大眾參與為基礎（還有公民投票）。

　　伊斯蘭整體來說，是比印尼更沒影響力的角色，難以解決重要問題。艾尤布汗受到許多理想類型的影響。他研讀了埃及的阿布杜一納西爾、還有南斯拉夫（Yugoslavia）迪托（Tito）的事蹟；後者已經表現出，即使走向共產主義的運動，還是可以維持是國家的特色。艾尤布汗沒有讓工業國家化，但他制訂謹慎的經濟計畫，也由國家來開啟新的工業。如同來自阿富汗高原的安息人，阿布杜勒嘎法爾曾在這裡做事，這樣的人尊崇一些甘地的作為，這與他強調的創造之重要性很一致，也就是他所稱的「基礎民主」，能夠以當地的條件作自我治理，然後形成區域與國家自我治理的基礎，人民在政治方面便已經成熟了。土地改革（並不是太激烈）已經有效執行，而做為資金的土地，也轉換成城市的投資。但可能最基本的是，艾尤布汗保持有英國文化素養的人民代表，甚至當集合權力在他手中時，他開啟了言論自由，最後甚至國內多數人都能投票。在這個英國文化精神之中，艾尤布汗重視國家的文化特色：希望找尋伊斯蘭正面的角色，優於（還有比較

溫和）新伊斯蘭法主義，艾尤布汗讓研究伊斯蘭特色的機構有高度的地位，著重現代科學的精神以及重新思考其意涵。巴基斯坦的問題，在他的寬容政策之慢慢減輕，而且巴基斯坦人能夠減少恣意的貪污，也開始重視教育與工業。

在巴基斯坦，不只是理論溫和，而且其實舊的特權階級（亦即在穆斯林之間）很少受艾尤布重塑政治結構的困擾。不同的是，阿爾及利亞（當最後贏得獨立時）在理論與現實方面，都進行了激烈的革命。法國移居者為特權階級的主要部分，而當他們不妥協於獨立，讓他們比較少選擇所以就逃走了，國家多數的經濟建設，也就留給了當地穆斯鄰居民。許多移居者的農場，雇用很多穆斯林員工，在他們的經營者離開後，都轉變成生產人的合作對象。長期血腥掙扎的革命已經讓外力減少，也打破了與西方合作的特權階級；新政府的任務（有必要以軍事為基礎），是要讓秩序進入不穩定的新經濟探險之中。但埃及的問題是要教導長期受恐懼的農民，如何轉變成合作對象，而不需要讓前地主或者高利貸剝削，在阿爾及利亞，通常是教導自我解放的農民，如何以國家計畫來進行當地活動，以致於他們的勞力可以取得最大的成果。然而，像是在埃及或印尼或巴基斯坦，看似需要的是由上層來的中央指令，來形成技術化階級的目標，而且是基於公民投票（如果可能的話，是由上層來創造可以制訂政策的大眾政黨），採用國家計畫，引導人口中比較沒有技術化的元素，以達到預期的發展成果，軍隊就不再是主導的角色了。

儘管多數「直接民主」的革命都很溫和，不過他們所建立的社會模式，受到一些相同問題的困擾，讓他們像是在共產主義國家。掙扎政府官僚繁文縟節那惡名昭彰的手段，是政府內外改革人士所關切的

部分：只有政府單位能夠進行中央計畫，雇員拒絕負起責任，可能會像是接受賄賂一樣引起責難，有損獨立的中央指令精神。可能更多的暗中活動，已成為社會組織的危險因子。所有努力都遭最優先的國家目的所壓制，異議分子因而逐漸減弱，很少人會關注他們。在阿布杜一納西爾的埃及，巴哈以派成員不多，比伊朗的信徒還少，卻有個人整合與社會創造力的崇高層次，但都遭到鎮壓；巴哈以派的世界中心從鄉鎮中建立起來，在以色列裡偽裝起來，但有共產主義傾向的穆斯林，仇恨穆斯林後代選擇另一種信仰，其真正目的是要壓制一些少數團體，因為他們提供非政府、非官僚思考與實驗的管道。

　　那些有舊農業管理階級的國家，有意維持其西元1945年之後前十年的歷史地位，在這麼多舊政權遭到技術化現代主義人士推翻之後，被迫以效法進行過直接民主的國家。在伊朗，國王受軍隊協助，鎮壓穆沙迪各的激進民族主義之後，他穩固了個人權力，最後開始蔑視地主階級與國會。他不顧國會意見，而訴諸於公民投票。其目的是要從上層開始的改革，要打擊貪腐、改革土地歲收、有效的工業化，但沒有要完全與舊社會特權階級脫離關係。例如，農民合作社，會向地主徵收土地。但是，他們會以鼓勵他們在工業投資的形式作為補償，因此維持他們貴族家庭的傳統，但讓他們更能配合國家利益。如果多數私人企業以國家計畫之名而進行工業化的話，便希望官僚化的問題能夠因而減少。但是，國王沒能取得技術化階級的信心。貪腐問題還是存在，也導致了改革計畫提前失敗。甚至超過在各地低投資國家特有的問題，例如他們的年輕人在海外留學之後，都不願意回國，讓伊朗人民受苦。（國王最好的打算可能是，他要讓這些年輕人來加強改革，例如農村的識字活動。）

其他皇室政府比較沒有從上層開始的改革。即使阿拉伯半島的薩伍德朝（Saʿûdî dynasty）知道有些改革的必要性，也沒有這樣做。就像伊朗國王一樣，薩伍德家族也想要掃除貪腐；他們鼓勵多元的小型私人經濟發展，與美國石油公司合作，因為美國石油公司每年都給沙烏地政府資金。但又一次地，政府的國際社群持續成長，有意要改革，以獨立於西方之外，沒有看到自上層開始的改革才是真正的獨立，更多受教育的年輕人忠誠度還是令人質疑。

在多數地區，新伊斯蘭主義，還有伊斯蘭文化（Islamicate culture）舊領導階級的改革，都不可能成功。儘管要直接民主的意圖失敗了，似乎需要有些這樣的模式，來逐漸否定社會之中為伊斯蘭的任何主要角色。

伊斯蘭全球性作為世界中的一股力量

伊斯蘭社會（Islamicate society）在十八世紀中衰弱，也已經潰散了。穆斯林族群各自獨立，成為了廣大世界社會的成員。仍然存在的伊斯蘭（Islamicate）崇高傳統，在比較積極的務實文化階級中，充其量已經處於邊緣地帶了：伊斯蘭傳統進入的範圍，影響大眾的道德觀念，或者作為新的上層文化的特權因子，其調性主要是現代技術化，也因此大體上是因為西方影響而形成。在有些國家裡，不只是那些在共產主義治理之下，伊斯蘭（Islamicate）的上層文化的主要創始人，作為特定的階級，被政治與社會權力排除在外了。然而伊斯蘭極為特殊的宗教傳統，幾乎在任何地方都還是保持其重要性。在這個層面上，其特色遺產還是很有潛力。廣泛文化的許多層面，其核心部分都

不能與宗教脫離關係；他們維持著潛力，所有穆斯林都可取得，嵌進宗教背景的語言之中，穆斯林都必須去閱讀，在正確的情況之下很可能變得很有影響力。但這是宗教本身，還有這些可以代表一般的人類生活，伊斯蘭會在不久後的未來，形成一股勢力。

十九世紀後與二十世紀的條件，已經幫助了伊斯蘭滲透至世界各地，範圍擴大，深度也增加。有些這些條件屬於突發的，有些則是幾乎等同於其他宗教或者文化團體。由於人口數量，在舊的城市化地區大幅增長，在偏遠地區大量開啟蒸汽船、鐵路、汽車、飛機的貿易利用，穆斯林，像是歐洲人、印度教徒、中國人一樣，已經有大量的移民。他們從荷蘭統治的印尼移民到荷蘭，從英國統治的印度移民到英國各個角落。以這樣的方式，他們主要在東亞大量增加、在有些南太平洋（South Pacific）島嶼、有些加勒比海島嶼（Caribbean lands）。從北非（Maghrib）開始，阿拉伯與柏柏工人，有千百人移居在法國與德國的城市裡，有些是永久定居。比較少數的人，則是定居在西非、北美與南美的城鎮之中。

許多移民進一步的分佈，有了更重要的改變。仍然留在主要穆斯林區域的異教徒，遭到穆斯林更快速度的包圍。到了十九世紀末，阿富汗統治者，使用最新式的武器，最後能夠臣服在次帕米爾山區（sub-Pamir mountain）的卡非里斯坦（Kafiristan）異教徒，迫使他們變成表面改信的穆斯林。在西伯利亞，儘管有沙皇的壓力，有些新的部落向伊斯蘭靠攏。在馬來西亞，島內不同的團體向他們鄰居說明伊斯蘭的吸引力，勝過荷蘭基督教傳教團。最重要的是在次撒哈拉非洲的異教徒，個人與部落逐漸接受伊斯蘭。十九世紀末奴隸貿易之壓制，對於穆斯林奴隸主的敵意也就減少了；由於更多穩定的貿易航線

開啟，與穆斯林的接觸也增加了。儘管基督教徒有大量傳教活動，穆斯林比較少這樣做，但似乎穆斯林讓他人改信這部分，至少是跟基督教徒一樣成功的，甚至超越了基督教徒，在非洲大地兩派人馬成為競爭對手。

基督教的傳教團解釋穆斯林如此成功，是因為伊斯蘭讓人改信時比較少道德方面的要求，特別是因為伊斯蘭至少容許了一夫多妻制，是富有的非洲異教徒所能認同的；或者甚至認為伊斯蘭教義簡單，更容易讓未開化的心靈所瞭解：簡言之，伊斯蘭的標準比基督教來得低，比較不會被「原始」的民族排斥。但是，沒有任何實際案例可以證明這項說法。簡單地說，這是摘要式的說法，而且是相當簡化真主的穆斯林教義，讓人民難以習慣多數異教部落的儀式與神話。基督教神秘主義可容忍比較相似的異教徒神話。

至此，在明顯必備的要求中，兩派系有差異，這不是固有的差異，而是當代新信徒對當下條件之理解。比起古蘭經，對於原本的信徒來說，聖經更不再要求一夫一妻制（有些基督教團體允許一夫多妻，例如主要的西方神學人士一樣）。烈酒甚至比一夫多妻更受歡迎；儘管有些基督教徒禁止這樣做，就算聖經可以容忍，這卻是伊斯蘭嚴厲否定的。其實，這只是基督教傳教團選擇要求改信者，放棄多重伴侶以及烈酒，而伊斯蘭選擇忽視更多嚴格的伊斯蘭法要求，以致於伊斯蘭看起來比較沒有道德的規範。其實，接受任何一方，對於部落模式破壞的程度，需要看是非洲的哪些地區；也就是說，伊斯蘭或基督教的擴展是依地方的情況而定。儘管如此，在許多地區，基督教仍然是比伊斯蘭有比較多的禁令。

這個事實反映出，現代世界裡兩個宗教傳統深層的差異。伊斯蘭

或者基督教徒對於異教徒的訴求，大多數超越世界性格，其觀點大致符合這個世界，狹隘觀點對於部落沒有作用或沒有意義。在許多地區，部族在家純粹是異教徒，當他們出外時便承認自己是穆斯林；由這樣的方式，他們需要外在世界的地位，當地的神管制不到的。但是，旅行以及對外在聯繫，更加改變人民的生活。普世的價值觀變得更加重要。伊斯蘭與基督教有各自的機會：他們倆方都是普世的。但是他們的普世性，是有差異的。

基督教傳教士提供了最優秀的現代科學，例如：醫院、官方學校、外來的學術研究。但他們將自己提供的大多數事物緊密聯繫在一起。他們代表外來的統治階級（已經有抵抗他們的觀點了），還有他們要求與那些外來者的文化模式有某種程度的同化。（其實，這通常只是文化上的所提出要求，以傳教角度來看，是要通過基督教的崇高道德標準。）不過，即使改信團體在每日的引導之下，已經有很長時間的學習，甚至保護外來代表的信仰，最後的決定是由歐洲或美國的政治體制所保存。也就是說，基督教，在最深入的層面上，有代表西方世界統治的力量與軟弱之處。西方的代表，不能簡單地與特定文化標準來妥協，畢竟他們是統合在西方世界模式裡；如果在各地的傳教團有意要妥協，他們會被自己的教會逮捕。在新的獨立情境之中，也就不容易改變這樣的模式。

伊斯蘭已經提供了其他方面的平等普世主義。在基督教之後，伊斯蘭在地理上是最易接觸到的宗教虔信，也最積極尋找改信者。然而，伊斯蘭代表它本身——僅只是奉獻者個人的熱忱，他們可以配合當地的環境而。此外，改信短時間內接受了一神與先知穆罕默德，在各方面都成為穆斯林世界信徒的成員；到麥加朝聖是新改信成員的象

徵性作法，再次前往則是證明自己承認了這個信念。或許，這甚至還附帶了伊斯蘭明顯含有的普世文明道德和知性特徵，不像基督教徒只帶來複雜的教義與儀式；有時候，這給予人們心靈與精神上的更多滿足，而與過去分割開來。

　　毫無疑問，比起將伊斯蘭傳播到新區域，有件事更重要——伊斯蘭至少已經在表面上深入各地區域了，甚至在受教育的城市地區、蘇聯之外的地區，同時密切結合伊斯蘭的傳統社會模式已經不再衰弱，而是強化了穆斯林虔信；甚至在二十世紀中葉時，穆斯林的宗教儀式復興了，於是重視伊斯蘭的第二個象徵——例如蓄鬍。在農村地區，特別是在近代改信的人，比較少人關注伊斯蘭律法，長期以來較傾向於遵守穆斯林國際慣例的壓力，復興主義已經快速提升、推動這股長期承受的壓力。這項運動部分與反對蘇非主義者相關，提升了伊斯蘭法主義者。但這也精確反出了普世觀念重要性的覺醒，伊斯蘭在民族之間的國際層面，至今依然在邊緣地帶。伊斯蘭的世界主義已經成為廣泛的含義。最終在伊斯蘭的世界主義中，代表正面與有影響力地面對現代事物的挑戰。

結　語

伊斯蘭遺緒與現代意識

當伊斯蘭興起，穆斯林從傳統中得到承諾，應許他們成為「人類歷史中最好的社群」。由於《古蘭經》如此解釋，對於虔信的人產生許多影響。就某個層面而言，《古蘭經》本身具有權威的影響力；而從另一層面來看，這種傳統也適合當時從尼羅河到烏滸河地區的社會與靈性狀態，並在區域擴張的農業舊世界扮演相當重要的角色。這個社群的發展與《古蘭經》教義息息相關，伴隨著持續的文化對話，到了十六世紀，形成了世界中最廣為傳播、最具影響力的文明。但是十七世紀以降，特別是十八世紀，伊斯蘭社會（Islamicate society）的崇高權威與繁盛逐漸衰弱，進而轉向當時流行於西方的文化，改變其原本於尼羅河至阿姆河區域的特殊地位，並且削弱了整個伊斯蘭世界的社經結構。到了二十世紀，儘管對於伊斯蘭的虔信，在多數區域仍十分強盛，畢竟伊斯蘭曾經是主流勢力，但這些穆斯林區域不再是擁有共通文化傳統的單一社會，反而與外部世界的其他社會有更多關連，同時其社會制度也大多演變自西方。此外，在那新世界的社會，主要產業已不再是農業，所有自農業時代以來的文化特色，包括了甚至是西方本身的傳統皆受到質疑；更遑論與伊斯蘭相關的傳統了。

伊斯蘭文化遺緒（Islamicate heritage）以及伊斯蘭宗教遺緒，仍適用於現代人嗎？即使對於那些仍虔信伊斯蘭的後代子孫而言，答案仍然不明確。然而更有待釐清的是，傳統對「人類」有何普遍的意涵，如同《古蘭經》所承諾，對於現代社會的人來說，穆斯林族群是相當重要的一個群體，同時，穆斯林的命運與世界不再毫無關連。伊斯蘭文化（Islamicate culture）只會走入歷史課本，收藏在博物館的一角嗎？伊斯蘭信仰會草率地融入一般的宗教（不論是忠誠，還是地方

性的反抗）還是在面臨技術的啟蒙時完全消失無蹤呢？抑或者，仍然是現代穆斯林特有的財產，但實際的影響力相當有限（狂熱的社群除外），對其他人來說至多也只是引起人們的好奇心？又或者無論他們是否接受伊斯蘭的虔信，伊斯蘭文化可以透過與生俱來的生命力，證明它本身對於所有現代技術化時代的人類深具意義？

　　人們幾乎出於自覺地認為：某種神聖或任何偉大的事物會歷久不衰，然而一旦失去就再也無可取代了。小小一塊岩石看似稀鬆平常，但是為了方便推行工程計畫，進而破壞一整座大山的鬼斧神工，則顯得褻瀆神聖；殺死一隻鳥可當成是任性而為，但對其同種的鳥族趕盡殺絕，是褻瀆神聖的行徑。殺死一隻鳥或許只是主事者單純的肆意妄為，但若使其整個種族滅絕，則是悖理逆天的濫殺行為。對於一個人人得而誅之的罪人，僅僅是減短他生命的這一絲意念，就可能比動手殺了他還要邪惡；這並不只是墮落而已，可能會激起戰爭般的毀滅力量、摧毀偉大的藝術作品——例如巴特農神殿（Parthenon），假設在爆炸發生時，剛好有個人與神殿一同被炸死了，相較其引發的激動情緒，人們對於神殿遭受毀壞可能會更加悲憤，畢竟人的生命是有限的。人類文化也具有某種神聖的特質；無論統治者多麼的殘酷、朝臣的胸襟如何狹隘，偉大文明衰微的景像依舊讓我們感到敬畏與遺憾。我們可能會發覺，其實自己對於伊斯蘭遺緒（Islamicate heritage）的想法，是希望它能以傳奇的虔誠形式保留下來，而並非真正崇敬它的古今傳人。

　　當然，所謂的文明，也就是某個特定的社會承載著某種盤根錯節的文化傳統，很少是三言兩語就可定義完善的個體，更難用寺廟傾圮或人類喪失生命的比喻，去形容一個文明的「式微」。薩珊帝國的文

明緩慢消逝於穆斯林手中，但同時也可以說是由同一雙手轉變了薩珊帝國的文明，讓它重新獲得生機延續下去。即使是同樣的語言與宗教熱忱，還是可以如此解釋：哈里發盛期的文明在薩拉丁（Saladin）時期就已經毀滅，又或者理解為該文明變得更加成熟了。伊斯蘭中期的文明一度臻至完善，在十六與十七世紀時才遭到取代。我們需要著手處理的是伊斯蘭遺緒中那些流傳至今的傳統。這些傳統與現今的社會有何關聯？這既不只是個學術問題，甚至也不僅是被視作為發生在穆斯林身上的狹隘問題，這是一個無法分割的大哉問，需要我們省思：這份傳承下來的文化遺緒對我們而言，究竟有何意義。

如今伊斯蘭遺緒最重要的元素，就是宗教與宗教意識。如同第一代的穆斯林，宗教再一次成為整個社群文化遺緒的核心，並且至今仍積極存續著；這是伊斯蘭發展（Islamicate evolution）幾世紀後留存下來的有力遺緒。對某些人而言，這個元素在新伊斯蘭法社群主義的復興中扮演了重要角色；而對其他人來說，它在精神的幽微之處展現了作用。也就是說，人們的日常生活可能相當瑣碎、沒有依循任何傳統，卻在家中默默成為了蘇非行者；這個元素不論是以何種形式出現，其重要性無毋庸置疑。總之，我們至少必須思考伊斯蘭對於現代意識是否存在某種意義。

一神信仰是在農業社會背景之下發展而來，不論是以先知性社會觀、個人潛心修養或是千年至福的激進思想（chiliastic mili-tancy）的方式，皆必須處理一些不講道義、偏離信仰的行為，以及一些順應而生的公義與真理的挑戰。同時，現代意識必須面對技術時代所呈現的困境與機會。這些是世界問題，不僅存在於任何地方，而且一旦在某個地方爆發，這個問題不僅會產生影響，這個問題本身同時也會因各

地的處理方式而遭到制約。

現代世界問題的不可分割性一部分是來自於本世紀的政治演變。到了二十世紀中葉，各個穆斯林族群就像西方人曾經歷過的一樣，在內部也面臨了大轉化、技術化社會，以及隨之而來的機會與危機所引發的深遠影響。然而與此同時，穆斯林本身也和大多數技術化國家一樣，愈來愈受到制約：他們必須逐漸與其他人類一起面對共同的問題。在國際聯盟甚至是後繼的組織、聯合國與其轄下的專責機構之中，他們的代表要與非穆斯林族群一同共事，跨越國界來解決大多數的迫切問題。除了官方的國際組織之外，他們也擔負道義上的責任，一同面對衝擊全人類的共同問題，儘管遭到擱置，也沒有立即指派專責的委員會，但這些組織對於全人類來說，通常比那些緊急的任務更具有深層的意涵。

關於世界問題的不可分割性，它不僅起因於近代的政治演變：這些問題原本就存在於技術性本質中。若以穆斯林的角度出發，就會更明白問題之所在，特別是當我們對比對發展差異的強勢與弱勢兩端的形態，了解決定穆斯林觀點的根本，也就更能進一步探其究竟。如此一來，我們就可以周詳地思考何謂伊斯蘭的必然挑戰；倘若我們願意進一步地探究更多深層問題，包括：伊斯蘭的寶藏為何？從在地以及全人類的高度來看待技術化時代所衍生的問題，穆斯林意識對此有何回應？

現代人類道德標準的一致性

值得探討的是，現代歐洲所渡過的危機以及穆斯林可能獨立的原

因，部分是源自於技術化的全面發展，進而帶動歷史推動力所造成的結果，而這同時也是歐洲前所未有的一股社會力量。在西方轉化初期，商人階級成為社會的重心，他們受到的誘惑與農業時期的農業或者軍事統治者不同，但就像時常被提出來探討──他們也有自己的問題。由於多元的私下倡議以及革新的浪潮，讓過往建立的地位搖搖欲墜，他們發現若要確實運作，並且同時維持社會責任以控管技術化之社會秩序，具有相當難度。舉例來說，新的全能政府受到偏向某國外團體的特定利益商人操作，當整體經濟社群無法守住限制，就會導致國際互相較勁，因而過度刺激局勢；使得西元1914年那場出乎預料之外的世界大戰就此爆發。更糟糕的是，在「商業圈」裡，定期投資無法配合市場預期調整（以致於資金流動，而勞工失業），無法如原本的共同假設一樣受到控制，呈現不協調的狀態，卻仍予許計畫持續擴張：因此造成了一九三○年代的大蕭條。

或許更發人省思的是西元1939年二次世界大戰時的道德淪喪，在技術化的環境下，不只是統治階級，甚至還有大量社會底層階級，全史無前例地把自己與民族國家緊密聯繫在一起，民族國家與他們的生活如此息息相關，因而他們能夠為此放下所有相左的道德標準，只為了國家的繁榮與驕傲。在一九三○年代，即使戰敗，德國依舊強盛，大蕭條讓納粹道德專制的民族主義興起，他們決定不擇手段地扭轉局勢，並為西元1918年的戰敗索取補償，他們祭出包括戰爭與恐怖統治的手段；在戰爭的過程中，他們更加沉浸於民族的驕傲，無視傳統的人類道德標準，以系統化的方式集體殘殺不受他們青睞的少數族群（主要是猶太人還有吉普賽人）。戰爭結束時，各地出現了道德沉淪的現象。在國際中，美國人長久以來都表現出強烈的道德觀。但是為了

對日本施壓，強調無條件投降，竟毫不保留情面，曾經對納粹德國殘暴行徑感到驚恐的美國人，毫不羞恥地在大城市投下原子彈，殘殺了無數的人，而且在幾天內又投下第二顆爆彈；恐怖統治進入機械的世代，超越、突破了成吉思汗的蒙古軍——那種由人所構成的恐懼界限。

面對這些令人憤怒的事，少數的西方人卻感到自鳴得意，例如有太多法國人同意納粹謀殺猶太人；儘管（或者只是因為）在蘇聯，舊特權階級已經減少，商人受到直接的社會控制，這個技術化的國家證明它可以如同納粹德國一般，否決所有人性道德考量，它的領導人史達林支持希特勒的恐怖統治。但是，許多穆斯林為自己感到慶幸，因為他們不臣屬於西方「物質主義」的道德腐敗。其實，穆斯林仍未具備西方人的實力，不能如同西方人一樣大規模的試驗。不過，即使西方擴張過大，穆斯林也不是完全沒有參與其中，因為還是可以瞥見腐敗的徵兆。

在兩次世界大戰之中，德國把大多數獨立於外的穆斯林地區視為特殊的朋友，因為他們本來就是帝國強權的對手；而這個特殊關聯，直到納粹主義出現後依舊強烈，同時似乎也提供了另一股更具影響力的力量。這也使穆斯林更毫不猶豫地付諸行動——在土耳其、阿拉伯地區、伊朗，甚至蘇聯與印度的穆斯林區域，許多具有影響力的穆斯林，對於納粹德國施予同情或甚至是以實際行動支持其不道德的行為，徹底否定了任何一絲「民主」理想主義，且無論該思想是發源於英國、法國或是俄國，完全地予以抹殺。有些人提出論證，認為納粹的集權民族主義政府正是穆斯林所需求的，不但可以達成具影響力的民族主義，也能夠解決現代社會的困境。至少，在某些案例中，這類的納粹崇拜就等同於是支持反猶太，尤其是在蘇聯，儘管多數穆斯林

不願回應，但是曾有一度納粹極有希望獲取穆斯林的廣大支持，若是德國軍隊能夠進入穆斯林區域，使這股支持的力量具體實現。

　　事實上，穆斯林對納粹的支持，主要並非完全支持納粹教條與實踐，儘管在某種程度上，的確是支持納粹的種族主義。不過，這並不完全是政治上的偶然而已。許多對西方帝國強權不友善的穆斯林，的確拒絕支持納粹主義，因為他們不同意納粹的主張；事實上，無論支持或反對納粹，都是社會上較為活躍的穆斯林才能做的重要決定。然而逐漸地在相互依存的世界社會裡，公眾輿論的全球模式正在成長，尤其在西元1939年大戰之後的幾十年間，這個普遍的世界公眾輿論已經成形，而且在技術化程度較低的非西方地區、以及西方較不現代化的地區皆是如此。

　　當聯合國不再只是西方執行政策的工具時，它就變成討論世界輿論的重要論壇，而且它不僅關心政治問題，還包括更廣泛的議題。其廣泛的人類關懷至少已經出現大致的輪廓，而當中最主要的就是聯合國科教文組織——表達出相當程度的共同文化展望，與社會倫理觀念，跨越了人類的文化與政治區隔。在這個層面上（不只是聯合國科教文組織，還有許多其他的國際活動管道）相關的結盟，例如共產主義、法西斯主義或自由資本主義，變得更加重要，甚至超越了基督教、伊斯蘭、印度教之間的差異，而這點也是最令人爭議的部分；相較於現代之前的傳統，由共產主義與資本主義陣營雙方代表達成之協議，如今雙方對於人道關懷所達成的協議，更加值得予以特別的關注。在贏得政治獨立的當下，穆斯林也涉足所有國際道德議題，而這些問題皆來自於技術化的世界。甚至在實際的層面下，他們再也無法將西方社會技術化之後所產生的道德問題，區隔於他們之外；西方的

問題與誘惑，現在也發生在穆斯林身上。

新的穆斯林政治責任，與當時興起一股關注世界各地現代化問題之積極的態度不謀而合。而在討論甘地思想的形成背景時，我們也注意到在二十世紀第一個十年裡，理想主義是如何的醞釀，進而激發人們對即將出現於世人之前，那個前所未見、更自由更真實的生活抱持著希望。在一九二〇年代，「民主」變成普世標準，甚至在特權階級之間，至少也必須給予勉強的尊重；政府適當地重組，更能反映人民的意見與需求；在最進步的圈子中，一些高度實驗性質的運動、追求解放與自我的表現繁榮發展，不過他們的擁護者最多也僅是把「維多利亞」十九世紀當作是邁向預期進步的開端。在某種程度上，許多穆斯林知識分子同意這樣的看法，而且還不只是那些崇尚甘地的穆斯林而已。但是在一九三〇年代大蕭條與一九四〇年代第二次大戰、以及當時的怪異道德現象，使得一九二〇年代的樂觀主義逐漸削退。即使在戰爭的末端，不同的穆斯林民族取得了獨立，像是巴勒斯坦戰爭與印巴分治等悲慘的事件，也迫使穆斯林像西方人一樣，對於進步採取了謹慎的態度，不過也幸好沒有造成毀滅性的劇變。然而這使許多人對於現代化與伊斯蘭都感到失望。

不過人們對於不久後實際的未來狀況一步步恢復起信心。到了一九六〇年代中期，未來前景似乎已不再如此慘淡。一九二〇年代的希望又再次出現於世人面前，即使在紀律最嚴格的教堂與政黨之中亦是如此，而與此同時，許多新、舊政府也謹慎的予以支助。此時人們看到一個更具責任感、同時也開放的理想主義在各地有所進展；在這個謹慎的樂觀主義氛圍之下，穆斯林也身有同感。

跨越發展差距的現代問題

在不同的穆斯林地區之間，現代的問題有相當不同的形式。的確在某種程度上，伊斯蘭世界自十八世紀以來已是現代世界的縮影。其實這些不同的文化演變在十八世紀就已經浮現出預兆了，而且讓數個穆斯林族群產生相當截然不同的觀點。伏爾加（Volga）的保加爾（Bulghar）韃靼人似乎在社會與文化方面，融合了工業化的俄國生活，其文化差異已不僅止於語言與歷史記憶的不同而已。另一個極端則相對較少參與技術化社會——位於尼日河（Niger）與查德蘇丹（Chad Sudan）的穆斯林，他們自認為最不受國際交流與技術化機構的侵擾。同時，出自於對南部鄰近區域非穆斯林的不滿情緒，他們形成一個如同伊斯蘭法所提到的「農業社會與政治期望的堡壘」。而其他穆斯林地區則是介於兩者之間，依據本身在十九世紀的經歷，以及二十世紀現代化倡議者的回應而有所不同；其多元差異，就連看待伊斯蘭傳統的觀點也有所差別，而這就端看其領導人吸收同化了哪部分的西方強權文化。儘管如此，人們還是可以用極為籠統的措詞，陳述在某個層面上，每個社會所必須面對的深切問題，而這些問題大多都愈來愈令人擔憂；如同我所見到的，這些都是極為基本的問題，不僅發生在所有穆斯林社會——不論各種背景的現代社會皆一律必須面對。

現代化的主要核心為大規模技術專業化，以及隨之而來，在世界各國廣泛的相互依存，而從核心現象衍生出許多特殊的現代問題、誘惑與機會，這些全是身處現代世界的每一個人所必須面對的。這些問題可以大致歸類為以下五點：其中兩種問題是直接源自於技術化的本質：

（一）首先，文化傳統中斷。換句話說，這種情形即使在西方社會，也意謂著個人失去了根基以及社會走向原子化（atomizing of society）的型態。對於非西方地區，這些問題更顯得複雜，因為現代環境的需求與該地區全然不同文化的家庭生活背景，發生失衡、不協調。

（二）造成了自然資源的壓力，也就是人數過多而造成的擁擠，還有自然景觀大量流失；因為對於非西方地區，這代表著貧窮，甚至是大飢荒。

然而，這些在文化與自然資源之間所產生的問題，又進一步衍生出各種不同的需求，而需求本身又導致了更多的問題；這些需求又可以歸納成兩點說明：

（三）社會規畫之需要，可以維持經濟成長，避免混亂；但在非西方地區，我們需要計劃，藉以脫離新的大眾貧窮問題，並且予以相對的人民基本尊嚴。不過當情況極度緊急時，執行如此廣大的社會計畫，意指可能會出現史無前例的恣意妄為。

（四）大眾文化教育之需求；但這充其量也只是似是而非的嘗試而已，因為不但得使教育普及，還要藉由教育使人民獲得創造力，達成技術主義之需求。在非西方地區，任何與創造力相關的教育皆因日復一日的極大壓力而被排除在外，仍無法僅靠創造力解決。

（五）最後一點，比其他的問題都更加深切，因為若想要得到改善其他難題的最終真實解答，需要下定十足的決心：我們面對著道德信仰極其不穩定的情況，並且需要找到適合的人類觀點，使人民重新瞭解到生活的意義為何。甚至在西方，舊的傳統似乎愈來愈不能適用於現在所需要的觀念；非西方的傳統，例如伊斯蘭化，也似乎不只是

毫無關係而已，甚至是完全無法提供創新道德成長的可能性。

　　所有的問題皆會影響現代化之前的遺緒所需扮演的角色，特別是在伊斯蘭世界裡，這些傳統是否仍具重大的意義。尤其當所有個人意識到他們必須面對的道德意涵。

　　當務之急，所有現代社會皆必須面對民族與社會模式之間的混亂關係；換言之，**文化傳統之中斷**。生活的模式隨時都在改變，技術改良就成為了首要跟隨的準則，而且事實上，大部分的生活模式隨著世代更迭而變化，也的確時常依照個人的心智成熟度，一次又一次的更新。不僅是日常處事的準則無法正常地世代交接，而且每個不同的世代還得因應時代，隨時修正本身對生活的期待。文化傳統的演變必須以固定的節奏進行，並且在廣泛的改變調整之前，給予其文化的傳承者有短暫對話的機會。新技術方法有助於意見的交換與對話，儘管如此，建立的參數時常在新參數出現之前，就失去了參考價值；新發明、新技術、新發現通過試驗，隨之而來的後果或者副作用已無法可想而知了。人們時常會懵懂地計畫個人生活模式，對於瞭解不久的未來所發生的可能性，愈來愈不需要依賴前人或甚至是個人的經驗；他們必須做好隨機應變的準備，在這樣的環境下，他們仍可帶著微小的期望，但前提是依循著目前大眾的模式，接受著毫無預期的變動，亦或是依照工業規劃者所製訂的模式，隨波逐流。正當個人意識亟需做出影響深遠的決定時，此時就會發現本身缺乏來自過去經驗的引導。

　　在西方，相對容易接受傳統遭到中斷，至少，技術化的新特色已經在傳統舊地區中發展開來。牛車到馬車、驛馬到鐵路、汽車到飛機，都有直接的連續性；每項轉變都相對溫和，傳統從未被打破。同樣地，從經院哲學家到笛卡爾（Descartes）、休姆（Hume）、康德

（Kant）、黑格爾（Hegel）、胡賽爾（Hüsserl）、存在主義者，哲學對話持續進行著。整體來看，舊的作品還是有人閱讀，某些一樣的詞彙仍然有人使用，即使是改編過的文本也是一樣。讓現代技術化元素與舊傳統的多樣元素整合在一起，似乎是可行的。至少專家們在各自的專業領域內努力研究，全力投入於他們自己的特殊傳統中，而且專家之間持續地彼此對對話著。在其他地區，專家時常保有著本身的傳統，不會完全對外分享，因此他們受到排擠而顯得較為落後，並且無法即時、有創意地與其他學者對談。

不過，即使在西方，專業化發展到就連「全知」的天才也不再能直接控制所有執行細項，社會關注的事物全都充斥著彼此忽視的生活片段，沒有人能夠看到完整的社會面貌；同時，人們還分享著失根以及沒有歸屬感的怨言。

在伊斯蘭世界裡，傳統中斷的問題更嚴重。在這個地區，人們直接經歷從牛車到汽車（公車或貨車）甚至到飛機的巨大轉變，發生更為嚴重的傳統斷層。可以確定，人類文化的適應力極強，例如，伊朗公車的風俗文化很快就發展出自己的一套規則。若公車在兩站之間拋錨了，乘客有辦法沿路找到回家的路，他們巧妙地運用這個機會，讓自己從狹小不舒適的公車內喘口氣。而若是個受過專業訓練的公車司機，自己駕駛的車子也狀況良好，如果他沿路停下來幫助其他遇到困難的司機，也沒有人會感到驚訝；而且如果司機全都一起到造訪當地的某個神殿，乘客再次乘車時他多賺了一筆車錢，別人也不會感到嫉妒。不過，相對於城鄉公車旅行之間的轉變，其他的西方社會模式無法依循這種方式而融入文化之中，此外，他們得以應付生活挑戰的日常資源著實少的可憐——他們無力負擔眾多服務社團、教區教會、社

區文教所、政黨、社工、法律扶助機構，以及其他在西方社會協助包括低收入市民、解決一些現代化相關困境的單位。

當沙特（Sartre）的存在主義出現在阿拉伯文的報紙上，比起存在主義在法國的情形，人們除了要理解亞里斯多德，更多了一個課題；雖然如今的阿拉伯人早已不可同日而語，但沒有人期待阿拉伯哲學家會對快速演變的哲學傳統提出重大貢獻。即使在相對容易處理、僅需面對為數不多的傳統背景、刺激與合作的領域，例如數學或者精準的科學，多數的穆斯林學者仍太過專注於跟上世界的腳步，一心想站在發展的最前線。一位開羅的化學家必須從法文或英文翻譯而來的教科書開始閱讀，實際上這已經露出落後的端倪，因為翻譯作品必定是來自去年或是十幾年前的出版著作；如果那位化學家並非接受新產業委託而執行極為緊急的任務，那麼他最重要的科學職責就應該不是從事新研究，而只是跟隨目前的科學趨勢與翻譯西方最新的作品而已。因此，所有現代社會都會面對的傳統中斷基本問題，以不同形式卻更令人憂心的樣貌發生，使得發展差距更加嚴重。

第二個特殊的現代問題也是如此。我們面臨了前所未有的混亂，不只存在於人與持續發展的社會模式之間，還關係到社會進程與自然之間的問題；這種混亂可以用「自然資源壓力」來表達。這是因為失控的技術化所產生的直接結果，盡可能的技術剝削且無止盡地開發，然而地球的實體資源卻不足以供應這個情況。我們以極快的速度消耗不可取代的礦產與化石資源，尤其在西方更是如此，不過世界各地也處在同樣惡名昭彰的狀況中。即使在水量充足的工業化西方地區，地下水也在流失之中。但是，最明顯受到限制、不可或缺的資源則是空間──也就是表面積，特別是我們地球的地表面積。許多地區的人口

似乎已經超過土地面積所能容納的限度了。

　　土地面臨的壓力有兩種形式，最明顯的即是「土地用於生產大部分的食物」；大量可耕地用於供應特定數量的人，但如果人口數量成長快於可耕地增加的速度，危機就會出現了。但是，可以解除透過下列方式解除這項壓力：人們可以不食用肉類食物，因為畜牧特別容易造成土地資源的浪費，改吃大豆類的食品，同樣能夠提供相當多的蛋白質養分；或者甚至是改吃植物的濃縮化學產品，或者是運用海洋的廣大資源。人類需要休閒與隱私的純粹空間，如果所有人都想要充分利用技術化所能提供的一切，那麼就會像目前美國郊區的情形；我們的城市即使是作為居家空間使用，儘管已經入侵到鄉村了，還是需要多出比現在好幾倍的空間。但是，人們也需要有放鬆的空間：野外。其他生物也是如此，因為我們共同擁有這個地球，生物也有權利擁有不受人類打擾的空間：大猩猩、斑馬、瞪羚都一樣需要空間。

　　第二種類的壓力，就是野外破壞（一些較有立即警示的趨勢，例如技術化生活以廢棄物毒害土地與大氣，甚至還包括惡意的毒害），這些在西方地區最常見到。但是在其他地方，最主要、也是造成最大威脅的 種普遍自然壓力——就是可怕的「人口爆炸」，這代表了食物生產的壓力，當地的技術化工廠沒有足夠的資金足以快速增加產量；這代表一旦出差錯，大規模的貧窮與次數頻繁的飢荒威脅，會變得愈來愈棘手。但是發展差距的兩端，它們問題的源頭不僅一樣，而且同樣確切，兩種問題的形式存在著不同的嚴重性。對於這兩端來說，這個新壓力足以動搖人類與自然世界關係的固有面貌，然而如果可以產生效果，也許可以提供一個解決的契機。

　　在西方，傳統中斷與資源壓力最常見的形式主要是技術化工業與

工業產品的成長與演進、社會同質發展、國家的工業與政治中央化。
伊斯蘭世界也是如此，混亂的跟源來自工業化與民族主義。但是，無
論西方或伊斯蘭世界面臨何種問題，解決方式似乎相同，那就是讓愈
來愈多的工業技術化與中央化，如此一來，應該可以產生與早期一樣
的效果。即使不考慮技術化固有的成長趨勢，在不同的技術化模式之
間也有彼此競爭的情形，而社會資源與自然資源更急需藉由一些技術
化提供解決方案，譬如藉由此一方式，以更多的醫療與工業技術來解
決人口過剩的問題。人們不單只是面對這個問題，及其連帶產生的後
果。

　　我們可能會陷入更深的困境。任何有意解決來自技術化的主要問
題，就會在發展差距的另外一端產生所謂的次要問題，而且幾乎同樣
都會產生長遠的影響。在政治範疇裡，會發現急需社會計畫的壓力；
技術化所產生的相互依存使得整個社會推行起合作與組織整合。但
是，究竟要以何種形式，而社會計畫又要在何種支援下進行策劃？美
國使用自主多元性，還有理論性的志願團體，其中包括了單一的大型
「私人」企業、工業、教育或商業機關以及議會，而位於上層的皆是
少數幾位政府主管當局。但是，這個模式本身也有問題：有時候自由
似乎反而會造成不願承擔社會責任的缺失，而美國政治一般皆著重於
社會計畫的控管。無論如何，想在其他區模仿這個模式是無法一蹴及
成的。共產主義國家則是處於另外一個極端，依賴著極度的中央集
權，但是如此控管社會的計畫亦有其難處，因為許多人都認為眾多經
濟甚至是社會難題皆源自於「過度將社會計畫中央集權化」所導致，
也因此造成比西方更嚴重的人為隨意操控。若要達到基本的公正正
義，則每一處皆需要社會計畫，然而計畫反過來威脅到人身自由，而

造成自由的削弱，那卻是公平正義給人們帶來的主要益處。

　　發展差異的低投資端對於社會計畫的需求，也像高投資地區一樣迫切，並且藏有很多的危險。然而，對於低投資端而言，對於社會計畫的需求形式有所不同，並且其危險性也大相徑庭。急需解決的問題並非是所謂的無政府狀態，因為若不是拜無政府狀態所賜，西方也無法快速把原本進展太大的技術化，帶向更富裕的境界。對低投資端而言，急需解決由技術化的副作用所帶來的嚴重貧窮問題。同樣地，在低投資端地區，急需解決的是赤貧的問題，因為有限的土地資源無法提供足夠的食物，以滿足不斷成長的人口的需求；在低投資端所需要解決的是相對實際層面的貧窮問題，也就是設備不足的需求，一旦這些設備在部分地區或某些社會層面變得普及時，在其他地方也同樣會有愈來愈多的需求。

　　如同我們已察覺到，即使在人口壓力相對較小的地方，新貧問題也需要藉由高度的社會計畫，立即推動技術化發展。在這種環境下的社會計畫，不論是否以新伊斯蘭模式為設想藍圖，或者是以「直接民主」的形式，亦或是共產主義，在各個範疇皆呈現出種種難題；即使在西方世界，生活的範疇看似相當穩定，不會受到任何規劃者的影響，情況仍然如此。在其他地方，這個問題在非西方地區所產生的影響更加深遠。規劃者應該受制於誰？這不只是當下的個人自由，還包括未來社會的整個演變進程，似乎是握在能夠掌權最久的人手中。然而與此同時，對於社會規畫的需求又是如此地迫切，若要列入如此遙不可及的考量似乎太過奢侈，亦是社會無法負擔的代價。

　　在整體社會的範疇中，政治圈對於社會計畫的急迫需求是大眾的文化教育。隨著技術化發展的腳步，對於專門人員的需求激增（對這

些人而言，至少需要具備識字能力，即使他們只是在組裝線上的某個位置、臨時安排的非技術專長的「專家」），同時也需要一個穩定成長的大眾市場，而這些大眾則是整合於一個城市化、受教育的社會之中。農業文化的「民俗」層面逐漸消失了，轉向與受過教育的菁英文化融合，成為我們現在所稱的「大眾」文化。但是，這個過程會導致大眾文化缺乏民俗文化所能帶來的和諧與個人成就，同時，這也相當荒謬，完全不符合技術主義努力想達成的創造力。大眾遠離家鄉、遷居他地，無論如何都會造成某種程度的古老文化日漸凋零。而且，人口快速增加，使得新的模式難以系統化導入進而替代舊時代的作法，除非是該模式自然而然地融入，並且反映出這個組織不完善的狀態。但是在協助這些混亂的狀況的當下，時常會給予助力並促使其長存下來。貧民窟生活，無論是在芝加哥（Chicago）境內或者在阿爾及爾（Algiers）臨時搭建棚屋的郊區，時常會趨向封閉，並對內部的居民產生壓力，而這有時會使其中一些較有才能的人無法放膽冒險、抓住可能改善自身生活的契機。因為這層關係，使當地的孩童不敢打破階級、投身於看似無望的社會組織或是技術訓練中，但是若無法滿足願望反而會更加痛苦。

這個情形突顯出局勢朝向穩定健全的路線發展，面臨生產力成長的問題，但也有可能是局勢走上發展差異的迷途，在克服新貧與新期望時所面臨的問題。這些問題反映出亟需受過教育的大眾文化，然而在正規教育圈與該文化的大眾消費圈內，這類的大眾文化為數不多。大眾受教育的需求衍生出一項熱門的議題：那就是要如何才能捍衛複雜的智識標準，以及那些尚不願面對這些標準的需求；尤其是該如何才能避免一般社會大眾受到誘惑？也就是以某個層面而言，要提出可

以吸引所有大眾的教育或者文化工作，但其層次卻又不至於過低，在這個範圍內，每個人在其擅長的領域中超脫普羅大眾的層次。

如我們所知，就連在西方對於（若某人有心想要教育大眾，並且朝向愈來愈高的層級發展）如何讓教育同時做到「民主」並具影響力，也仍然在摸索階段，不知其門而入。教育必須適合這個瞬息萬變的技術與文化狀況，在此環境下沒有亙古不變的規則，教育必須讓學生有開放的世界觀，不僅如此，也必須使一般人皆感到平易近人；不過在滿足這些技術化需求的同時，教育仍必須維持著嚴格的知識與美學標準，必須達到這個標準，若不是藉由固定的共通內容，那就必須提供一些可以作為嚴肅知識溝通的共通基礎，而教育也必須維護學生的文化根源；無論是區域或地方的文化，都不至於逐漸衰退。教育必須突顯面對改變時所能提供的資源協助，以及持續對話的園地，同時必須具備世界觀，與國家在地觀。

但是，至少西方享有繁榮，並且在舊民俗文化與現代「大眾」文化之間，傳統上已有了基本的銜接。父母至少接受過教育。對於發展失衡弱勢的地區而言，現代化為所有人帶來相同的問題，並且為之抹上了特殊的色彩。因此，西方的作家或者藝術家總是可以區分這兩大群讀者，並且在作品中訂下不同的情節背景：大眾文化的設定會不斷受到較拘謹的讀者——也就是真正的菁英階層的影響，而在這種設定中，低下階層的社會大眾總是充滿幹勁。藝術家甚至會為了糊口，而捍衛某一種情節設定，然而其實他大部分的時間卻是保留給那些仍曖昧未明、卻具潛力的另一種情節設定。在開羅或是德里，如果書籍只有某一小部分支持者，就很難順利出版。出版的導向趨往單一的「大眾」讀者，精彩的小說可能會連載於大眾報紙上，音樂實驗可能會成

為流行電影的配樂，並單純受限於電影票房好壞的影響。

相對於家庭或是街頭等級的識字程度，普遍識字的好處在技術化時代已有獨一無二的重要性。普遍識字不只讓思想得以用書寫的方式溝通，並且對於工作職場與家庭而言還具立即的技術性變通：能夠讀寫的話，人們在工廠就能看得懂標示，比起等待旁人大聲閱讀出來還要便利；最重要的是若工作上有所變動，還可以比較容易保有工作，並且接受訓練，朝向技術化更高的工作發展；因為識字是進一步教育的關鍵要素。識字教育的需求來自於普遍的技術化，但如果推行普遍識字的地方，其技術環境仍未具備此項需求，最終仍無法達成識字教育的目標。一般的農民即使已經用好幾年的時間在學校唸書，也可能在回復正常生活幾個月後，就忘記了如何閱讀。

在其他的教育層面，這類學校教育的優缺點與技術化的環境有愈來愈大的關聯。我們注意到在農業時代阻礙教育發展的因子與教育目的有密切關係；想要確保社會穩定，必須縮小範圍，著眼至個人、學生與一般人的教育目的。在技術化社會裡，對於創意的阻力較小，創意的發想較不會受到孤立，也較容易保存下來，同時對於創意的風險也有較高的容忍度，而且愈來愈多投資，也就比較有實驗的空間；的確，為了面對日新月異的情況，因而產生了彈性處理事物的需要，進而鼓勵激人們激發創意。但是，有一股相斥的壓力，偏向於降低對創意的需求，並且具有阻礙發展的影響力，例如在農業社會中就可以常見到這種情形。

在求知的過程中，改變教育觀念的當下，可能會遇到一項難題。如我們所知，當基礎的知識急速增加，使之無法集結成一個眾人皆須學習的小型資料庫，如果某個人有心認識這個環境，就必須處理這個

問題。因此學生無須對所有事物追根究底，而是應該尋求所需的知識，並且評斷誰才是可靠的專家。然而，第二個問題更是難以解決。在西方大轉化的當下，首要的精神難題就是在眾多相關衍生問題之下，具備如同偉人一般化零為整的整體觀；因為過於狹隘的專業化一再受到關注與譴責，並且產生壓力，需要及早注意是否在問題產生初期即受到控制，並且事後關注其後續的發展。眾人皆知技術時代極需要開放與自由，卻同時也受到與之一體兩面的專業分工影響，可能因而徹底停擺。

　　無論身處於發展差異的強勢或弱勢那一端，這都是現代教育的難題，但是對於穆斯林，新貧問題使他們遭受棘手的難題，禍不單行，他們還必須面對強大的西方敵手。當心理及文化生存兩者似乎都面臨困難時，難以鼓舞啟發創意的教育。在這樣的領域裡，舊式的伊斯蘭教化似乎仍然較佔優勢，那些諄諄教誨的舊方法不但較為簡單，也較為平易近人，但實際上那是經過考量與計畫，可以引導出所需的循規蹈矩。即使在「現代」領域，個人為了成功挑戰層層考驗的壓力，以及快速培養專門人員的社會壓力，兩者共同抑制著開放教育的發展。啟發創意的教育對步調極快的工程師看似無用，如同識字對於農民一樣無用武之地。

遠見之需求與文化遺緒之不足

　　一個隨處可見的現代問題比起對社會規劃的需求，或是禮教的大眾文化，其影響或許更加深遠——那就是常見於現代技術主義、紛亂不定的道德信仰。國家資源與文化傳統中斷的壓力不僅導致了政治與

社會的拉扯，同時也在內部產生緊張的情形。

聯繫有兩個面向。以負面角度來看，如同大眾已知，我們面對著舊習氣與忠誠逐漸式微的問題。在某些地區，家庭團結的觀念甚至也會因為世代之間的不斷對立、以及家庭內外的個人生活領域擴大，而遭致損害，影響的範圍甚至還包括了年輕人。所有的傳統概念，包括最特別的宗教，也因為科學實驗與天文學上的鑽研，以及出現在校園與大眾媒體的學術研究，而不斷遭受到威脅。那些古老的宇宙與國家概念、道德觀與禮儀制度，若皆為眾人所深信的話，那它們就不會輕易地被取代；但是，這些古老的概念不斷式微，被當成支微末節、微不足道，而遭受人們捨棄。但是即使家庭的團結能夠維持下來，宗教觀得以重獲近乎事實、無可動搖的詮釋，仍舊需要塑立一個正向的新道德觀。在某些地區的執政黨身上，可以清楚察覺到這項需求，但這若以技術化社會的整體架構而言，仍是晦暗不明。這個新道德觀吸取了愈來愈多人的注意與時間上的投入。

從理想層面來看，現代的個人應該成為「民主的」美德典範，而這是在以前從來就不需要的部分：人們不僅需要適應時鐘與精密工具，還必須準備重新接受訓練，因為舊技術都已遭到取代；人們必須發展出一套人人生而平等的合作心理。人們必須要以「團隊」成員的立場來工作。即使在婚姻裡，人們必須放棄控制自己的妻子（女性可以有自己的工作，也可以跟男人離婚），也必須要努力讓婚姻「成功」；同時也愈來愈無法決定自己小孩的前途，而是只能盡力養育他們，使他們有能力面對茫茫未來的可能需求，並接受孩子長大後，難免會感覺到自己的渺小、跟不上時代。關於工作，則必須調整自己去參與工作小組或者共同計畫，在這些地方，命令、服從、與個人榮耀

皆被像是「集體領導」或是「公司熱忱」之類的原則所取代。教育家、醫生、心理學者擔負起除去所有可能會妨礙其全面、開放、敏銳的所有因子，並對於所有可能妨礙人們成為睿智、負責公民的一切風險，採取預防措施；同時也必須準備好接受技術化專家的全面引導，一路從產檢的診所到維持活躍的老年生活的活動中心。若此理想仍尚未完全在西方國家落實，儘管各自使用不同的名稱，我們還是可以在美國與蘇聯這兩個不同的國度，窺視出大致的輪廓。而在伊斯蘭世界，構成這個遠景的許多相關元素皆已浮現出來。

但是，新的道德觀卻伴隨著諸多問題，出現在我們面前。同時可以讓人類變得偉大，亦或是墮落。從本質上來看，技術化需要人們的一些道德特質，包括對新事物的開放、勤勉、精準度、公信度與可靠性；並且在創意的核心上，還需要創新與思維的勇氣。在根源之處，或許為了歷久不衰，還必須具備察覺人類潛質的鑑賞力，尤其是在知識方面，另外，還須保有相當層次的人性，對不可侵犯的個體、自由與平等的社會意識保持尊重。不過，這些特質充其量也只是一小部分而已，仍無法概括所有人類的崇高特質；然而，如果能在技術化的世代發展出更高層次的人格特質，似乎就有可能維持或者甚至發展出成功的技術化生活。西方大轉化的崇高道德意義並非一切需求，而是它所帶來的可能性：藉著清除舊有的的限制，使人們的所有生活領域皆更加開放、更具可能性，其涵蓋的範圍還不僅是專業化所開發的領域而已。但是，這樣的機會可能實現、也可能不會實現。事實上，確切來說，技術專業化與傳統中斷，都對這個情況有所打擊。可以想像有可能是技術化主義引導這場毫無意義的尋夢，追求著赫胥黎（Huxley）在《美麗新世界》（*Brave New World*）所描述的安穩生活，像書裡的

人類一樣，全然沒有能力改變這極為繁雜的社會模式，陷入無助的困境，只好和全世界其他四十億人一起看著一模一樣的電視機，毫無新意地更新著其技術效率。

可以假設的是，這個結果取決於人們所擁有的道德觀。因此，有人指出嚴重的青少年犯法問題與普遍的青年叛逆，這個困擾著西方地區、資本主義或共產主義的問題可能有兩個方式能解決。可以像在《美麗新世界》一樣，透過教師、社工、精神醫師與城市規劃者的團隊，由他們去學習勸說每一個年輕人去理解這個既有的秩序，並且在面對的過程找到最大的樂趣；或者，也可能藉由許下生活願景的方式，進而激勵年輕人，讓他們在同儕之間建立新的、有創意的潮流。不過，志向偉大也會有問題。技術化社會的結構強調了國家社會主體之認同，並且傾向一個較侷限的觀點，鼓勵人們朝專門人員培訓發展。　性了像是宗教之類的理念信仰、超理性與超功利觀，而這在現代化之前的偉大傳統之中，全是相當重要的構成要素。不過，太空人都要發陸月球了，因此國家並非完善的整體，無法在有限的邊界裡容納下一個世代年輕人的視野；的確，就如同伊斯蘭（Islamicate）文明一樣，即使是這幾個現代之前的傳統理念，如今都顯得狹隘了。如今的偉大願景必須具全球觀。此外，不同於實用功利主義，技術知識構築了科技現代，而偉大願景如何在其日新月異的模式之上紮根，至今仍是未知的問題：詩人認為在那樣的層次之上，生活仍是荒誕不羈。願景必須越技術目標的層次。現代世界最深層的問題，就是要找到既具挑戰性又是原創性的願景。

但是相較之下，西方人可以輕易擁有知識與精神上的閒暇，可以去面對這樣的問題，但在伊斯蘭世界，普遍較難有時間去思考這個問

題。如果真的有時間的話，現今的伊斯蘭遺緒（Islamicate heritage，一直以來作為解決問題的資源）遠比西方有更多受質疑的部分。再者，急需解決的問題如此嚴重，少數較務實的人挺身而出，從客觀的角度，以長遠目的及終極觀點為前提，仔細思考普遍的道德問題。這些人熱衷地將伊斯蘭作為精神支柱，但是他們也僅著眼與表面的意義；因此，這也只是空喊著忠誠的口號，流於現代價值觀形式的假象，沒有真正指出新的解決方案。

全人類共同面對技術化在現代所衍生之重大問題；但是，這些問題對於發展差異的弱勢端顯得更為棘手。而且在規範與理想的部分最難解決，不過若要解決問題，伊斯蘭遺緒（Islamicate heritage）或許有其關鍵的意義。而當前最急迫的文化混亂問題，與相顯抽象的個人虔信與未來願景，彼此相互結合，變得更加複雜。社會與文化傳統的彼此矛盾關係正處於發展差距的核心。現代化與所有現代化之前的文化傳統之間，顯然已經有出現了裂痕。但是，如同我們所見，在西方國家，存在於傳統與現代之間的嫌隙相對較溫和：西方在這部分顯得較為傳統，所有現代社會的主要面貌，相對皆起源於某段過往的時光。概括而言，對於非西方地區——尤其是穆斯林地區，針對技術生活領域所必須定下的重大決定，就過去的行動來看，其決定皆相對較不符合傳統慣例：嶄新、現代化的，切斷一切源自過往的根基——就是純粹的現代。對於他們來說，傳統之中斷，在西方也是隨處可見，並且如臨大敵。為了更改向來的慣例，「傳統」的西方可謂是現代世界問題的核心，它受益於古今銜接一貫的調節效應，與其他地區產生鮮明的對比，而這有違於傳統——其最大、最明顯、也最直接受到影響的對象就是「現代」。

因此，現代問題在西方與其他地方之間的差異，通常大於其相似性。當現代化更向前一步時，對於穆斯林民族而言，必須要確立的事並非從已具備的經濟與社會優勢出發，相反的，而是從一直以來的缺陷開始著手。以西方經驗為基礎，在解決次要問題的當下，西方人把這當作振奮人心的挑戰；對他們而言，所有現代問題都可預知。汲取西方社會模式的缺點，似乎是進步的必要代價，卻也值得去嘗試，而且對於任何人想要試著去避免、逃離西方霸權所造成的困境，有幾位重要的西方人皆認為他們極其愚蠢，因為這些困境與現代化密不可分。有些西方經濟學者，致力於研究市場機制的至上美德，傾向於建議低投資地區的人民耐心等待，期望最終可以成功獲得西方的富裕，就如同西方人所走過的那條道路——其實這也是為了不可知的未來，所以在前途茫茫的未來，必須要接受對於西方資本市場的依賴。儘管如此，雖然沒有足夠的科技能力可證明，其他民族其實知道他們的情形與西方人不同。他們通常不放過任何西方人所提出的理論，

　　用以說明他們的困境，並且證明的確該付出最大努力來度過難關；因為他們希望一旦能夠自主，他們就能夠達到西方的強盛，而無須再受苦於西方模式所帶來的負面影響。不論他們的理論有何種不恰當之處，就某一點來看，他們是正確的——尋找一個不同於西方的模式。

　　然而，從更基礎的層次來看，這樣較為極端的思考不只是毫無經驗，而且還是像西方市場主義者一樣非常不切實際。時常會忽略到，若從歷史的角度觀之，在某種程度上，高投資地區與低投資地區不僅彼此密不可分，兩地也面臨著共同的現代化問題，只不過形式不同；總而言之，雙方面臨的問題本質相似，若要徹底解決問題，無法僅執

拗於一處，必須全面處理。因此，也不能認為伊斯蘭世界所面對的特殊問題，只與穆斯林相關而已；因為最大的一個現代問題是——所有人都處於一樣的發展差距之中。正因為存在這個發展差距，所以無論他們是否受到西方的統治，都使得各地處於不利的局勢壓力之中。但是對於西方地區，發展差距也隱約是個嚴重問題，而且還是幾個主要國家政治之中至關重要的事實。直到阿爾及利亞獨立，差距才成為法國內部的問題，也推翻了無法解決這問題的政府；在任何地方都是如此，最明顯的是美國，軍事投入與外交政策（主要是發展差異所造成的結果）通常是國家預算的重點，同時在該國的心理層次上也佔有相當微妙的地位，從各地的募兵機構，到反共的大眾神話，比比皆是。西方大轉化對全世界造成一連串的問題，只有全體共同面對的前提下，才能夠真正解決難題；即使各個民族必須依各自的情況與條件，正視他們可以做到何種程度。

可以想像，發展差距終究會結束，但不是依循舊的方式，而是藉由目前低投資地區之成功工業化，得以解決問題，相反地，而是藉由一套更為全面的方式，而這個方式也已經為許多地方之技術化經濟開創出新局。即使為了眼前的未來，許多從事調查的學者都預見了自動機器與電腦的通行，並且得知核能或太陽能的相關知識，以及基本工業會大量運用「塑膠」化學混合物；這些能夠相對降低新開發地區的工業化成本，一旦引入教育之後，就可以讓幾乎突然出現的技術化繁榮達到初步成果。可以更進一步地說：若自動化工業生產所需的人工工時下降，需要投入其中的人數就會下降為一小部分的人口；而且，就如同農業已經變成許多經濟活動的其中一種（以致於人們可以說「多元化」基本經濟，即使農業只佔一小部分而已），所以製造業的地位

也一樣會下降。從某些程度上來看，當生產活動進入經濟交換過程，並持續建構著社會，會發現經濟活動之需求會有彼此分攤的情況，其中的農業或製造業對擁有強健經濟基礎的地區而言，重要性縮小；相反地，旅遊業或教育（終生持續增長）或是娛樂藝術或運動，甚至是宗教，相顯之下則更加重要。儘管廣義來說，技術化在各地都是基本的事情，因此工業化在某些國家都只是一時的過渡時期而已。儘管對於低投資地區而言，這一天的來臨顯得遙不可及，不過確切地說：在人口較為活躍的地區，若社會關注能夠回應此最終形勢，成功的一天將會較快來到；當然，必須證明有足夠的人類觀點與此一未來相關。

處於現代中的文化遺緒

伊各巴勒情願希望穆斯林可以等待西方自我毀滅，然後就能取代西方在世界的領導地位，就此完成這個《古蘭經》早已指示他們的任務。這樣的概念，自西元 1945 年以來就已經失去任何合理性。如果西方自我毀滅的話，不論在實體上或是道德方面，不會僅有一方毀壞。同樣的，以下的希望似乎也不切實際——亦即在設計未來進程時，可以漠視現化之前的祖先，而這也是西方與伊斯蘭世界之間的差異。無論如何，若對比發展差異兩端所呈現之世界問題形態，可以發現西方與非西方地區的其中一種差異在於「傳統之承襲」。但是，直到如今，是人類觀點的本質讓我們知道如何解決我們的世界問題，所以傳統說不定可讓一切改觀。但是，這些傳統可以扮演什麼樣的角色？

從表面上來看，就現代的角度而言，文化傳統之所以出現，是由古代承傳而來，並以群體的方式呈現，無關於理性算計，除非是碰巧

在其中包含了實際有效的常規，或者（更普遍地說）是為了導入更好的常規。或許，傳統可轉變成為博物館的收藏品與地方特色，用來吸引觀光客；或者，作為專業設計家「靈感」的來源。現代化之前的文化亦即當時的正規教化，各個階級分明，幾乎等同於官方政策。然而如今在各地技術化社會所看到的價值觀，卻隨著世代不停轉變，滿足著每個世代的需求。除非這些歷史功績會導致邪惡的民族主義或者宗教自治主義，那麼即使在大學或是藝術博物館裡，遠古前的成就似乎也只能當作是古董玩賞。如果上述的評論令人信服，那麼不論利用傳統來協助建助願景有多麼吸引人，這樣的希望仍舊渺茫。

但是，當我們瞭解到：其實文化傳統的本質並非一套行為模式，而是具有一般參考價值的生活對話，可作為某個創意事件的參考，這樣的評論就會變得較不具體。可以確定，我們不能逃離傳統或置之不理——即使在最激烈的叛變中，對抗著某個過去的創意——所有文化行為都是以傳統為背景。如同所見，傳統與進步並非對立，而是可作為一種手段，而穆斯林的一個問題就是在歷史的活動中，與傳統的聯繫方面實在乏善可陳。當舊的方法再也不能滿足時，新的觀點就有機可乘，而且由於傳統所承載的希望與夢想，一個特殊的個體就能在這歷史的裂縫之中，打造出新的未來。最起碼有些傳統可以扮演道德角色——即使只是非常近期才出現、起源於（為了實際目的）現代的傳統，例如馬克斯主義。

然而，在其深層的部分，傳統形塑了現代化之前的偉大遺緒，甚至直到現在仍不斷提供養分，是建立新觀點的廣大資源所在。其無所不在，甚至無法被排除在外，而且這個原子化、彼此專業分工所形成的技術文化，可能無法和早期傳統一樣（在技術觀點以外），提供生

命意義的整體觀點。我們確實需要藝術、科學、哲學、種族、教育、法律、宗教的試驗。同時，由於人性的本質，需要藉由每次不可逆的抉擇而給予定義，因此無論是在任何一個領域，皆需要歷史的參與；然而要支持某個傳統及其規範，需要對其涵義深入地探究；同時，此傳統的擁護也並非是要再次歸納每個世代一些表層的特性，相反地，是針對那些獨一無二、生平支持的信念，而這些信念使人們自然而然成為某個團體的成員，並終其一生參與。人類參與歷史及傳統的模式，不能夠降低成心理或社會的規範，倘若真的如此，就可隨意取代人們對於某個傳統的支持。然而對於傳統的支持無法簡化，不適合技術主義的概念。若我們的道德觀是超越技術化目標，就不能免除舊觀念傳統的挑戰；無論如何，在當下實際、甚至是深層的狀況，我們生命的本質（至少在馬克斯主義傳統之外）似乎是與現代化之前的傳統文化密不可分，那代表的並非是過去的積累，而是現代文化與之對話，並給傳統文化當代的詮釋。

這特別適用於宇宙的探索，在這個領域之中，創意最具影響力──這也是宗教的傳統範疇。個人整體生活的靈性導向不一要由某個特定的宗教傳統組成，而且無論直接或間接地藉由國家傳統而構成，多半是以此方式所形成；若進一步地看，透過這種方式甚至還可讓無神論者無意識參與宗教的對話。宗教傳統的精神核心是形成期望與理想的關鍵，在此部分，有許多社會決議的目的受到討論，同時，以專業知識為基礎的技術性回應，也無法有所解答。的確，還無法預言宗教是否會持續扮演這樣的角色；但這樣的角色，能夠說明宗教傳統在當今世上可能代表的歷史意義。

當然，對於其他的傳統，與其談論它的過往歷史，不如觀察傳統

與傳承者之間的當代互動，還更為重要。而在這些傳統之中，特定的宗教習俗已不如農業時期一般具有發號司令的力量，逐漸地，就像是所有其他文化（文學、藝術、科學、哲學），宗教傳統只能在宗教文化的世界之中塑造出一個獨特的文化背景；在這之中，不同宗教信仰的界線不再至關重要，宗教理念在某個文化背景之中快速發展，並逕自與其他文化發生對話。

在西方，儘管基督教與猶太教傳統是先知一神信仰，但在一般人的宗教概念裡，他們卻逐漸傳承了所有的主要宗教傳統。在學術的層面上，十九世紀梵語的影響力在西方掀起一股浪潮；近代一些其他傳統亦然——在作家之間也時常會引述中國經典的用詞，例如「道」、「陰」、「陽」，來表述他們的想法，儘管可能根本沒有完全瞭解其真正義涵。不過，比正式文學層次更加重要的或許是那些激進的宗教組織——在西方的大城市有許多的新宗教團體急速增加，又或者是一些來自其他社會的宗教概念如雨後春筍般浮現，而它們主要源自於印度。這些團體不費吹灰之力就吸收到信徒，顯示了外來宗教概念已逐漸流行的第三個層面：在許多非虔誠基督或猶太教義的信徒之中，他們對這些宗教有所期待。直至十九世紀中期，如果女人無意識地開始表達意見，而這些話似乎是出自某個先祖的口吻，而這種情形就有可能被當作古老西方思想中——「所謂的靈魂或鬼魂附身的證據」。在二十世紀中葉，這種現象刊登於美國的報紙並引發爭論，但並非對靈魂附身有所爭辯，而是討論起投胎轉世的概念（這在以前的西方是不存在的概念）；同時，投胎轉世也變成比靈魂附身還要熱門的宗教議題。

對於非西方傳統的民族而言，其變化的推進仍未到達此一地步。

但是，在穆斯林之間開始出現了許多徵兆；這種情形顯示出——由於穆斯林對信仰所採取的一些必要對外手段，有許多局外人（其中大多為西方人），對於「islâm」這個當代穆斯林用詞帶有嚴重的偏見，使得這個字指的不是順服真主，也不是理想完美的宗教系統，而是具有明顯歷史傳統的伊斯蘭社會（Islamicate society）[1]。也就是說，外人所認識到的穆斯林及其信仰，正是不同宗教傳統的彼此對立。但是，不只是他們建構信仰的形式，還包括期盼的實體也受到廣大世界的影響。嚴肅的穆斯林作家的作品充滿基督教概念的影子，尤其是意圖激起與基督教精神的論戰時，更是明顯，有時甚至還會出現梵語的引證。人們會發覺現代蘇非行者不僅研讀，還讚揚西方的祕主義作品，包括目前不太重要的事項。甚至在普遍的偏見方面，非虔信伊期蘭教義的人口成長，人們可以從外來的概念獲得建議。有一份讀者甚多的埃及主流報刊，毫不避諱地藐視宗教，編者理直氣壯刊登出一些卡通人物——過著天堂般地生活，坐在雲端，戴著光環，殊不知這些來生的概念取自於基督教的想像，並非穆斯林的傳統，但這也明顯打擊到穆斯林。當然，許多起源的概念一直以來都糾結在穆斯林之間；但現在出現了與其他傳統的對立，而此衝突或許是自從穆罕默德以來，最為明顯的一次。

當宗教傳統失去其必然的獨立性，意謂著必須再次重新審視穆斯

1　Wilfred C. Smith, 'The Historical Development in Islam of the Concept of Islam as an Historical Development', in School of Oriental and African Studies, *Historical Writings on the Peoples of Asia*, 1958。主張這個晚近的用法始於非穆斯林的研究，或者是回應非穆斯林批判的研究。但這可能有助於補充以下這些詞彙的研究：「islâm」與「îmân」，以及舊詞彙在歷史中的運用，例如：「ummah」。

林社群與伊斯蘭法。以基本的精神洞見來看，社群與律法的詮釋將逐漸不適用於實際經驗，除非可以用獨到的見解，面對廣大的社會上存在著不同的精神傳統，並且承認彼此的地位平等。而這至少必須分成兩部分進行——社群必須克服其排他性，同時無須犧牲基本的紀律；另外，社群的傳統必須與其他社群的流行當代文化對話，又無須犧牲其整體性。

　　社會必須重新訂定社群的共同理念基礎，宗教社群只是社會上的其中一個社群，並沒有任何一個社群可以作為共同文化的基礎。然而這其實有許多的可能性；我在此提出一個建議：在這個世界之中，宗教社群可以扮演重要的角色，社群介於個人與全球四十億人口之間，所有人全都觀看一樣的電視節目、購買一樣的產品。身處於此大眾之中，單一的聲音似乎沒有太大的意義；社會多元的組織無論是否受到選票或者市場機制控管，難以期待會對普羅大眾產生任何省思。然而，個人的命運與整體社會進程逐漸息息相關。在技術專業化的社會之中，個人的考量可能會因其專業能力，而影響到整個社會的進程；例如透過工會、公司團體或者專業協會，個人可能引發該專業能力或相關利益的變動。但是以這樣的途徑，似乎難以表達對歷史決定的普遍關懷。然而在中介團體裡，人們有同樣的基本期待，並且具有一致的創意觀點，進而形成一個更完善的途徑，讓個人的意見得以更完整的表達——例如政黨、宗教派系，甚至是有強大共通傳統的小國家。此外，若是這個願景足夠強而有力，團體的規模可以是極小型的，而團體中的每個人，對於團體的態度與政策形塑皆有發聲的機會；相反地，這樣的團體規模也可以是極大——大到可以形塑整體人類的進程（例如規模極小的貴格會〔Quaker society〕，藉由工作營、合作機構或

教育計畫，產生義意非凡的歷史影響。）。伊斯蘭團體急需要這樣的角色。

　　但是，在技術化的世界中，中介社群若要扮演這種開創性的角色，必須有能力與那些抗拒規範的人們交流。而這也令人對普世主義與社群主義的對立有了新的體認（任何實際的社群），在共通傳統之下所形成的各個社群（任何實際的社群），在某些程度上，皆必須面對這個緊張關係，從而得以開放地對話，並維持傳統生生不息，這樣的緊張關係與使命感緊緊相繫，傳統也因此得以存在。這個緊張關係是所有一神信仰社群的寫照，這對於穆斯林而言，幾乎從一開始就是個特別重要的問題；穆罕默德看到人類必須脫離社群，回到超凡入聖的神——亞伯拉罕身邊，卻同時也可以看到那些回應神聖召喚的人，若想讓道德生活有所成就，也必須受到強大的社群向心力之引導與規範。蘇非行者的普世回應與伊斯蘭主義紀律之間的緊張關係，就像是阿克巴爾（Akbar）統治的印度以及伊各巴勒（Iqbâl）所面臨的危機，穆斯林知道他們無法無視伊斯蘭法長久以來所形成的紀律，以及對於社群融合與獨一性的要求。

　　那些過去的穆斯林察覺此一責任，然而為了回應這個人類需求的普遍觀點，他們時常將答案藏身於深奧的形式之中，因此，大眾化的社群主義不受影響，但卻也削弱了它本來的力量。然而可以從十九世紀穆斯林的身上察覺到，大多人皆排斥以傳統的內隱途徑解決問題，不相信密傳主義所鼓吹的一切，相反地，他們認為若沒有訂定一個明確的共同規範，就無法有效保護穆斯林傳統；同時，密傳主義也不適用於技術主義世界，因為存在這個世界的每個觀念與立場皆需經過反覆的公開檢驗，而非對權威的尊重。必須找到一個更活化的方式才能

解決普世主義與社群主義之間的緊張對立；倘若伊斯蘭社群，或者任何其他中介社群能擔任此一創意的角色，那麼就可能會出現轉機。

　　若同時將社群傳統帶進當前的世界文化，並與之互動，那麼將有助於重訂社群的基礎。事情總是如此——身處人群之中，必先敬人，才能自重；倘若無法理解對他們而言何者最為珍貴，那麼就無法尊敬他人。此行為準則可同時適用於團體與對個人。然而，這特別適用於現代技術化所產生的共同世界社會；任何一個族群所面臨的基本問題，同屬於全人類的問題，難以由某單一族群自行解決。我們不能心口不一或是抱著自欺欺人的態度，繼續把對立觀點的擁護者排除在外。我們必須藉由學習尊重其他傳統，進而習得敬重自己的每項傳統。

　　人類之所需——傳統的廣泛對話——正在醞釀之中。嘗試從眾多現代化之前的遺緒之中去蕪存菁，其實沒有太大的意義；所有現代人都可以學習共享，總之，這些概念大多空洞虛幻，無須傳統的支持。（倘若這些概念非空幻，那麼在各個偉大文化遺緒之中的所有重要抽象價值觀早就以某種形式公諸於世。）考慮這項問題的人也不希望融合或折衷縮減數個遺緒，使之成為正規傳統的資源，以便制訂新的思想計畫。但是，不放棄在內部建立更深層的對話、從有創意的觀點出發，每項傳統就能夠擴大對話的範圍，針對對立較小的部分，將其他傳統代表加入對話之中——以相互尊重為前提，針對予盾與相互排斥的立場，交換觀點並相互回應。天主教在第二次梵諦岡會議時，邀請其他傳統的代表，觀察他們在內部對話的掙扎，並且聆聽他們的意見。此舉意義非凡，如果這番對話是真心誠意的，必能發揮功效，同時維持各傳統的存續，並可將之擴大至全人類的範疇；若此對話之目的在於

貼近事實真相，那麼必須在對話中提出的疑問，正是那些必須在對話中誠實以對的問題。

伊斯蘭現代性

藉由尋找道德觀，有助於彌補狹隘理念的損害，而這也可能是解決其他主要現代世界問題的關鍵點，而這些問題皆源自於意識層面──不僅是處理文化傳統中斷之關鍵，新願景有助於開拓傳統延續的新路線，同時面臨自然資源之壓力，仍需要堅持道德規範，以及處理其他相關需求；這不僅是針對大眾文化的需求，也不致於對創意造成壓力，以合適的觀點切入、採取權宜的手段，使之不致於淪為無解的難題，同時在不專斷操作的情況下，還能滿足社會計畫的需求。若涵蓋的範圍夠大，也足夠開放的話，道德觀才可發揮功用，再一次參與其中。現代化之前的偉大宗教遺緒提供了這樣的觀點，帶著最終的挑戰，或許可以在技術化時期提供未來願景之基礎。由於根植於傳統之中、一廂情願的思想因素可能會強烈阻礙宗教遺緒，所以我們無法斷言宗教遺緒可提供之洞察力。但如果證明如此投入對未來果真有所價值，那麼所能達成的成果絕對不小；若要說的話，那麼提供崇高的願景即為其使命。否則，即使作為中介社群的基礎，必然無法發揮功效，縱然他們展開最有創意的對話，終究會徒勞無功。

在此無法討論如何將伊斯蘭的本質作為觀點的根源，但可以討論該觀點所能提供之視野，以及如何將此有效運用於現代人身上。當下宗教之活力仍嫌不足，宗教必須能夠提供必要的願景。

可能西方比其他地方具有更多道德與知識之餘裕，得以試驗如何

運用創意思考，重新制訂社群規範，或者重新解釋社群遺緒。此一人類方向的導航時常來自於西方。但是，無法把建立道德觀的責任一味地推卸給西方，穆斯林必須擔負其相應的任務。有許多瑰寶隱身於穆斯林的文化遺緒之中，穆斯林必須幫忙尋覓出可運用於現代人類身上的傳統。

伊斯蘭傳統建立於相對具有世界觀的環境之中，其傳統的世界觀應該可讓穆斯林逐漸理解現代的世界文化，因為（不像許多較狹隘的宗教傳統）他們無須證明或超越地方的神靈，亦無須短暫的文化形式。此外，現代之前的伊斯蘭文化雖然相形複雜，雖然它在宗教與自然領域的界限較不明顯，但是它重視個人與社會之整體，其個人靈魂與生命之區別、宗教習慣與一般社會規範也較難區分。對於非農業社會，此整體觀點仍一如往常難以維持，但或許它仍然能為這個千變萬化的世界持續提供思想義涵，因為沒有任何一個生活範疇無須再次重新審視與重新詮釋。穆斯林遲早會發現他們的觀念仍能同樣應用於多變的環境之中，甚至是獨立於生活之外的精神概念，即使因為這些觀念與現代經驗的看法有所出入，而暫時遭受否定。

但是，伊斯蘭最偉大且具有潛力的資產可能就是直接的歷史觀，那個從一開始就已經展開極大對話空間的伊斯蘭文化。願意承認宗教傳統因應時勢而生，並且若以歷史的角度觀察新的見解，會發現其同化的空間藉由自由學術研究或嶄新的靈性體驗，使文化遺緒的真義與創意交會。夏菲儀從穆罕默德的努力之中，找到趨勢的方向，他堅持具體對照《古蘭經》與穆罕默德的生活、以及社群之歷史互動，進而瞭解其真義；的確，他追求歷史之準確性，但這卻不是他的本意。儘管之後的穆斯林把古代伊斯蘭印象中的和平形象轉換成實事求是的研

究，他們從未否定歷史正確性是所有宗教知識基礎之原則。

現代化的穆斯林不像他們的先祖，並沒有認真看待歷史事實，並鄙視將歷史作為合格的知識。[2]因為無法達成這一點，造成自我認同與自我肯定的強大壓力，現代的穆斯林也因此受苦；他們不敢承認任何會減損過往榮景的事物，而這個意象對他們而言，是用於提醒現代歐洲的領導地位並非與生俱來（歐洲人曾經這樣想過）；而且，他們不敢承認那個長久以來、他們一直虔信的「歷史上的伊斯蘭」，比不上真主的完美無暇，因為一直以來他們都是如定位伊斯蘭。但如果有穆斯林對真主之信心夠強大的話，他們會勇於甘冒任何風險，即使是冒著有損社群優越感或者團結的風險，為了真相、為了這樣的穆斯林，他們會勇於面對歷史現實，逐漸理解即使是最沉痛的部分，仍然會受到伊斯蘭傳統的鼓舞。

比現代辯證學更根深柢固的（可能也更難去克服），在於他們對歷史意象的自信不足，而這情形可見於瑪爾萬朝（Marwani）時期的伊斯蘭教義之中。如同多數近代的基督教徒，伊斯蘭法主義的穆斯林拘泥於文字之中，使他們在追求歷史正確性的過程中受到挫敗；因為在他們所建立的實證細節當中，因為相較於他們所建立的實證細節，他們對於字面意義的拘泥反而是展現在一些他們認為對信仰極為重要、且在性質上較為概略性的主張上。因此，儘管夏菲儀勤勉刻苦，伊斯蘭傳統仍無法成功地完全認識到穆罕默德的身教與《古蘭經》，因為這些教化與經典其

2　H. A. R. Gibb，在 *Modern Trends in Islam* (University of Chicago Press, 1947)──這本書的最後一章，詳細記錄了浪漫主義忽視二十世紀現代化穆斯林寫照的歷史事實，而且也顯示出：這種恣意的忽略對於伊斯蘭知識與精神成長而言，會造成多麼嚴重的後果。

實是順應著穆罕默德當時的阿拉伯人的心智水平，而發展起來。而這也讓伊期蘭的構成顯得曖昧不明，因為整個早期伊朗—閃族先知的傳統，到《古蘭經》所記載的見證，其實兩者都對於建立伊斯蘭有所貢獻——闡明《古蘭經》，表現出《古蘭經》在不同背景的意義；同樣地，制訂伊斯蘭律法、甚至是形塑如穆罕默德在聖訓裡同樣令人尊敬的形象。

《古蘭經》對穆罕默德，以及對當時的時代意義必須被理解，但不僅是藉由夏菲儀的理解方式，懂得《古蘭經》語言的用法和其中的地方習俗，還必須參考當時歷史上，阿拉伯人在道德與精神方面的開放程度，而這也是夏菲儀忽略之處。但是，這個新的理解不必只有負面的部分（如同部分穆斯林所建議），因此去除轉瞬即逝的部分，僅將永恆的實體抽離出來，並作為真實的訊息，然而這樣的作法，並無太大幫助。所謂的事例與原則皆是人類用以回應相關事件的假設；同樣地，若非過於偏離原則形成時的初次經驗，皆必須對人類未知的經歷，也就是新的洞見，保持開放的態度。同時穆斯林必須保留《古蘭經》經文的完整影響力。實際上，某件案例或者規定可能比經文對於原則的廣泛闡述，更具有啟發性，然後，這廣泛的闡述必須被人理解，或甚至超越字面上的意義，而並不是忽略它（即使《古蘭經》文字上並未如此記載，這種說法或許正確）。

當《古蘭經》規定要剁掉小偷的雙手，這樣的規定永久地做為對人類的審判，不僅處置了小偷的行為，還有那些對小偷感到憤怒、憐憫的情緒；這同時在最崇高以及最感性的時刻，給予人們警告。在「民主的美德」（democratic virtues）的時代、在實際的行動中，現代穆斯林必須將之擱置在一旁。這可從精神層面上得到合理的解釋，因為他們認為已找到比原本社群可好的方式，得以回應這個神聖的挑戰。然而

即使如此，即使心懷不安，仍須將之擱置一旁——從來就不曾有自以為是的保證，可以確保現代人擁有較先進的文化；更沒有律法形式（以及歷史謬誤）的保證，「規矩」只是暫時保留（如同一些穆斯林所守持的），一直等到社會條件趨於完美時才重新回歸，而小偷也因此不再有任何理由來進行偷竊。這些理性化都不符合《古蘭經》的期待。現代人謹記在心的是——無論我們再如何裝飾，亦或者外表看起來如何的文明、有教養，但在我們的心檻上仍存在著一份原始、純粹的熱情（如同在希特勒身上所流露出來的特質），說明我們其實與看似純樸的過去世代並無太大差別；我們必須持續站穩腳跟，以《古蘭經》的評斷，重新審視自己的實際作為。

正如同必須以全面的歷史角度來看待《古蘭經》在穆罕默德後代中所扮演的角色，所以，對於伊斯蘭依存於伊朗—閃族的文化遺緒，也必須要以直率、富於創意的角度來看待之——尤其是與猶太族群相關的傳統。當然，就基督教與伊斯蘭的精神層面而言，或許皆存在著某種不幸，其中伊斯蘭的情形更是特別，那就是無法以更積極、活躍的態度處理與猶太人的關係。基督教與伊斯蘭皆是由希伯來先知傳統出發，經過特殊的發展演變而來。簡而言之，我們可以說基督教的形成是一場歷程，基督教徒因為受到神的允諾而啟發，一再的施予恩典，透過救贖、獨創的愛來轉變生命（而這段歷程有多麼成功，那就已經是另一個問題了）。同樣的，我們也可以把伊斯蘭的形成比喻成一場歷程，受到先知追求公平正義所啟發，透過先知觀念來轉變世界的社會秩序。每段歷程、每個舊希伯來傳統的特殊發展，皆有其深遠的意義，但無論是基督教或伊斯蘭，對於希伯來先知的廣博洞見皆無完全的體現。

基督教徒至少仍然有幸可保有希伯來聖經，儘管他們嚴重誤解了其中的意思（目前已有許多人承認）。但是更加重要的是，基督教徒察覺到猶太人存在了一段時間，並且提醒著他們，儘管仍有人奉希伯來預言為圭臬，然其理解卻與原本的真義大相逕庭。由於猶太人能夠閱讀原始希伯來文，所以無法完全忽視他們。而那些少數願意敞開心胸的基督教徒，他們已經證實了基督教徒可能已犧牲的價值。在伊斯蘭早期，猶太人（以改信的方式）在穆斯林之間產生相當的影響力。對於局外人而言，穆斯林否定了希伯來聖經似乎是場災難（其中包括關於大衛、先知與真主之間的掙扎，充滿人性的敘述），同時穆斯林也不重視希伯來的研究。若從這一點來看，錫安主義可能是最大的災難（有些人認為，這誤解了他們的訴求），當他們與基督教世界的關聯遭到抹殺，許多猶太人的選擇（或者受到強迫）造成穆斯林之間更加劇烈的扭曲。

　　最後，直到伊斯蘭的發展在後來趨於成熟後，穆斯林終將坦然面對這幾個靈性形式彼此之間的矛盾關係，也可使伊斯蘭與《古蘭經》皆變得更加成熟完善；特別是伊斯蘭法主義與蘇非行者的靈性關懷。朱內德（Junayd）與嘎扎里（Ghazali）以及伊本—阿拉比（Ibn-al-'Arabî）這幾位思想家，他們提出質疑，但未來的穆斯林神學家必須再繼續努力向前。他們必須找到理解並革新穆斯林《古蘭經》的經驗，將之作為通往內心世界的途徑，同時他們也要改變他們把《古蘭經》奉為導引社會關係的想法。

　　如果能夠坦然面對伊斯蘭遺緒的現實——無論歷史現實中所有好與壞的部分，因為所有實際所面臨的問題，也相對代表著轉機——如此一來，伊斯蘭作為文化遺緒，將有可能在現代危機之中靈活發揮其效

用。以這種方式面對他們的歷史，可幫助穆斯林或其他的族群克服當代的文化錯置，並提供高水準的大眾文化一個創意基礎，而這不僅符合「民主的美德」的初衷，還可能更為卓越。在更廣泛的意義上，伊斯蘭有能力填補現代對於道德觀的需求，在技術化世界之中，達到人類意識的創意啟發。

試想若把穆斯林置於類似印度穆斯林邦聯的情境，這樣的努力可能得以取得領導者的地位。自從印巴分治之後，穆斯林的人數儘管比在巴基斯坦任何地方都還要多，卻只是百分之十或十一的分散弱勢團體；在許多地方，傳統上擁有城市與特權地位的少數團體，他們的勢力最終會被削弱，而且為了使全民進步，將會以平等均分為原則，釋出對等的機會。身處印度邦聯此國境內的穆斯林，相對於世界上其他的穆斯林（包含那些隱成其中的穆斯林成員），他們所在的高度，是這些分散各地的少數弱勢團體所無法控制的。在印度邦聯的許多穆斯林充滿憤恨，也不願意接受所發生的一切，因此，位於德干高原（Deccan）的海德拉巴德（Haidarabad）前身在獨立之前，曾經由少數的穆斯林統治著人數眾多的印度教徒；這些穆斯林對於目前當政的印度教徒民選政府的控制，感到備受歧視。的確，有時候印度官員對於同種姓的成員施予恩惠，但像穆斯林這樣的少數團體就會備受折磨；但是，穆斯林的抱怨時常反映出一件事——當印度人獨立之後，穆斯林心理上已願意接受「平等」的概念，但也僅是在政府的代表方面，他們認為無論人口數量上的多寡，穆斯林與印度教社群應該享有同等的權力。在多元宗教社會之中，這種殘補的社群主義必定會使任何開創伊斯蘭相關的新契機，變得更加困難。另一方面，有些在印度邦聯的穆斯林，對於他們的他們身上所保存的伊斯蘭文化式微也已相當適

應，對他們而言，伊期蘭宛如是與傳統僅存的一絲聯繫，提醒著他們仍是其文化的一員。但是，有些在印度邦聯的穆斯林，他們以嚴肅的態度去面對可能會遇到的挑戰，而這正是最好的一個轉機。

其實我也無法預測，關於我對伊斯蘭傳統所提出的建言，是否能夠達成。不過，如果能夠達成這項預測的話——倘若伊斯蘭能夠提供美好願景、啟發現代意識——那麼不只是穆斯林，包含所有人類皆會因此而獲利；甚至那些立場明確、或者以軍事表達自己反抗任何宗教傳統的人，皆能獲益良多。不只是由於他們必須找到與穆斯林共存的方式，而是因為在精神使命上，各地區的人類最終皆須考量到其他地區的人民，並以此審視自己是否完成這項使命。倘若奮戰（jihâd）被解釋成甜美與光明，倒不如以更全面的角度去面對其真正意涵。如果聖戰就是《古蘭經》所提到的挑戰，那麼歷代的穆斯林必然早已有所回應，然而顧及人類狀況，沒有人願意輕易地相信，即使是那些疏於探究真義的穆斯林亦是如此。

然而，即使未來的穆斯林超乎想像地成功參透伊斯蘭遺緒的深義，伊斯蘭作為一個具有識別性並且體制的傳統，仍可能無法長久流傳下去。對於穆斯林以及其他宗教遺緒的繼承者而言，問題在於——無論對於未來的願景多麼有洞見，而且無論此願景是否以復興真相為使命，一切皆視其傳統之保存與發展程度而論；同時，我們也要觀察這個願景是否可以擺脫一廂情願的想法約束，以及傳統上，在大規模（某個部分）建構真理時所會遇到壓力。有可能最終伊斯蘭（像是有些領域的基督教徒）會以偉大的「世俗」文學，作為它偉大創舉的證據，透過文學作品，融入它未完成之挑戰，並且感動那些早已忘了自己曾是穆斯林身分的人們，在這些後人的心中醞釀發酵。波斯詩歌不像教

伊斯蘭法學或者辯證神學，不會那麼快就消失無蹤，就如同那些受到波斯與伊斯蘭精神感召的人們一樣，波斯詩詞終究會證明自己無所不在的影響力。

參考文獻選讀

附註：概論性著作列在第一卷的參考書目。

西元 1500 年起的伊朗

（重要著作大多為俄文。）

† Bertold Spuler, ed., *Geschichte der Islamischen Länder*, Vol. III, *Neuzeit* (E. J. Brill, Leiden, 1959).
關於政治發展的簡短概要。

† Ann K. S. Lambton, *Landlord and Peasant in Persia* (see above).
主要關於西元 1500 年開始的時期。

† *Tadhkirat al-Mulûk*, translated by Vladimir Minorsky (E. J. W. Gibb Memorial, London, 1943).
具有啟發性的薩法維朝行政手冊的一個版本與註釋。Minorsky 曾完成許多關於薩法維帝國，及其前朝尾聲的重要專論。

† Roger Savory 曾研究薩法維朝的早期發展，可從 *Index Islalmicus* 裡追溯他的期刊論文。

† Peter Avery, *Modern Iran* (Ernest Benn, London, 1965).
描述政治的著作。

† Edward G. Browne, *The Persian Revolution of 1905－9* (Cambridge University Press, 1910).

作者 Edward G. Browne，謹慎地嘗試讓英國人從波斯人的視角看待這些事件，如今仍是以西方語言撰寫的著作中，最重要的研究；這個精神為 Wm. Morgan Shuster 在 *The Strangling of Persia* (Century, New York, 1912) 一書當中所延續，作者憤怒地描述，西元1911年在波斯擔任美國籍財務總長的自我經歷。

† Amin Banani, *The Modernization of Iran, 1921－41* (Stanford University Press, 1961).

† Leonard Binder, *Iran: Political Development in a Changing Society* (University of California Press, 1962).

根據技術時代，尤其從禮札國王在位開始，針對低投資國家所適用之選項，進行基本的政治學分析，是一本關於政治機構的深刻研究。

西元1500年起的印度

† *The Cambridge History of India* [1922－53].

意義重大，惟由不列顛帝國出發的觀點陳舊。*The Oxford History of India*, 3rd ed., ed. T. G. Percival Spear (Oxford University Press, 1958) 是比較簡短的概論；現代的部分是根據 Vincent Smith 的早期版本重寫。

† S. M. Ikram, *History of Muslim Civilization in India and Pakistan* (Star Book Depot, Lahore, 1962).

由穆斯林觀點出發，是一份睿智的研究；K. M. Panikkar, *A Survey*

of Indian History (Asia Publishing House, Bombay, 1947) 可作為具啟發性的補充資料，強調印度的統合。

† Ram P. Tripathi, *The Rise and Fall of the Mughal Empire* (Central Book Depot, Allahabad, 1956).

關於印度帖木兒朝歷史的優良研究。詮釋上比 S. M. Edwardes and H. L. O. Garrett, *Mughal Rule in India* (Oxford University Press, 1930) 來得好，後者雖然全面（不只涵蓋政治面向）但是乏味，且帶有過去的錯誤觀念。

† Irfan Habib, *The Agrarian System of Mughal India 1556 – 1707* (Asia Publishing House, Bombay, 1963).

修正主義著作；可與 William H. Moreland, *The Agrarian System of Moslem India* (W. Hefler, Cambridge, 1929) 參照相比。

† *Babur, Bâbur-Nâmah (Memoirs)*, translated by Annette S. Beveridge (Luzac, London, 1922) or by John Leyden and William Erskine, revised by Lucas King (Oxford University Press, 1921)

突厥文書信以及穆斯林對印度態度的重要記錄，是本著名的自傳作品。

† Abulfażl, *Akbar-Nâmah*

歷史的部分（包含阿克巴爾及先人）由 H. Beveridge 翻譯成三冊（Asiatic Society of Bengal, Calcutta, 1907, 1912, 1939）；國家與社會部分（阿克巴爾體系）由 H. Blochmann 及 H. Jarrett 翻譯（Asiatic Society of Bengal, Calcutta, 1873 – 94），第一冊由 D. C. Philott 修訂，二、三冊由 J. Sarkar 修訂（Asiatic Society of Bengal, Calcutta, 1939 – 49）。（早

期的翻譯在技術上仍有待精進。）這是了解印度帖木兒朝生活世俗面向的最佳入門。

† Murray T. Titus, *Islam in India and Pakistan* (Y.M.C.A. Publishing House, Calcutta, 1959; revised from *Indian Islam*, 1929).

關於歷史、社會及宗教事實的實用概要，可惜有拼字錯誤及其他等缺漏。

† Wilfred Cantwell Smith, *Modern Islâm in India, a Social Analysis*, 2nd ed. (Gollancz, London, 1946).

以基督教徒的身分，從馬克思的觀點，同時是宗教的社會學研究，和關於宗教運動歷史的著作。Smith如今否定其中許多觀點，然而書中列舉的事實相當完整，尚未被取代。

† Akshayakumar R. Desai, *The Social Background of Indian Nationalism* (Oxford University Press, 1948).

從比較整體的觀點，看待印度教及穆斯林歷史，內容全面且具洞察力。

西元 1500 年起的歐斯曼帝國與早期的土耳其共和國

† Edward S. Creasy, *History of the Ottoman Turks*〔1854〕, rev. ed. (Richard Bentley, London, 1878; repr. Khayat's, Beirut, 1961).

最實用的的單冊編年史，包含西元1400到大約1800年間的政治事件；該著作根據J. von Hammer-Purgstal, *Geschichte des Osmanischen Reiches*〔1827－35〕寫成，後者為土耳其編年史家所編纂的概論，意義重大；法文譯本不太可靠。

† Leften S. Stavrianos, *The Balkans since 1453* (Rinehart, New York, 1958).

對歐斯曼帝國歷史清楚扼要的說明。

† H. A. R. Gibb and Harold Bowen, *Islamic Society and the West: A Study of the Impact of Western Civilization on Moslem Culture in the Near East*, Vol. I, *Islamic Society in the Eighteenth Century*, Parts 1 and 2 (Oxford University Press, 1950 and 1957).

關於歐斯曼帝國十八世紀結束以前的機構與社會基礎研究；主要取代了 Albert Howe Lybyer, *The Government of the Ottoman E1npire in the Time of Suleiman the Magnificent* (Harvard University Press, 1913)，而該著作本身對於十六世紀的機構樣貌仍有最佳的呈現。隨著資訊的更新，Gibb 與 Bowen 的某些基本設想，如今正受重新評估。

† Fernand Braudel, *La Méditerranée et le monde méditerranéan à l'époque de Philippe II* 〔1949〕, 2nd ed. (A. Colin, Paris, 1966).

欲了解十六世紀歐斯曼人在歐洲的環境，這是一本重要著作。

† E. J. W. Gibb, *A History of Ottoman Poetry*, 6 vols. (Luzac, London, 1900－9).

多冊關於整體文化生活的研究，內容富有洞察力。

† Alessio Bombaci, *Storia della Letteratura Turca* (Nuova Accademia, Milano, 1956); French translation by I. Mélikoff (C. Klincksieck, Paris, 1968).

非常好的單冊研究。

† Bernard Lewis, *The Emergence of Modern Turkey* (Oxford University Press, 1961).

傑出的歷史研究，關於十九、二十世紀（西）土耳其在思想與社會生活面向。

† Şerif Mardin , *The Genesis of Young Ottoman Thought: A Study in the Modernization of Turkish Political Ideas* (Princeton University Press, 1962).

了解十九世紀思想潮流的最佳入門。

† Ziya Gök-Alp〔Selected Writings〕, translated by Niyazi Berkes as *Turkish Nationalism and Western Civilization* (George Allen and Unwin, London, 1959).

大概描述這位土耳其重要現代主義者的思想。

† Mustafa Kemal (Atatürk), *Speech delivered by Ghazi Mustapha Kemal* (Koehler, Leipzig, 1929).

Atatürk的長篇演說，描述其自西元1919年在國家抗爭當中的經歷，此為官方拙劣（且經過審查）的翻譯。

西元 1500 年起的北部穆斯林

（關於錫爾河—烏滸河、窩瓦河流域的穆斯林的基本素材，東方的著作多為俄文，不在此列。）

† Emanuel Sarkisyanz, *Geschichte der orientalischen Völker Russlands bis 1517* (Oldenbourg, Munich, 1961).

百科全書式的研究，政治為主要內容。

† V. V. Barthold 與 Zeki Velidi Togan 都做過許多以土耳其文與西方語言著成的二十世紀前的歷史研究。Owen Lattimore 的研究對象為更東邊的穆斯林。

† Mary Holdsworth, *Turkestan in the Nineteenth Century* (Central Asian Research Centre, London, 1959).
簡短而實用的導論。

† Serge A. Zenkovsky, *Pan-Turkism and Islam in Russia* (Harvard University Press, 1960).

從俄羅斯統治到革命階段，尤其二十世紀早期，對該帝國穆斯林社會與知識發展全面性的研究；而因十九世紀的刻板觀念、對伊斯蘭事物的無知、以及為俄羅斯國族主義辯護的傾向，本書受到扭曲。需參考下列著作更正：

† Alexandre Bennigsen and Chantal Lemercier-Quelquejay, *Les mouvements nationaux chez les musulmans de Russie: I: le 'Sultangalievisme' au Tatarstan* (Mouton, the Hague, 1960).

關於窩瓦韃靼人在革命時期的研究，包含詳盡的西元 1917 年前的歷史背景，比起 Zenkovsky 更具學術洞見。其他 Bennigsen 的研究同等重要，包含下列著作：

† Alexandre Bennigsen and Chantal Lemercier-Quelquejay, *Islam in the Soviet Union* (F. A. Praeger, New York, 1967).
晚近的研究。

† Vincent Montel, *Les musulmans soviétiques* (Editions du Seuil, Paris, 1957).

研究知識廣博，同情與穆斯林的處境。

† Baymirza Hayit, *Turkestan in XX. Jahrhundert* (Leske, Darmstadt, 1956).

關於錫爾—烏滸河流域和大草原細緻的歷史研究，尤其是俄羅斯化，極其所能揭露俄羅斯人的作為。心思透徹且公正的 Alexander G. Park 在 *Bolshevism and Turkestan 1917 － 27* (Columbia University Press, New York, 1957) 一書當中，更正了這本作品早期部分。

† Edward Allworth, ed., *Central Asia: A Century of Russian Rule* (Columbia University Press, 1967).

研究俄羅斯統治所帶來影響的文章集。

西元 1500 年起的阿拉伯領土

（二十世紀以前，歐斯曼帝國的歷史資料與此有關。）

† Peter M. Holt, *Egypt and the Fertile Crescent 1516 － 1922: A Political History* (Cornell University Press, 1966).

某些政治事件的研究，缺乏洞見。

† Nevill Barbour, ed., *A Survey of North West Africa (The Maghrib)*, 2nd ed. (Oxford University Press, 1962).

當代時期的總體概要。

† Royal Institute of International Affairs, *The Middle East: A Political and Economic Survey*, 3rd ed. (Oxford University Press, 1958).

仍然是一部有用的總體概要。

† Hisham B. Sharabi, *A Handbook on the Contemporary Middle East: Sectional Introductions with Annotated Bibliographies* (Georgetown University, Washington, 1956).

政治、社會、經濟的文獻，如今仍相當實用，主要關於東部阿拉伯人，也包含土耳其與波斯。

† Edward Atiyah, *The Arabs: The Origins, Present Conditions, and Prospects of the Arab World* (Penguin Books, 1955).

以簡明溫和的觀點，看待十九世紀、尤其二十世紀的阿拉伯歷史，是這本著作所呈現的主要部分；最後的章節內容非常過時。

† Charles Issawi, ed., *The Economic History of the Middle East 1800－1914* (University of Chicago Press, 1966).

他的「中東」所指的是安那托利亞以及阿拉伯領土東部。這是本多個來源的摘要集，指出歐洲擴張所帶來的影響。

† William R. Polk, *The Opening of South Lebanon 1788－1840: A Study of the Impact of the West on the Middle East* (Harvard University Press, 1963).

研究對一座農村的影響。

† Gabriel Baer, *Egyptian Guilds in Modern Times* (Israel Oriental Society, Jerusalem, 1964).

研究對行會影響。

† Jacques Berque, Les Arabes d'hier à demain (Editions du Seuil, Paris, 1960); translated by Jean Steward as *The Arabs: Their History and Future* (Faber and Faber, London, 1964).

優美的長篇，細緻且感性地詮釋阿拉伯世界面對文化遺產，以及

未來抱負之間所處的道德位置。（法文版的一些插圖與阿拉伯人無關。）

† Morroe Berger, *The Arab World Today* (Doubleday, New York, 1962).
從家庭生活到經濟政治，充分且廣泛地研究埃及和肥沃月彎的社會模式。

† Taha Hussein〔Ḥusayn〕, *The Future of Culture in Egypt*〔1938〕, translated by Sidney Glazer (Amer. Council of Learned Societies, Washington, 1954).
一位重要文學家與埃及的未來教育部長，針對西元1938年埃及教育問題，深謀遠慮的分析。

† William R. Polk, David M. Stamler, and Edmund Asfour, *Backdrop to Tragedy: The Struggle for Palestine* (Beacon Press, Boston, 1957).
錫安主義者與阿拉伯人之間衝突的綜合處理，結論至今似乎仍然有效。

現代穆斯林思想

† Hamilton A. R. Gibb, *Modern Trends in Islam* (University of Chicago Press, 1947).
關於現代穆斯林，如何試圖從知識上解決尤其是西元1939年戰爭以來的宗教困境，簡短而精妙的分析。

† Wilfred C. Smith, *Islam in Modern History* (Princeton University Press, 1957).

關切現代穆斯林，尤其阿拉伯人、土耳其人、巴基斯坦人、以及印度人，在第二次世界大戰之後的政治社會脈絡底下，如何看待作為宗教的伊斯蘭，是一本犀利的評論集。

† C. A. O. van Nieuwenhuijze, *Aspects of Islam in Post-Colonial Indonesia: Five Essays* (van Hoeve, the Hague, 1958).
有關穆斯林宗教處境及思考的報告與評論，巧妙補充了 Smith 對印尼的缺漏。

† Gustave E. von Grunebaum, *Modern Islam: The Search for Cultural Identity* (University of California Press, 1962).
本書透過古典阿拉伯伊斯蘭以及伊斯蘭文化（Islamicate culture）的視角，研究阿拉伯人面對當代西方所帶來的諸多文化、政治、社會等挑戰時的自我形象。

† Albert Hourani, *Arabic Thought in the Liberal Age, 1798 － 1939* (Oxford University Press, 1962).
一本紮實、敏銳且細緻的分析，關於多個世代包含信仰伊斯蘭以及基督教的宗教與社會改革者。

† Leonard Binder, *The Ideological Revolution in the Middle East* (Wiley, New York, 1964).
以政治社會學觀點，講究地分析伊斯蘭如何從意識型態基礎轉變為國族主義，以及東部阿拉伯人戰後的政治思想。

† Muhammad Iqbal, *The Reconstruction of Religious Thought in Islam* (Oxford University Press, 1934; repr. Muhammad Ashraf, Lahore, 1962).

了解伊各巴勒思考的最佳入門。

† Isma'il R. A. al-Faruqi, *Christian Ethics: A Historical and Systematic Analysis of Its Dominant Ideas* (McGill University Press, 1967).
一位現代主義的阿拉伯裔穆斯林，發人深省的分析。

† Seyyed Hossein Nasr, *Ideals and Realities of Islam* (George Allen and Unwin, London, 1966).
一位現代主義且有非蘇傾向的波斯裔穆斯林對當今伊斯蘭現況的詮釋。

† Fazlur Rahman, *Islam* (Holt, Rinehart and Winston, New York, 1966).
這本著作與 Hamilton A. R. Gibb 的 *Mohammedanism* 相似，雖然是關於伊斯蘭發展的歷史研究，卻顯然帶有詮釋意味；該作者是一名現代主義的巴基斯坦裔穆斯林。

重要詞彙與人物表

　　此處列舉的詞彙是本書內文中時常出現的專有名詞。其他在內文中出現的詞彙之定義和解釋，包括地理名稱，可以根據索引查詢。

‘âdah	又作「âdet」，習慣法；穆斯林在伊斯蘭法（見條目「Sharî‘ah」）之外使用的法律，或取代伊斯蘭法。習慣法有不同的名稱，「‘âdah」通常與伊斯蘭法對立，「‘urf」則是伊斯蘭法的補充。
akhbâr	單數形為「khabar」，傳述；常用於聖訓傳述（見條目「ḥadîth」）。
‘Alid	阿里的後裔；先知表弟兼女婿、阿里（Alî）的後裔；什葉派相信，某些阿里後裔應成為伊瑪目（見條目「imâm」）。阿里的第一個妻子是法蒂瑪（Fâṭimah），先知的女兒，她為阿里生下的後裔（先知僅存的後裔）特別稱為法蒂瑪家族（Fâṭimid）。她的兒子、哈珊（Ḥasan）的後裔往往稱為「sharîf」；她的兒子、胡笙（Ḥusayn）的後裔則往往稱為「sayyid」。

'âlim	複數形為「'ulamâ'」，指受過教育的人；特別指那些專精於伊斯蘭法學和宗教研究的學者。
Allâh	阿拉；（穆斯林和基督教徒信仰的）獨一神的阿拉伯文名稱。
amîr	又作「emir」，統領或軍事領袖；阿巴斯朝的古典時期之後，有許多自立門戶的將領也沿用這個頭銜，有時也用來指統治者的家族成員。「amîr al-mu'minîn」意思是信仰者的領導人，是哈里發的專用頭銜；「amîr al-umarâ'」意思是最高統帥，即大將軍、總司令，用來指「哈里發盛期」晚期興起的軍事統治者。
'aql	理性、推論；在伊斯蘭法，系統化的推論並不只限於「類比」（參見條目「qiyâs」）。
'askerî	軍士；歐斯曼帝國軍事軍事統治階級成員，包括該階級成員的妻子與孩子。
awqâf	參見條目「waqf」。
a'yân	單數形為「'ayn」，尊貴的人；在中期與晚近時期，指具有名聲與影響力的城鎮權貴；在後來的歐斯曼帝國時期，則指公認掌有政治權力的人。

bâb	大門,尤其指城門;另指短文或篇章,也指什葉十二伊瑪目派隱遁伊瑪目的代理人。
bâshâ	見條目「pâshâ」。
bâṭin	內在意義,即文本內在、隱藏或密傳的意義;因此,內隱學派(Bâṭinî、Bâṭiniyyah)即指懷有這種概念的團體。這些團體當中,絕大多數都屬於什葉派,特別是伊斯瑪儀里派。
beg (bey)	別克;突厥高級軍階的頭銜,後來更加普及化,現代的形式為「bey」(貝),等同於「先生」。
capitulations	協定條約;穆斯林勢力提供的合法權利讓渡,給予外來居民有限的特權。
Dâr al-Islâm	伊斯蘭境域;即受穆斯林統治的土地,後來則指稱有穆斯林組織存在的任何土地,無論是否受到穆斯林的統治。它是戰爭之域(Dâr al-Ḥarb)的反義詞。
derebey	村長;指十八世紀安那托利亞的地方首領,實際上獨立於歐斯曼帝國的蘇丹之外。
dervish	參見條目「Ṣufî」。
dhikr	又作「zikr」,唸記;蘇非行者(見條目「Ṣufî」)用以促使人們銘記著神的活動,通常是反覆誦唸的套語,往往還有更複雜的禮拜儀式。

dhimmî	又作「zimmî」，受保護者；在穆斯林統治的領土上，信奉受伊斯蘭寬容之宗教的人們，這種保護稱為「dhimmah」。
dîwân	又作「dîvân」，公共財務登記；或指某個政府部門、審議會，或是它們的主管官員，也可指詩人的詩集。
emir	參見條目「amîr」。
fakir	參見條目「Ṣufî」。
fallâḥ	複數形為「fallâḥîn」，阿拉伯文的「農民」。
Falsafah	哲學；包含了自然科學和倫理學，在伊斯蘭社會（Islamicate society）裡，以希臘哲學傳統為基礎來詮釋的學問。「Faylasûf」（複數形為「Falâsifah」）則是指哲學家。
faqîh	參見條目「fiqh」。
faqîr	參見條目「Ṣufî」。
fatwà	伊斯蘭大法官（見條目「muftî」）的判決或裁示。
fez	一種紅色毛氈帽；氈帽成為十九世紀歐斯曼現代主義的象徵，對比於宗教學者的纏頭巾（阿拉伯文稱為「ṭarboush」）。

fiqh	伊斯蘭法學；闡釋說明伊斯蘭法（見條目「Sharî'ah」）的體系或學門，也指該學門產出的規則整體。闡述法學的人是伊斯蘭法學家（faqîh，複數形為「fuqahâ'」）。
ghâzî	為信仰奮戰（參見條目「jihâd」）的戰士；有時也指有組織的的先鋒部隊。
ḥabûs	參見條目「waqf」。
ḥadîth	又作「ḥadîs」，複數形為「aḥâdîth」，聖訓；指關於先知言行的記錄，或指這些記錄的集成。有時會因為歷經一位位的記錄人傳承，而被翻譯成「傳統」（tradition），但傳統這個詞是指難以溯及源頭而傳承下來的群體知識，與「ḥadîth」一字意義不符。
ḥajj	朝聖；伊斯蘭曆每年的最後一個月，即「朝聖月」（Dhû-l-Ḥijjah，也音譯作「都爾黑哲月」），是穆斯林到麥加朝聖的時間，在各種條件許可的情況下，每位穆斯林一生中至少要朝聖一次。
Ḥanafî	哈那菲法學派；順尼法學派（見條目「madhhab」）之一，以開宗學者阿布—哈尼法（Abû-Ḥanîfah, 699—767 CE）為名。

Ḥanbalî	漢巴里法學派；順尼法學派（見條目「madhhab」）之一，以開宗學者阿赫瑪德‧伊本—漢巴勒（Aḥmad b. Ḥanbal, 780—855 CE）為名。
ijtihâd	理性思考判斷；為建立伊斯蘭律法（見條目「Sharî'ah」）針對特定議題之裁判，所進行的個人探索，由理性主義宗教學者（mujtahid），即有資格進行此種探索的人所為。順尼派長久以來認為，只有針對公認權威尚未作成決定的議題，才能允許理性思考判斷；針對已由公認權威作成決定的議題，他們則主張因循原則（見條目「taqlîd」），即應遵從個人所屬法學派（見條目「madhhab」）的通說見解觀點。絕大多數的什葉派成員，則允許他們的偉大學者們探求完整的理性思考判斷。
'ilm	學問；特別指關於聖訓（見條目「ḥadîth」）、法學（參見條目「fiqh」）的宗教知識，在現代阿拉伯文中此字意為「科學」。什葉派中認為伊瑪目（參見條目「imâm」）具備一種特別的非公開知識，並稱之為「'ilm」。

imâm	伊瑪目；帶領大眾禮拜的人，或指穆斯林社群的領袖。什葉派認為即使遭到伊斯蘭社群抵制，阿里和他的子嗣仍是最合適的社群領導者，因為他們作為穆罕默德的繼承人，有著精神象徵的功能。在順尼派裡，任何偉大的學者（見條目「'âlim」），尤其是法學派（見條目「madhhab」）的奠基者都稱為伊瑪目。
iqṭâ'	墾地；政府以土地或其收益對個人所做的分派或授予；有時作為軍人服役的薪餉而授予，偶爾引人誤解地譯為封地（fief）。
Jamâ'î-Sunnîs	參見條目「Sunnîs」。
jâmi'	參見條目「mosque」。
Janissary	土耳其文作yeñi cheri，蘇丹禁衛軍；歐斯曼步兵軍團成員，這個軍團一度由受俘獲或徵召而來、並改信伊斯蘭的年輕基督教徒組成。
jihâd	奮戰；根據伊斯蘭法（見條目「Sharî'ah」）而發起的對不信者的戰爭，關於發動這類戰爭的必要條件各界有不同的見解；也用來指個人對抗自身俗世欲望的奮鬥。

kalâm	辯證神學；以穆斯林的神學、宇宙觀假設為根基的討論，有時候，也可以稱作「經院神學」（scholastic theology）。
ḳaẓi	參見條目「qâḍî」。
khân	汗；突厥人的頭銜，原本指國家的統治者，也用以指稱行旅商人客棧。
khâniqâh	又作「khângâh」，蘇非中心；供蘇非行者（見條目「Ṣufî」）活動所用的建築，人們在這裡奉行唸記（見條目「dhikr」），一位或數位導師住在這裡，接待正在旅行途中的蘇非行者，並教導他們的門徒。這個詞語形式源自於波斯語，同義詞為「tekke」（源自阿拉伯文「takyah」），主要用於突厥語；「zâwiyah」（阿拉伯文）以及「ribâ」（阿拉伯文）也用於指稱前線碉堡。
madhhab	複數形為「madhâhib」，法學派；由伊斯蘭法學（見條目「fiqh」）構成的一套系統，或是泛指所有既存的宗教群體所遵循的系統，特別用來指稱順尼派最終認可的四大法學派，而什葉派和出走派則擁有各自的法學派。有時也會翻譯作「教派」（sect）、「學派」（school）、「儀派」（rite）。

madrasah	經學院；宗教學者的學校，特別指教授法學（見條目「fiqh」）的學校，其建築形式一般而言如同受有特殊捐助的清真寺（見條目「mosque」），往往附有宿舍。
majlis	又作「majles」，集會；現為「國會」之意。
Mâlikî	瑪立基法學派；順尼法學派（見條目「madhhab」）之一，以開宗學者瑪立克・賓・阿納斯（Mâlik b. Anas, 715 — 795 CE）為名的一派。
masjid	參見條目「mosque」。
mašnavî	阿拉伯文作「mathnawî」，二行詩體；波斯文與相關文學中的一種長詩，幾乎涵蓋任何主題，其韻律為 aa bb cc dd ee，以此類推，有時稱為「史詩體」。
millet	在歐斯曼帝國受認可的一種自治宗教社群。
mosque	清真寺；阿拉伯文拼寫作「masjid」，指任何穆斯林用來進行集體禮拜的場域。而進行星期五聚眾禮拜的清真寺稱作「jâmî'」，即大清真寺。
muftî	伊斯蘭法（參見條目「Sharî'ah」）大法官；負責在與法律和是非觀念有關的事務上做出公共的裁決。
mujtahid	參見條目「ijtihâd」。

murîd	蘇非導師（見條目「pîr」）的門徒。
pâdshâh	直接任命（由前任指定的繼任者）；尤其和什葉派裡伊瑪目的傳位觀點有關，繼承人被授予獨有的知識與學問權力。
pâshâ	阿拉伯文作「bâshâ」，突厥頭銜，通常用來稱呼總督、統治者。
pîr	蘇非導師；在密契的靈修道路上引導門徒的人。
qâḍî	又作「kazi」，（伊斯蘭）法官；執行伊斯蘭法（見條目「Sharî'ah」）的法官。
qânûn	世俗法；伊斯蘭法（見條目「Sharî'ah」）以外的法律，有時係由政府頒布。
sayyid	參見條目「'Alîd」。
sepoy	參見條目「sipâhî」。
Shâfi'î	夏菲儀法學派；順尼法學派（見條目「madhhab」）之一，以開宗學者夏菲儀（al-Shâfi'î, 767—820 CE）為名的一派。
shâh	伊朗王室的頭銜；也用來指稱較下級的從屬人物；當加在人名之前時，通常指蘇非（見條目「Ṣufî」）近神者。「Shâhanshâh」意為「王中之王」。

shaikh	參見條目「shaykh」。
Sharî'ah	又作「Shar'」，伊斯蘭法；引導穆斯林生活的整體規範，形式涵括法律、倫理和禮儀等，有時也譯為「神聖律法」（Sacred Law or Canon Law）。以法源為基礎，透過法學學科（見條目「fiqh」）產出伊斯蘭法的規範。在順尼派裡，一般是以《古蘭經》、聖訓（見條目「ḥadîth」）、公議（ijmâ'）和類比（qiyâs）為法源。什葉則是以推論（'aql）代替類比，把公議解釋為伊瑪目（見條目「imâm」）們共同意見。
sharîf	見條目「'Alîd」。
shaykh	字面意義為「長老」；可指部族首領（並延伸指稱某些微型政體的首領）、任何宗教領袖。特指獨立的蘇非行者（見條目「Ṣufî」），他們有資格在蘇非之道方面領導渴望精進者；就這個意義而言，波斯語則以導師（pîr）稱呼，他的門徒則稱門徒（murîd）。
Shî'ah	什葉（阿里的追隨者）；一般指穆斯林之中擁護阿里及其後裔的社群領導權的人，不論其權力是否為多數人所認同，或指任何持此立場的派系。「Shî'î」是它的形容詞，或作名詞，指什葉派的擁護者；「Shî'ism」（tashayyu'）則指稱什葉派的立場或學說。什葉派中最知名的團體是柴迪派（Zaydîs）、伊斯瑪儀里派（Ismâ'îlîs）、七伊瑪目派（Seveners）以及十二伊瑪目派（Twelvers）。

sipâhî	士兵；用以稱呼多種軍隊的士兵，特別是歐斯曼帝國的騎兵，在印度往往也拼寫為「sepoy」。
Şûfî	蘇非；蘇非主義（Şûfism，阿拉伯文作「taşawwuf」）的倡導者，蘇非是伊斯蘭中根基於密契或靈性經驗最常見的稱呼。阿拉伯文的「faqîr」（fakir）及波斯文的「darvîsh」（dervish），兩者都意指「窮人」，也用以指稱蘇非行者，暗指他們貧窮或流浪的生活。
Sunnîs	順尼；較貼切的解釋是「追隨先知傳統和社群的人」（ahl al-sunnah wa-l-jamâ'ah），在本書中多採用「順尼派」（Jamâ'i-Sunnîs）一詞。相較於出走派（Khârijîs）或什葉派（參見條目「Shî'î」），順尼是穆斯林中的多數，他們認同全體第一代穆斯林與歷史社群的領導正當性。「Sunnî」作形容詞時指順尼派立場，當作名詞則指該立場的擁護者，而「Sunnism」有時指「正統」（Orthodoxy）。「順尼」一詞通常偏限於「順尼群體」的立場，排除如理性主義學派、卡拉密派（Karrâmîs）或是其他未能得到認可的團體。在較早期的穆斯林著作中，有時「順尼」只限定於作者本身的派系立場。

sulṭân	蘇丹；意指統治權威的來源，在中前期，用於指稱事實上統治者，往往是獨立於哈里發之外而掌有權力的軍事人員，後來成為穆斯林通常用以指稱主權者的用詞。
sunnah	被接受的傳統或習俗慣例；尤指從和穆罕默德相關的傳統，在聖訓（見條目「ḥadîth」）中具體化。
Tanẓîmât	維新；特指十九世紀歐斯曼政府的改革。
taqlîd	參見條目「ijtihâd」。
ṭarbûsh	參見條目「fez」。
ṭarîqah	道團；意為「密契之道」，特別指蘇非行者（見條目「Ṣufî」）的「兄弟會」或「修道團體」；有其傳承系譜及共同唸記儀式（見條目「dikhr」）的蘇非行者團體。
tekke	參見條目「khâniqâh」。
'ulamâ'	參見條目「'âlim」。
Ummah	宗教社群；特定先知的追隨者們，尤指追隨穆罕默德的穆斯林形成的社群。

'urf	參見條目「'âdah」。
uṣûl al-fiqh	法理學;參見條目「Sharî'ah」。
vizier	「wazîr」(見條目「wazîr」)英文化的拼寫法。
waqf	複數形為「awqâf」,福利產業;出於虔誠而以某種收入所做的捐贈(或「基金」),其收入性質通常是租金或土地收益,用以維持清真寺、醫院等等;在西伊斯蘭世界(Maghrib)稱為「ḥabûs」。有時候,這種捐贈的主要目的,是為特定人的後裔提供附負擔且不得扣押的收入。
wazîr	英文化的拼寫法為「vizier」,大臣;官員的一種,統治者將其統治領域的行政事務授權給他(如同「部長」);往往由好幾個人同時擔任,相互分工。
zâwiyah	參見條目「khâniqâh」。
zikr	參見條目「dhikr」。
zimmî	參見條目「dhimmî」。

地圖重要詞彙

圖2　地中海中部地區到印度，十九世紀中葉

Areas under Muslim rule 穆斯林統治地區

Former Muslim territories under British rule 大不列顛統治的前穆斯林領土

Former Muslim territories under French rule 法蘭西統治的前穆斯林領土

Former Muslim territories under Portuguese rule 葡萄牙統治的前穆斯林領土

Former Muslim territories under Russian rule 俄羅斯統治的前穆斯林領土

Former Muslim territories under Dutch rule 荷蘭統治的前穆斯林領土

ATLANTIC OCEAN 大西洋

NORTH SEA 北海

MEDITERRANEAN SEA 地中海

BLACK SEA 黑海

CASPIAN SEA 裡海

ARAL SEA 鹹海

RED SEA 紅海

PERSIAN GULF 波斯灣

ARABIAN SEA 阿拉伯海

BAY OF BENGAL 孟加拉灣

SOUTH CHINA SEA 南海

JAVA SEA 爪哇海

INDIAN OCEAN 印度洋

Rhône R. 隆河

Rhine R. 萊茵河

Elbe R. 易北河

Prut R. 普魯特河

Danube R. 多瑙河

Dnieper R. 聶伯河

Don R. 頓河

Volga R. 窩瓦河

Ural R. 烏拉河

Nile R. 尼羅河

Niger R. 尼日河

L. Chad 查德湖

Congo R. 剛果河

L. Victoria維多利亞湖

L. Tanganyika坦干依喀湖

L. Nyasa尼亞薩湖

Zambezi R.尚比西河

Tigris R.底格里斯河

Euphrates R.幼發拉底河

Syr-Dar'ya R.錫爾河

Amu-Dar'ya (Oxus) R.烏滸河

Indus R.印度河

Ganges R.恆河

Irtysh R.額爾齊斯河

Ili R.伊犁河

Ob R.鄂畢河

Selenga R.色楞格河

Yenisey R.葉尼塞河

Amur R.黑龍江

Kerulen R.克魯倫河

Tarim R.塔里木河

Irrawady R.伊洛瓦底江

Salween R.薩爾溫江

Yangtze R.長江

Hwang Ho黃河

Mekong R.湄公河

SHARÎFIAN EMPIRE夏里非恩帝國

BEYLIK OF TUNIS突尼斯

PASHALIK OF TRIPOLI的黎波里

KINGDOM OF MUHAMMAD 'ALÎ
穆罕默德・阿里朝

OTTOMAN EMPIRE歐斯曼帝國

WAHHÂBÎS瓦哈比派

'UMÂN歐曼

IRAN伊朗

KHANATE OF KHÎVAH希瓦汗國

KHANATE OF BUKHÂRÂ布哈拉汗
國

KHANATE OF KHOḲAND浩罕汗國

AFGHANS阿富汗人

KASHMÎR喀什米爾

圖7　凡爾賽會議後的穆斯林世界

Independent Muslim States獨立的穆
斯林國家

League of Nations Mandated
Territories國際聯盟託管地

ATLANTIC OCEAN大西洋

NORTH SEA北海

MEDITERRANEAN SEA 地中海

BLACK SEA 黑海

CASPIAN SEA 裡海

ARAL SEA 鹹海

RED SEA 紅海

PERSIAN GULF 波斯灣

ARABIAN SEA 阿拉伯海

BAY OF BENGAL 孟加拉灣

SOUTH CHINA SEA 南海

JAVA SEA 爪哇海

INDIAN OCEAN 印度洋

Rhône R. 隆河

Rhine R. 萊茵河

Elbe R. 易北河

Prut R. 普魯特河

Danube R. 多瑙河

Dnieper R. 聶伯河

Don R. 頓河

Volga R. 窩瓦河

Ural R. 烏拉河

Nile R. 尼羅河

Niger R. 尼日河

L. Chad 查德湖

Congo R. 剛果河

L. Victoria 維多利亞湖

L. Tanganyika 坦干依喀湖

L. Nyasa 尼亞薩湖

Zambezi R. 尚比西河

Tigris R. 底格里斯河

Euphrates R. 幼發拉底河

Syr-Dar'ya R. 錫爾河

Amu-Dar'ya (Oxus) R. 烏滸河

Indus R. 印度河

Ganges R. 恆河

L. Balkhash 巴爾喀什湖

Irtysh R. 額爾齊斯河

Ili R. 伊犁河

Chu R. 楚河

Ob R. 鄂畢河

Selenga R. 色楞格河

Yenisey R. 葉尼塞河

Lena R. 勒拿河

Orkhon R. 鄂爾渾河

Amur R. 黑龍江

Kerulen R. 克魯倫河

Tarim R. 塔里木河

Irrawady R. 伊洛瓦底江

Salween R. 薩爾溫江

Yangtze R. 長江

Hwang Ho 黃河

Mekong R. 湄公河

IRISH FREE STATE 愛爾蘭自由邦

U.K. 英國

NETH. 荷蘭

BEL 比利時

SAAR 薩爾

FRANCE 法國

SWITZ 瑞士

PORTUGAL 葡萄牙

SPAIN 西班牙

ITALY 義大利

DK 丹麥

GERMANY 德國

CZECH 捷克

AUS. 奧地利

HUNGARY 匈牙利

ALB 阿爾巴尼亞

GREECE 希臘

LITH 立陶宛

POLAND 波蘭

ROMANIA 羅馬尼亞

BULGARIA 保加利亞

USSR 蘇聯

RIO DE ORO 里奧德奧羅

IFNI 伊夫尼

MOROCCO (Fr.) 法屬摩洛哥

SP MOR 西屬摩洛哥

ALGERIA 阿爾及利亞

TUNISIA 突尼西亞

LIBYA 利比亞

EGYPT 埃及

FRENCH WEST AFRICA 法屬西非

LIBERIA 賴比瑞亞

GOLD COAST 黃金海岸

NIGERIA 奈及利亞

CAMEROONS 喀麥隆

RIO MUNI 里約穆尼

FRENCH EQUATORIAL AFRICA 法
屬赤道非洲

ANGLO. EGYPTIAN SUDAN 英埃蘇
丹

ERITREA 厄利垂亞

ABYSSINIA 阿比西尼亞

BELGIAN CONGO 比屬剛果

UGANDA 烏干達

KENYA 肯亞

ITALIAN SOMALILAND 義屬索馬
利蘭

ANGOLA 安哥拉

SOUTH WEST AFRICA 西南非

NORTHERN RHODESIA 北羅德西亞

SOUTHERN RHODESIA 南羅德西亞

NYSALAND 尼亞薩蘭

MOZAMBIQUE 莫三比克

MADAGASCAR 馬達加斯加

TURKEY 土耳其

CYPRUS 賽普勒斯

SYRIA 敘利亞

PALESTINE 巴勒斯坦

NAJD 內志

IRAQ 伊拉克

OMAN 阿曼

QATAR 卡達

PERSIA 波斯（伊朗）

AFGHANISTAN 阿富汗

BRITISH INDIA 英屬印度

GOA 果阿

CEYLON 錫蘭

NEPAL 尼泊爾

BHUTAN 不丹

TANNU TUVA 圖瓦

OUTER MONGOLIA 外蒙古

REPUBLIC OF CHINA 中華民國

CHOSEN 朝鮮

FORMOSA 福爾摩沙

SIAM 暹羅

FRENCH INDOCHINA 法屬印度支
那

PHILIPPINE 菲律賓

MALAY STATES 馬來聯邦

BR. N. BORNEO 婆羅洲

SARAWAK 砂拉越

DUTCH EAST INDIES 荷屬東印度

Dublin 都柏林

London 倫敦

Brussels 布魯塞爾

Paris 巴黎

Amsterdam 阿姆斯特丹

Luxembourg 盧森堡

Lisbon 里斯本

Madrid 馬德里

Berlin 柏林

Prague 布拉格

Vienna 維也納

Bern 伯恩

Belgrade 貝爾格勒

Rome 羅馬

Tirana 地拉那

Budapest 布達佩斯

Sofia 索菲亞

Athens 雅典

Copenhagen 哥本哈根

Danzig 但澤

Memel 梅梅爾領地

Kaunas 考那斯

Warsaw 華沙

Bucharest 布加勒斯特

Moscow 莫斯科

Villa Cisneros 達克拉

Tangier 丹吉爾

Rabat 拉巴特

Tetuan 得土安

Algiers 阿爾及爾

Tunis 突尼斯

Tripoli 的黎波里

Cairo 開羅

Dakar 達卡

Freetown 自由城

Monrovia 蒙羅維亞

Accra 阿克拉

Lagos 拉哥斯

Asmara 阿斯馬拉

Khartoum 喀土木

Jibuti 吉布地

Addis Ababa 阿迪斯阿貝巴

Mogadiscio 摩加迪休

Entebbe 恩德培

Nairobi 奈洛比

Dar es Salaam 三蘭港

Livingstone 利文斯頓

Tananarive 塔那那利佛

Nicosia 尼古西亞

Beirut 貝魯特

Damascus 大馬士革

Aden 亞丁

Muscat 馬斯喀特

Baghdad 巴格達

Delhi 德里

Katmandu 加德滿都

Colombo 可倫坡

Urga 烏蘭巴托

Peking 北京

Keijo 漢城

Hong Kong 香港

Hanoi 河內

Bangkok 曼谷

Manila 馬尼拉

Sandakan 山打根

Brunei 汶萊

Singapore 新加坡

Kuching 古晉

索引

八劃

29, 112, 141, 167～168, 199, 208, 221～222, 245, 284, 290, 293, 295～296, 298, 301, 303～304, 306～307, 311～314, 316, 345, 349, 356～357, 365～366, 373, 377, 381

151, 181, 250, 252, 268, 270, 273, 321,
323, 328～330, 350

蘇門答臘 Sumatra　90, 325

蘇美人 Sumerian　28, 51, 55

蘇聯 Soviet Union　11, 16, 232～233,
243～245, 290, 292～293, 296～299,
302～304, 312, 316～317, 322,
333～334, 352, 359, 375

歷史 世界史

伊斯蘭文明
火藥帝國與現代伊斯蘭　下卷第六冊

作　　者—馬歇爾‧哈濟生（Marshall G. S. Hodgson）
譯　　者—陳立樵
發 行 人—王春申
總 編 輯—李進文
編輯指導—林明昌
主　　編—王育涵
責任編輯—黃楷君
校　　對—徐平
封面設計—吳郁婷

營業經理—陳英哲
行銷企劃—魏宏量
出版發行—臺灣商務印書館股份有限公司
　　　　　23141 新北市新店區民權路 108-3 號 5 樓（同門市地址）
電話： (02)8667-3712　傳真：(02)8667-3709
讀者服務專線：0800056196
郵撥： 0000165-1
E-mail：ecptw@cptw.com.tw
網路書店網址：www.cptw.com.tw
Facebook：facebook.com.tw/ecptw

THE VENTURE OF ISLAM, VOLUME 3: The Gunpowder Empires and Modern Times
Licensed by The University of Chicago Press, Chicago, Illinois, U.S.A
© 1974 by The University of Chicago. All rights reserved.
Arranged through Big Apple Agency, Inc.
Traditional Chinese edition copyright:
2016 THE COMMERCIAL PRESS, LTD.

局版北市業字第 993 號
初版一版：2016 年 03 月
初版二刷：2019 年 02 月
印刷廠：沈氏藝術印刷股份有限公司
定價：新台幣 1500 元（套書上下冊不分售）
法律顧問：何一芃律師事務所
有著作權‧翻印必究
如有破損或裝訂錯誤，請寄回本公司更換

伊斯蘭文明：火藥帝國與現代伊斯蘭
馬歇爾‧哈濟生（Marshall. G. S. Hodgson）
著：陳立樵譯
初版一刷. -- 新北市：臺灣商務出版發行
2016.03
　　面：　公分. --（歷史‧世界史：7）
譯自：The Venture of Islam: The Gunpowder
Empires and Modern Times
ISBN 978-957-05-3034-6
1.中東史　2.文明史　3.伊斯蘭教
735.03
104029067